"十三五"应用型本科院校系列教材/食品工程类

黑龙江省高等学校精品课程教材

主　编　接伟光　张岚　郭娜
副主编　王　颖　乔巍　白莉　张颖智
主　审　蔡柏岩

食品微生物学

（第2版）

Food　Microbiology

哈尔滨工业大学出版社

内容简介

本书介绍运用微生物学的基础理论和技术研究微生物在食品中的特性及应用的一门科学，包括的内容主要有：原核微生物、真核微生物、非细胞生物、微生物的营养和培养基、微生物的生长繁殖及其控制、微生物的代谢、微生物的遗传与变异、传染与免疫、微生物在食品制造中的作用、食品的微生物污染及腐败变质、基础实验及专业实验等。

本书可作为应用型本科院校食品专业及相关专业的教材，也可作为从事食品微生物学研究的相关人员的参考书。

图书在版编目(CIP)数据

食品微生物学/接伟光,张岚,郭娜主编. －2版. —哈尔滨：哈尔滨工业大学出版社,2019.7

ISBN 978－7－5603－8416－0

Ⅰ.①食… Ⅱ.①接… ②张… ③郭… Ⅲ.①食品微生物－微生物学－高等学校－教材 Ⅳ.①TS201.3

中国版本图书馆 CIP 数据核字(2019)第136010号

策划编辑	杜 燕
责任编辑	刘 瑶
出版发行	哈尔滨工业大学出版社
社　　址	哈尔滨市南岗区复华四道街10号 邮编150006
传　　真	0451－86414749
网　　址	http://hitpress.hit.edu.cn
印　　刷	哈尔滨市工大节能印刷厂
开　　本	787mm×1092mm 1/16 印张 22 字数 500千字
版　　次	2014年2月第1版 2019年7月第2版 2019年7月第1次印刷
书　　号	ISBN 978－7－5603－8416－0
定　　价	53.80元

(如因印装质量问题影响阅读,我社负责调换)

《"十三五"应用型本科院校系列教材》编委会

主 任	修朋月	竺培国		
副主任	王玉文	吕其诚	线恒录	李敬来
委 员	丁福庆	于长福	马志民	王庄严	王建华
	王德章	刘金祺	刘宝华	刘通学	刘福荣
	关晓冬	李云波	杨玉顺	吴知丰	张幸刚
	陈江波	林 艳	林文华	周方圆	姜思政
	庹 莉	韩毓洁	蔡柏岩	臧玉英	霍 琳
	杜 燕				

序

哈尔滨工业大学出版社策划的《"十三五"应用型本科院校系列教材》即将付梓，诚可贺也。

该系列教材卷帙浩繁，凡百余种，涉及众多学科门类，定位准确，内容新颖，体系完整，实用性强，突出实践能力培养。不仅便于教师教学和学生学习，而且满足就业市场对应用型人才的迫切需求。

应用型本科院校的人才培养目标是面对现代社会生产、建设、管理、服务等一线岗位，培养能直接从事实际工作、解决具体问题、维持工作有效运行的高等应用型人才。应用型本科与研究型本科和高职高专院校在人才培养上有着明显的区别，其培养的人才特征是：①就业导向与社会需求高度吻合；②扎实的理论基础和过硬的实践能力紧密结合；③具备良好的人文素质和科学技术素质；④富于面对职业应用的创新精神。因此，应用型本科院校只有着力培养"进入角色快、业务水平高、动手能力强、综合素质好"的人才，才能在激烈的就业市场竞争中站稳脚跟。

目前国内应用型本科院校所采用的教材往往只是对理论性较强的本科院校教材的简单删减，针对性、应用性不够突出，因材施教的目的难以达到。因此亟须既有一定的理论深度又注重实践能力培养的系列教材，以满足应用型本科院校教学目标、培养方向和办学特色的需要。

哈尔滨工业大学出版社出版的《"十三五"应用型本科院校系列教材》，在选题设计思路上认真贯彻教育部关于培养适应地方、区域经济和社会发展需要的"本科应用型高级专门人才"精神，根据前黑龙江省委书记吉炳轩同志提出的关于加强应用型本科院校建设的意见，在应用型本科试点院校成功经验总结的基础上，特邀请黑龙江省9所知名的应用型本科院校的专家、学者联合编写。

本系列教材突出与办学定位、教学目标的一致性和适应性，既严格遵照学科体系的知识构成和教材编写的一般规律，又针对应用型本科人才培养目标及与之相适应的教学特点，精心设计写作体例，科学安排知识内容，围绕应用讲授理论，做到"基础知识够用、实践技能实用、专业理论管用"。同时注意适当融入新理论、新技术、新工艺、新成果,并且制作了与本书配套的 PPT 多媒体教学课件,形成立体化教材,供教师参考使用。

《"十三五"应用型本科院校系列教材》的编辑出版,是适应"科教兴国"战略对复合型、应用型人才的需求,是推动相对滞后的应用型本科院校教材建设的一种有益尝试,在应用型创新人才培养方面是一件具有开创意义的工作,为应用型人才的培养提供了及时、可靠、坚实的保证。

希望本系列教材在使用过程中,通过编者、作者和读者的共同努力,厚积薄发、推陈出新、细上加细、精益求精,不断丰富、不断完善、不断创新,力争成为同类教材中的精品。

第 2 版前言

食品微生物学是等高等院校食品科学与工程专业及农产品贮藏加工专业的一门专业基础课。随着生命科学研究的发展，上述专业也进入了一个崭新的发展阶段，取得了许多新成果、新成就。教材是教学工作的灵魂，也是学科建设的重要组成部分。近年来，我国先后出版了一大批优秀的食品微生物学教材，但随着学科的发展，部分内容已经难以满足教学工作的需要。尤其是针对应用型本科大学的发展，更是缺少一本适用的教材。为了更好地反映该学科的一些新成果、新成就，使教学与学科发展的脚步合拍，我们将近年来该学科一些新的研究成果及编者多年教学工作中的一些体会加以整理，编写了这本教材。在编写过程中，我们注重体现"应用型"的特点：第一，从生产实际的角度出发，力求简洁、易懂，突出知识性和实用性；第二，注重理论与实践相结合，食品微生物学是一门专业基础课，是食品类相关专业中联系基础课程与专业课程的纽带，而食品微生物学本身又有其自身的特殊性，是实践性很强的学科，可推动生物学科更快发展。同时，它又可以很自然地有机融合到后续的专业课程中。第三，内容的取舍做到重点突出，层次分明。选择有代表性的内容阐明微生物在机制转化中的作用和机理。同时，根据部分微生物可能对食品和人类造成的危害，制定控制措施，达到洁净和安全生产。

本教材由黑龙江东方学院接伟光、张岚、郭娜任主编，王颖、乔巍、白莉、张颖智为副主编，蔡柏岩教授为主审。全书共分 13 章，由黑龙江东方学院接伟光编写第 2、4、5、8 章，张岚编写第 1、10、11 章，郭娜编写第 12、13 章，乔巍编写第 3 章，张颖智编写第 6 章，白莉编写第 7 章，王颖编写第 9 章。

本教材的编写是为满足应用型本科院校学生的培养目标，以黑龙江省高等学校精品课程《食品微生物学》建设为基础。"十三五"应用型本科院校系列教材《食品微生物学》是我们的共同成果。

本书参阅了大量的中外优秀教材，如《现代食品微生物学》（第五版，美 James M. Jay 编著，徐岩等译，2001）、《食品微生物学》（第三版，江汉湖 董明盛，2010）、《食品微生物学》（郑晓冬等，2001）、《食品微生物》（钱爱东，2002）、《微生物学教程》（第三版，周德庆，2011）、《微生物学》（沈萍，2006）、《微生物生物学》（美 Medigan M. T. 等著，杨文等译，2001）、《微生物学》（英 Nicklin J. 等著，林稚兰等译，2000，中文版及影印版）、《生物化学》（李盛贤，2005）、《生物化学》（张洪渊等，2006）、《工业微生物育种学》（第四版，施巧琴等，2013）、《微生物遗传育种学》（廖宇静，2010）、《医学免疫学》（金伯泉，1989）、《免疫学导论》（于善谦等，1999）、《生物制品学》（周东坡等，2007）、《发酵食品微生物学》（第二版，英 Brian J. B. Wood 主编，徐岩译，2001）。

由于水平有限，本书难免有不当之处，诚请广大读者批评指正。谢谢！

编者
2019 年 6 月

目 录

第1章 绪 论 ... 1
  1.1 微生物的概念及其特点 ... 1
  1.2 微生物学发展简史 ... 3
  1.3 微生物学的研究对象与任务 ... 6

第2章 原核微生物 ... 9
  2.1 细菌 ... 9
  2.2 放线菌 ... 32
  2.3 蓝细菌 ... 36
  2.4 支原体、立克次氏体和衣原体 ... 38
  思考题 ... 41

第3章 真核微生物 ... 42
  3.1 真菌细胞的结构特征 ... 42
  3.2 霉菌的形态与结构 ... 48
  3.3 酵母菌的形态和结构 ... 52
  3.4 真菌的生长与繁殖方式 ... 55
  3.5 真菌分类鉴定及分类系统概述 ... 57
  思考题 ... 60

第4章 非细胞生物——病毒和亚病毒 ... 61
  4.1 病毒的生物学本质 ... 63
  4.2 病毒的形态结构与功能 ... 65
  4.3 病毒的增殖 ... 70
  4.4 亚病毒粒子 ... 74
  4.5 病毒的抵抗力与变异 ... 77
  4.6 病毒的分类与命名 ... 80
  思考题 ... 84

第5章 微生物的营养和培养基 ... 85
  5.1 微生物的六类营养要素 ... 85
  5.2 微生物的营养类型 ... 90
  5.3 营养物质进入细胞的方式 ... 92
  5.4 培养基 ... 96
  思考题 ... 101

第6章 微生物的生长繁殖及其控制 ... 103
  6.1 微生物的生长 ... 103
  6.2 微生物的生长规律 ... 107
  6.3 环境对生长的影响及生长的测定 ... 112
  6.4 微生物生长繁殖的控制 ... 117

思考题 ·· 122
第 7 章　微生物的代谢 ·· 123
　7.1　能量的来源 ·· 123
　7.2　微生物产能代谢 ·· 124
　7.3　微生物的耗能代谢 ·· 130
　7.4　微生物代谢的调节 ·· 134
　　思考题 ·· 137
第 8 章　微生物的遗传与变异 ·· 138
　8.1　遗传变异的物质基础 ·· 138
　8.2　微生物的突变与修复 ·· 142
　8.3　可移动的遗传因子和染色体外遗传因子 ·· 155
　8.4　突变与育种 ·· 161
　8.5　基因重组和育种 ·· 164
　8.6　菌种的衰退、复壮和保藏 ·· 174
　　思考题 ·· 179
第 9 章　传染与免疫 ·· 181
　9.1　传染 ·· 181
　9.2　非特异性免疫 ·· 186
　9.3　特异性免疫 ·· 190
　　思考题 ·· 205
第 10 章　微生物在食品制造中的作用 ·· 206
　10.1　食品制造中的细菌及其作用 ·· 206
　10.2　食品制造中的酵母及其应用 ·· 210
　10.3　食品制造中的霉菌及其应用 ·· 212
　10.4　食品制造中的微生物酶制剂 ·· 213
　　思考题 ·· 215
第 11 章　食品的微生物污染及腐败变质 ·· 216
　11.1　食品的微生物污染来源与途径 ·· 216
　11.2　食品的细菌污染 ·· 220
　11.3　食品的腐败变质 ·· 222
　11.4　食品微生物污染的控制 ·· 233
　　思考题 ·· 236
第 12 章　微生物生态 ·· 237
　12.1　微生物在自然界中的分布 ·· 237
　12.2　微生物与生物环境间的相互关系 ·· 251
　12.3　微生物在自然界物质循环中的作用 ·· 261
　12.4　微生物与环境保护 ·· 269
　　思考题 ·· 279
第 13 章　实验部分 ·· 280
　13.1　普通光学显微镜的使用和细菌染色法 ·· 280

  实验一 普通光学显微镜的使用 ………………………………………………… 280
  实验二 细菌的简单染色法 …………………………………………………… 285
  实验三 革兰氏染色法 ………………………………………………………… 287
13.2 微生物的形态观察 ……………………………………………………………… 289
  实验四 放线菌形态的观察 …………………………………………………… 290
  实验五 酵母菌的形态观察及死、活细胞的鉴别 ………………………………… 291
  实验六 霉菌的形态观察 ……………………………………………………… 292
13.3 微生物大小及数量的测定 ……………………………………………………… 294
  实验七 微生物大小的测定 …………………………………………………… 294
  实验八 微生物显微镜直接计数法—血细胞计数板法 …………………………… 297
  实验九 微生物间接计数法—平板菌落计数法 …………………………………… 299
13.4 培养基的制备及灭菌 …………………………………………………………… 301
  实验十 培养基的制备 ……………………………………………………………… 301
  实验十一 高压蒸汽灭菌 ……………………………………………………… 304
13.5 微生物的纯培养 ………………………………………………………………… 306
  实验十二 微生物的分离和纯化 ………………………………………………… 306
  实验十三 大肠杆菌生长曲线测定 ……………………………………………… 309
  实验十四 菌种保藏 …………………………………………………………… 311
13.6 微生物生理生化反应 …………………………………………………………… 315
  实验十五 糖发酵试验 ………………………………………………………… 315
  实验十六 IMViC 试验 …………………………………………………………… 317
13.7 专业实验 ………………………………………………………………………… 320
  实验十七 食品中致病性球菌的检验（溶血性链球菌检验） ……………………… 320
  实验十八 水中细菌总数的测定 ………………………………………………… 322
  实验十九 多管发酵法测定水样中大肠菌群 ……………………………………… 324
  实验二十 酸奶的制作 ………………………………………………………… 328
  实验二十一 泡菜的制作 ……………………………………………………… 331
  实验二十二 毛霉的分离和豆腐乳的制备 …………………………………… 332
  实验二十三 甜酒酿的制作 …………………………………………………… 334
  实验二十四 酒精发酵及糯米甜酒的酿制 …………………………………… 336

参考文献 …………………………………………………………………………………… 339

第 1 章

绪 论

在生活中,我们时时刻刻在与微生物共舞。微生物既是人类的敌人,又是人类的朋友,在我们的生活中发挥着不可替代的作用。了解微生物对人类生活的重要作用和影响,正确地使用微生物这把"双刃剑"造福于人类,使我们在微生物的世界里更好地生活下去。

1.1 微生物的概念及其特点

1.1.1 微生物的概念

生物界是极其丰富的,无论是以其生存环境、形态、结构,还是从大小上看,可谓是无所不有,无所不至。单从大小来看,最大的生物是蓝鲸和巨杉;而最小的生物就是肉眼看不见的,也就是我们所说的微生物。微生物就是指那些个体微小、结构简单、肉眼看不见或看不清楚的微小生物的总称。从这个定义上看,微生物应包括三大类:原核微生物(如细菌、放线菌、支原体、衣原体、立克次氏体、蓝细菌、蛭弧菌等);真核微生物(如酵母菌、霉菌、原生动物、显微藻类等)以及无细胞结构的病毒、亚病毒(如类病毒、拟病毒、朊病毒等)。

1.1.2 微生物的特点

微生物不仅和动植物一样具有生物最基本的特征——新陈代谢和生命周期,还有其自身的特点。

1. 种类多

据统计,目前发现的微生物有 10 万种以上。虽然较动植物而言,微生物的种数发现得还不是很多。但是随着分离、培养方法的改进和研究工作的深入,微生物新种、新属、新科甚至新目、新纲屡见不鲜。正如前苏联生物学家伊姆舍涅茨所说:"目前我们所能了解的微生物种类,至多也不超过生活在自然界中微生物总数的 10%。"由此可见,微生物的资源是极其丰富的,它们正在为人类生产、生活做出贡献,其主要表现为:

(1)有利于物质循环。不同种微生物具有不同的代谢方式,能分解各种各样的有机物质。

(2) 可以防治公害。利用微生物各尽所能、各取所需、协同作用于"三废"中许多毒性强烈、结构复杂的物质，变不利为有利。

(3) 可以生产各种发酵产品。由于不同的微生物所积累的代谢产物不同，所以发酵工业上常利用各种微生物来生产各种发酵产品，如酒精、抗生素、酶制剂、氨基酸、维生素、医药产品和化工产品等。

2. 分布广

微生物在自然界分布极为广泛，土壤、水域、大气中几乎到处都有微生物的存在。上至 85 km 的高空，深至 10 000 m 的海底，高至 300 ℃ 以上的高温，低至 −250 ℃ 的低温以及动植物的体表、体内都有微生物的存在。

甚至没有高等生物生存或对高等生物有害的环境中也有微生物生长繁殖的踪迹，可谓"无孔不入，无微不至，无远不届，无遇不适"。

3. 繁殖快

在适宜条件下，大肠杆菌在 20～30 min 繁殖一代，1.5 h 就可以做到"五世同堂"；24 h 可繁殖 72 代，菌体数目可达 47×10^{22} 个，如把这些细胞排列起来，可将整个地球表面覆盖；48 h 可达 2.2×10^{43} 个。但是随着菌体数目增加，营养物质迅速消耗，代谢产物逐渐积累，pH 值、温度、溶氧浓度均随之而改变。因此，适宜的环境是很难持久的，微生物的繁殖速度永远达不到上述水平。

微生物的这一特性在发酵工业上具有重要的实践意义，主要体现在它的生产效率高、发酵周期短。例如，培养酵母生产蛋白质，每 8 h 就可收获一次，若种植大豆生产蛋白质，最短也要 100 d。

4. 易培养

由于微生物的食谱杂，对营养的要求不高，因而原料来源广泛，容易培养。许多不易被人和动物所利用的农副产品、工厂下脚料，如麸皮、豆饼粉、酒糟等，都可用来培养微生物。另外，大多数微生物的反应条件温和，一般能在常温、常压下进行生长繁殖、新陈代谢和各种生命活动。因此，利用微生物发酵生产食品、医药、化工原料都比化学合成法具有优越性，诸如不需要高温、高压设备，不用特殊催化剂，产品具有无毒性。

5. 代谢能力强

微生物个体的体积小，表面积大，具有极大的表面积和体积的比值。因此，它们能够在有机体与外界环境之间迅速交换营养与废物。从单位质量来看，微生物代谢强度比高等动物的代谢强度要大几千倍到几万倍。

6. 易变异

由于大多数微生物是单细胞微生物，利用物理的、化学的诱变剂处理后，容易使它们的遗传性质发生变异，从而可以改变微生物的代谢途径。有益的变异可为人类创造巨大的经济和社会效益，如产青霉素的菌种 *Penicillium chrysogenum*（产黄青霉），1943 年，每毫升发酵液仅分泌约 20 单位的青霉素，至今早已超过 5 万单位了。

由于微生物既具有生物的一般特性，又具有其他生物所没有的特点，因而微生物也就成为人们研究许多生物学基本问题的理想实验材料。

1.2 微生物学发展简史

微生物学史尽管时间不长,但充满着激动人心的成绩,为取得这些成绩,人们进行了长期而曲折的准备工作。

1.2.1 我国古代劳动人民对微生物的认识和利用——史前期

我国劳动人民很早就认识到了微生物的存在,并在生产中应用它们,积累了丰富的经验,早在4 000~5 000年前的"龙山文化"时期已能用谷物制酒。其中,最具代表性的当属我国人民的曲蘖酿酒。我国驰名世界的黄酒(善酿等)和白酒(茅台等)均是在此基础上发展产生的。北魏(公元386~534)贾思勰的《齐民要术》是我国古代最完整的一部农书,也是微生物学发展史上的重要经典著作,书中已有制醋、制酱等方法的详细记载,并记述了不同的轮作方式,强调豆类和谷物作物的轮作制。前汉后期(公元前1世纪)的《范胜之书》中,已提到肥田要熟肥及瓜类和小豆间作的种植方法。到18世纪30年代西方才开始使用轮作制,起码要比我国晚1 000多年。

在认识病原和防治疾病方面,我国也先于西方各国。公元2世纪张仲景提出禁食病死兽肉和不清洁的食物,以防伤寒。公元4世纪葛洪在《肘后备急方》一书中,详细记载了天花的病症,并注意到天花流行的方式。种人痘以防天花,在宋真宗时已广泛应用,这是医学上的伟大创举,也是应用免疫方法防治疾病的开端,后来才传到国外,并在种"人痘"的基础上发展成种"牛痘"。

关于微生物与动植物病害的关系,我国也认识很早。在2 000年前就有对鼠疫流行的记载,公元2世纪《神农本草经》中就有"白僵(病)"的记载,明朝李时珍所著《本草纲目》中记载了不少植物病害。我国很早就应用茯苓、灵芝等真菌治疗疾病。历代劳动人民对作物、蚕病也有各种防治措施。

1.2.2 微生物学的启蒙时期——形态学时期

16世纪列文虎克(Antony van Leeuwenhoek,荷兰,1632—1723)自制了放大倍数为50~300倍的显微镜(图1.1),使人们观察微生物成为可能,奠定了微生物学基础。他利用这种显微镜,观察到了一些细菌和原生动物,当时称为微动体,并对这些微动体做了简单的形态描述,首次揭示了微生物世界。由于他的杰出贡献,1680年他被选为英国皇家学会会员。正因为如此,列文虎克被后人称为微生物学的先驱者。

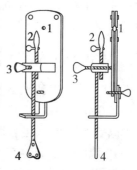

(a)列文虎克手持显微镜　　(b)显微镜的组成图示

图1.1　列文虎克和他的显微镜
1—透镜;2—装样针;3、4—调焦距的螺旋

1.2.3　微生物学的奠基时期——生理学时期

1861~1897年间,法国的巴斯德(Louis Pasteur)(图1.2)和德国的科赫(Robert Koch)(图1.3)将微生物的研究从形态的描述发展到生理学研究,建立了从微生物的分离、接种、纯培养到消毒、灭菌等一系列独特的微生物技术,奠定了微生物学的基础,揭示了微生物是食品发酵、食品腐败和人、畜患病的原因。在此时期,微生物学科开始形成,并且建立了许多应用性分支学科。

巴斯德是微生物学的奠基人,其突出贡献在于:

(1)驳斥了"自然发生"学说。1857年,他根据曲颈瓶实验(图1.4)证实,空气中确实含有微生物,它们可引起有机质的腐败。把培养基中的微生物加热杀死后,曲颈瓶弯曲的瓶颈挡住了空气中的微生物到达有机物的浸液内,但如果将瓶颈打断,空气中的微生物即可进入瓶内,使有机质发生腐败。

(2)在发酵研究中做出了突出的贡献。他发现酒精发酵是酵母菌的作用,从生理学角度解释了发酵过程,并且还发现酒的变质是由有害微生物引起的。

(3)将病原菌减毒,使其转变为疫苗。他发明了接种减毒病原菌以预防鸡霍乱病和牛、羊炭疽病,并制成了狂犬病疫苗,为人类防病、治病做出了巨大的贡献。

(4)此外,他发明的巴斯德消毒法,一直沿用至今。他还解决了当时法国葡萄酒变质和家蚕软化病等实践问题,为造福人类做出了巨大的贡献。

科赫作为细菌学的奠基人,在病原菌的研究及细菌的分离、培养等方面做出了杰出的贡献:

(1)配制固体培养基,并建立通过固体培养分离纯化微生物的技术。

(2)用自创的方法分离到许多病原菌,如炭疽芽孢杆菌(1877年)、结核分枝杆菌(1882年)、链球菌(1882年)、霍乱弧菌(1833年)等。

(3)提出了科赫法则(Koch's postulates),即证明某种微生物为某种疾病病原体所必须具备的条件,这一法则至今仍指导着动、植物病原菌的鉴定。

(4)创立了许多显微镜技术,如细菌鞭毛染色法、悬滴培养法、显微摄影技术等。

图1.2 巴斯德在他的实验室工作

图1.3 柯赫在他的实验室检查样品

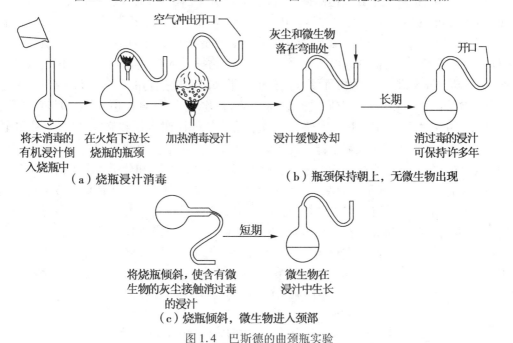
图1.4 巴斯德的曲颈瓶实验

1.2.4 微生物学的发展时期

1897年,德国学者布赫纳(E. Buchner)发现酵母菌的无细胞提取液能与酵母一样具有使发酵糖液产生乙醇的作用,从而认识了酵母菌酒精发酵的酶促过程,将微生物生命活动与酶化学结合起来。同时,其他学者如俄国学者伊万诺夫斯基(Ivanovski)首先发现了烟草花叶病毒(*Tobacco mosaic virus*,TMV),扩大了微生物的类群范围。在这一时期,微生物学进入到了微生物生化水平的研究。应用微生物分支学科更为扩大,出现了抗生素等新学科,并且在各应用分支学科较为深入发展的基础上,普通微生物学开始形成。

1929年,弗莱明(Fleming)发现青霉菌能抑制葡萄球菌的生长,揭示了微生物间的拮抗关系,并发现了青霉素。1949年,沃克斯曼(Waskman)在他多年研究土壤微生物所积累资料的基础上,发现了链霉素。此后陆续发现的新抗生素越来越多。这些抗生素除医用外,也应用于防治动、植物的病害和食品保藏。

1941年,比德尔(Beedle)和塔特姆(Tatum)用X射线和紫外线照射链孢霉,使其产生变异,获得营养缺陷型。他们对营养缺陷型的研究不仅进一步了解基因的作用和本质,而且为分子遗传学打下了基础。1944年,埃弗里(Avery)第一次证实了引起肺炎球菌形成荚膜遗传性状转化的物质是脱氧核糖核酸(DNA)。

1.2.5 微生物学的成熟时期

20世纪50年代初,随着电镜技术和其他高新技术的出现,对微生物的研究进入到分子生物学的水平。1953年,华特生(J. D. Watson)和克里克(F. H. Crick)发现了细菌基因体脱氧核糖核酸长链的双螺旋构造。1961年,加古勃(F. Jacab)和莫诺德(J. Monod)提出了操纵子学说,指出了基因表达的调节机制和其局部变化与基因突变之间的关系,即阐明了遗传信息的传递与表达的关系。1977年,C. Weose等在分析原核生物16SrRNA和真核生物18SrRNA序列的基础上,提出了可将自然界的生命分为细菌、古菌和真核生物三域,揭示了各生物之间的系统发育关系,使微生物学进入到成熟时期。在这个成熟时期,从基础研究来讲,从三大方面深入到分子水平来研究微生物的生命活动规律:研究微生物大分子的结构和功能,即研究核酸、蛋白质、生物合成、信息传递、膜结构与功能等。在基因和分子水平上研究不同生理类型微生物的各种代谢途径和调控、能量产生和转换,以及严格厌氧和其他极端条件下的代谢活动等。分子水平上研究微生物的形态构建和分化,病毒的装配以及微生物的进化、分类和鉴定等,在基因和分子水平上揭示微生物的系统发育关系。尤其是近年来,应用现代分子生物技术手段,将具有某种特殊功能的基因做出了组成序列图谱,以大肠杆菌等细菌细胞为工具和对象进行了各种各样的基因转移、克隆等开拓性研究。在应用方面,开发菌种资源、发酵原料和代谢产物,利用代谢调控机制和固定化细胞、固定化酶发展发酵生产和提高发酵经济的效益,应用遗传工程组建具有特殊功能的"工程菌",把研究微生物的各种方法和手段应用于动、植物和人类研究的某些领域。这些研究使微生物学研究进入到一个崭新的时期。

1.3 微生物学的研究对象与任务

1.3.1 微生物学及其研究对象

微生物学是一门在细胞、分子或群体水平上研究微生物的形态构造、生理代谢、遗传变异、生态分布和分类进化等生命活动基本规律,并将其应用于工业发酵、医药卫生、生物工程等领域的科学。从基础理论研究的角度来讲,微生物学可分为普通微生物学、微生物生理学、微生物遗传学、微生物分类学、微生物免疫学、微生物生态学等分支学科。从研究对象的种类角度来讲,微生物学可分为细菌学、真菌学、病毒学等分支学科。从应用角度来讲,微生物学可分为工业微生物学、农业微生物学、医用微生物学、食品微生物学、石油微生物学、畜牧微生物学、环境微生物学等分支学科。

微生物学的主要研究对象是一个十分庞杂的微生物类群,主要包括不具细胞结构的病毒;单细胞的细菌、放线菌、支原体、立克次氏体、衣原体、蓝细菌、蛭弧菌;属于真菌的酵母菌与霉菌;单细胞藻类、原生动物等。微生物包括的种类虽然如此多样,但它们都是较为简单的低等生命形式,生物学特征比较接近,加之对它们的研究方法以及在应用方面颇为相似,故常将它们统归于微生物学的研究范围。但也有人将单细胞藻类与原生动物分别归属于植物学与动物学中。

1.3.2 微生物学的任务

研究微生物及其生命活动规律是为了更好地发掘、利用和改善有益微生物,控制、消灭和改造有害微生物。

自然界中存在的微生物,具有致病性的只是少数,大多数对人与动物、植物是有益的,或者是无害的。某些微生物生活在动物肠道内,合成某些维生素,为宿主提供营养。牛、羊等反刍动物由于微生物的共生才能消化草料中的纤维素。豆科植物与根瘤菌共生,从而获得氮素营养。

微生物是土壤肥力的重要因素。植物、动物以及人类的生存都直接或间接依赖于土壤的肥力,而土壤肥力又决定于其中微生物的活动。微生物分解动、植物的排泄物及其残体,使有机成分变为无机物,可供植物吸收利用。土壤中的硫、磷、钾、铁等化合物也是通过微生物的作用转化成可溶性盐类,而被植物根系吸收。固氮微生物固定空气中的游离氮,增进土壤肥力,为植物提供氮源,是自然界中氮素循环的重要环节。土壤的形成,石油、天然气、煤及硫矿的形成都有微生物在起作用。水体的生产力也与其中生活着的微生物分不开。有些微生物具有分解其他生物不能利用的特殊物质,在污水净化中极为重要。

微生物的生理及代谢类型多种多样,代谢活力强,它们已被广泛应用于工、农业生产中。据估计已开发利用的微生物还不及自然界中微生物的1/10。在应用上,有的是直接利用其菌体,有的是利用其代谢物或代谢活动。不少微生物已被用来加工或生产各种食品、药物、化工原料、生物制品、饲料、农药等。有些微生物具有极高的抗逆性,如能耐特高、特低温度,能适应特高或特低的酸碱环境,抗高盐、抗高压、抗辐射性能等。发掘微生物资源,充分利用微生物的有益活动,发挥微生物的有利作用是微生物学研究的一个重要方面。

有些微生物能引起人及动、植物的病害,它们在历史上曾给人类带来莫大的灾难。至今,某些微生物导致的疾病,仍然严重威胁人类健康及农、牧业的发展。微生物的破坏性还表现在引起工业产品、农副产品及生活用品的腐蚀、霉烂。长期以来人们对微生物的有害作用进行了不懈的斗争。防止、消除微生物的有害活动,使之转害为利是微生物学研究的另一个重要方面。

微生物的重要性还在于它既是应用科学,又是基础科学。微生物学是生物学的重要组成部分,而且经常与分子生物学联系在一起,在探讨生命的本质、生命繁殖迅速、易于培养以及突变体应用等方面,使它们成为研究生物学中许多基本问题的良好材料而受到重视。现代微生物学的很多概念都是从微生物代谢研究而获得的。微生物遗传学的研究大大丰富了现代遗传学,对有关病毒的性质及病毒与宿主细胞间关系的研究,以及对有机体的结构与功能关系的探讨大有启示。微生物学对生物科学的基本理论研究做出了重要的贡献。

微生物学由于其研究任务不同,形成了一些分支科学。着重于研究微生物学基本问题的有普通微生物学、微生物分类学、微生物生理学、微生物生态学、微生物遗传学等。依研究对象的种类而分,有细菌学、真菌学、病毒学等。在应用微生物学方面有农业微生物学、工业微生物学、医学微生物学、兽医微生物学、食品微生物学、乳品微生物学、石油微生物学、海洋微生物学、土壤微生物学等。各分支学科的相互配合、相互促进,有利于微生物学全面、深入发展。

第 2 章 原核微生物

微生物种群庞杂、种类繁多,根据微生物的进化水平和各种性状上的明显差别,可把微生物分为原核微生物(prokaryotes,包括真细菌和古生菌)、真核微生物(eukaryotic microorganisms)和非细胞微生物(acellular microorganisms)三大类群。

原核微生物(prokaryote)即广义的细菌,是指一大类细胞核无核膜包裹,只存在称作核区(nuclear region)的裸露DNA的单细胞生物,包括真菌和古生菌两大类群。其中除少数属古生菌外,多数的原核生物都是真细菌。原核微生物主要有六种类型:细菌(狭义的)、放线菌、蓝细菌、支原体、立克次氏体和衣原体,下面将一一做介绍。

2.1 细 菌

狭义的细菌(bacteria)是指一类细胞细短(直径约为 0.5 μm,长度为 0.5~5 μm),结构简单,胞壁坚韧,多以二分裂方式繁殖和水生性较强的原核生物;而广义的细菌是指所有的原核生物。

在人体的内外部和我们的四周,到处都有大量的细菌集居着。凡在温暖、潮湿和富含有机物质的地方,都是各种细菌活动之处,在那里常会散发出一股特殊的臭味或酸败味。在夏天,固体食品表面时而会出现一些水珠状、鼻涕状、糨糊状等色彩多样的小突起,这就是细菌的集团,称作菌落或菌苔。如果用小棒去挑动一下,往往会拉出丝状物来;用手去摸一下,常有黏滑的感觉。如果在液体中出现混浊、沉淀或液面漂浮"白花"、伴有小气泡冒出,也说明其中可能长有大量的细菌。

当人类还在研究和认识细菌时,少数病原菌曾猖獗一时,夺走无数生灵;不少腐败菌也常常引起各种食物和工农业产品腐烂变质;另有一些细菌还会引起作物病害。随着人类对细菌的研究和对它们认识的深入,情况发生了根本的变化。越来越多的有益细菌被发掘并利用于工、农、医药和环保等生产实践中,给人类带来极其巨大的经济效益、社会效益和生态效益。

2.1.1 细胞的形态、构造及其功能

1. 形态和染色

(1)细菌的形态。

细菌的形态极其简单,主要有球状、杆状和螺旋状三种形态,仅少数为其他形状,如

丝状、三角形、方形和圆盘形等。

球状的细菌称为球菌,根据其分裂的方向及随后相互间的连接方式可分为单球菌、双球菌、四联球菌、八叠球菌、链球菌和葡萄球菌等。

杆状的细菌称为杆菌,其细胞外形较球菌复杂,常有短杆(球杆)状、棒杆状、梭状、梭杆状、螺杆状和弯月状等;按杆菌细胞的排列方式则有链状、栅状、"八"字状以及由鞘衣包裹在一起的丝状等。

螺旋状的细菌称为螺旋菌,若螺旋不足一环者则称为弧菌,满 2~6 环的小型、坚硬的螺旋状细菌可称为螺菌,而旋转周数多(常超过 6 环)、体长而柔软的螺旋状细菌则称为螺旋体。

自然界中的细菌,以杆菌为常见,球菌次之,而螺旋状的最少。

(2)细菌的大小。

量度细菌大小的单位是微米(μm),而量度其亚细胞构造则要用纳米(nm)作单位。一般球菌的直径为 0.5~1.0 μm,杆菌为 (0.5~1.0)μm × (1.0~3.0)μm,一个典型细菌的大小可用 E. coli 代表。它的细胞平均长度约为 2 μm,宽度约为 0.5 μm,形象地说,若把 1 500 个细胞的长径相连,仅等于一颗芝麻的长度(3 mm)。而质量更是微乎其微,若以每个细胞湿重$(1 \times 10^{-9}) \sim (1 \times 10^{-10})$ mg,即每克细菌含 1 万亿至 10 万亿个菌体细胞。

随着近年来科技的快速发展,也在许多以前未发现的区域发现了个别大型细菌,例如,自 1985 年以来,科学家先后在红海和澳大利亚海域生活的刺尾鱼肠道中,发现了一种巨型的共生细菌,称 Epulopiscium fishelsoni(费氏刺尾鱼菌),其细胞长度竟达 200~500 μm,其体积是典型 E. coli 细胞的 10 倍;芬兰学者 E. O. Kajander 等又在 1998 年报道了一种最小的细菌——"纳米细菌"(Nanobacterria),其细胞直径为 0.2~0.5 μm。

若干原核细胞的大小和体积见表 2.1。

表 2.1 若干原核细胞的大小和体积

菌　　名	大小或直径/μm	体积/μm^3
Thiomargarita namibiensis(纳米比亚嗜硫珠菌)	750	200 000 000
Epulopiscium fishelsoni(费氏刺尾鱼菌)	80 × 600	3 000 000
Baggiatona sp. (一种贝日阿托氏菌)	50 × 160	1 000 000
Achromatium oxaliferum(草酸无色菌)	35 × 95	80 000
Lyngbya majuscula(巨大鞘丝蓝细菌)	8 × 80	40 000
Prochloron sp. (一种原绿蓝细菌)	30	14 000
Thiovulum majus(大卵硫菌)	18	3 000
Staphylothermus marinus(海葡萄嗜热菌)	15	1 800
Titanospirillum volex	5 × 30	600
Magnetobacterium bavaricum(巴伐利亚磁杆菌)	2 × 10	30
Escherichia coli(大肠埃希氏菌,大肠杆菌)	1 × 2	2
Nanoarchaeum equitans(套折纳米古生菌)	0.4	0.02
Mycoplasma pneumoniae(肺炎支原体)	0.2	0.005

由于细菌细胞既微小又透明,故一般先要经过染色才能作显微镜观察。染色的方法很多,其主要类型见表2.2。

表2.2 染色的主要类型

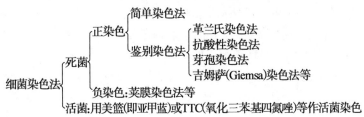

在上述各种染色法中,尤以革兰氏染色法(Gram stain)最为重要(此法由丹麦医生C. Gram 于 1884 年发明)。各种细菌经革兰氏染色法染色后,能区分成两大类:一类最终染成紫色,称革兰氏阳性细菌(Gram positive bacteria,G^+),另一类被染成红色,称革兰氏阴性细菌(Gram negative bacteria,G^-)。革兰氏染色法机制将在介绍细胞壁构造后予以说明。

2. 构造

细菌细胞的模式构造如图2.1 所示。图中把一般细菌都具有的构造称一般构造,包括细胞壁、细胞膜、细胞质和核区等,而把仅在部分细菌中才有的或在特殊环境条件才形成的构造称为特殊构造,包括鞭毛、菌毛、性菌毛、糖被(包括荚膜和黏液层)和芽孢等。

(1)细菌细胞的一般构造。

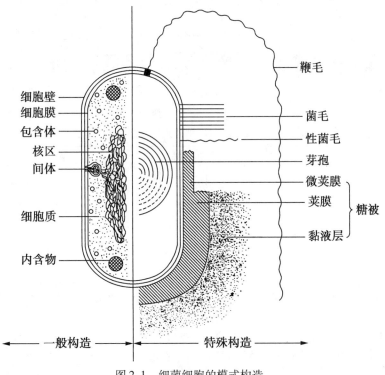

图 2.1 细菌细胞的模式构造

①细胞壁。细胞壁是位于细胞最外的一层厚实、坚韧的外被,主要成分为肽聚糖,具有固定细胞外形和保护细胞不受损伤等多种生理功能。通过染色、质壁分离或制成原生质体后再在光学显微镜(简称光镜)下观察,均可证实细胞壁的存在。

细胞壁的主要功能有固定细胞外形和提高机械强度,使其免受渗透压等外力的损伤;为细胞的生长、分裂和鞭毛运动所必需;阻拦大分子有害物质(某些抗生素和水解酶)进入细胞;赋予细菌特定的抗原性以及对抗生素和噬菌体的敏感性。

细菌细胞壁除了绝大多数的真细菌以肽聚糖为基本成分外,G^+ 细菌、G^- 细菌、抗酸细菌和古生菌还各有自己的特点。这可以看作细菌细胞壁成分的多样性。G^+ 细菌与 G^- 细菌细胞壁构造的比较如图2.2所示。G^+ 细菌与 G^- 细菌细胞壁成分的比较见表2.3。

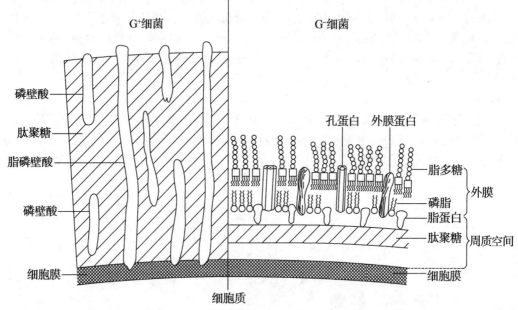

图2.2　G^+ 细菌与 G^- 细菌细胞壁构造的比较

表2.3　G^+ 细菌与 G^- 细菌细胞壁成分的比较

成分	占细胞壁干重的比例(质量分数)	
	G^+ 细菌	G^- 细菌
肽聚糖	很高(一般为90%)	很低(5~20)
磷壁酸	较高(<30%)	0
脂质	一般无(<2%)	较高(约20%)
蛋白质	少量	较高

以下分别对 G^+ 细菌、G^- 细菌和古生菌的细胞壁、缺壁细菌和革兰氏染色的机制做介绍和阐明。

a. G^+ 细菌的细胞壁。G^+ 细菌细胞壁的特点是厚度大(20~80 nm,从几层至25层分子)和化学组分简单,一般为质量分数60%~95%肽聚糖和10%~30%磷壁酸。现分别叙述如下。

肽聚糖又称黏肽、细胞质或黏质复合物,是真细菌细胞壁中的特有成分。

现以 G^+ 细菌(金黄色葡萄球菌)的肽聚糖做介绍。

肽聚糖分子由肽和聚糖两部分组成,其中的肽包括四肽尾和肽桥两种,而聚糖则是由 N-乙酰葡糖胺和 N-乙酰胞壁酸两种单糖互相间隔连接成的长链。这种肽聚糖网格状分子交织成一个多层次(几层至 25 层分子)致密的网套覆盖在整个细胞上(图 2.3)。G^+ 细菌肽聚糖的单体图解如图 2.4 所示。

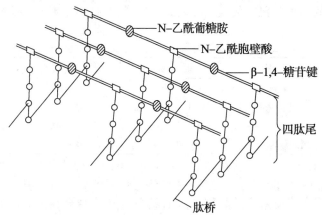

图 2.3 G^+ 细菌肽聚糖的立体结构(片段)

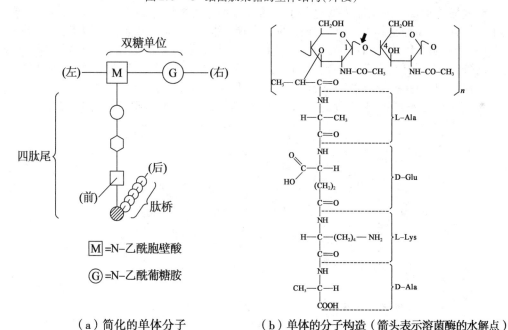

(a)简化的单体分子　　　(b)单体的分子构造(箭头表示溶菌酶的水解点)

图 2.4 G^+ 细菌肽聚糖的单体图解

从图 2.4 可知,每一肽聚糖单体由三部分组成。

双糖单位:由一个 N-乙酰葡糖胺通过 β-1,4-糖苷键与另一个 N-乙酰胞壁酸相连。这一双糖单位中的 β-1,4-糖苷键很易被一种广泛分布于卵清、人泪和鼻涕以及部分细菌和噬菌体中的溶菌酶所水解,从而导致细菌因细胞壁肽聚糖的"散架"(裂解)而死亡;

四肽尾(或四肽侧链):是由4个氨基酸分子按L型与D型交替方式连接而成。在 S. aureus 中,接在N-乙酰胞壁酸上的四肽尾为L-Ala-D-Glu-L-Lys-D-Ala,其中两种D型氨基酸一般仅在细菌细胞壁上见到。

肽桥(或肽间桥):在 S. aureus 中,肽桥为甘氨酸五肽,它起着连接前后两个四肽尾分子的"桥梁"作用。肽桥中的氨基酸种类很多,除了可与四肽尾中氨基酸重复外,还可出现甘氨酸、苏氨酸、丝氨酸和天冬氨酸,但从未发现过支链氨基酸、芳香氨基酸、含硫氨基酸和精氨酸、组氨酸、脯氨酸,这种特性可用于细菌的分类鉴定中。

现把 G^+ 细菌的四种肽聚糖代表列在表2.4中,同时列出了 G^- 细菌 E. coli 的肽桥做比较。

表2.4 肽聚糖分子中的4种主要肽桥类型

类型	甲肽尾上连接点	肽桥	乙肽尾上连接点	实例
I	第四氨基酸	—CO·NH—	第三氨基酸	E. coli (G^-)
II	第四氨基酸	—(Gly)$_5$—	第三氨基酸	S. aureus (G^+)
III	第四氨基酸	—(肽尾)$_{1-2}$—	第三氨基酸	M. luteus (G^+)$^+$
IV	第四氨基酸	—D—Lys—	第二氨基酸	C. poinsettiae (G^+)$^{++}$

磷壁酸(teichoic acid)是结合在 G^+ 细菌细胞壁上的一种酸性多糖,主要成分为甘油磷酸或核糖醇磷酸。磷壁酸可分为两类:一类是与肽聚糖分子进行共价结合的,称为壁磷壁酸;另一类是跨越肽聚糖层并与细胞膜的脂质层共价结合,称为膜磷壁酸或脂磷壁酸(lipoteichoic)。

磷壁酸的主要生理功能为通过分子上的大量负电荷浓缩细胞周围的 Mg^{2+}、Ca^{2+} 等2价阳离子,以提高细胞膜上一些合成酶的活力;贮藏元素;调节细胞内自溶素(autolysin)的活力,借以防止细胞因自溶而死亡;作为噬菌体的特异性吸附受体;赋予 G^+ 细菌特异的表面抗原,因而可用于菌种鉴定;增强某些致病菌(如A族链球菌)对宿主细胞的黏连,避免被白细胞吞噬,并有抗补体的作用。

磷壁酸有五种类型,主要分为甘油磷壁酸(图2.5)和核糖醇磷壁酸两类。

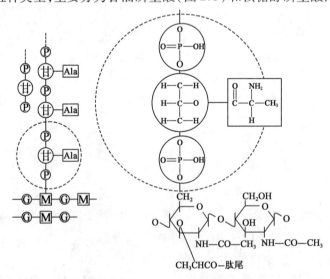

(a)甘油磷壁酸的结构模式　(b)甘油磷壁酸单体(虚线范围内)的分子结构

图2.5 甘油磷壁酸

b. G⁻细菌的细胞壁。G⁻细菌细胞壁的特点是厚度较 G⁺细菌薄,层次较多,成分较复杂,肽聚糖层很薄(仅为 2~3 nm),故机械强度较 G⁺细菌弱。

G⁻细菌肽聚糖的构造可以 E. coli 为典型代表。其肽聚糖层埋藏在外膜脂多糖(LPS)层之内。G⁻细菌肽聚糖单体结构与 G⁺细菌基本相同,差别仅在于:四肽尾的第三个氨基酸分子不是 L-Lys,而是被一种只存在于原核生物细胞壁上的特殊氨基酸——内消旋二氨基庚二酸(M-DAP)所代替;没有特殊的肽桥,故前、后两单体间的连接仅通过甲四肽尾的第四个氨基酸(D-Ala)的羧基与乙四肽尾的第三个氨基酸(M-DAP)的氨基直接相连,因而只形成较稀疏、机械强度较差的肽聚糖网套(图 2.6)。

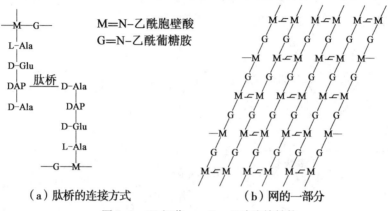

图 2.6 G⁻细菌——*E. coli* 肽聚糖结构

外膜又称"外壁",是 G⁻细菌细胞壁所特有的结构,它位于壁的最外层,化学成分为脂多糖、磷脂和若干种外膜蛋白。

脂多糖,是位于 G⁻细菌细胞壁最外层的一层较厚(8~10 nm)类脂多糖类物质,由类脂 A、核心多糖和 O-特异侧链 3 部分组成。外膜具有控制细胞的透性、提高 Mg^{2+} 质量浓度、决定细胞壁抗原多样性等作用,因而可用于传染病的诊断和病原的地理定位。

外膜蛋白,是指嵌合在 LPS 和磷脂层外膜上的 20 余种蛋白,多数功能还不清楚。其中的脂蛋白具有使外膜层与内壁肽聚糖层紧密连接的功能;另有一类中间有孔道,可控制相对分子质量大于 600 物质(如抗生素等)进入外膜的三聚体跨膜蛋白,称为孔蛋白,它是多种小分子进入细胞的通道,有特异性与非特异性两种。

脂多糖的主要功能是:类脂 A 是 G⁻细菌致病物质——内毒素的物质基础。

脂多糖的负电荷较强,故与 G⁺菌的磷壁酸相似,也有吸附 Mg^{2+}、Ca^{2+} 等 2 价阳离子以提高其在细胞表面含量的作用;由于 LPS 的结构多变,使 G⁻细菌细胞表面的抗原决定簇呈现多样性,例如,*Salmonella*(沙门氏菌属)就有 2 107 种(1983 年);是许多噬菌体在细胞表面的吸附受体。

LPS 的结构见表 2.5。其分子模型、内毒素和 3 种独特糖的构造如图 2.7 所示。

表 2.5　LPS 的结构

$$\text{LPS}\begin{cases}\text{类脂 A：2 个 N - 乙酰葡糖胺 + 5 个不同的长链脂肪酸}\\\text{核心多糖}\begin{cases}\text{内核心区}\begin{cases}\text{3 个 2 - 酮 - 3 - 脱氧辛糖酸（KDO）}\\\text{3 个 L - 甘油 - D - 甘露庚糖（Hep）}\end{cases}\\\text{外核心区：5 个己糖（Hex），包括葡萄糖胺、半乳糖、葡萄糖}\end{cases}\\\text{O - 特异侧链：多个 4Hex 单位，内含葡萄糖、半乳糖、鼠李糖、甘露糖、阿比可糖（Abq）、}\\\text{大肠杆菌糖（colitose）、副伤寒菌糖（paratose）或泰威糖（tavelose）等}\end{cases}$$

在 G⁻ 细菌中，其外膜与细胞膜间的狭窄胶质空间（12～15 nm）称为周质空间，其中存在着多种周质蛋白，包括水解酶类、合成酶类和运输蛋白等。

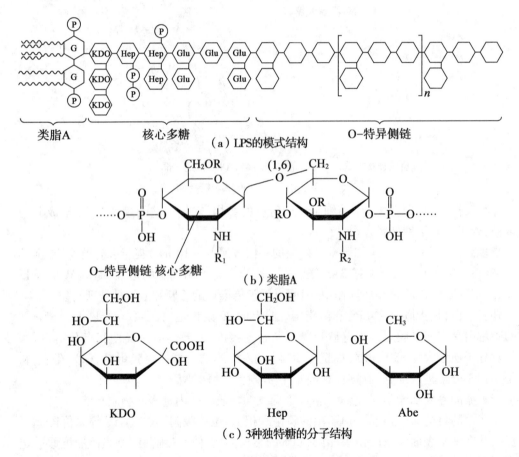

图 2.7　分子模型、内毒素和三种独特糖的构造
G—N - 乙酰葡糖胺；P—磷酸；Glu—葡萄糖；R_1、R_2——一般为 3 - 羟基豆蔻酸基；
R—月桂酸基、棕榈酸基或豆蔻酰豆蔻酸基

G⁺ 细菌与 G⁻ 细菌一系列生物学特性的比较见表 2.6。

表2.6　G^+细菌与G^-细菌一系列生物学特性的比较

比较项目	G^+细菌	G^-细菌
1. 革兰氏染色反应	能阻留结晶紫而染成紫色	可经脱色而复染成红色
2. 肽聚糖层	厚,层次多	薄,一般为单层
3. 磷壁酸	多数含有	无
4. 外膜	无	有
5. 脂多糖(LPS)	无	有
6. 类脂和脂蛋白含量	低(仅抗酸性细菌含类脂)	高
7. 鞭毛结构	基体上着生两个环	基体上着生4个环
8. 产毒素	以外毒素为主	以内毒素为主
9. 对机械力的抗性	强	弱
10. 细胞壁抗溶菌酶	弱	强
11. 对青霉素和磺胺	敏感	不敏感
12. 对链霉素、氯霉素、四环素	不敏感	敏感
13. 碱性染料的抑菌作用	强	弱
14. 对阴离子去污剂	敏感	不敏感
15. 对叠氮化钠	敏感	不敏感
16. 对干燥	抗性强	抗性弱
17. 产芽孢	有的产	不产
18. 细胞附器	通常无	种类多,如菌毛、性毛、柄
19. 运动性	大多不运动,运动用周毛	运动或不运动,运动方式多(极毛、周毛、轴丝、滑行)
20. 代谢	多为化能有机营养裂	类型多,如光能自养、化能无机营养及化能有机营养

抗酸细菌的细胞壁:抗酸细菌是一类细胞壁中含有大量分枝菌酸等蜡纸的特殊G^+细菌。因它们被酸性复红染上色后,就不能像其他G^+细菌那样被盐酸乙醇脱色,故称抗酸细菌。*Mycobacterium*(分支杆菌属)属于抗酸细菌,常见的有 *M. tuberculosis*(结核分枝杆菌)和 *M. leprae*(麻风分支杆菌)两种。抗酸细菌细胞壁的类脂(包括分枝菌酸和索状因子等)的质量分数可达60%,而肽聚糖的质量分数则很低,故反映在染色反应上虽呈G^+特性,但在壁的构造上却类似于G^-细菌(其类脂外壁层相当于G^-细菌的LPS层),如图2.8所示。

分枝菌酸是一类含60~90个碳原子的分支长链β-羟基脂肪酸。它连接在由阿拉伯糖和半乳糖交替连接形成的杂多糖链上,并通过磷脂键与肽聚糖链相连接,如图2.9所示。

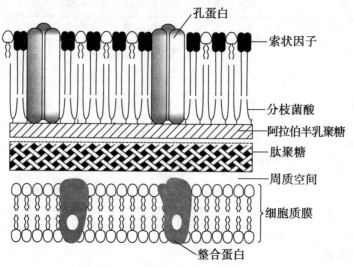

图 2.8 抗酸细菌细胞壁的构造

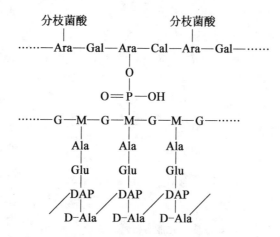

图 2.9 分枝菌酸的结构及其与肽聚糖的连接
G—N-乙酰葡萄胺;M—N-乙酰胞壁酸;DAP—m-二氨基庚二酸

索状因子(cord factor,funicuiar factor)是分枝杆菌细胞表层的一种糖脂,即 6,6-二分枝菌酸海藻糖。结核分枝杆菌在液体培养基中培养时,菌体可因索状因子的存在而引起"肩并肩"地聚集和使大量菌体呈长链状缠绕,从而使它们会沿器壁出现锁状生长,以致直达培养液表面而形成菌膜。索状因子与结核分枝杆菌的致病性密切相关,其分子结构如图 2.10 所示。

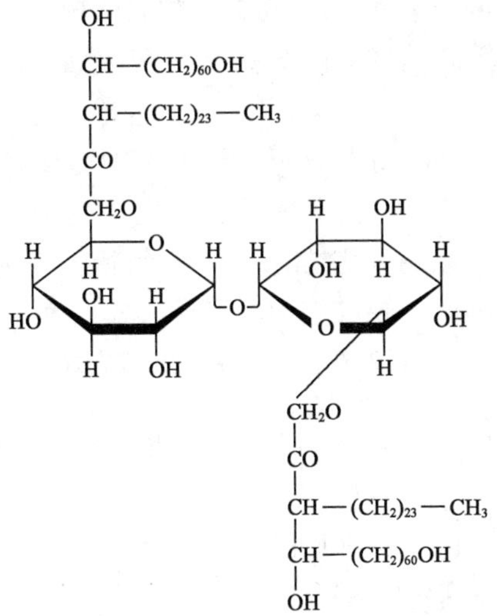

图 2.10 分枝杆菌外壁层索状因子的结构

c. 古生菌(Archaer)的细胞壁。古生菌又称古细菌(Archaebacteria)或古菌,是一类在进化途径上很早就与真细菌和真核生物相互独立的生物类群,主要包括一些特殊生态类型的原核生物,如产甲烷菌及大多数嗜极菌(Extremophile),包括极端嗜盐菌、极端嗜热菌和 Thermoplasma(热源体属)等。从化学成分来看,真细菌和古生菌的差别很大,据已被研究过的一些古生菌而言,其细胞壁中都不含真正的肽聚糖,有些含假肽聚糖,如 Methanobacterium(甲烷杆菌属),有些含多糖,如 Methanosarsina(甲烷八叠球菌属),也有含糖蛋白或蛋白质的。以下仅选 Methanobacterium(甲烷杆菌属)的假肽聚糖为例加以说明。

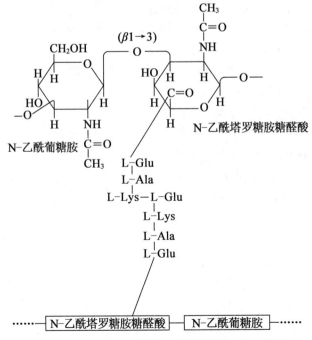

图 2.11 Methanobacterium 细胞壁中假肽聚糖的结构(单体)

假肽聚糖(pseudopeptidoglycan)的结构虽与肽聚糖相似,但其多糖骨架则是由 N-乙酰葡糖胺和 N-乙酰塔罗糖胺糖醛酸以 β-1,3-糖苷键(不被溶菌酶水解)交替连接而成。

d. 缺壁细菌(cell wall deficient bacteria)。虽然细胞壁是一切原核生物的最基本构造,但在自然界长期进化中和在实验室菌种的自发突变中都会产生少数缺细胞壁的种类。此外,在实验室中,还可以用人为方法通过抑制新生细胞壁的合成或对现成细胞壁进行酶解而获得人工缺壁细菌。缺壁细菌的形成方式见表2.7。

表 2.7 缺壁细菌的形成方式

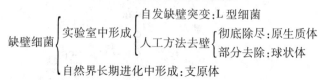

现简介以下四类缺壁细菌

第一类,L 型细菌(L-form of bacteria)。由英国李斯特(Lister)研究所的学者于1935年发现,故称 L 型细菌。当时发现一株杆状细菌 *Streptobacillus moniliformis*(念珠状链杆菌)自发突变,成为细胞膨大、对渗透敏感、在固体培养基上形成"油煎蛋"似的小菌落,经研究,它是一种细胞壁缺损细胞。后来发现,许多 G^+ 或 G^- 细菌在实验室或宿主体内都可产生 L 型突变。

第二类,原生质体(protoplast)。原生质体指在人为条件下,用溶菌酶除尽原有细胞壁或用青霉素抑制新生细胞壁合成后,所得到的仅有一层细胞膜包裹的圆球状渗透敏感细胞,它们只能用等渗或高渗培养液保存或维持生长。G^+ 菌最易形成原生质体。不同菌种或菌株的原生质体间易发生细胞融合,因而可用于杂交育种。

第三类,球状体(sphaeroplast)。球状体又称原生质球,指残留部分细胞壁(尤其是 G^- 细菌外膜层)的圆球形原生质体。

第四类,支原体(mycoplasma)。支原体是在长期进化过程中形成的、适应自然生活条件的无细胞壁的原核生物。

e. 革兰氏染色的机制(gram stain mechanism)。这是微生物中最重要的染色方法,其机制直至在该法发明 100 年后才得到了确切的证明。1983 年,T. Beveridge 等人用铂代替革兰氏染色中原有媒染剂碘的作用,在用电镜观察到结晶紫与铂复合物可被细胞壁阻留,从而认证了 G^+ 和 G^- 细菌主要由于其细胞壁化学成分的差异而引起了物理特性(脱色能力)的不同,最终导致染色反应不同。

其中细节为:通过结晶紫液初染和碘液媒染后,在细菌的细胞壁内可形成不溶于水的结晶紫与碘的复合物(CVI dye complex)。G^+ 细菌由于其细胞壁厚、肽聚糖网层次多和交联致密,故遇脱色剂乙醇(或丙酮)处理时,因失水而使网孔缩小,再加上它不含类脂,会溶出缝隙,因此能把结晶紫与碘的复合物牢牢地留在壁内,使其保持紫色。但是,G^- 细菌因其细胞壁薄、外膜层类脂含量高、肽聚糖层薄和交联度差,遇脱水剂乙醇后,以类脂为主的外膜迅速溶解,这时薄而松散肽聚糖网不能阻挡结晶紫与碘复合物的溶出,因此细胞褪呈无色。这时,再经沙黄等红色染料复染,就使 G^- 细菌呈现红色,而 G^+ 细菌则仍保留最初的紫色(实为紫加红色)了。

②细胞膜(cell membrane)。细胞膜又称细胞壁膜(cytoplasmic membrane)、质膜(plasma membrane)或内膜(inner membrane),是一层紧贴在细胞壁内侧,包围着细胞质的柔软、脆弱、富有弹性的半透性薄膜,厚度为 7~8nm,由磷脂(质量分数为20%~30%)和蛋白质(质量分数为50%~70%)组成。通过质壁分离、鉴别性染色或原生质体破裂等方法可在光镜下观察到;若用电镜观察细菌的超薄切片,则可更清楚地观察到它的存在。

用电镜观察到的细胞膜,是在内外两暗色层之间夹着以浅色中间层的一种双层膜结构。这是因为组成细胞膜的主要成分是磷脂,而模式由两层磷脂分子整齐的对称排列而成的。其中每个磷脂分子由一个带正电荷且能溶于水的极性头(磷酸端)和一个不带电荷、不溶于水的非极性尾(烃端)所构成。两个极性头分别朝向内外两表面,呈亲水性,而两个非极性尾的疏水尾则埋入膜的内层,于是形成一个磷脂双分子层。在极性头的甘油分子 C_3 位上,不同种类的微生物具有不同的 R 基因,如磷脂酸、磷脂酰甘油、磷脂酰乙醇胺、磷脂酰胆碱、磷脂酰丝氨酸或磷脂酰肌醇等(图2.12)。在所有细菌的细胞膜上都含磷脂酰甘油;而在 G^- 细菌中,通常还富含磷脂酰乙醇胺;磷脂酰胆碱偶尔存在于 G^- 细菌中,而未见于 G^+ 细菌中。在常见细菌 E. coli 中,其细胞膜主要含磷脂酰乙醇胺,还含少量磷脂酰甘油和罕见的二磷脂酰甘油成分。而非极性尾则由长链脂肪酸通过酯键连接在甘油分子的 C_1 和 C_2 位上组成,其链长与饱和度因细菌种类和生长温度而异,通常生长温度要求较高的种,其饱和度就越高,反之则低。

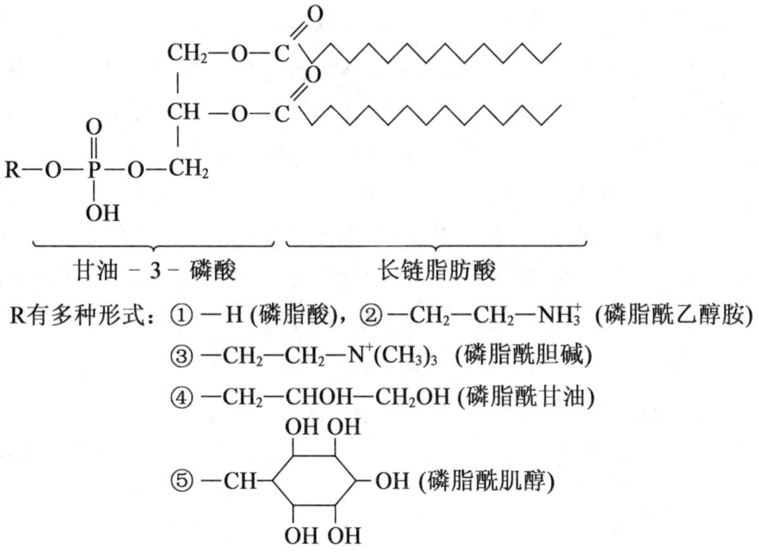

R有多种形式:① —H (磷脂酸),② —CH_2—CH_2—NH_3^+ (磷脂酰乙醇胺)
③ —CH_2—CH_2—$N^+(CH_3)_3$ (磷脂酰胆碱)
④ —CH_2—CHOH—CH_2OH (磷脂酰甘油)
⑤ —CH— (磷脂酰肌醇)

图2.12 磷脂的分子结构

有关细胞膜的结构与功能的解释,较多的学者倾向于1972年由 J. S. Singer 和 G. L. Nicolson 所提出的液态镶嵌模型(fluid mosaic model)。其要点为:a. 膜的主体是磷脂双分子层;b. 脂质双分子层具有流动性;c. 整合蛋白因其表面呈疏水性,故可"溶"于脂质双分子层的疏水性内层中;d. 周边蛋白表面含有亲水基团,故可通过静电引力与脂质双分子层表面的极性头相连;e. 脂质分子间或脂质与蛋白分子间无共价结合;f. 脂质双分子层犹如"海洋",周边蛋白可在其上做"漂浮"运动,而整合蛋白则似"冰山"沉浸在其中,做横向移动。有关细胞膜的模式构造如图2.13所示。

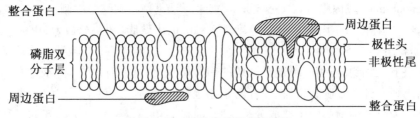

图2.13　细胞膜的模式构造图

细胞膜具以下生理功能:能选择性地控制细胞内、外的营养物质和代谢产物的运送;是维持细胞内正常渗透压的结构屏障;是合成细胞壁和糖被有关成分(如肽聚糖、磷壁酸、LPS和荚膜多糖等)的重要场所;膜上含有与氧化磷酸化或光合磷酸化等能量代谢有关的酶系,可使膜的内外两侧间形成一电位差,此即质子动势(proton motive force),故是细胞的产能基地;是鞭毛基体的着生部位。

原核生物的细胞膜上一般不含胆固醇等甾醇,因此与真核生物恰恰相反。只有缺乏细胞壁的原核生物——支原体(mycoplasma)是个例外,原因是含甾醇的细胞膜具有较坚韧的物理强度,在进化过程中,在一定程度上弥补了因缺壁而带来的不足。

近年来新发现的一些古生菌细胞膜具有某些独特性和多样性:a. 其磷脂的亲水头由甘油组成,但疏水尾却由长链烃组成,一般都是异戊二烯的重复单位(如四聚体植烷、六聚体鲨烯等);b. 亲水头与疏水尾间通过特殊的醚键(—C—O—C—)连接成甘油二醚或二甘油四醚,而在其他原核生物或真核生物中则通过酯键把甘油与脂肪酸连在一起的;c. 古生菌的细胞膜中存在着独特的单分子层或单双层混合膜。例如,当磷脂为二甘油四醚时,连接两端两个甘油分子间的两个植烷侧链间会发生共价结合,形成二植烷,从而出现了独特的单分子层膜(图2.14)。目前发现,这类单分子层膜多存在于嗜高温的古生菌中,原因可能是这种膜有较双分子层更高的机械强度;d. 在甘油分子的C_3位上,可连接多种与真细菌和真核生物细胞膜上不同的基团,如磷酸酯基、硫酸酯基及多种糖基等;f. 细胞膜上含有多种独特脂质,仅在各种嗜盐菌中就已发现有红菌红素、α和β胡萝卜素、番茄红素、视黄醛(可与蛋白质结合成视紫红质)和萘醌等。

$$\text{H}\underset{\text{CH}_2\text{OH}}{\overset{\text{CH}_2\text{OH}}{\boxed{-\text{C}-\text{O}-\text{C}}}}-\text{CH}_2-\overset{\text{H}}{\underset{\text{H}}{\text{C}}}-(\text{CH}_2)_3-\overset{\text{H}}{\underset{\text{H}}{\text{C}}}-(\text{CH}_2)_3-\overset{\text{H}}{\underset{\text{H}}{\text{C}}}-(\text{CH}_2)_3-\overset{\text{H}}{\underset{\text{H}}{\text{C}}}-\text{CH}_3$$

植烷基侧链

(a)古生菌细胞膜上的醚键

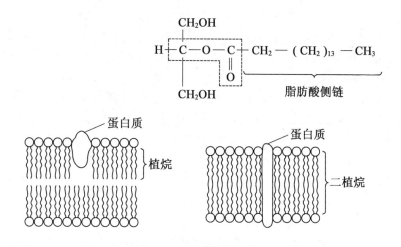

(b) 细菌、真核生物细胞膜上的酯键

图 2.14 甘油二醚和二甘油四醚的分子构造及由其形成的双层和单层膜

③细胞质和包含体。细胞质被细胞膜包围的除核区以外的一切半透明、胶体状、颗粒状物质的总称。其中水的质量分数约为 80%。与真核生物明显不同的是，原核生物的细胞质是不流动的。细胞质的主要成分为核糖体（由 50s 大亚基和 30s 小亚基组成）、贮藏物、酶类、中间代谢物、质粒、各类营养物质和大分子的单体等，少数细菌还含类囊体、羧酶体、气泡或半孢晶体等有特定功能的细胞组分。

细胞内含物：细胞质内一些显微镜下可见、形状较大的有机或无机的颗粒状构造，主要有：

贮藏物（reserve materials）：一类由不同化学成分累积而成的不溶性颗粒，主要功能是储存营养物。其种类很多，例如，聚 - β - 羟丁酸（或聚羟基丁酸酯，poly-β-hydroxybutyrate，PHB），是一种存在于许多细菌细胞质内属于脂质的碳源类贮藏物，不溶于水，而溶于氯仿，可用尼罗蓝或苏丹黑染色，具有贮藏能量、碳源和降低细胞内渗透压等作用。当 *Bacillus megaterium*（巨大芽孢杆菌）生长在含乙酸或丁酸的培养基中时，其 PHB 可占干重的 60%。

PHB 自 1925 年在 *B. megaterium* 中被发现以来，至今已在 60 属以上的细菌中确定其存在，产量较高的如 *Alcaligenes*（产碱菌属）、*Azotobacter*（固氮菌属）和 *Pseudomonas*（假单胞菌属）的某些菌种等。近年来，在某些光合厌氧菌和化能自养的 *Rastonia eutropha*（真养拉斯通氏菌）中，已发现有多种与 PHB 相类似的化合物，统称为聚羟链烷酸（或聚羟基烷酸酯、聚羟基脂肪酸酯，polyhydroxyalkanoate，PHA）。它们与 PHB 的差异仅在甲基上，若甲基用"R"（radical 的简称，指某基团）取代，就成了 PHA。由于 PHB 和 PHA 是由生物合成的高聚物，具有无毒、可塑和易降解等特点，因此正在大力开发用于制造医用塑料和快餐盒等的优质原料。

例如，异染粒（metachromatic granules）又称迂回体或掖转菌素（volutin granules）。因最初是在 *Spirillumvolutans*（迂回螺菌）中被发现，并可用美蓝或甲苯胺蓝染成红紫色，故名。颗粒大小为 0.5 ~ 1.0 μm，是无机偏磷酸的聚合物，分子呈线状。一般在含磷丰富的环境中形成,具有贮藏磷元素和能量以及降低细胞渗透压等作用。在 *Corynebacterium diphtheriae*(白喉棒杆菌)和 *Mycobacterium tuberculosis*(结合分枝杆菌)中极易见到。

磁小体(magnetosome):存在与少数 G^- 细菌如 *Aquaspirillum*(水生螺菌属)、*Bilophococcus*(嗜胆球菌属)等趋磁细菌中,是一种纳米级、高纯度、高均匀度、有独特结构的链状单磁畴磁晶体,大小均匀(20~100 nm),数目不等(2~20 颗),形状为平截八面体、平行六面体或六棱柱体等,成分为 Fe_3O_4,外有一层磷脂、蛋白质或糖蛋白膜包裹,无毒,趋磁细菌还有一定的实用前景,包括用做磁性定向药物和抗体以及用于制造生物传感器等。

羧酶体(carboxysome):又称羧化体,是存在于一些自养细菌细胞内的多角形或六角形内含物,大小与噬菌体相仿(约 10 nm),内含 1,5-二磷酸核酮糖羧化酶,在自养细菌的 CO_2 固定中起着关键作用。它存在于化能自养的 *Thiobacillus*(硫杆菌属)和一些光能自养的蓝细菌中。

气泡(gas vacuoles):是存在于许多光能营养型、无鞭毛运动水生细菌中的泡囊状内含物,内中充满气体,大小为(0.2~1.0) $\mu m \times 75$ nm,内有数排柱状小空泡。每个细胞含数个至数百个气泡,它主要存在于多种蓝细菌中。

核区(nuclear region or area):又称核质体(nuclear body)、原核(prokaryon)、拟核(nucleoid)或核基因组(genome),指原核生物所特有的无核膜包裹,无固定形态的原始细胞核。用富耳根(feulgen)染色法可见到呈紫色,形态不定的核区。核区的化学成分是一个大型的环状双链 DNA 分子,一般不含蛋白质,长度为 0.25~3.00 mm,例如,*E. coli* 的核区 1.1~1.4 mm,已测得其基因组大小为 6.64 Mb(百万碱基对),共由 4300 个基因组成(1997 年);*Bacillus subtilis*(枯草芽孢杆菌)的核区为 1.7 mm,已测得其基因组大小为 4.21 Mb,含 4 100 个基因(1997 年)。核区是细菌等原核生物负载遗传信息的主要物质基础。

(2)细菌细胞的特殊构造。

这里把不是所有的细菌细胞都具有的构造称作特殊构造,一般指糖被(包括荚膜和黏液层)、鞭毛、菌毛和芽孢等。

①糖被(glycocalyx)。糖被指包被于某些细菌细胞壁外的一层厚度不定的透明胶状物质。糖被的有无、厚薄除与菌种的遗传性相关外,还与环境尤其是营养条件密切相关。糖被按其有无固定层次厚薄又可细分为荚膜(capsule 或 macrocapsule,即大荚膜)、微荚膜(microcapsule)、黏液层(slime layer)和菌胶团(zoogloea)等数种,见表 2.8。

荚膜的含水量很高,经脱水和特殊染色后可在光镜下看到。在实验室中,若用炭黑墨水对产荚膜细菌进行负染色(即背景染色),也可方便地在光镜下观察到荚膜,而黏液层则无此特征。

糖被的成分一般是多糖,少数是蛋白质或多肽,也有多糖和多肽复合型的。

表 2.8 糖被的组成

$$
糖被 \begin{cases} 包裹在单个细胞外 \begin{cases} 在壁上有固定层次 \begin{cases} 层次厚:(大)荚膜 \\ 层次薄:微荚膜 \end{cases} \\ 松散,未固定在壁上:黏液层 \end{cases} \\ 包裹在细胞群上:菌胶团[动胶菌属(Zoogloea)含有] \end{cases}
$$

菌体和培养液的总成分及其代表菌见表2.9。

表2.9　菌体和培养液的总成分及其代表菌

糖被的功能为：①保护作用，其上大量基因可保护菌体免受干旱损伤；②可防止噬菌体的吸附和裂解；一些动物致病菌的荚膜还可保护它们免受宿主白细胞的吞噬，如 Klebsiella pneumoniae（肺炎克雷伯氏菌）的荚膜既可使其黏附于人体呼吸道并定值，又可防止白细胞的吞噬，故有人称致病细菌的糖被为"糖衣炮弹"；③贮藏养料，以备营养缺乏时重新利用，如 Xanthobacter spp. 的糖被等；④作为透性屏障和离子交换系统，保护细菌免受重金属离子的毒害；某些水生丝状细菌的鞘衣状荚膜也有附着作用，而植物致病细菌则可牢牢地黏附于寄主体表；⑤细菌间的信息识别作用，如 Rhizobium（根瘤菌属）；⑥堆积代谢废物。

糖被在科学研究和生产实践中都有较多的应用：用于菌种鉴定；用作药物和生化试剂，如 Leuconostoc mesenteroides 的糖被可提取葡聚糖以制备生化试剂和"代血浆"，例如，我国学者在1958年从桃皮上分离的1 226优良菌株就用于长期生产代血浆（右旋糖酐注射液）；用于污水的生物处理，例如，形成菌胶团的细菌，有助于污水中有害物质的吸附和沉降等。不过，有些细菌的糖被也会给人类带来有害作用，除了上述几种致病作用外，还会影响制糖厂和食品厂的生产，并影响食糖、酒类、面包或牛奶等的质量。

S层（S layer）：是一层包围在原核微生物细胞壁外、由大量蛋白质或糖蛋白亚基以方块形或六角形方式排列的连续层，类似于建筑物中的地砖。有的学者认为S层是糖被的一种。在G^+、G^-细菌和古生菌中都可找到S层的存在。常见的有S层的细菌有 Bacillus（芽孢杆菌属）、Clostridium（梭菌属）、Lactobacillus（乳杆菌属）、Corynebacterium（棒杆菌属）、Campylobacter（弯曲杆菌属）、Deinococcus（异常感菌属）、Aeromonas（气单胞菌属）、Pseudomonas（假单胞菌属）、Treponema（密螺旋体属）、Aquaspirillum（水螺菌属）和一些蓝细菌等；常见的古生菌有 Desulfurococcus（脱硫球菌属）、Halobacterium（盐杆菌属）、Methanococcus（甲烷球菌属）、Sulfolobus（硫化叶菌属）等。

②鞭毛（flagellum，复数 flagella）。生长在某些细菌表面的长丝状、波曲的蛋白质附属物，称为鞭毛，其数目为一至数十条，具有运动功能。鞭毛长15～20 μm，直径为0.01～0.02 μm。由于鞭毛过细，通常只能用电镜进行观察；在暗视野中，通过对细菌的悬滴标本或水浸片的观察，也能视其中的细菌是否做有规则的运动，来判断是否有鞭毛；也可通过琼脂平板培养基上的菌落形态或在半固体直立柱穿刺线上群体扩散的情况，推测某菌是否长有鞭毛。

原核生物(包括古生菌)的鞭毛都有共同的构造,它由基体、钩形鞘和鞭毛丝三部分组成,G^+和G^-细菌的鞭毛构造稍有区别。

现以典型的G^-细菌 E. coli 的鞭毛为例做介绍。

鞭毛的基体(basal body)的构造既复杂又精密。由以鞭毛杆为中心的四个称作环(ring)的盘状物组成,最外环为L环,它连接在细胞壁的外膜上,接着为连在细胞壁内壁层肽聚糖上的P环,第三个是靠近周质空间的S环和M环连在一起合称S-M环(或内环),共同嵌埋在细胞质膜和周质空间上。起着键钮的作用,它可根据细胞提供的信号令鞭毛进行正转或逆转。第四环为近年来发现的C环,它连接在细胞膜和细胞质的交界处,其功能与S-M环相同。已有大量证据表明,鞭毛基体实为一个精致、巧妙的超微型马达,其能量来自细胞膜上的质子动势(proton motive potential)。据计算,鞭毛旋转一周约消耗1 000个质子。把鞭毛基体与鞭毛丝连在一起的构造称为钩形鞘或鞭毛钩(hook),直径约为17 nm,其上着生一条长15~20 μm的鞭毛丝(filament)。鞭毛丝是由许多直径约为4.5 nm的鞭毛蛋白(flagellin)亚基沿着中央孔道(直径为20 nm)作螺旋状缠绕而成,每周有8~10个亚基。鞭毛蛋白是一种呈球状或卵圆状的蛋白质,相对分子质量为3万~6万,它在细胞质内合成后,由鞭毛基部通过中央孔道不断输送至鞭毛的游离端进行自装配(不需酶或其他因子协助)。因此,鞭毛的生长是靠其顶部延伸而非基部延伸。G^-细菌鞭毛的一般构造(模式图)如图2.15所示。

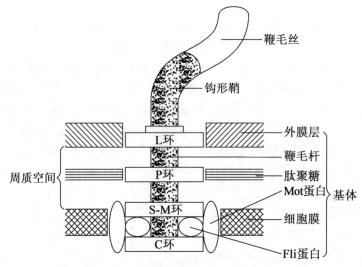

图2.15 G^-细菌鞭毛的一般构造(模式图)

G^+细菌如 Bacillus subtilis(枯草芽孢杆菌)的鞭毛结构较简单,除其基本仅有相互分离的S和M两环外,其他均与G^-细菌相同。

鞭毛的生理功能是运动,这是原核生物实现其趋势(taxis)的最有效方式。生物体对其环境中的不同物理、化学或生物因子做有方向性的应答运动称为趋势。这些因子往往以梯度差的形式存在。若生物向着高梯度方向运动,则称为正趋势,反之则称为负趋势。按环境因子性质的不同,趋性又可细分为趋化性(chemotaxis)、趋光性(phototaxis)、趋氧性(oxygentaxis)和趋磁性(magnetotaxis)等多种。

有关鞭毛运动的机制曾有过"旋转论"(rotaion theory)和"挥鞭论"(bending theory)的争议。1974年,美国学者M. Silverman和M. Simon曾用过"逆向思维"方式创造性地设计了一个巧妙的"拴菌"实验(tethered-cell experiment),肯定了"旋转论"的正确性。

鞭毛菌的运动速度极高,一般每秒达到20~80 μm,最高时达到100 μm;端生鞭毛菌的速度超过周生鞭毛菌;有的螺菌(*Spirillum* sp.)鞭毛的转速达40 r/s(已超过了一般电动机的转速),*E. coli* 鞭毛的转速为270 r/s。

弧菌、螺菌类普遍着生鞭毛;在杆菌中,假单胞菌都长有端生鞭毛,其余的有周生鞭毛或不长鞭毛的;球菌一般无鞭毛,仅个别属如*Planococcus*(动球菌属)才长有鞭毛。鞭毛在细胞表面的着生方式多样,主要有单端鞭毛菌(*Monotricha*)、端生丛毛菌(*Lophotricha*)、两端鞭毛菌(*Amphitricha*)和周毛菌(*Peritricha*)等,见表2.10。

表2.10 鞭毛在细胞表面的着生方式

周生鞭毛菌一般做直线运动,运动速度慢,端生鞭毛菌则做翻滚运动,方向多变,运动速度快。

鞭毛的有无和着生方式在细菌的分类和鉴定工作中,是一项有用的形态学指标。

在细菌的鞭毛中,还有一类特殊的形态和运动方式的鞭毛,这就是螺旋体的周质鞭毛。与上述大多数细菌的游离型鞭毛不同,在螺旋体细胞(又称原生质柱)的表面,长有独特的固定型鞭毛,称为周质鞭毛(periplasmic flagella)、内鞭毛(endoflagella)或称轴丝(axial filaments)。一般每个细胞上长两条周质鞭毛。螺旋体的周质鞭毛及其三处横切面示意图如图2.16所示。

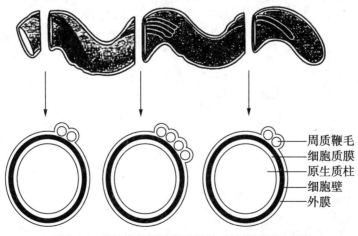

图2.16 螺旋体的周质鞭毛及其三处横切面示意图

周质鞭毛的运动机制可能是通过它的快速旋转,使细胞表面的螺旋凸纹不断伸缩移动,由此推动细胞做拔塞钻状快速前进。这一独特运动方式,对生活在污泥或动物黏膜表面等半固态环境中的螺旋体,具有良好的适应功能。

③菌毛(fimbria,复数 fimbriae)。菌毛又称纤毛、伞毛、线毛或须毛,是一种长在细菌体表的纤细、中空、短直且数量较多的蛋白质类附属物,具有使菌体附着于物体表面上的功能。它比鞭毛简单,无基体等构造,直接着生于细胞质膜上。其直径一般为 3~10 nm,每菌一般有 250~300 条。菌毛多数存在于 G^- 致病菌中。

④性毛(pilus,复数 pili)。性毛又称性菌毛、性丝(sex-pili 或 F-pili),构造和成分与菌毛相同,但比菌毛长,且每个细胞仅一至少数几根。一般见于 G^- 细菌的雄性菌株(供体菌)中。

⑤芽孢和其他休眠构造。某些细菌在其生长发育后期,在细胞内形成的一个圆形或椭圆形、厚壁、含水量低、抗逆性强的休眠构造,称为芽孢(endospore)。由于每一营养细胞内仅形成一个芽孢,故芽孢并无繁殖功能。

芽孢是生命世界中抗逆性最强的一种构造,在抗热、抗化学药物和抗辐射方面十分突出。例如,*Clostridium botulinum*(肉毒梭菌)的芽孢在沸水中要经 5.0~9.5 h 才被杀死;*Bacillus magaterium*(巨大芽孢杆菌)芽孢的抗辐射能力比 *E. coli* 细胞强 36 倍。芽孢的休眠能力更为突出,在常规条件下,一般可保持几年至几十年而不死亡。据文献记载,有的芽孢甚至可休眠数百至数千年,最极端的例子是在美国的一块有 2 500 万~4 000 万年历史的琥珀,至今从其中蜜蜂肠道内还可分离到有生命力的芽孢。

能产芽孢的细菌种类较少,主要属于 G^+ 细胞的两个属——好氧性的 *Bacillus*(芽孢杆菌属)和厌氧性的 *Clostridium*(梭菌属)。其他还有十余属细胞产生芽孢,如 *Peanibacillus*(类芽孢杆菌属)、*Sporolactobacillus*(芽孢乳杆菌属)等。

芽孢的结构较为复杂,其构造模式如图 2.17 所示。产芽孢的结构见表 2.11。

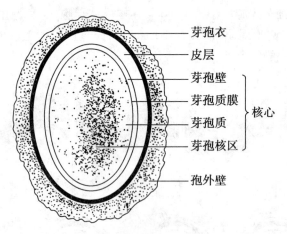

图 2.17 细菌芽孢构造模式图

表 2.11 产芽孢细菌的结构

```
产芽孢细菌 ┬ 芽孢囊:是产芽孢菌的营养细胞外壳
          └ 芽孢 ┬ 孢外壁:主要含脂蛋白,透性差(有的芽孢无此层)
                 ├ 芽孢衣:主要含疏水性角蛋白,抗酶解、抗药物,多价阳离子难通过
                 ├ 皮层:主要含芽孢肽聚糖及 DPA-Ca,体积较大,渗透压高,含水量高
                 └ 核心 ┬ 芽孢壁:含肽聚糖,可发展成新细胞的壁
                        ├ 芽孢质膜:含磷脂、蛋白质,可发展成新细胞的膜
                        ├ 芽孢质:含 DPA-Ca、核糖体、RNA 和酶类
                        └ 核区:含 DNA
```

a. 芽孢的形成(sporulation, sporogenesis)。产芽孢的细菌当处于环境中营养物缺乏和代谢产物浓度过高时,就引起细胞生长停止,进而形成芽孢。其形态化过程分 7 期:DNA 浓缩,形成束状染色质;细胞膜内陷,细胞发生不对称分裂,其中小体积部分即为前芽孢(forespore);前芽孢的双层隔膜形成,这时芽孢的抗热性提高;在上述两层隔膜间充填芽孢肽聚糖后,合成 DPA-Ca(吡啶 2,6-二羧酸钙),开始形成皮层,再经脱水,使折光率提高;芽孢衣合成结束;皮层合成完成,芽孢成熟,抗热性出现;芽孢囊裂解,芽孢游离外出。以 Bacillus subtilis(枯草芽孢杆菌)为例,芽孢形成过程约经 8 h。芽孢形成过程如图 2.18 所示。

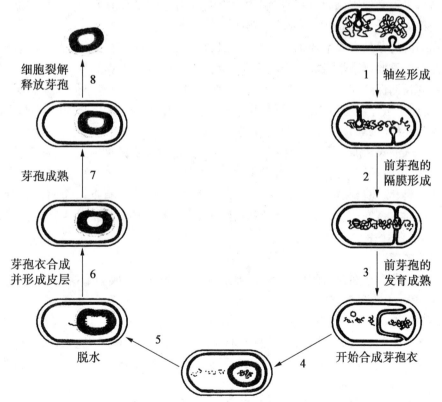

图 2.18 芽孢形成过程的形状变化

b. 芽孢的萌发(germinatiom)。由休眠状态的芽孢变成营养状体细菌的过程,称为芽

孢萌发，包括活化(activation)、出芽(germination)和生长(outgrowth)三个具体阶段。一般来说，活化作用可由短期热处理或用低 pH 值、强氧化剂的处理而引起。例如，*Bacillus subtilis* 的芽孢经 7 d 休眠后，在 60 ℃下处理 5 min 即可促进其发芽。有的菌种的芽孢要用 100 ℃加热 10 min 才能促使其发芽。因活化作用是可逆的，故经活化处理后的芽孢必须及时接种到培养基中去。有些化学物质可显著促进芽孢的萌发，称作萌发剂(germinants)，如 L-丙氨酸、Mn^{2+}、表面活性剂(n-十二烷胺等)和葡萄糖等。相反，D-丙氨酸和碳酸氢钠等则会抑制某些细菌芽孢的发芽。发芽的速度很快，一般仅需几分钟。在发芽过程中，为芽孢所特有的一些特性，包括耐热性、光密度和折射率等都逐渐下降，DPA-Ca、氨基酸和多肽逐步释放，核心中含量较高的可防止 DNA 损伤的小酸溶性芽孢蛋白(SASP, small acid-soluble sporeprotein)迅速下降，接着就开始其生长阶段。于是，芽孢核心部分开始快速合成新的 DNA、RNA 和蛋白质，从而完成发芽过程并很快转变成新的营养细胞。

芽孢具有高度耐热性，但是关于耐热机制人们还了解得很少。较新的渗透调节皮层膨胀学说(osmoregulatory expanded cortex theory)认为：芽孢的内热性在于芽孢衣对多价阳离子和水分的透性很差以及皮层的离子强度很高，这就使皮层产生了极高的渗透压去夺取芽孢核心中的水分，其结果造成皮层的充分膨胀和核心的高度失水，使芽孢具有高度耐热性。另一种学说则认为，芽孢皮层中含有营养细胞所没有的 DPA-Ca，它能稳定芽孢中的生物大分子，从而增强芽孢的耐热性。

研究细菌的芽孢有着重要的理论和实践意义。芽孢的有无、形态、大小和着生位置是细菌分类的重要形态学指标。在实践上，芽孢的存在有利于提高菌种的筛选效率，有利于菌种的长期保藏，有利于对各种消毒、杀菌措施优劣的判断等。但因为有芽孢菌的存在，也增加了医疗器材使用上以及食品生产、传染病防治和发酵生产中的种种困难。

⑥伴孢晶体(parasporal crystal)。它是少数芽孢杆菌产生的糖蛋白昆虫毒素。例如，*Bacillus thuringiensis*(苏云金芽孢杆菌，简称"Bt")在形成芽孢的同时，会在芽孢旁形成一棵菱形、方形或不规则形的碱溶性蛋白质晶体。其干重可达芽孢囊中的 30% 左右。伴孢晶体对鳞翅目、双翅目和鞘翅目等 200 多种昆虫和动、植物线虫有毒杀作用，因此可将这类细菌制成对人畜安全、对害虫的天敌和植物无害，有利于环境保护的生物农药(biopesticide，如"Bt"细菌杀虫剂)。

3. 细菌的繁殖

当一个细菌生活在合适的条件下时，通过其连续的生命合成和平衡生长，细胞体积、质量不断增大，最终导致繁殖。细菌的主要繁殖方式为裂殖，只有少数种类进行芽殖。

(1)裂殖(fission)。

裂殖指一个细胞通过分裂而形成两个子细胞的过程。对杆状细胞来说，有横分裂和纵分裂两种方式，前者指分裂时细胞间形成的隔膜与细胞长轴呈垂直状态，后者则指呈平行状态。一般细菌均进行横分裂。

二分裂(binary fission)：典型的二分裂是一种对称的二分裂方式，即一个细胞在其对称中心形成一个隔膜，进而分裂成两个形态、大小和构造完全相同的子细胞(图 2.19)。绝大多数的细菌都借这种分裂方式进行繁殖。

三分裂(trinary fission):有一属进行厌氧光合作用的绿色硫细菌称为 *Pelodictyon*(暗网菌属),它能形成松散、不规则、三维构造并由细胞链组成的网状体(图2.20)。其原因是除大部分细胞进行常规的二分裂繁殖外,还有部分细胞进行成对"一分为三"方式的三分裂,形成一对"Y"细胞,然后仍进行二分裂,其结果就形成了特殊的网眼状菌丝体。

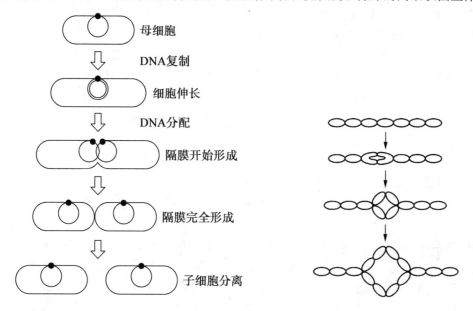

图2.19　杆菌二分裂过程模式图　　图2.20　*P. clathratiforme*(格形暗网菌)
　　　(图中 DNA 均为双键)　　　　　　　通过三分裂形成网眼

复分裂(multiple fission):是一种寄生于细菌细胞中具有端生单鞭毛称作蛭弧菌(*Bdellovibrio*)的小型弧状细菌所具有的繁殖方式。当它在寄主细菌体内生长时,会形成不规则的盘曲的长细胞,然后细胞多处同时发生均等长度的分裂,形成多个弧形子细胞。

(2)芽殖(budding)。

芽殖是在母细胞表面(尤其在其一端)先形成一个小突起,待其长大到与母细胞相仿后再相互分离并独立生活的一种繁殖方式。凡以这类繁殖方式繁殖的细菌,统称芽生细菌(*Budding bacteria*),包括 *Blastobacter*(芽生杆菌属)、*Hyphomicrobium*(生丝微菌属)等十余属细菌。

2.1.2　细菌的群体形态

1.在固体培养基上(内)的群体形态

(1)菌落与菌苔。

将单个细菌(或其他微生物)细胞或一小堆同种细胞接种到固体培养基表面(有时为内层),当它占有一定的发展空间并处于适宜的培养条件下,该细胞就会迅速生长并形成细胞堆,此即菌落(colony)。菌落就是在固体培养基上(内)以母细胞为中心的一堆肉眼可见的,有一定形态、构造等特征的子细胞集团。

菌苔就是如果菌落是由一个单细胞繁殖形成的,则它就是一个纯种细胞群或克隆(clone)。如果把大量分散的纯种细胞密集地接种在固体培养基的较大表面上,结果长出的大量"菌落"就会相互连成一片。

(2)细菌的菌落的特征。

细菌的菌落有其自己的特征,一般呈湿润、较光滑、较透明、较黏稠、易挑取、质地均匀以及菌落正反面或边缘与中央部位的颜色一致等。其原因是细菌属单细胞生物,一个菌落内无数细胞并没有形态、功能上的分化,细胞间充满着毛细管状态的水等。

但是由于不同形态、生理类型的细菌,其菌落形态、构造等特征也不同,所以就会呈现不同的特征反映。例如,无鞭毛、不能运动的细菌尤其是球菌通常都形成较小、较厚、边缘圆整的半球状菌落;长有鞭毛、运动能力强的细菌一般形成大而平坦、边缘多缺刻(甚至呈树根状)、不规则形状的菌落;有糖被的细菌,会长出大型、透明、蛋清状的菌落;有芽孢的细菌往往长出外观粗糙、"干燥"、不透明且表面多褶的菌落等。

菌落对微生物学工作有很大作用,例如,可用于微生物的分离、纯化、鉴定、计数和选种、育种等一系列工作中。

2. 在半固体培养基上(内)的群体形态

纯种细菌在半固体培养基上生长时会出现许多特有的培养性状,因此对菌种鉴定十分重要。

半固体培养法通常把培养基灌注在试管中,形成高层直立状,然后用穿刺接种法接入试验菌种。如果用明胶半固体培养基做试验,还可根据明胶柱液化层中呈现的不同形状来判断某细菌是否有蛋白酶产生和某些其他特征;而如果使用的是半固体琼脂培养基,则可以从直立柱表面和穿刺线上细菌群体的生长状态和是否有扩散现象来判断该菌的运动能力和其他特征。

3. 在液体培养基上(内)的群体形态

细菌在液体培养基中生长时,会因其细胞特征、相对密度、运动能力和对氧气等关系的不同,而形成几种不同的群体形态;多数表现为混浊,部分表现为沉淀,一些好氧性细菌则在液面上大量生长,形成有特征性的、薄厚有差异的菌膜或环状、小片状不连续的菌膜等。

2.2 放线菌

放线菌广泛分布在含水量较低、有机物较丰富和呈微碱性的土壤中。泥土所特有的泥腥味,主要由放线菌产生的土腥味素(geosmin)所引起。

放线菌与人类关系极其密切,绝大多数属有益菌,对人类健康尤为突出。至今已报道过的抗生素中,约半数都是由放线菌产生的。此外,放线菌在甾体转化、石油脱蜡和污水处理中也有重要应用。由于许多放线菌有极强的土壤分解纤维素、石蜡、角蛋白、琼脂和橡胶等的能力,故它们在保护环境、提高土壤肥力和自然界物质循环中起着重要作用。只有极少数放线菌能引起人类和动、植物病害。据资料报道,目前已知的微生物代谢产物总数已达5万左右,其中近一半为抗生素和其他生理活性物质,其中3 800种是由细菌产生(占17%)的,而10 000余种是由放线菌产生(占45%,其中链霉菌7 500种,其他稀有放线菌产2 500种)的。

放线菌(*actinomycetes*)是一类主要呈菌丝状生长和以孢子繁殖的陆生性较强的原核生物,由于它与细菌十分接近,且至今已发现的 80 余属(1992 年)放线菌几乎都呈革兰氏阳性,因此,可将放线菌定义为一类主要呈丝状生长和以孢子繁殖的革兰氏阳性细菌。

2.2.1 放线菌的形态和构造

1. 典型放线菌——链霉菌的形态和构造

放线菌的种类很多,形态构造和生理、生态类型多样。现以分布最广、种类最多、形态特征最典型以及与人类关系最密切的链霉菌属为例来阐明放线菌的一般形态、构造和繁殖方式。通过载片培养等方法可清楚地观察到链霉菌(*streptomycete*)细胞呈丝状分枝,菌丝直径很细。在营养生长阶段,菌丝内无隔,故一般呈多核的单细胞状态。链霉菌的形状、构造模式如图 2.21 所示。

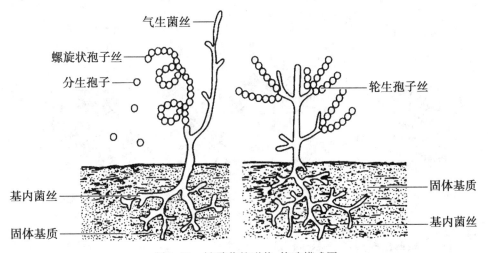

图 2.21 链霉菌的形状、构造模式图

当其孢子落在固体基质表面并发芽后,就不断伸长、分支并以放射状向基质表面和内层扩展,形成大量色浅、较细的具有吸收营养和排泄代谢废物功能的基内菌丝体(substrate mycelium,又称基质菌丝,营养菌丝或一级菌丝),同时在其上又不断向空间方向分化出颜色较深、直径较粗的分枝菌丝,这就是气生菌丝体。不久,大部分气生菌丝体成熟,分化成孢子丝(spore‐bearingmycelium),并通过横割分裂方式,产生成串的分生孢子(conidia,spore)。

链霉菌孢子丝的形态多样,有直、波曲、钩状、螺旋状和轮生(一级轮生或二级轮生)等多种(图 2.22)。螺旋状的孢子丝较为多见,其螺旋的松紧、大小、转数和转向都较稳定。转数在 1～20 周间(多数为 5～10 周),转向多数为左旋,孢子形态多样,有球、椭圆、杆、圆柱、瓜子、棱或半月等形状,其颜色十分丰富,且与其表面纹饰相关。孢子表面纹饰在电镜下清晰可见,表面有光滑、褶皱、疣、刺、发或鳞片状,刺又有粗细、大小、长短和疏密之分,一般凡属直或波曲的孢子丝,其孢子表面均呈光滑状,若为螺旋状的孢子丝,则孢子表面会因种而异,有光滑、刺或毛发状的。

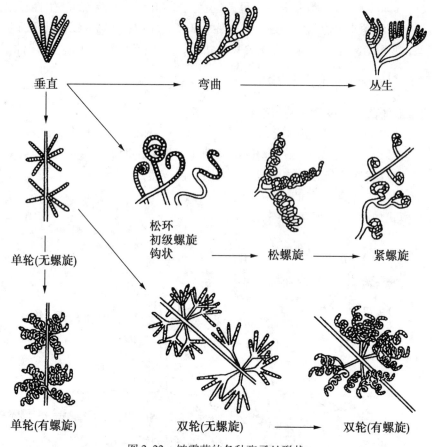

图 2.22 链霉菌的各种孢子丝形状

2. 其他放线菌所特有的形态和构造

（1）基内菌丝会断裂成大量杆菌状体的放线菌。

以 Nocardia（诺卡氏菌）属为代表的原始放线菌具有分枝状、发达的营养菌丝，但多数无气生菌丝。当营养菌丝成熟后，会以横割分裂方式突然产生形状、大小较一致的杆菌状、球菌状或分枝杆菌状的分生孢子。

（2）菌丝顶端形成少量孢子的放线菌。

有几属放线菌会在菌丝顶端形成一至数个或较多的孢子。如 Micromonospora（小单孢菌属）放线菌多数是不形成气生菌丝的，但它会在分枝的基内菌丝顶端产一个孢子，Microbispora（小双孢菌属）和 Microteraspora（小四孢菌属）的放线菌都是在基内菌丝上不形成孢子而仅在气生菌丝顶端分别形成 2 个和 4 个孢子的放线菌，Micropolyspora（小多孢菌属）的放线菌既在气生菌丝又在基内菌丝顶端形成 2~10 个孢子。

（3）具有孢囊并产孢囊孢子的放线菌。

孢囊链霉菌属（Streptosporangium）的放线菌具有由气生菌丝的孢子丝盘卷而成的孢囊，它长在气生菌丝的主丝或侧丝的顶端，内部产生多个孢囊孢子（无鞭毛）。

（4）具有孢囊并产游动孢子的放线菌。

游动放线菌属（Actinoplanes）放线菌的气生菌丝不发达，在基内菌丝内形成孢囊，内含许多呈盘曲或直行排列的球形或近球形的孢囊孢子,其上着生一至数根端生或周生鞭毛,可运动。若干有代表性形态构造的放线菌如图 2.23 所示。

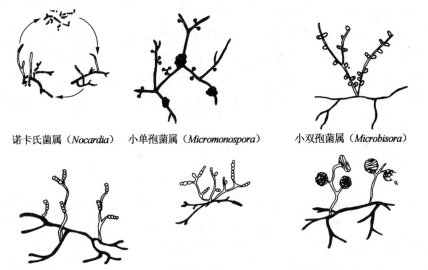

图 2.23　若干有代表性形态构造的放线菌

2.2.2　放线菌的繁殖

在自然条件下,多数放线菌通常借形成各种孢子进行繁殖,仅有少数各类是以基内菌丝分裂形成孢子状细胞进行繁殖的。放线菌处于液体培养时很少形成孢子,但其各种菌丝片段都有繁殖功能,这一特征对于在实验室进行摇瓶培养和工厂的大型发酵罐中进行深层液体搅拌培养来说,就显得十分重要。

以往曾认为放线菌的孢子形成有横割分裂和凝聚分裂两种方式,后来根据电镜下的超薄切片观察,发现仅有横割分裂一种,并通过两种途径进行:第一,细胞膜内陷,再由外向内逐渐收缩,最后形成以完整的横割膜,从而把孢子丝分割成许多分生孢子;第二,细胞膜和壁同时内陷,再逐步向内缢缩,最终将孢子丝缢裂成一串分生孢子。放线菌的繁殖方式见表 2.12。

表 2.12　放线菌的繁殖方式

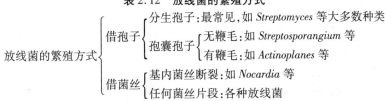

2.2.3 放线菌的群体特征

1. 在固体培养基上

多数放线菌有基内菌丝和气生菌丝的分化,气生菌丝分化成孢子丝并产生成串的干粉状孢子,它们伸展在空间,菌丝间没有毛细管水存积,于是就使放线菌产生与细菌有明显差别的菌落,小型、干燥、不透明,表面呈致密的丝绒状,上有一薄层彩色的"干粉",菌落和培养基的连接紧密,难以挑取,菌落的正反面颜色常不一样,以及在菌落边缘的琼脂平面有变形的现象等。

少数原始的放线菌如 *Nocardia* 等缺乏气生菌丝或气生菌丝不发达,因此其菌落外形就必然与细菌接近。

2. 在液体培养基上(内)

在实验室对放线菌进行摇瓶培养时,常见到在液体面与瓶壁交接处粘贴着一圈菌苔,培养液清而不混,其中悬浮着许多珠状菌丝团,一些大型菌丝团则沉在瓶底等现象。产生这些特征的原因,都可从放线菌细胞所特有的形态构造上找到答案。

2.3 蓝细菌

蓝细菌(Cyanobacteria)旧名蓝藻(blue algae)或蓝绿藻(blue-green algae),是一类进化历史悠久,革兰氏染色阴性,无鞭毛,含叶绿素a(但不形成叶绿体),能进行产氧性光合作用的大型原核生物。蓝细菌与属于真核生物的藻类最大区别在于前者无叶绿体,无真细胞核,有70s核糖体以及细胞壁含肽聚糖等。

2.3.1 蓝细菌的分布和大小

蓝细菌广泛分布于自然界,包括各种水体、土壤中和部分生物体内外,甚至在岩石表面和其他恶劣环境(高温、低温、盐湖、荒漠和冻原等)中都可找到它们的踪迹,因此有"先锋生物"之美称。蓝细菌的细胞体积一般比细菌大,通常直径为 3~10 μm,最大的可达 60 μm,如 *Oscillatoria princeps*(巨颤蓝细菌)。

2.3.2 蓝细菌的分类

蓝细菌细胞形态多样,大体可分五群,如图 2.24 所示。

第一群:色球蓝细菌群(Chroococcacean)。单细胞(球状、杆状)或细胞聚合体,二等分裂或芽殖。(G+C)的物质的量分数为 35%~71%,如 *Gloeobacter*(粘杆菌属)、*Synechococcus*(聚球蓝细菌属)、*Cyanothece*(蓝细菌属)、*Gloeocapsa*(粘球蓝细菌属)和 *Cynechocystis*(集胞蓝细菌属)等。

第二群:宽球蓝细菌群(Pleurocapsalean)。在鞘套内排成丝状的杆状单细胞,借复分裂形成小球状细胞(baeocyte)进行繁殖。(G+C)的物质的量分数为 40%~46%,如 *Dermocarpa*(皮果蓝细胞属)、*Xenococcus*(异球蓝细菌属)等。

第三群:颤蓝细菌群(Oscillatorian)。在丝状鞘套内的球状单细胞,借二等分裂和菌丝断裂而繁殖。(G+C)的物质的量分数为40%~47%。如 *Oscillaloria*(颤蓝细菌属)、*Spirulina*(螺旋蓝细菌属)、*Lyngbya*(鞘丝蓝细菌属)和 *Arthrospira*(节螺蓝细菌属)等。

第四群:念珠蓝细菌群(Nostocalean)。具有异形胞的不分枝丝状细胞串,以菌丝断裂和静息孢子萌发进行繁殖。(G+C)的物质的量分数为38%~46%,如 *Anabaena*(鱼腥蓝细菌属)、*Nostoc*(念珠蓝细菌属)、*Calothrix*(眉蓝细菌属)、*Cylindrospermum*(筒胞蓝细菌属)和 *Scytonema*(伪枝蓝细菌属)等。

第五群:分枝异形胞蓝细菌群(Branching heterocystous)。细胞分裂后会形成分枝的丝状体,借链丝段和静息孢子进行繁殖。(G+C)的物质的量分数为42%~46%,如 *Fischerella*(飞氏蓝细菌属)、*Stigonema*(真枝蓝细菌属)、*Chlorogloeopsis*(拟绿胶蓝细菌属)和 *Hapalosiphon*(软管蓝细菌属)等。

蓝细菌的构造与 G⁻ 细菌相似,细胞壁双层,含肽聚糖。不少种类,尤其是水生种类在其壁外还有黏质糖被或鞘,它不但可以把各单细胞集合在一起,而且还可进行滑行运动。细胞质周围有复杂的光合色素层,通常以类囊体的形式出现,其中含叶绿素 a 和藻胆素。细胞内还有能固定 CO_2 的羧酶体。在水生性种类的细胞中,常有气泡构造。细胞中的内含物有可用作碳源营养的糖原、PHB,可用作氮源营养的蓝细菌肽和储存磷的聚磷酸盐等。蓝细菌细胞内的脂肪酸较为特殊,含有两至多个双键的不饱和脂肪酸,而其他原核生物通常只含饱和脂肪酸和单个双键的不饱和脂肪酸。

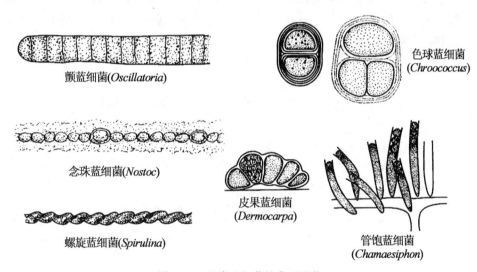

图 2.24 几类蓝细菌的典型形状

2.3.3 蓝细菌的细胞特化形式

蓝细菌的细胞有几种特化形式:

1. 异形胞

异形胞是存在于丝状生长种类中的形大、壁厚、专司固氮功能的细胞,数目少而不定,位于细胞链的中间或末端,如 *Anabaena* 和 *Nostoc*(念珠蓝细胞属)等。

2. 静息孢子

静息孢子是一种长在细胞链的中间或末端的形大、壁厚、色深的休眠细胞,富含贮藏物,能抵御干旱等不良环境,可见于 Anabaena 和 Nostoc 属的种类。

3. 链丝段

链丝段又称连锁体或藻殖段,是由长细胞链断裂而成的短链段,具有繁殖功能。

4. 内孢子

少数种类如 Chamaesiphon(管孢蓝细菌属)能在细胞内形成许多球形或三角形的内孢子,待成熟后即可释放,具有繁殖作用。

2.3.4 蓝细菌的优缺点

蓝细菌是一类较古老的原核生物,在21亿~17亿年前已形成,它的发展使整个地球大气从无氧状态发展到有氧状态,从而孕育了一切好氧生物的进化和发展。在人类生活中,蓝细菌有着重大的经济价值和生态价值,它是构成海洋和江、河、湖等水体光合生产力的重要部分,包括许多食用种类如 Nostoc flagelliforme(发菜念珠蓝细菌)、N. commune(普通木耳念珠蓝细菌,即葛仙米,俗称地耳)、Spirulina platensis(盘状螺旋蓝细菌)、S. maxima(最大螺旋蓝细菌)等,后两种分别产于中非的乍得和中美洲的墨西哥,自1962年法国学者在非洲发现后,因富含蛋白质、钙、铁和 β - 类胡萝卜素,故已被开发成有一定经济价值的"螺旋藻"产品。

至今已知有120多种蓝细菌具有固氮能力,特别是 Anabaena azollae(满江红鱼腥蓝细菌)共生的水蕨类满江红,是一种良好的绿肥,有的蓝细菌是在受氮、磷等元素污染后发生富营养化的海水赤潮和湖泊中"水华"(water bloom)的元凶,给渔业和养殖业带来严重危害。

2.4 支原体、立克次氏体和衣原体

支原体、立克次氏体和衣原体是三类同属 G^- 的代谢能力差、主要细胞内寄生的小型原核生物。从支原体、立克次氏体和衣原体,其寄生性逐步增强。因此,它们是介于细菌与病毒间的一类原核生物,详见表2.13。

表2.13 支原体、立克次氏体、衣原体和病毒的比较

比较项目	支原体	立克次氏体	衣原体	病毒
细胞构造	有	有	有	无
直径大于300 nm	不一定	是	不一定	否
含核酸类型	DNA 和 RNA	DNA 和 RNA	DNA 和 RNA	DNA 或 RNA
核糖体	有	有	有	无
细胞壁	无	有(含肽聚糖)	有(不含肽聚糖)	无
细胞膜	有(含甾醇)	有(无甾醇)	有(无甾醇)	无
在无生命培养基上	生长	不能生长	不能生长	不能生长

续表 2.13

比较项目	支原体	立克次氏体	衣原体	病毒
细胞二分裂繁殖	有	有	有	无
繁殖时个体完整性	保持	保持	保持	不保持
大分子合成能力	有	有	有	无
产 ATP 系统	有	有	无	无
氧化谷氨酰胺能力	有	有	无	无
对抑制细菌抗生素的反应	敏感(对抑制细胞壁合成者例外)	敏感	敏感(青霉素例外)	有抗性

2.4.1 支原体

支原体是一类无细胞壁、介于独立生活和细胞内寄生生活间的最小型原核生物。其许多种类是人和动物的致病菌,有些腐生种类生活在污水、土壤或堆肥中,少数种类可污染实验室的组织培养物。

1967 年后,发现在患"丛枝病"的桑、马铃薯等许多植物韧皮部中也有支原体存在,为了与感染动物的支原体相区分,一般称侵染植物的支原体为类支原(mycoplasma-like organisms,MLO)或植原体(phytoplasma),它们可引起桑、稻、竹和玉米等的矮缩病、黄化病或丛枝病。

支原体的特点有:细胞很小,直径一般为 150~300 nm,多数为 250 nm 左右,故在光镜下勉强可见;细胞膜含甾醇,比其他原核生物的膜更坚韧;因无细胞壁,故呈 G^- 且形态易变,对渗透压较敏感,对抑制细胞壁合成的抗生素不敏感等;菌落小(直径为 0.1~1.0 mm),在固体培养基表面呈特有的"油煎饼"状;以二分裂和出芽等方式繁殖;能在含血清、酵母膏和甾醇等营养丰富的培养基上生长;多数能以糖类作能源,能在有氧或无氧条件下进行氧化型或发酵型产能代谢;基因组很小,仅为 0.6~1.1 Mb(为 *E. coli* 的 1/4~1/5)。

2.4.2 立克次氏体

立克次氏体是人类斑疹伤寒、恙虫热和 Q 热等严重传染病的病原体。一般寄生于虱、蚤等节肢动物消化道的上皮细胞,并在其中大量繁殖,细胞破裂后所释放的大量个体随粪便排出。当虱、蚤叮咬人体时,乘机排粪,在人体抓痒之际,粪中立克次氏体便随即从伤口进入血流,在血细胞中大量繁殖并产生内毒素,置人于死地。引起人类致病的主要种类是 *R. prowazeki*、*R. typhi*(斑疹伤寒立克次氏体)和 *R. tsutsugamushi*(恙虫病立克次氏体)。

1909 年,美国医生 H. T. Ricketts 首次发现落基山斑疹伤寒的独特病原体并被它夺去生命。

立克次氏体(rickettsia)是一类专性寄生于真核细胞内的 G^- 原核生物。它与支原体的区别是有细胞壁和不能独立生活;与衣原体的区别在于其细胞较大、无滤过性和存在产能代谢系统。

立克次氏体的特点:①细胞较大,大小为$(0.3\sim0.6)\mu m \times (0.8\sim2.0)\mu m$,在光镜下清晰可见;②细胞形态多样,自球状、双球状、杆状至丝状等均有;③有细胞壁,G^-;④除少数外,均在真核细胞内营细胞内专性寄生,宿主为虱、蚤等节肢动物和人、鼠等脊椎动物;⑤以二分裂方式繁殖(每分裂一次约8h);⑥存在不完整的产能代谢途径,不能利用葡萄糖或有机酸,只能利用谷氨酸和谷氨酰胺产能;⑦对四环素和青霉素等抗生素敏感;⑧对热敏感,一般在56℃以上经30min即被杀死;⑨一般可培养在鸡胚、敏感动物或HeLa 细胞株(子宫颈癌细胞)的组织培养物上;⑩基因组很小,如1998年11月公布基因组大小的 *Rickettsia prowazeki*(普氏立克次氏体,其中的"普氏"为前捷克斯洛伐克学者 S. von Prowazek,也因研究斑疹伤寒而于1915年献身),其基因组为1.1Mb,含834个基因。

2.4.3 衣原体

目前被承认的衣原体有三个种,即引起鹦鹉热等人兽共患病的 *Chlamydia psittaci*(鹦鹉热衣原体,最新署名已改为 *Chlamydophila*),引起人体沙眼的 *C. trachomatis*(沙眼衣原体)和和引起非典型肺炎的 *C. pneumoniae*(肺炎衣原体,最新署名已改为 *Chlamydophila*)。

衣原体(Chlamydia)是一类在真核细胞内营专性能量寄生的小型 G^- 原核生物。曾长期被误认为"大型病毒",直至1956年由我国著名生物学家汤非凡等自沙眼中首次分离到病原体后,才逐步证实它是一类独特的原核生物。

衣原体的特点是:有细胞结构;细胞内同时含有 RNA 和 DNA 两种核苷酸;有细胞壁(但缺肽聚糖),G^-;有核糖体;缺乏产生能量的酶系,须严格细胞内寄生,以二分裂方式繁殖;对抑制细菌的抗生素和药物敏感;只能用鸡胚卵黄囊膜、小白鼠腹腔 HeLa 细胞组织培养物等活体进行培养。

衣原体的生活史十分独特(图2.25)。具有感染力的细胞称作原体,呈小球状(直径小于$0.4\mu m$),细胞厚壁,致密,不能运动,不生长(RNA:DNA=1:1),抗干旱,有传染性。原体经空气传播,一旦遇合适的新宿主,就可经过吞噬作用进入细胞,在其中生长,转化成无感染力的细胞,称为始体(initital body)或网状体(reticulate body),它呈大型球状(直径为$1\sim1.5\mu m$),细胞壁薄而脆弱,易变形,无传染性,生长较快(RNA:DNA=3:1),通过二分裂可在细胞内繁殖成一个微菌落即"包含体",随后每个始体细胞又重新转化成原体,待释放出细胞后,重新通过气流传播并视机感染新的宿主。整个生活史为48 h。

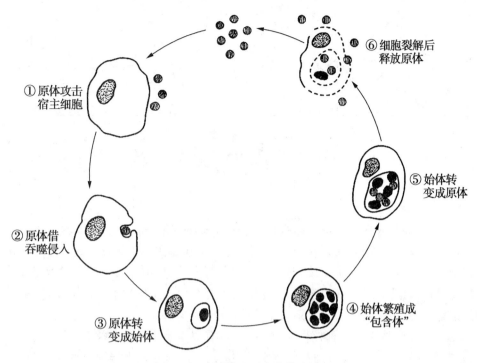

图 2.25　衣原体生活史的模式图

思考题

1. 细菌细胞的一般构造和特殊构造分别有哪些？
2. 简述细菌革兰氏染色的原理。
3. 缺壁细菌有哪些？分别具有哪些特征？
4. 细菌与放线菌的菌落特征有哪些不同？

第 3 章 真核微生物

在微生物中,大多数种群具有真核生物(eukaryotes)的细胞结构,即细胞核具有核膜且能进行有丝分裂、细胞质存在线粒体或同时存在叶绿体等细胞器。这些微生物被称为真核微生物(eukaryotic microorganisms),主要包括真菌、显微藻类和原生动物等。真核微生物与原核微生物相比,其形态较大、结构较为复杂,且已经分化出许多由膜包裹着的完整的细胞核,其中存在着结构复杂的染色体。

真菌是最重要的一类真核微生物,一般具有以下特点:无叶绿素,不能进行光合作用;多数具有发达的菌丝体;细胞壁多数含几丁质;营养方式为异氧吸收型;以产生大量无性和有性孢子的方式进行繁殖;陆生性较强。其主要包括单细胞真菌(酵母菌)、丝状真菌(霉菌)和大型子实真菌(蕈菌)等。其中酵母菌和霉菌占有很大比例,它们与人类和工农业生产密切相关。由于已经有不少真菌给人类带来危害,如导致制品发霉、食品腐败和人类及动、植物真菌病害等,因此引起高度重视。由于真菌对食品安全行造成的威胁,所以常作为食品检测的重要指标之一加以控制。本章将重点介绍酵母菌和霉菌。

3.1 真菌细胞的结构特征

真菌是生物界中很大的一个类群,世界上已被描述的真菌约有 1 万属 12 万种(属与种都是单位,且属大于种),真菌学家戴芳澜教授估计我国大约有 4 万种(种为单位)。按照林奈(Linneaus)的两界分类系统,人们通常将真菌门分为鞭毛菌亚门、接合菌亚门、子囊菌亚门、担子菌亚门和半知菌亚门。其中,担子菌亚门是一群多种多样的高等真菌,多数种具有食用和药用价值,如银耳、金针菇、竹荪、牛肝菌、灵芝等,但也有豹斑毒伞、马鞍、鬼笔蕈等有毒种。另外,半知菌亚门中约有 300 属是农作物和森林病害的病原菌,还有些属是能引起人类和一些动物皮肤病的病原菌,如稻瘟病菌,可以引起苗瘟、节瘟和谷里瘟等。真菌(fungus;eumycetes)是具有细胞核和细胞壁的异养生物。其营养体除少数低等类型为单细胞外,大多是由纤细管状菌丝构成的菌丝体。低等真菌的菌丝无隔膜,高等真菌的菌丝都有隔膜,前者称为无隔菌丝(coenocytic hypha),后者称有隔菌丝(septate hypha)。真菌细胞是由坚固的细胞壁包围着,在多数真菌的细胞壁中最具特征性的是含有甲壳质(chitin),其次是纤维素。细胞核由双层的核膜包裹,核膜上有特殊的核膜孔,核内有核仁和染色体。细胞质由细胞膜包围着,细胞质中有真核生物细胞中常见的细胞器,常见的真菌细胞器有线粒体、微体、核糖体、液泡、溶酶体、泡囊、内质网、微管、鞭毛等;常见的内含物有肝糖、晶体、脂体等。典型真核细胞构造的模式如图3.1所示。

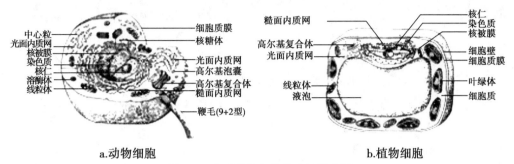

图3.1 典型真核细胞构造的模式图

3.1.1 细胞壁

细胞壁是真核细胞最外层的结构单位,占细胞干物质的30%左右,具有固定细胞外形,保护细胞免受外界不良因子的损伤和调节营养物质的吸收和代谢产物的分泌等功能。细胞壁的厚度因菌龄不同而有区别,一般为100～200 nm。所有真菌的细胞壁都具有无定形的纤维状的组分。纤维状的组分包括几丁质和纤维素,都是由β-(1,4)多聚物形成的微纤丝。无定形的组分包括蛋白质、甘露聚糖和β-(1,3)、β-(1,6)和α-(1,3)葡聚糖,常混杂在显微网中。

细胞壁的主要成分为己糖或氨基己糖结构的多糖链,如几丁质(甲壳质)脱乙酰几丁质、纤维素、葡聚糖、甘露聚糖、半乳聚糖等,此外还有少量的蛋白质、脂类和无机盐等。

多糖构成了细胞壁有型基质的成分。微纤维部分可使细胞壁保持坚韧性,各真菌类群之间多糖的数量和性质是不同的(表3.1)。几丁质是真核微生物细胞壁的主要成分,包括子囊菌、担子菌、半知菌类和低等的壶菌,它们是以β-1,4-N-乙酰氨基葡萄糖为单位的无支链多聚体。而纤维素是以β-1,4葡萄糖链为单位的多聚体,包括卵菌纲、丝毛壶菌纲、黏菌目和子囊菌的个别种。

蛋白质一般不超过细胞壁干重的10%,这些细胞壁蛋白既是壁的结构成分,同时又起着酶的功能。

脂类通常不超过细胞壁组成的8%,细胞壁中的脂类由饱和脂肪酸组成。磷脂是较为普遍的组成成分,但是有些酵母的壁中含有糖脂和鞘氨醇。

细胞壁中通常还含有少量的无机离子,其中磷是含量丰富的无机元素,其次是钙离子、镁离子。

表3.1 细胞壁多糖与分类单元之间的关系

细胞壁多糖	分类单元	代表菌
纤维素,糖原	集胞粘菌目	盘基网柄菌(*Dictyostelium discoideum*)
纤维素,葡聚糖	卵菌纲	德巴利腐霉(*Pythium debaryanum*)
纤维素,几丁质	丝壶菌纲	一种根前毛菌(*Rhizidiomyces* sp.)

续表 3.1

细胞壁多糖	分类单元	代表菌
几丁质,脱乙酰几丁质	接合菌纲	鲁氏毛霉(Mucor rouxianus)
几丁质,葡聚糖	壶菌纲	一种异水霉(Allomyces)
	子囊菌纲	粗糙脉孢菌(Neurospora crassa)
	担子菌纲	群集裂摺菌(Schizophyllum commune)
	半知菌类	黑曲霉(Aspergillum niger)
葡聚糖,甘露聚糖	子囊菌纲	酿酒酵母(Saccharomyces cerevisiae)
	半知菌类	产朊假丝酵母(Candida utilis)
几丁质,甘露聚糖	担子菌纲	红掷孢酵母(Sporobolomyces roseus)
半乳聚糖,聚半乳糖胺	毛菌纲	寄生变形毛菌(Amoebidium parasiticum)

3.1.2 细胞膜

真核生物细胞膜与原核生物细胞膜的结构和功能十分相似,均是由脂类和蛋白质构成。但不同的是真核生物细胞膜中脂类的成分主要是磷脂鞘脂类。磷脂酰胆碱和磷脂酰乙醇胺是最常见的磷脂,磷脂酰丝氨酸和磷脂酰肌醇微量存在。脂肪酸主要为不饱和脂肪酸。其次还含有固醇(胆固醇、麦角固醇等)和糖脂。真核生物因由细胞器的分化,在细胞膜上无电子传递链和集团转移运输作用。

细胞膜上的蛋白质可以调节养分的运输,以及作为酶参与细胞壁组分的合成。糖脂位于脂膜外表面,主要作用是作为细胞识别。

3.1.3 细胞核

真核微生物细胞核的结构特征相似于其他真核生物,即核被核膜包围。核膜是由双层单位膜构成,核膜厚 8~20 nm,在膜的内层和外层有大量的核空存在。在核膜的外层常有核糖体附着,而且核膜与内质网相连。核内有一中心稠密区,此为核仁,被一层均匀的无明显结构的核质包围。核仁和核膜在一些真菌的核的分裂中是一直存在的,所以纺锤体完全在核内形成,这与其他高等动物是不同的。

真核微生物的细胞核比其他真核生物的细胞核小,一般直径为 2~3 μm,在光学显微镜下不易观察,每个细胞一般只含有一个细胞核,有的有两个或多个。细胞核通常占细胞总体积的 20%~25%。但有的细胞核,如担子菌的单核菌丝和双核菌丝,只占菌丝细胞总体积的 0.05%,而在菌丝的顶端细胞内常常找不到细胞核。

大多数真菌的细胞都是单倍体,真菌核内的染色体比较小,数目较小,如粗糙脉孢菌(Neurospara)为 7 条,构巢曲霉(aspergillus nidulans)为 8 条,酿酒酵母(Saccharomyces cerevisiae)为 17 条。真菌的染色体的数目(在单倍体细胞内)为 12~18 条。真菌染色体中的蛋白质为组蛋白或酸性蛋白。

3.1.4 细胞质

细胞质位于细胞膜和细胞核之间,透明、黏质、流动,并含有各种细胞器溶胶。在真核细胞中,还有微管和微丝构成的细胞质和细胞器的运动。

微管是由微管蛋白聚合而成的中空的管,直径约为 25 nm。微管分散在细胞之中,而且走向与菌丝的轴长平行,有时集中成束。在细胞质的外层区域,相邻的微管之间交叉连接而形成网状。在细胞质内微管紧密地连接着细胞质内的细胞器,如线粒体、细胞核、泡囊、溶酶体等。

微管在细胞质中随处可见,是真核细胞中重要的组成部分。真核微生物细胞表面长有长或短的毛发状,具有运动功能的细胞器,其形态较长(150~200 nm)、数量较少者称为鞭毛,而形态较短(5~10 nm)、数量较多者称为纤毛。它们在运动功能上虽与原核生物的鞭毛相同,但是结构和运动机制方面却差别较大。

鞭毛与纤毛的结构基本相同,都是由伸出细胞外的鞭杆、嵌在细胞质膜上的基体以及把这两者相连的过渡区共分为三个部分组成。鞭杆的横切呈"9+2"型结构,即中心有一对包在中央鞘中的相互平行的中央微管,其外被 9 个微管二连体围绕一圈。整个微管由细胞质膜包裹。这种"9+2"型结构与其他真核生物的鞭毛结构是相似的,由于微管的相互滑动和弯曲而使鞭毛运动,运动所需能量通过细胞介导传导。

具有鞭毛的真核微生物有鞭毛纲的原生动物、藻类和低等的水声真菌的游动孢子或配子等;具有纤毛的真核微生物主要有属于纤毛纲的真核微生物,属于纤毛纲的各种原生动物,如常见的草履虫属(*paramecium*)。

3.1.5 细胞器

1. 线粒体

真核微生物线粒体的功能与动、植物相似,线粒体是一个重要的细胞器,它含有参与呼吸作用、脂肪酸降解和各种其他反应的酶类。所有真菌细胞中至少有一个或几个线粒体,随着菌龄的不同而变化。线粒体的形态一般为圆形或椭圆形,有的可以伸长到 30 μm,有时呈分枝状。圆形的线粒体普遍存在于菌丝顶端,而椭圆形的则常见于菌丝的成熟部分。

线粒体具有双层膜,外膜光滑并与质膜相似,内膜较厚,常向内延伸成不同数量和形状的及嵴,嵴的外形是板状或管状。内膜和外膜的化学组成和功能是不同的,从粗糙脉孢菌线粒体的外膜和内膜的脂类组分分析来看,内膜缺少麦角固醇,这和线粒体的原核生物来源假说是吻合的。此外,内膜和外膜的其他组分也有一定的差别,由于组分的差别使得内外膜的功能也有差别。

线粒体拥有自己的 DNA 核糖体和蛋白质合成系统。真菌线粒体 DNA 是闭环的,周长为 18~26 μm,小于植物线粒体的 DNA(30 μm),大于动物线粒体 DNA(5~6 μm)。线粒体的核糖体和细胞质的核糖体的区别在于体积较小,含有较小的 RNA。线粒体核糖体的功能是合成外膜和嵴上的蛋白质,它对放线菌酮不敏感,对氯霉素敏感。对于放线菌酮是真核生物细胞质核糖体的抑制剂,而氯霉素是原核生物核糖体的抑制剂,从而认为线粒体的核糖体与原核生物的核糖体具有相似性,这支持了线粒体是由内共生的原核生物进化而来的假说。线粒体的功能是细胞呼吸产生能量的场所,内膜上有细胞色素、NADH脱氢酶、琥珀酸脱氢酶、ATP磷酸化酶以及三羧酸循环的酶类,如脂肪酸代谢的酶等。一般来说,生长旺盛需要能量多的细胞内线粒体的数目也越多。细胞的不同生长时期,如在分裂期、生长期、分化期不同过程,线粒体也有变化。

2. 内质网

内质网是真菌细胞中多形态的结构,它的形状和大小与环境条件、发育阶段、生理状态有关。一般在幼嫩菌丝细胞中比较多。内质网是细胞内由膜包围的狭窄的通道系统,有时形成交叉而分枝状的管道。除了管状外,有时出现不同形状,如囊、腔及水泡状等,一些内质网与核膜相连并将物质从核运输到细胞之内。内质网的主要成分是脂蛋白,通常被核糖体附着形成的粗面内质网(rER)是合成蛋白质的主要场所。光面内质网(sER)没有核糖体附着,是脂类的合成场所。所以内质网是细胞中各种物质运转的一种循环系统,同时内质网还供给细胞质中所有细胞器的膜。一些合成的物质往往以泡囊的形式在内质网的表面形成,并被运送到细胞。

3. 核糖体

核糖体又称核蛋白体。真菌细胞中有两种核糖体,即细胞质核糖体和线粒体核糖体。核糖体是细胞质和线粒体中的微小颗粒,是蛋白质合成的场所。这种颗粒包含RNA和蛋白质,直径为20~25 nm。细胞质内的核糖体呈游离状态,有时与内质网和核膜结合。线粒体核糖体存在于线粒体内膜的嵴间。此外单个的核糖体可以结合成多聚核糖体。

核糖体包括60s和40s两种主要的亚基。细胞质核糖体的RNA通常由于沉降系数的不同而分为25s、18s、5.8s、5sRNA分子。大亚基包括25s、5.8s、5sRNA和39~40种蛋白质,40s亚基包括18sRNA和21~24种蛋白质。

4. 叶绿体

叶绿体是一种双层膜包裹能量转化光能为化学能的绿色颗粒状细胞器,只存在于绿色植物和真菌微生物的藻类细胞中,能进行光合作。

5. 高尔基体

高尔基体是由一叠具有管状的扁平及其外围的小泡囊构成。目前具有高尔基体的真菌种类并不多,仅仅在根瘤菌、前毛壶菌中见到,在接合菌、子囊菌等较高等的真菌中很少有报道。

细胞合成的大分子物质,如蛋白质、脂类等被运输到高尔基体,在高尔基体中进行化学修饰、包装而形成泡囊,以便进行运输。合成质膜和细胞壁的前体物被包装成泡囊,运输到细胞膜表面释放,一些水解酶则被包装成泡囊后留在细胞中起到类似于溶菌酶的作用。在核膜、内质网、高尔基体、泡囊和质膜之间有一个能量连续的区域,内质网有时被视为核膜的延伸,并呈网状遍布整个细胞。靠近高尔基体的内质网形成泡囊,高尔基体迁移,然后在高尔基体的形成面形成潴泡,这些潴泡由形成面迁移至成熟面,在成熟面产生泡囊。在这一过程中,高尔基体形成面潴泡的形成与成熟面潴泡破裂达到平衡状态,所以潴泡的数目达到相对稳定,由此产生的泡囊会迁移至质膜,与之融合并将其内含物释放到膜外。另一些泡囊会在细胞中保留一段时间。因此高尔基体是多种膜结构成的复杂膜系统的一部分。

6. 溶酶体

溶酶体是一种单层膜包裹,内含多种酸性水解酶的小球形、泡囊状细胞器,主要功能是消化作用。因其含有的40种以上的酸性水解酶的最适pH值均在5左右,故消化作用尽在溶菌酶体内部发生。

7. 液泡

液泡通常源于光面内质网或高尔基体的大型泡囊,此外由于质膜的胞饮或吞噬作用的结果,有些液泡可以相互融合而增大,大液泡也可以分成许多小液泡。液泡的内含物比较特殊,主要是碱性氨基酸(如精氨酸、鸟氨酸、瓜氨酸和谷氨酰胺等,液泡中的氨基酸可以游离到液泡外);多磷酸盐分子;多种酶如蛋白酶、酸性和碱性磷酸酶、核酸酶、纤维素酶等。另外,液泡也提供了一种贮水机制,以便保持细胞的膨胀压。在丝状真菌中,液泡往往都积累于菌丝的较老部位。随着菌龄的老化,液泡也变大,而且几乎充满整个细胞,紧紧剩下周围较薄的一层细胞质,大量的细胞质随着液泡的增大而被挤压流向菌丝顶端的生长部位。

8. 膜边体

许多真菌的菌丝细胞中,在细胞质膜和细胞壁之间有一些小的质膜结构,它是由单层膜包被的细胞器,由于位于细胞膜的周围而称为膜边体。

膜边体的形态变化很大,可为管状、囊状、球状、卵球状等,其内有泡状物或颗粒物。在某种情况下膜边体与质膜连在一起,在质膜内侧,有时也出现在质膜外侧。膜边体也可以由高尔基体或内质网的特殊部位形成,膜边体彼此相互融合,也可以和其他细胞器膜结合。膜边体的功能目前不十分清楚。可能与细胞分泌、壁的合成、膜的增生以及胞饮作用有关。

9. 微体

微体普遍存在于真菌中,常常呈圆形和卵圆形,直径为 0.5~2.5 nm。它是电子密集的一种膜结构,但因为其内具有过氧化氢酶和其他不同的酶,使其具有与代谢相关的功能。微体分为两大基本类型,即过氧化物酶体和乙醛酸循环酶体。

过氧化物酶体含有氧化镁,特别是它们参与副产物为氧化氢的反应。过氧化物是非常活泼的分子,因为它们具有改变核酸和蛋白的结构的能力,故而对细胞有害。过氧化氢酶体能使这种副产物降解或被隔离。在一个细胞中过氧化氢酶体的大小和数量是随着细胞的生长而不断变化的。乙醛酸循环酶体是含有乙醛酸循环中所需酶的微体。乙醛酸循环是使脂类向糖类转化的重要途径。

10. 伏鲁宁体

伏鲁宁体是一种较小的球状细胞器,直径约为 0.2 μm。它们由一单层膜包围的电子密集的基质构成。它与子囊菌和半知菌的隔膜孔相关联,具有筛子的功能,当菌丝受伤后,它可以堵塞隔膜孔而防止原生质流失,平时可以调节两个相邻细胞间细胞质的流动。其化学组成目前还不十分了解。

11. 壳质体

壳质体也称几丁质酶体,是一种具有膜状外壳近似球形的小颗粒,直径为 40~70

nm。目前已经确认壳质体含有几丁质合成酶,它的功能与菌丝细胞壁的合成有关,它运输几丁质合成酶到菌丝顶端细胞的表面,参与细胞壁的合成。

12. **氢化酶体**

氢化酶体是一种由单层膜包裹的球状细胞器,内含氢化酶、氢化还原酶、铁氧还蛋白和丙酮酸,通常存在于鞭毛基体附近,为其运动提供能量。氢化酶体只存在于目前发现的极少数厌氧性真核微生物细胞中。

3.2 霉菌的形态与结构

霉菌(molds),即"发霉的真菌",它们往往能形成分枝繁茂的菌丝体,但又不像蘑菇那样产生大型的子实体。在潮湿温暖的地方,很多物品上长出一些肉眼可见的绒毛状、絮状或蛛网状的菌落,那就是霉菌。

霉菌是丝状真菌(Filamentous fungi)的通称,是会引起霉变的真菌,通常指那些菌丝体较发达又不产生大型肉质子实体结构的真菌,种类很多,分布很广。丝状真核微生物包括丝状真菌(霉菌)和大型子实体真菌(蕈菌),它们均由丝状真核细胞构成。在潮湿的气候下,它们往往在有机物上大量生长繁殖,从而引起食物、工农业产品的霉变或动植物的真菌病害。

霉菌不是一个自然分类群,在分类上,它们分别属于藻状菌纲(Phycomycetes)、子囊菌纲(Ascomycetes)和半知菌纲(Deuteromycetes)。霉菌广泛分布于土壤、空气、水和其他物品处,常常引起农副产品、食品、衣物、原料、器材等发霉变质;有少数霉菌可产生毒性很强的真菌毒素,如黄曲霉毒素等,多为致癌性物质,能引起食物中毒;有些霉菌可应用于传统的酿酒、制酱和制作发酵食品等,如根霉是淀粉质原料的糖化菌,并能产生一定量的酒精,可用于酿酒。黑根霉、米根霉、华根霉等还能产生有机酸(乳酸、琥珀酸等)。高大毛霉(Mucor mucedo)、总状毛霉(Mucor racemosus)、鲁氏毛霉(Mucor Rouxianus)等能糖化淀粉,产生少量乙醇,产生蛋白酶,有分解大豆的能力,常参与酿酒及豆制品发酵,还可产生有机酸、脂肪酶、果胶酶等。曲霉可糖化淀粉,产生有机酸、蛋白酶、果胶酶等,可用于生产酱油、有机酸。青霉菌能产生青霉素,木霉可分解纤维素。此外,霉菌在纺织、制革、石油、农业、医药、环保等方面也有重要的用途。

蕈菌(mushroom)又称伞菌,也是一个通俗名称,通常是指那些能形成大型肉质子实体的真菌,包括大多数担子菌类和极少数的子囊菌类。蕈菌广泛分布于地球各处,在森林落叶地带更为丰富。它们与人类的关系密切,如常见可食用的蕈菌有双孢蘑菇、木耳、银耳、香菇、平菇、草菇、金针菇、竹荪、灵芝、云芝、马勃和猴头菇等;其中有些担子菌具有很强的分解纤维素、木质素、果胶、蛋白质的能力,可引起木材等的腐烂变质,对人类有害;有些为毒蕈,食用后可引起食物中毒。

3.2.1 菌丝的形态与构造

构成霉菌营养体的基本单位是菌丝。菌丝是一种管状的细丝,把它放在显微镜下观察,很像一根透明胶管,它的直径一般为 3~10 μm,比细菌和放线菌的细胞粗几倍到几十倍。菌丝可伸长并产生分枝,许多分枝的菌丝相互交织在一起,称为菌丝体。真菌的菌丝(hypha)是由硬壁包围的管状结构组成,内含可流动的原生质。它们的长度可无限生长,但是通常菌丝的宽度一般为 3~7 μm,由细胞壁、细胞膜、细胞质、细胞核、细胞器和内含物组成(图3.2)。细胞壁厚度为 100~250 nm,大多数霉菌的细胞壁含几丁质,少数水生性霉菌则以纤维素为主。细胞膜厚 7~10 nm,与酵母菌细胞膜的结构和功能相同。细胞核直径为 0.7~3 μm,有核膜、核仁和染色体。细胞质中有线粒体、内质网和核糖体以及内含物,如肝糖、脂肪滴等。幼龄菌丝细胞质均匀稠密,老龄菌丝细胞质稀薄并出现液泡,最初液泡较小,在老的菌丝部位它们融合并逐渐变大,直到充满整个细胞。由于液泡变大所形成的压力驱使细胞质向菌丝顶端流动。

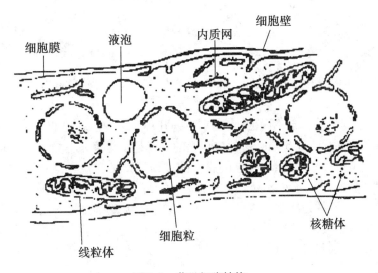

图 3.2 菌丝细胞结构

菌丝的顶端呈圆锥形,称为伸展区(extension zone)。在菌丝快速生长时,这一部位是细胞壁生长的活跃区域,在这个区域之后,细胞壁逐渐加厚而不再生长,原生质膜通常是紧贴于菌丝壁上,而且在某些部位坚固地附着,所以菌丝很难发生质壁分离。在原生质膜的某些部位可形成卷绕或螺环状的膜边体。

在菌丝最老的部位,细胞质以及细胞壁发生自溶(autolysis)而被降解,或被其他微生物产生的裂解酶(lytic enzyme)裂解,但有些老的菌丝细胞能积累大量的脂肪类物质与壁结合形成一层极厚的次生壁,这些细胞称为厚垣孢子(chlamydospore)。它能抵抗不良环境而作为休眠的生存结构。

大多数的霉菌菌丝是透明的,有些能产生色素,而使菌丝呈暗褐色至黑色,或呈鲜艳的颜色。一些真菌分泌某种色素于菌丝体外,或分泌有机物质呈结晶状附着于菌丝表面。因为孢子具有色素,所以往往作为一个整体的真菌菌落具有颜色,例如,许多青霉和曲霉的种是绿色的,粗糙脉孢菌是淡红色的,毛霉和根霉是灰色的。

为适应不同的环境条件和更有效地摄取营养满足生长发育的需要,许多霉菌的菌丝可以分化成一些特殊的形态和组织,这种特化的形态称为菌丝变态。

生长在固体培养基上的霉菌菌丝可分为三部分:①营养菌丝,深入培养基内,吸收营养物质的菌丝;②气生菌丝,营养菌丝向空中生长的菌丝;③繁殖菌丝,部分气生菌丝发育到一定阶段,分化为繁殖菌丝,产生孢子。

菌丝由于隔膜的有无而分为无隔菌丝(aseptate hyphae)和有隔菌丝(septate hyphae)(图3.3)。因为无隔菌丝无隔膜而且多核,因此常称为多核单细胞,实际上是无隔的多核体。而有隔菌丝是由多细胞组成的,细胞是单核或多核的。然而严格说来,菌丝并非由细胞组成,而是由于隔膜的存在而把菌丝分割成许多小室,是有细胞核存在的一个固定的细胞质体积的功能单位。隔膜是由菌丝细胞壁向内作环状生长而形成的,它们发育很快,往往在几分钟内即可形成。它的结构与细胞壁结构相似,成熟的隔膜往往有一几丁质的内层,镶嵌在蛋白质或葡聚糖中,外层被蛋白质或无定形的葡聚糖所覆盖。

（a）无隔菌丝　　（b）单核有隔菌丝　　（c）多核有隔菌丝
图 3.3　无隔菌丝、有隔菌丝示意图

各类真菌菌丝的隔膜是不同的,主要有下列几种:①单孔型,隔膜中央具有一个较大的中心孔,直径为 0.05~0.5 μm,这种单孔型的隔膜是子囊菌和半知菌菌丝的典型隔膜;②多孔型,隔膜上有多数小孔,小孔在隔膜上的排列类型又有差异,如白地霉(*Geotrichum candidum*)和一些镰刀菌(*Fusarium*);③桶孔型,这种隔膜中有一中心孔,孔的直径一般为 100~150 nm,但是孔的边缘膨大而使中心孔呈琵琶桶状,外面覆盖一层由内质网形成的弧形的膜,膜上有穿孔,称为桶孔覆垫(parenthesome)。这种隔膜类型能使细胞质从一个细胞穿过到另一个细胞,但是通常约束细胞核通过,这种隔膜一般发生在担子菌的菌丝中。

3.2.2　菌丝体及其各种分化形式

菌丝沿着它的长度的任何一点都能发生分枝,许多菌丝相互交织形成的菌丝集团称为菌丝体(mycelium)。菌丝体在功能上有一定的分化,其中深入培养基中或紧贴培养基表面具有吸收营养功能的菌丝体,称为营养菌丝体;伸展到空气中的菌丝体,称为气生菌丝体;能形成孢子的气生菌丝体,称为生育菌丝。真菌菌丝体在长期适应不同外界环境条件的过程中,产生了不同类型的变态。这些变态的菌丝在长期演化过程中被赋予特殊的功能,下面介绍几种主要的类型。

1. 匍匐菌丝和假根

毛霉目(Mucorales)的真菌常形成延伸的匍匐状的菌丝,当蔓延到一定距离后,即在基物上生成根状菌丝——假根(rhizoid),再向前形成新的匍匐状菌丝(stolon)。根霉属(*Rhizopus*)和犁头霉属(*Absidia*)是较为典型的产生匍匐丝和假根的代表,假根作为营养吸收器官与基物接触。因此,能产生匍匐菌丝和假根的真菌在固体培养基表面生长时,可快速向四周蔓延生长。

2. 吸器与附着胞

许多植物寄生真菌的菌丝体生长在寄主细胞表面,从菌丝上发生旁枝侵入寄主细胞内吸收养料,这种吸收器官称为吸器(haustorium)。吸器有各种形状,如丝状、指状、球状等。一般专性寄生真菌,如锈菌、霜霉菌、白粉菌等都有吸器。

寄生在穿透完整的植物表面的过程中产生了相应的特殊结构,即附着胞(appressorium)。这些结构的功能是借以分泌黏液,把菌丝固定在寄主表面,同时产生细的穿透菌丝侵入植物细胞壁。

3. 菌索和菌丝环

在大多数真菌中,正常营养菌丝营养物质的运输是借助于细胞质流动的方式进行的。然而一些真菌的菌体出现集群现象而形成特殊的运输结构,如菌丝束(mycelial strand)和菌索(rhizomorph),这些结构能在缺少营养的环境中为菌体生长提供基本的营养来源,尤其是在高等担子菌中,如食用菌和毒蕈以及木材腐败真菌大多形成这种结构。

菌丝束是由正常菌丝发育而来的简单结构,正常菌丝的分枝快速平行生长且紧贴母体菌丝而不分散开,次生的菌丝分枝也按照这种规律生长,使得菌丝束变得浓密而集群,而且借助分枝间大量的连接而成统一体。

菌索一般是生于树皮下或生在地下,白色或有各种色泽的根状结构,是营养运输和吸收的组织结构,一般在伞菌中产生。

4. 菌核与子座

(1) 菌核(sclerotium)。菌核是由菌丝聚集和黏附而形成的一种休眠体,同时它又是糖类和脂类等营养物质的贮藏体。菌核具有各种形态,色泽和大小差异也很大。如雷丸的菌核可重达 15 kg,而小的菌核只有小米粒大小。菌核的内部结构可分为两层,即皮层和菌髓。皮层是由紧密交错的具有光泽而又有厚壁的菌丝细胞组成,有一层或数层细胞厚,菌髓是由无色菌丝交错组成,菌核萌发所产生的子实体都起源于菌髓。

(2) 子座(stroma)。子座是许多有隔菌丝体在生长到一定时期产生菌丝的聚集物,有规律或无规律地膨大而形成结实的团块状组织。这种由密丝组织形成的有一定形状的结构称为子座。子座的形状变化很大,一般呈点状、柱状、棍棒状、头状等。可由菌丝单独组成,或由菌丝与寄主组织构成。子座成熟后,在它的内部或上部发育出各种无性繁殖和有性生殖的结构。

3.2.3 霉菌菌落的特征

霉菌菌落的特征:①形态较大,质地疏松,外观干燥,不透明,呈现或松或紧的形状。②菌落和培养基间的连接紧密,不易挑取,菌落正面与反面的颜色、构造以及边缘与中心的颜色、构造常不一致。③霉菌的菌丝有营养菌丝和气生菌丝的分化,而气生菌丝没有毛细管水,故它们的菌落必然与细菌或酵母菌的不同,较接近放线菌。黑曲霉和土曲霉的菌落形态如图 3.4 所示。

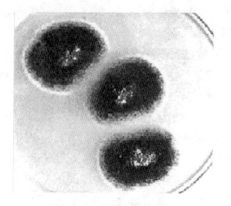 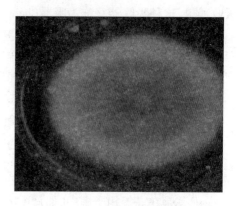

（a）黑曲霉的菌落　　　　　　　　（b）土曲霉的菌落

图 3.4　黑曲霉和土曲霉的菌落形态

3.3　酵母菌的形态和结构

酵母菌在自然界分布很广，主要生长在偏酸性的含糖环境中。例如，在水果、蔬菜、蜜饯的内部和表面以及在果园土壤中最为常见。酵母菌是人类文明史中被应用得最早的微生物。早在 4 000 多年前的殷商时代，我们的祖先就利用酵母酿酒。公元前 6 000 多年古埃及人就利用酵母菌生产啤酒。但是人类真正开始认识酵母菌，还是 1680 年荷兰人列文虎克发明第一台显微镜以后开始的。1859 年法国人巴斯德用实验证实了酵母菌发酵生成酒精的事实。随着近代科学技术的发展，酵母在发酵工业上的应用越来越广，除制作面包、酿酒和饲料加工以外，还可以生产甘油、甘露醇、维生素、各种有机酸和酶制剂等；并可提取核酸、辅酶 A、细胞色素 C、ATP、麦角固醇、谷胱甘肽、凝血质等贵重药品。但是，有些种的酵母菌也是发酵工业上的污染菌，能使发酵产量降低或产生不良气味。还可以引起果汁、果酱、蜂蜜、酒类、肉类等食品变质腐败。有少数种还是人类的致病菌。酵母菌一般有很高的营养价值，特别是含有较多蛋白质，很多 B 族维生素、核酸和矿物质，同时也能产生一些保健功能活性物质。近来国内出现一些以酵母为载体，补充一些微量营养素的保健食品和特殊营养食品，如富铁酵母、富硒酵母、富锌酵母等。即在生产酵母的培养基中，增加铁、锌、硒的含量，从而使酵母中含有较多的这些物质，供人食用。也可将富含某些营养物质的酵母掺入畜禽饲料，经进一步转化，产生富含某些营养素的奶、蛋、肉类。

3.3.1　酵母菌的形态与大小

酵母菌是一些单细胞真菌，并非系统演化分类的单元。目前已知有 1 000 多种酵母，根据酵母菌产生孢子(子囊孢子和担孢子)的能力，可将酵母分成三类：形成孢子的株系属于子囊菌和担菌；不形成孢子但主要通过芽殖来繁殖的称为不完全真菌，或称"假酵母"。目前已知大部分酵母被分类到子囊菌门。酵母菌主要的生长环境是潮湿或液态环境，有些酵母菌也会生存在生物体内。多数酵母可以分离于富含糖类的环境中，如一些水果(葡萄、苹果、桃等)或者植物分泌物(如仙人掌的汁)。一些酵母在昆虫体内生活。酵母菌是单细胞真核微生物。酵母菌细胞的形态通常有球形、卵圆形、腊肠形、椭圆形、柠檬形或藕节形等(图3.5)。它比细菌的单细胞个体要大得多,一般为 1～5 μm 或 5～30 μm。酵母菌无鞭毛,不能游动。酵母菌具有典型的真核细胞结构,有细胞壁、细胞膜、细胞核、细胞质、液泡、线粒体等,有的还具有微体。

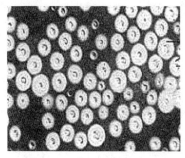

图 3.5 酵母菌的形态特征

3.3.2 酵母菌的细胞结构

酵母菌大多数是腐生菌,少数是寄生菌。酵母菌的细胞结构与细菌的基本结构相似。酵母菌的细胞结构包括细胞壁、细胞膜、细胞质、细胞核及细胞器等。在结构方面与细菌重要的区别是酵母菌有完整的细胞核和细胞器等(图3.6)。

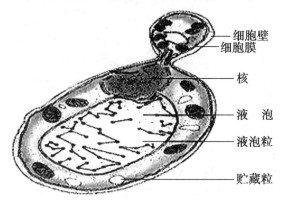

图 3.6 酿酒酵母细胞的结构

1. 细胞壁

细胞壁在细胞的最外侧,包围着细胞膜,保持着细胞的形态、韧性。细胞壁上存在着许多种酶及雌、雄两性的识别物质。它们对物质的通透及细胞间的识别反应等方面起着重要作用。另外,菌的抗原活性也存在于细胞壁上,从而成为血清学分类法的基础。酵母细胞壁主要分三层:外层为甘露聚糖,内层为葡聚糖,中间夹有一层蛋白质分子。酵母菌细胞壁同植物细胞壁一样,由骨架物质和细胞质物质组成。前者主要是葡聚糖及几丁质;后者主要是甘露糖-蛋白质复合体。菌种不同,细胞壁的组成也不同,即使是同一个种的酵母菌也会因生长条件的不同而有所区别。细胞的形态和细胞壁组成之间有着密切的相关性。细胞的形态靠细胞壁来维持。用玻璃珠可破碎细胞,并能分离出细胞壁。

几丁质最早发现于莱膜几拟孢霉(*EndomycopsisCapsularis*)等丝状酵母中,但也存在于啤酒酵母(*S. cerevisiae*)及白假丝酵母(*C. albicans*)等出芽型酵母中。

2. 细胞膜

酵母菌的细胞膜与细菌的细胞膜一样,以磷脂双分子层为基本结构,中间镶嵌着蛋白质,这些蛋白质在功能上具有生物学活性,能选择性地吸收细胞代谢所需要的营养物质以及排除细胞内的代谢废物。细胞膜紧贴细胞壁内侧,包裹着细胞核、细胞质和各类细胞内含物。细胞膜在细胞生长、分裂、接合、分化和离子、低分子与高分子物质的输送等多种细胞活动中起着重要作用。细胞膜也是一种 3 层结构,主要成分为蛋白质、类脂和少量糖类。细胞膜是由上、下两层磷脂分子以及镶嵌在其间的甾醇和蛋白质分子所组成的。其功能主要有调节细胞外物质运送到细胞内的渗透屏障;细胞壁等大分子成分生物合成和装配基地;部分酶的合成和作用场所。酵母细胞膜在化学成分上与原核生物比较,其区别是:酵母细胞膜含有固醇,而原核生物的细胞膜中不含固醇。细胞膜基本分子结构的研究,是以 Singer 和 Nieolson 建立的流体镶嵌模型为代表的现代生物膜模型为基础的。对于具有多种功能的酵母细胞膜系统的研究将越来越深入。酵母细胞膜的研究主要是以用电子显微镜的形态学研究为主体,由于细胞膜分离纯化方法的建立,以及生物化学分析法的采用,可以阐明膜的结构及各种功能的表达机制。

3. 细胞质

酵母菌的细胞质是一种黏稠的胶体,幼龄细胞质较稠密而均匀,着色好,老龄细胞出现液泡、空泡和贮藏物质,着色不均匀。细胞质中有一种细胞器,包括内质网、液泡、线粒体等。另外,细胞质内还含有异染颗粒、肝糖和脂肪滴,是细胞的营养物质。酵母的异染颗粒存于液泡中,它是由多聚偏磷酸盐、其他无机盐类以及少量的蛋白质、脂肪和核酸组成。在老龄细胞内异染颗粒可以呈现为相当大的团块,是细胞的营养物质。这些颗粒需用特殊的染色方法才能在光学显微镜下观察到,如阿氏染色法、尼氏染色法;也可用多色性美兰染色,异染颗粒呈紫红色,菌体的其他部分呈蓝色。肝糖是一种白色无定形的碳水化合物,可被淀粉酶水解为葡萄糖,用稀碘溶液染成浅褐色。在营养好生长旺盛的酵母菌内可看到大量的肝糖,24 h 达最大量,而在营养缺乏时肝糖消失。当发酵作用快结束时,肝糖含量逐渐减少,最后完全消失。脂肪滴常分散于细胞质内,大小不一,可用锇酸或苏丹Ⅲ染成棕色。有些酵母菌脂肪含量很高,如产脂内孢霉脂肪的质量分数可达30%。

酵母菌有明显的细胞核,细胞核包括核膜、核质和核仁。酵母的核膜上有很多膜孔。膜孔可允许大分子和小颗粒通过。核仁含 RNA 量很高,rRNA 即在核仁内合成。核染色体的主要成分是 DNA,另外还有组蛋白。核染色体上携带着酵母菌的全部基因。

3.3.3 酵母菌的菌落特征

酵母菌的菌落与细菌相似,一般呈较湿润、较光滑、较透明、较黏稠、易挑取、质地均匀及菌落正反面或边缘与中心部位的颜色一致等特征。但一般酵母菌菌落比细菌大,透明度不如细菌,菌落颜色较单调,常为乳白色或矿烛色,少数为红色或黑色,菌落隆起,边缘圆整等。酵母菌菌落特征是分类鉴定的重要依据(图 3.7)。此外,多数酵母菌的菌落存在酒精发酵，一般会散发出酒香味。

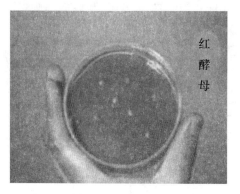
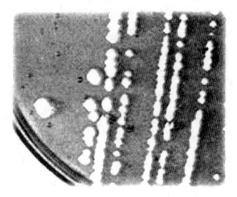

图3.7　啤酒酵母菌落

3.4　真菌的生长与繁殖方式

3.4.1　丝状真菌的生长

丝状真菌的生长一般是由孢子萌发产生一短的牙管，菌丝从这个中心点向各个方向均等生长产生繁茂的分枝而构成真菌的菌落。因此，菌丝和菌丝的分枝生长是真菌生长过程中不可缺少的环节。菌丝体的生长点是菌丝的顶端，顶端之后的菌丝细胞壁变厚而不能延长。

1. 菌丝的顶端生长

Grove等人于1970年提出菌丝顶端生长的泡囊假说模式：细胞质的泡囊是从内质网上水池状的形式转移至高尔基体，在高尔基体内进行浓缩加工，并把泡囊的类内质网膜转化类原生质膜，然后，泡囊从高尔基体释放并转移至菌丝顶端，与原生质膜融合，释放它们的内含物到细胞壁中，这一融合过程不但使泡囊内含物进入膜壁之间，使泡囊内含物被用来合成细胞壁，而且泡囊的膜也并入原生质膜，使原生质膜增加面积，从而导致菌丝顶端的生长。因为目前大多数真菌尚未发现高尔基体，因此，用于菌丝顶端生长的泡囊，在缺少高尔基体的真菌中，泡囊是由内质网的特定区域产生。研究发现，当菌丝生长停止时这些泡囊便从顶端消失，分布在整个细胞的周围表面，只有当它们再聚集在顶端时生长才重新开始。顶端生长被认为是细胞壁水解、壁的合成和壁的膨压之间的动力平衡，因此，破坏这一平衡会改变生长的模式。例如，加入几丁质合成酶的竞争性抑制剂到鲁氏毛霉培养物中，结果可导致菌丝顶端细胞壁的破裂。目前，丝状真菌由菌丝顶端发生的生长已经获得了形态学和细胞学的许多证据。

2. 菌丝的分枝生长

一个简单的未分枝的菌丝几乎沿着菌丝长度的任何一点都能产生分枝，第一次分枝上产生第二次分枝，周而复始、连续不断，最终形成一个真菌典型菌落的球形轮廓。由于分枝的交替，往往使彼此之间交错生长的菌丝发生融合，导致核和细胞质的交换，所以在单一菌丝中往往可以发现不同的细胞核（异核现象）和不同的细胞质（异质现象）。

菌丝分枝是顶端生长的一种改变形式。在一些种内,分枝是在隔膜之后形成的,可能是泡囊在朝向顶端迁移的过程中在隔膜后被吸引,而且开始积累,并启动细胞壁的水解、膨胀,其后形成分枝。在许多种内,隔膜的部位和分枝没有相关性。有人提出了两种基本假设来解释分枝形成的模式:第一种假设认为泡囊和特殊的细胞质区段之间的电位势引起局部的泡囊积累;另一种解释认为当菌丝顶端泡囊与质膜合并的速率低于泡囊产生的速率时,泡囊将大量积累,那么,一旦细胞质的体积超过临界量,过的泡囊无论在菌丝的哪个部位,都将引起产生一个新的分枝。

丝状真菌在琼脂平板上生长时可出现以下现象,有助于揭示菌丝分枝生长机制。①大多数菌丝的分枝是在菌丝顶端之后的某一距离发生,而且新的分枝总是向前或朝向菌落的边缘,于是菌丝的整个系统像是松柏树枝,这一规律显示了真菌的顶端优势。②菌丝的顶端彼此分离使菌丝间充满间隙,这保证了菌丝对营养的要求,使它们会从存活菌丝营养耗尽的区域撤离。③在培养基中,菌落的密度和菌丝形成分枝的数目直接与营养水平相关。在极弱的培养基上菌落分枝稀少,在丰富的基质上菌落分枝稠密。④丝状真菌的生长有一个重复循环,相当于酵母和其他单细胞生物的细胞循环。在菌落生长中,任何一种的菌丝生长单位是不变的,所以菌丝顶端的数目总是与菌丝的长度和细胞质的体积保持一定的比例。当细胞质的体积超过现存顶端数目时,新的顶端就产生了。一个真菌菌落的生长是借助于"单位"数目的增加。顶端的数目大多依赖于菌落的营养状况和被合成的细胞质的数量,因此,在一定营养范围内,真菌菌落在贫瘠的培养基上几乎像在丰富培养基上一样很快地铺开,但是产生的分枝少。因此,从上述的观察看来,一些丝状真菌的顶端细胞在一定的时间周期内重复其本身。

3.4.2 酵母菌的生长

丝状真菌的生长是以顶端细胞延长的方式进行的,而单细胞真菌(如酵母的生长)是借助裂殖和芽殖两种方式增加细胞数目。

1. 芽殖

芽殖是酵母菌最常见的生长繁殖现象(图3.8)。酵母的出芽方式表现为一端芽殖、两端芽殖和多端芽殖。多端芽殖表现为整个细胞表面都可形成芽体,如啤酒酵母。两端芽殖表现为在细胞的两极出芽,而一端芽殖总是在细胞的相同部位形成芽体,如路德类酵母(Saccharomy codssluwigii)。芽体脱落之后,形成芽体的部位上新合成的壁像气球膨胀一样又形成一个新芽体,然后在母体和芽体之间形成隔膜,芽体和母体分离,并在母体上留下芽痕。假如连续芽殖,在一定时间内不脱离母细胞,形成一堆子代细胞群,称为芽簇。假如子细胞连续出芽增殖,形成分枝或不分枝的菌丝状,称为假菌丝。

一旦芽体(bud)生长完成,芽体和母体相连的部位形成隔膜。首先是原生质膜和初生的几丁质膜向心生长,随后葡聚糖-甘露聚糖的次生隔膜在芽体和母体两边形成。在隔膜分开时,初生隔膜残留于母体形成压痕,次生隔膜残留于芽体形成所谓的蒂痕。

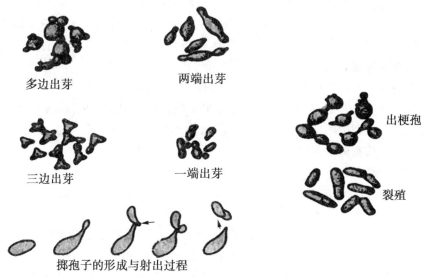

图 3.8　酵母菌的无性繁殖方式——芽殖

2. 裂殖

一些酵母是以裂殖方式进行生长,但是这种裂殖不同于原核细胞的裂殖方式(图 3.9)。如在栗酒裂殖酵母(Schizosaccharomyces pombe)中,裂殖开始之前,母体的一端或两端拉长,形成一个圆柱体并进行有丝分裂。在接近母体中间的部位产生一个隔膜,然后从这一隔膜的中间劈开,产生两个相等大小的子细胞。

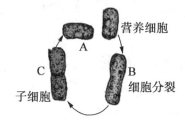

图 3.9　酵母菌的无性繁殖方式——裂殖

3.5　真菌分类鉴定及分类系统概述

传统地将所有生物分为两个超界:包括所有原核生物的原核超界(the prokaryote domain)和包括所有真核生物的真核超界(the eukaryote domain)。近来 DNA 序列分析和生化特征的比较研究发现那些原来被称为古细菌(archaebacteria)的生物与其他细菌有很大不同,故应将它们独立出来成为第三个超界。现代概念的三个超界分别为细菌(bacteria)、古菌(archaea)和真核生物(eucarya),真菌代表真核生物超界内的一个独立的分枝,即真菌界,在演化上与代表植物界和动物界的分枝具有近缘关系。

3.5.1　真菌的分类原则和依据

真菌与原核生物相比,形态结构比较复杂,繁殖方式多样,具有多种复杂的生活周期和形态变化极多的繁殖类型。从结构来看,菌体由简单的单细胞到复杂的多细胞菌丝体,因此对不同真菌的分类、鉴定标准有一定的差异。真菌(主要是**丝状真菌**)划分各级分类单位的基本原则是以形态特征为主,以生理生化、细胞化学和生态特征为辅。

1. 丝状真菌分类的依据

丝状真菌主要根据其孢子产生的方式和孢子本身的特征以及培养特征来划分各级分单位。而生理生化及细胞化学分析只是用于少数难以区分的种的鉴定,不过这种方法近来在真菌系统分类中的应用越来越广泛。此外,丝状真菌的生活习性和生存环境等生态性也可用作某些真菌分类的参考依据。

(1)形态性状。

丝状真菌的形态性状包括群体(或菌落形态)和个体形态(包括外部形态、内部显微结构)。形态和结构特征用于真菌的初步分类比生理生化等特征更直接有用。群体形态通常是鉴别丝状真菌的一项重要依据,一般以肉眼或借助低倍显微镜观察其生长在标准培养基和一定条件下的菌落外观、色泽、生长速度和分泌物等。个体形态是指在显微镜状态下观察到的菌丝、孢子或子实体的形态、结构、颜色、大小、表面特征等。

(2)生理性状。

丝状真菌的生长发育需要多种营养物质,鉴别时大多测定其对碳源、氮源的利用情况,对不同抑制剂的反应以及特异性的代谢产物,分泌到培养基中的酶如蛋白酶、糖化酶、脂肪酶等,以及其他化合物对生长的抑制情况等。

丝状真菌在生长繁殖过程中对温度的反应比较灵敏,而且多数真菌对温度的要求有差异,因而温度往往被作为分类的性状之一。温度测定对某些真菌的鉴定是一项重要的指标,特别是用于种群的性状区分。

(3)生化性状。

由于分子生物学的迅速发展,利用核酸和蛋白质结构分析等分子生物学性状,探索真菌各等级分类单元的进化和亲缘关系,弥补了传统分类方法的不足,对真菌系统发育的认识更客观。常用的指标有 DNA G+C 含量分析、DNA 或 RNA 同源性分析;利用蛋白质的特异性研究真菌间亲缘关系常用的指标有凝胶电泳、血清学反应、氨基酸序列测定及生物合成途径分析。

①凝胶电泳。采用琼脂、淀粉或聚丙烯酰胺凝胶电泳分析,可测定真菌蛋白质种类和含量,也可测定蛋白质水解后的多肽和氨基酸,具有很高的分辨力。对于那些形态和培养特征不稳定或很难获得有性或无性器官的真菌,采用常规的形态学分类有困难,利用电泳法可获得理想的效果。此法主要用于种的区分。

②蛋白质氨基酸序列的测定。不同物质细胞内同源蛋白质氨基酸顺序的差异可用于其亲缘关系远近的分析,在进化过程中,组成这些蛋白质的氨基酸的变异有快有慢,有的适用于种间或种以下的分类,有的可作为更高分类单元之间亲缘关系的线索。如细胞色素 C 由 104 个氨基酸组成,对不同物种来源的细胞色素 C 氨基酸序列分析的结果表明,亲缘关系越近,其氨基酸排列次序差异越小,反之则越大。如人和大猩猩仅有一个氨基酸排列次序的差异,而人与真菌有 40 多个氨基酸排列的差异。

③赖氨酸生物合成途径分析。细胞内赖氨酸的生物合成,均从 α-酮戊二酸开始,但

存在两条不同的合成途径：在真菌如壶菌、接合菌和测定过的高等真菌及眼虫中，采取 α-酮戊二酸途径（AAA）；而细菌、蓝细菌、多数的真核藻类、高等植物和一些低等真菌（如丝壶菌纲和卵菌纲）则采取二氨基庚二酯（DPA）途径。尚未发现同一物质同时具有上述两条合成途径。

(4) 生态性状。

不同种类的真菌在形态、营养、繁殖等诸方面对生态元素都有特定的要求和耐受极限，因此在进行真菌分类鉴定时，必须考虑到生态性状，并将其作为一种真菌鉴定的辅助依据。

2. 酵母菌的分类依据

酵母菌和丝状真菌在分类系统上虽同属真菌，但两者在形态结构上有相当大的差异，因此对酵母菌进行分类鉴定的标准与丝状真菌有较大的区别。目前酵母的分类主要采用 Lodder(1970年) 和 Kreger-Van Rij (1984年) 的分类系统，即以形态为主，生理生化特征为辅的原则，按照是否产生子囊孢子、担孢子，基本可以划分到亚门、纲、目、科，而后按形态、培养特征基本上可划分到属，再依据生理生化特征分到种。

酵母菌的主要分类依据包括形态学、生理学特征和化学分类指标。

(1) 形态学分类指标。细胞形态及增殖方式：是否具有真、假菌丝及其形态；子囊孢子或担孢子（部分酵母菌产生类似担孢子的掷孢子）的形成方式和形态；在固体培养基和液体培养基中的培养特征。

(2) 生理学特征分类指标。糖类发酵及碳源同化：根据 Lodder(1970年) 的鉴定内容，共测定葡萄糖、半乳糖等13种糖；碳源同化包括糖类、醇类、糖苷和有机酸等32种。其他生理测定包括硝酸盐利用、明胶液化、脂肪分解、石蕊牛奶反应、杨酶苷分解、类淀粉化合物测定、抗放线菌酮测定、耐高渗透压的测定、产酸及产酯的测定、对醇类和维生素的需求。石油酵母还必须测定其对烃类的利用、对油的亲和力及乳化作用。

(3) 化学分类指标。包括 DNA 中 G+C 的物质的量分数测定、DNA 或 RNA 同源性分析、rRNA 序列分析，从分子水平上对酵母菌进行分类、鉴定，从而了解酵母菌与其他真菌的亲缘关系。细胞内同源酶酶谱分析和免疫电泳是酵母菌分类的重要指标之一，也可用于酵母菌的快速鉴定。

3.5.2 真菌的分类系统概要

1.《真菌学词典》介绍的真菌分类系统

近年来，在真菌分类方面趋向于采用 Ainsworth & Bidby 的《真菌学词典》(1971年) 所介绍的分类系统。该分类系统认为真菌不属于低等植物，而是属于单独成立的真菌界（Kingdom fungi）。界以下分为粘菌门（Myxomycota）和真菌门（Eumycota）。真菌门再分为以下五个亚门。

(1) 鞭毛菌亚门（Mastigomycotina）。营养体是单细胞或没有隔膜的菌丝体。孢子或配子，其中之一是可游动的。根据鞭毛的数目和位置，下分三个纲：壶菌纲、丝壶菌纲和卵菌纲。

(2) 接合菌亚门（Zygomycotina）。营养体是菌丝体，有性繁殖形成接合孢子。没有游动孢子。根据生活习性或生态特征可分为两个纲:接合菌纲和毛菌纲。

（3）子囊菌亚门(Ascomycotina)。营养体是有隔膜的菌丝体,极少数是单细胞。有性繁殖形成子囊和子囊孢子,根据是否形成子囊果和子囊果的类型以及子囊的结构,分为六个纲:半子囊菌纲、不整子囊菌纲、核菌纲、盘菌纲、虫囊菌纲和腔菌纲。

（4）担子菌亚门。营养体是有隔膜的菌丝体。有性繁殖形成担孢子,根据担子果的有无以及开裂与否,分为三个纲:冬孢菌纲、层菌纲和腹菌纲。

（5）半和菌亚门。营养体是有隔膜的菌丝体或单细胞。只有无性繁殖阶段,没有或还没有发现其有性繁殖阶段。根据菌丝体有无、发育程度以及分生孢子产生的场所不同,分为3个纲:芽孢纲、丝孢菌和腔孢菌纲。

2. 酵母菌的特殊分类系统

关于酵母菌,虽然从系统分类上讲,它是分属于真菌的有关亚门中,但由于研究酵母的分类方法较研究一般丝状真菌特殊,更多地采用生理性状,因而逐渐形成了自己独特的分类系统。目前比较普遍采用的一种分类系统是罗德(Lodder)的酵母分类系统。在1970年出版的《酵母的分类研究》一书中,记载了39个属,372个种。根据无有性生殖过程,能否形成子囊孢子、掷孢子、担孢子、冬孢子以及孢子的数目、特点、形状等特征,将这些属种分别归为四大类:

（1）第一类。能产生子囊孢子的酵母,归入子囊菌纲的原子囊菌亚纲的内孢霉目的3个科内(内孢霉科、酵母菌科和蚀精霉科),共22个属,179个种。

（2）第二类。能产生冬孢子和担孢子的酵母,归入担子菌纲异担子菌亚纲的黑粉菌目的黑粉菌科内,共2个属,7个种。

（3）第三类。能产生掷孢子的酵母,归入担子菌纲中不依附与其他目的掷孢酵母科内,共3个属,14个种。

（4）第四类。不产生子囊孢子、冬孢子和掷孢子的酵母,其有性生殖已经丧失或未被发现,这一类酵母归为半知菌类中的丛梗孢目的隐球酵母科内,共12个属,170个种。

关于真菌的分类,在国内也有不少人做专门研究。其中以中国科学院微生物研究所的一些真菌分类专家为代表,并有不少这方面的专著,如《常见与常用真菌》等。

思考题

1. 真菌特有的细胞器有哪几种?请分别阐述。
2. 什么是菌丝体?它有哪几种分化形式?
3. 简述酵母菌的菌落形态特征。
4. 酵母菌增殖的方式有哪几种?请分别阐述。
5. 丝状真菌的分类依据有哪些?
6. 酵母菌的分类依据主要包括哪些指标?

第 4 章

非细胞生物——病毒和亚病毒

病毒(virus)是最微小的、结构最简单的一类非细胞型微生物,是由一个核酸分子(DNA 或 RNA)与蛋白质构成的非细胞形态的靠寄生生活的生命体。介于生命和非生命之间的一种物质形式,由一个或多个核酸分子组成的基因组,有一层蛋白或脂蛋白的保护性外壳,因此,病毒可被看作是"一包基因"。病毒可在一定宿主细胞中自我复制出大量的子代病毒。不像细菌是通过整体组分的增加经分裂而繁殖,病毒粒子自身不能进行生长和分裂,缺少编码能量代谢或蛋白质合成所必需的元件(线粒体、核糖体)的遗传信息,必须在活细胞内显示生命活性。因此认为病毒是一种介于生命和非生命之间的一种物质形式。病毒的特点是病毒体积微小,可以通过除菌过滤器,结构简单,只含一种类型的核酸,专性细胞内寄生,对抗生素不敏感,但对干扰素敏感。第一个已知的病毒是烟草花叶病毒,迄今已有超过 5 000 种类型的病毒得到鉴定。研究病毒的科学被称为病毒学,是微生物学的一个分支。

关于病毒所导致的疾病,早在公元前 2~3 个世纪的印度和中国就有了关于天花的记录。但直到 19 世纪末,病毒才开始逐渐得以发现和鉴定。1884 年,法国微生物学家查理斯·尚柏朗发明了一种细菌无法滤过的过滤器(尚柏朗过滤器,其滤孔孔径小于细菌的大小),他利用这一过滤器就可以将液体中存在的细菌除去。1892 年,俄国生物学家德米特里·伊万诺夫斯基在研究烟草花叶病时发现,将感染了花叶病的烟草叶的提取液用烛形过滤器过滤后,依然能够感染其他烟草。于是他提出这种感染性物质可能是细菌所分泌的一种毒素,但他并未深入研究下去。当时,人们认为所有的感染性物质都能够通过滤除去并且能够在培养基中生长,这也是疾病的细菌理论(germ theory)的一部分。1899 年,荷兰微生物学家马丁乌斯·贝杰林克重复了伊万诺夫斯基的实验,并相信这是一种新的感染性物质。他还观察到这种病原只在分裂细胞中复制,由于他的实验没有显示这种病原的颗粒形态,因此他称之为 contagium vivum fluidum(可溶的活菌),并进一步命名为 virus(病毒)。贝杰林克认为病毒是以液态形式存在的(但这一看法后来被温德尔·梅雷迪思·斯坦利推翻,他证明了病毒是颗粒状的)。同样在 1899 年,Friedrich Loeffler 和 Paul Frosch 发现患口蹄疫动物淋巴液中含有能通过过滤器的感染性物质,由于经过了高度地稀释,排除了其为毒素的可能性;他们推论这种感染性物质能够自我复制。

20 世纪早期,英国细菌学家 Frederick Twort 发现了可以感染细菌的病毒,并称之为噬菌体。随后法裔加拿大微生物学家 Félix de Herelle 描述了噬菌体的特性：将其加入长满细菌的琼脂固体培养基上，一段时间后会出现由于细菌死亡而留下的空斑。高浓度的病毒悬液会使培养基上的细菌全部死亡，但通过精确地稀释，可以产生可辨认的空斑。通过计算空斑的数量，再乘以稀释倍数就可以得出溶液中病毒的个数。他们的工作揭开了现代病毒学研究的序幕。

在 19 世纪末，病毒的特性被认为是感染性、可滤过性和需要活的宿主，也就意味着病毒只能在动物或植物体内生长。1906 年，哈里森发明了在淋巴液中进行组织生长的方法；在 1913 年，E. Steinhardt、C. Israeli 和 R. A. Lambert 利用这一方法在豚鼠角膜组织中成功培养了牛痘苗病毒，突破了病毒需要体内生长的限制。1928 年，H. B. Maitland 和 M. C. Maitland 有了更进一步的突破，他们利用切碎的母鸡肾脏的悬液对牛痘苗病毒进行了培养。他们的方法在 1950 年得以广泛应用于脊髓灰质炎病毒疫苗的大规模生产。

另一项研究突破发生在 1931 年，美国病理学家 Ernest William Goodpasture 在受精的鸡蛋中培养了流感病毒。1949 年，约翰·富兰克林·恩德斯、托马斯·哈克尔·韦勒和弗雷德里克·查普曼·罗宾斯利用人的胚胎细胞对脊髓灰质炎病毒进行了培养，这是首次在没有固体动物组织或卵的情况下对病毒进行成功培养。这一研究成果被乔纳斯·索尔克利用来有效地生产脊髓灰质炎病毒疫苗。

1931 年，德国工程师恩斯特·鲁斯卡和马克斯·克诺尔发明了电子显微镜，使得研究者首次得到了病毒形态的照片。1935 年，美国生物化学家和病毒学家温德尔·梅雷迪思·斯坦利发现烟草花叶病毒大部分是由蛋白质所组成的，并得到病毒晶体。随后，他将病毒成功地分离为蛋白质部分和 RNA 部分。温德尔·斯坦利也因为他的这些发现而获得了 1946 年的诺贝尔化学奖。烟草花叶病毒是第一个被结晶的病毒，从而可以通过 X 射线晶体学的方法来得到其结构细节。第一张病毒的 X 射线衍射照片是由 Bernal 和 Fankuchen 于 1941 年拍摄的。1955 年，通过分析病毒的衍射照片，罗莎琳·富兰克林揭示了病毒的整体结构。同年，Heinz Fraenkel - Conrat 和罗布利·威廉姆斯发现将分离纯化的烟草花叶病毒 RNA 和衣壳蛋白混合在一起后，可以重新组装成具有感染性的病毒，这也揭示了这一简单的机制很可能就是病毒在它们的宿主细胞内的组装过程。

20 世纪下半叶是发现病毒的黄金时代，大多数能够感染动物、植物或细菌的病毒在这数十年间被发现。1957 年，马动脉炎病毒和导致牛病毒性腹泻的病毒（一种瘟病毒）被发现；1963 年，巴鲁克·塞缪尔·布隆伯格发现了乙型肝炎病毒；1965 年，霍华德·马丁·特明发现并描述了第一种逆转录病毒；这类病毒将 RNA 逆转录为 DNA 的关键酶，即逆转录酶，在 1970 年由霍华德·特明和戴维·巴尔的摩分别独立鉴定出来。1983 年，法国巴斯德研究院的吕克·蒙塔尼耶和他的同事弗朗索瓦丝·巴尔－西诺西首次分离得到了一种逆转录病毒，也就是现在世人皆知的艾滋病毒（HIV）。其二人也因此与发现了能导致子宫颈癌的人乳头状瘤病毒的德国科学家哈拉尔德·楚尔·豪森分享了 2008 年的诺贝尔生理学与医学奖。

只要有生命的地方，就有病毒存在；病毒很可能在第一个细胞进化出来时就存在了。病毒起源于何时尚不清楚，因为病毒不形成化石，也就没有外部参照物来研究其进化过程，同时病毒的多样性显示它们的进化很可能是多条线路的而非单一的。分子生物学技术是目前可用的揭示病毒起源的方法;但这些技术需要获得远古时期病毒 DNA 或 RNA 的样品,而目前储存在实验室中最早的病毒样品也不过 90 年。

对于病毒到底是一种生命形式,还是仅仅是一种能够与生物体作用的有机结构,人们的观点各不相同。有人将病毒描述为处于"生命边缘的生物体",因为它们像其他生物体一样拥有基因、能够通过自然选择而进化并且能够通过自行组装来完成复制。然而,虽然病毒含有基因,但它们没有细胞结构,而细胞被认为是生命的基本单位;而且,病毒没有自身的代谢机制,需要通过宿主细胞来替它们完成复制繁殖,因此它们不能够在宿主细胞外进行繁殖(虽然属于细菌的立克次氏体和衣原体也具有同样的缺陷);被接受的生命形式是利用细胞分裂来进行繁殖的,而病毒是自发地在细胞内进行组装的,类似于晶体的自发生长过程。虽然病毒是否是一种生命形式目前还没有定论,但病毒在宿主细胞内的自组装方式对于研究生命起源具有一定的启示意义。

4.1 病毒的生物学本质

病毒是颗粒很小、以纳米为测量单位、结构简单、寄生性严格、以复制进行繁殖的一类非细胞型微生物。病毒是比细菌还小、没有细胞结构、只能在细胞中增殖的微生物。它由蛋白质和核酸组成。多数要用电子显微镜才能观察到。病毒原指一种动物来源的毒素。病毒能增殖、遗传和演化,因而具有生命最基本的特征,至今对它还没有公认的定义。那么,研究病毒究竟具有什么样的意义呢?

4.1.1 病毒学研究的意义

自 19 世纪末科学家发现烟草花叶病毒以来,牛口蹄疫病毒、人黄热病毒、细菌病毒(即噬菌体)、昆虫病毒等相继被发现。近年来,继真菌病毒后又发现了蓝绿藻病毒、支原体病毒等。随着现代科学技术的发展,特别是超离心机和电子显微镜等先进仪器的问世,是研究病毒的生物学本质及其与寄主的相互作用的病毒学得到了飞速发展,并成为微生物学的重要分支。病毒学研究极大地丰富了微生物学乃至现代生物学的理论与技术。现在,病毒不仅是病毒学研究的对象,而且也成为分子生物学和分子遗传学的主要研究对象,研究病毒对这两门学科的发展产生了重大的影响。例如,在分子生物学研究中,噬菌体作为基因载体应用于遗传工程上。此外,人们利用噬菌体对细菌作用的专一性进行细菌分型鉴定或对细菌病进行治疗。

同时,研究病毒学对于有效控制和消灭人和有益生物的病毒性病害具有特别重要的意义。现已发现病毒有 3 600 多种,由微生物引起的人类传染性疾病,其中有 80% 由病毒引起。病毒性疾病的重要特点是:传染性高,传播迅速,流行面广,并发症复杂,后遗症严重,诊治困难,死亡率高。目前还发现许多肿瘤疾病也与病毒有关。因此,掌握病毒的特性,认识病毒的传染和发病特点,对控制病毒给人类的危害、防止病毒对食品造成污染以及减少发酵食品生产中因噬菌体污染而造成的经济损失均有一定意义。

4.1.2 病毒的定义和基本特点

病毒(virus)是一类比细菌更加微小,能通过细菌过滤器,只含一种类型的核酸(DNA或RNA)与少量蛋白质,仅能在敏感的活细胞内以复制的方式进行增殖的非细胞生物。

病毒在细胞外环境以形态成熟、结构完整,具有感染力(侵染力)的单个颗粒形式存在,即为病毒粒子,简称毒粒。毒粒具有一定的大小、形态、结构和化学组成与理化性质,甚至可以结晶纯化。毒粒如同化学大分子物质,离开活细胞一般不表现任何生命特征。但是毒粒具有感染性,即在一定条件下具有进入寄主(宿主)细胞的能力。一旦病毒进入细胞后,即利用寄主细胞的大分子合成机构进行复制表达,从而导致病毒的繁殖,并随之表现出遗传、变异等一系列生命特征。由此可见,病毒是一类既具有化学大分子属性,又具有生物体基本特征;既以细胞外的感染性(传染性)颗粒形式存在,又有益细胞内的繁殖性基因形式存在的独特生物类群。

病毒与其他生物相比具有以下基本特点:

(1)个体极其微小。病毒大多数比细菌小,可通过细菌过滤器,必须借助电子显微镜才能观察其大小与形态。

(2)没有细胞结构,化学成分较简单。病毒的主要成分仅有核酸和蛋白质两种,而且只含DNA或RNA一类核酸。尚未发现一种病毒兼含两类核酸。

(3)缺乏完整的酶系统和独立的代谢能力。由于病毒不具备其他生物产能代谢所需要的遗传信息,没有产生能量的酶系统,因此只能利用活的寄主细胞的酶类和产能代谢机构,并借助寄主细胞的生物合成机构复制其核酸以及合成由其核酸编码的蛋白质,再由蛋白质外壳包裹核酸装配成子代病毒。病毒的生物合成实际上是病毒遗传信息控制下的寄主细胞的生物合成过程。核酸构成病毒的基因组,病毒通过基因组复制和表达。病毒无个体生长,不能以二均分裂方式进行繁殖,也不能进行蛋白质、糖类和脂类代谢活动。

(4)超级寄生。病毒不能在无生命的人工普通培养基上增殖,必须进入活的寄主细胞内,病毒核酸提供遗传信息,借助寄主细胞的酶类、能量合成系统、核糖体、细胞因子等产能代谢机构与生物合成机构,利用寄主细胞供给的能量、养料、酶类等才能增殖。病毒在寄主细胞内的增殖是以自我复制的方式形成新的病毒粒子。某些RNA病毒的RNA基因片段,经反转录合成互补的DNA(cDNA),与寄主细胞染色体的基因组整合,并随寄主细胞DNA的复制而增殖,引起潜伏感染。

(5)具有双重存在方式。在活细胞内营专性寄生,在活细胞外能以化学大分子颗粒状态长期存在,并保持感染活性。

(6)病毒耐冷不耐热。对一般抗生素、制霉菌素和磺胺类药物等均不敏感,但干扰素(interferon)可抑制病毒的增殖。对于能干扰细胞代谢的各种因素具有明显的抵抗力。如对甘油有耐受作用,不像细菌等微生物那样可被甘油脱水而死亡。

可以认为,病毒是一类超显微的、结构极简单的、专性活细胞内寄生的、在活体外能以无生命的化学大分子状态长期存在,并保持其感染活性的非细胞生物。病毒与其他微生物的主要区别见表4.1。

表 4.1　病毒与其他微生物的主要区别

微生物种类	在无细胞的培养基中生长	二等分裂繁殖	核酸类型①	核糖体	敏感性	
					抗生素	干扰素②
细菌	+	+	D+R	+	+	-
支原体	+	+	D+R	+	+	-
立克次氏体	-	+	D+R	+	+	-
衣原体	-	+	D+R	+	+	+
病毒	-	-	D 或 R	-	-	+

注:①D = DNA（脱氧核糖核酸），R = RNA（核糖核酸）；
②有些细菌与立克次氏体对干扰素也敏感

非细胞生物包括真病毒（简称病毒）和亚病毒。病毒既是一种致病因子,也是一种遗传成分。现在又发现了比病毒更小、更简单的特殊病毒致病因子——亚病毒（subvirus）。亚病毒包括类病毒（viroid）、卫星病毒（satellite virus）和朊病毒（prion）三类。

由于病毒是活细胞内的寄生物,因此,如果它们的寄主是人或对人类有益的动物、植物和微生物,就会给人类带来巨大损害。反之,如它们所寄生的对象是对人类有害的动物、植物或微生物,则会为人类带来巨大的利益。

4.2　病毒的形态结构与功能

病毒的形状和大小（统称形态）各异。常用纳米（nm）作为测量单位。一个完整的病毒颗粒被称为"病毒体"（virion）,是由蛋白质组成的具有保护功能的"衣壳（Capsid,或称蛋白质外壳）"和被衣壳包被的核酸组成。形成衣壳的等同的蛋白质亚基称作次"蛋白衣"或"壳粒"（capsomere）。有些病毒的核衣壳外面,还有一层由蛋白质、多糖和脂类构成的膜叫作"包膜"（envelope,又称外套膜）,包膜上生有"刺突"（spike）,如流感病毒。衣壳是由病毒基因组所编码的蛋白质组成的,它的形状可以作为区分病毒形态的基础。通常只需要存在病毒基因组,衣壳蛋白就可以自组装成为衣壳。但结构复杂的病毒还会编码一些帮助构建衣壳的蛋白质。与核酸结合的蛋白质被称为核蛋白,核蛋白与核酸结合形成核糖核蛋白,再与衣壳蛋白结合在一起就形成了"核衣壳"。

4.2.1　病毒的大小与形态

病毒粒子的体积极其微小,大多数病毒的直径在 10～300 nm。一些丝状病毒的长度可达 1 400 nm,但其宽度却只有约 80 nm。测量病毒大小的标准是病毒粒子的直径。各种病毒粒子的大小相差 10～20 倍。根据其大小大致分为 4 个级别,即大型病毒、中大型病毒、中小型病毒和小型病毒等。大型病毒为 200～300 nm,如痘病毒约为（250～300）nm×（200～250）nm,比支原体还大一些,经姬姆萨、维多利亚蓝、荧光染料或镀银法等染色后,可在光学显微镜下观察;中大型病毒为 150～200 nm,如副流感病毒、单纯疱疹病毒等;中小型病毒直径为 80～120 nm,如流行性感冒病毒、腺病毒和逆转录病毒等;小型病毒直径为20～30 nm,如口蹄疫病毒、脊髓灰质炎病毒等;最小的病毒为菜豆畸矮病毒,其直径只有9～11 nm。多数病毒必须经电子显微镜放大数千倍到数万倍才能观察。

病毒的形态多种多样,有球状、卵圆状、砖状、杆状、丝状、蝌蚪状、子弹状等。其基本形态为球状、杆状和蝌蚪状。病毒的形态大致分为以下五类(图4.1)。

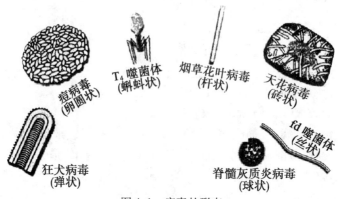

图4.1　病毒的形态

(1)球状或近球状。对人、动物和真菌致病的病毒多为球状,如腺病毒、疱疹病毒、脊髓灰质炎病毒、蘑菇病毒、MS_2、ΦX_{174}噬菌体等。少数植物病毒,如花椰菜花叶病毒呈球形。

(2)杆状或丝状。对植物、昆虫致病的病毒多呈杆状。如烟草花叶病毒、苜蓿花叶病毒呈杆状,甜菜黄化病毒是很长的弯曲丝状,家蚕核型多角体病毒、fd、M_{13}噬菌体等也呈杆状。此外,有的病毒颗粒呈多形性,如流感病毒新分离的毒株常呈丝状,在细胞内稳定增殖后则变成为拟球形颗粒。

(3)砖状或菠萝状。常见于天花病毒、牛痘病毒等大型病毒。

(4)弹状。多见于狂犬病病毒、水泡型口膜炎病毒、植物弹状病毒等。

(5)蝌蚪状。为多数噬菌体的典型形态。如T偶数噬菌体(T_2、T_4噬菌体)和λ噬菌体等。

研究病毒大小与形态的方法有:①电子显微镜法,可直接观察病毒形态与结构,并测量其大小;②分级超滤膜过滤法,使用不同孔径的火棉胶滤膜或微孔滤膜过滤病毒悬液,以是否通过某孔径滤膜,估计病毒颗粒的大小;③超速离心沉淀法,根据病毒沉降速度的不同,采用超速离心法测得病毒的沉降系数(s),用以推算病毒的相对分子质量与大小;④电离辐射与X线衍射分析法,主要用于研究病毒的结构和亚单位等。

4.2.2　病毒的结构与功能

近年来,应用高倍分辨率的电子显微镜,用电子束不易透过的磷钨酸与醋酸氧铀处理标本进行负染色法,可以显示并分析病毒颗粒的空间细微结构,使人们对病毒的形态和显微结构的研究达到了新的水平。

病毒的结构是指可分为存在于所有病毒中的基本结构和仅为某些病毒所特有的特殊结构。

1. 基本结构及其功能

基本结构是指所有病毒都具有的结构，主要由基因组(genome)和蛋白衣壳(capsid)组成的核衣壳(nucleo-capsid)构成。核衣壳是病毒核酸与蛋白质衣壳的总称。有些病毒的核衣壳就是病毒体，又称裸病毒。

(1)病毒基因组。基因组是指位于病毒体内部，编码病毒所有结构蛋白(指蛋白衣壳、基质蛋白、包膜中蛋白等)和非结构蛋白(不作为病毒体的结构，但通常具有酶的活性)的核酸。一种病毒体内仅含一种类型的核酸，即 DNA 或 RNA，不会同时兼有两种，据此可将病毒分为 DNA 病毒和 RNA 病毒两大类。大多数植物病毒的核酸为 RNA，少数为 DNA；噬菌体的核酸大多数为 DNA，少数为 RNA；动物病毒和昆虫病毒，则部分是 DNA，另一部分是 RNA。

病毒的核酸以多种形式存在。DNA 病毒分双链 DNA(dsDNA)和单链 DNA(ssDNA)。RNA 病毒也有单链和双链之分。DNA 病毒多数为双链，少数为单链，而 RNA 病毒则多数是单链，极少数为双链。病毒核酸还有线状和环状之分，如玉米条纹病毒的核酸为线状单链 DNA，大丽菊花叶病毒的核酸为闭合环状双链 DNA。但 RNA 病毒核酸都呈线状，罕见环状。

此外，单链 RNA 病毒根据核酸能否起到 mRNA 的作用，分正链和负链 RNA。凡碱基排列顺序与 mRNA 相同的单链 RNA，称正链(+)RNA；凡碱基排列顺序与 mRNA 互补的单链 RNA，称负链(-)RNA。如脊髓灰质炎病毒、烟草花叶病毒等小 RNA 病毒的核酸属于(+)RNA，正粘和负粘病毒的核酸为(-)RNA。正链 RNA 具有侵染性，并具有 mRNA 的功能，可直接作为 mRNA 合成蛋白质；负链 RNA 没有侵染性，必须依靠病毒携带的转录酶转录成正链 RNA(负链 RNA 的互补链)后，才能作为 mRNA 合成蛋白质。

不同病毒具有不同类型的基因组。在病毒基因表达时，首先合成 mRNA，而后再合成蛋白质。根据合成 mRNA 的方式不同，将病毒基因组分为 6 大类型。

①单链 DNA(ssDNA)：使用细胞 DNA 聚合酶合成 dsDNA，再由细胞依赖 DNA 的 RNA 聚合酶转录 mRNA。

②双链 DNA(dsDNA, ±DNA)：除痘病毒外，都使用细胞依赖 DNA 的 RNA 聚合酶合成 mRNA。

③单正链 RNA(ss+RNA, +RNA)：单正链 RNA 具有 mRNA 功能。

④单负链 RNA(ss-RNA, -RNA)：单负链 RNA 是 mRNA 的互补链。细胞缺乏复制 RNA 的 RNA 聚合酶，故病毒依靠自身依赖 RNA 的 RNA 聚合酶合成 mRNA。

⑤双链 RNA(dsRNA, ±RNA)：细胞缺乏从 RNA 转录 mRNA 的聚合酶，故病毒同样依靠自身依赖 RNA 的 RNA 聚合酶合成 mRNA。

⑥反转录病毒(retrovimses)：是含有反转录酶的单正链 RNA 病毒。病毒自身带有依赖 RNA 的 DNA 聚合酶，即反转录酶(reverse transcriptase)。首先在反转录酶的作用下合成 DNA，并与细胞染色体整合在一起。当病毒复制时，在细胞 RNA 聚合酶的作用下合成 mRNA。

病毒基因组的大小差别十分显著。若以 3~300 kb 为一个基因组，小病毒仅含 3~4 个基因，大病毒可达数百个基因。病毒基因组越大，结构越复杂，越能产生较多的酶和蛋白质用于自身增殖;反之,小基因组病毒明显增强对细胞的依赖性。

病毒基因组是病毒遗传变异的物质基础,具有编码病毒蛋白,控制病毒性状,决定病毒复制和增值以及感染细胞的功能。大部分病毒的遗传物质为 DNA,少数 RNA 病毒能以 RNA 为遗传物质。早在 1956 就已证明核酸决定病毒的感染性,故称感染性核酸,但易被核酸酶分解破坏,裸露的核酸比完整病毒体的感染性要低。

随着分子生物学技术的发展,有益于研究病毒的遗传变异。应用限制性内切酶消化核酸,可产生不同的 DNA 片段,用于分析 DNA 基因组的不均一性;利用 PCR 和核酸杂交技术研究感染细胞内病毒基因组和比较不同病毒之间的相关性。目前,病毒研究者已完成对许多病毒核苷酸序列的测定,用于分析和比较病毒间的遗传相关性。

(2)病毒蛋白衣壳。蛋白衣壳是包裹或镶嵌于病毒核酸外面,由病毒基因组编码的一层蛋白质。蛋白衣壳由一定数量的壳粒(capsomeres)组成。壳粒是包裹病毒核酸的一粒一粒的形态学亚单位。每个壳粒由一条或几条多肽链折叠构成,电镜下可以看到壳粒呈特定的排列形式。

蛋白衣壳具有多种功能。蛋白衣壳比较坚韧,能维持病毒的形态结构;保护病毒核酸免受核酸酶和其他不利理化因素的破坏,如不易受干燥、酸和去污剂的破坏,对蛋白酶不敏感;表现病毒对寄主细胞的亲嗜性、致病性、毒力和抗原性等生物学特征。

衣壳具有黏附作用,能与寄主细胞表面受体特异结合,完成感染细胞的第一步,即病毒的吸附作用,介导病毒的感染和决定病毒对细胞的亲嗜性。此外,蛋白衣壳具有良好的抗原性。病毒侵入机体后能诱发特异性抗体的产生和细胞免疫等,这些免疫应答可阻止病毒的扩散,不仅具有免疫防御作用,而且有的还能引起免疫病理损害,参与病毒的致病机制。此外,由于无包膜病毒具有抵抗胃酸、胆汁的作用,且其活性在污染物中持久存在,故无包膜病毒主要通过粪便–入口途径传播疾病。

除蛋白衣壳外,某些病毒携带酶蛋白,是其实病毒复制的必需蛋白。如负链 RNA 病毒含依赖 RNA 的 RNA 聚合酶,参与 RNA 的复制和 mRNA 的形成;疱疹病毒编码的胸苷激酶和 DNA 聚合酶,分别与核酸代谢和 DNA 复制有关;反转录病毒含反转录酶,是病毒复制和反转录的必需酶;肿瘤病毒编码的反噬激活蛋白和致癌蛋白可引起细胞转化等。

2. 特殊结构及其功能

特殊结构是指仅为部分病毒具有的结构。即在某些病毒核衣壳之外,尚有包膜(envelope)、基质蛋白(matrixprotein)或被膜(tegument)、触须(antenna)等辅助结构。

(1)病毒包膜。包膜也称囊膜,是包裹在病毒核衣壳外面的一层较为疏松、肥厚的膜状结构。大多数有包膜病毒呈球状,但痘病毒呈砖状,狂犬病病毒呈弹状。根据病毒有无包膜,可将其分为有膜病毒和无膜病毒(裸病毒)。包膜主要由脂类和糖蛋白等组成。

①脂类的来源与作用。病毒包膜中的脂类是某些病毒在寄主细胞内成熟过程中,以出芽方式穿过寄主细胞的核膜或细胞质膜,释放至细胞外时所获得的寄主细胞成分。在脂类化合物中有 50% ~60%,其余多为胆固醇。脂类构成了病毒包膜的脂质双层结构。

由于病毒包膜的脂类来源于细胞,其种类和含量均具有对寄主细胞的特异性。即脂类具有对寄主细胞的亲嗜性,故可决定病毒特定的侵害部位。

②糖蛋白的来源与作用。糖蛋白由蛋白质和糖组成。蛋白质由病毒基因组编码而

合成,而糖则获自寄主细胞。病毒糖蛋白是由一条或几条多肽链骨架与寡糖侧链连接而成,位于包膜表面形成包膜突起(peplomere)或刺突(spike)。每个包膜突起在电镜下宛如大头针状,嵌附在病毒包膜脂质中。

包膜突起能与细胞表面的受体结合,使病毒黏附于靶细胞表面,并构成病毒的表面抗原,与病毒的分型、致病性和免疫性等有关,赋予病毒的某些特殊功能。如流感病毒包膜上有血凝素和神经氨酸酶等刺突,是甲型流感病毒划分亚型的主要依据。血凝素是与红细胞结合的糖蛋白,对寄主呼吸道上皮细胞与某些动物(如鸡)和人红细胞有特殊亲和力,产生病毒血凝现象。神经氨酸酶是与细胞表面神经氨酸起作用的糖蛋白,破坏易感寄主细胞表面上的受体,使包膜的脂质与寄主细胞膜融合,便于病毒侵入细胞内。糖蛋白具有抗原性,能诱发免疫应答,产生的中和抗体具有免疫保护作用。

病毒包膜与寄主细胞膜具有一定的同源性,彼此容易亲和及融合,辅助病毒的感染作用。包膜对干燥、热、酸、去污剂和脂溶剂(如乙醚、氯仿和胆汁等)敏感,故有包膜的病毒可被乙醚灭活,常用于鉴定病毒有无包膜。由于有包膜病毒易被胃酸、胆汁灭活,且其活性必须维持在较湿润的环境,故有包膜病毒一般不经消化道感染,而主要通过分泌物、呼吸道飞沫(气溶胶)、血液和组织液汁等途径传播疾病。

(2)病毒基质蛋白或被膜。某些病毒(如正粘病毒和副粘病毒)在核衣壳的外层和包膜内层垫有一层蛋白,称为基质蛋白。它具有支撑包膜,维持病毒结构的功能。更重要的是它促进核衣壳与包膜之间的识别,有利于病毒的装配。疱疹病毒的被膜含有病毒蛋白和酶,有助于起始病毒的复制。

(3)病毒触须。触须是某些无包膜病毒核衣壳上的突出物。如腺病毒没有包膜,其核衣壳呈20面体立体对称,在20面体的各个顶角上有触须样纤维(anlennal fiber),形状宛如大头针,顶端膨大呈球状。触须的功能与包膜刺突相似,具有凝集某些动物红细胞核毒害敏感寄主细胞的作用。

4.2.3 病毒衣壳的对称性

病毒衣壳在结构上的一个重要特点就是排列的对称性。由于病毒核酸的螺旋构型不同,在衣壳上壳粒的数目和排列形式也不同,因此构成衣壳的对称性有立体对称型(icosahedral symmetry)、螺旋对称型(helical symmetry)和复合对称型(complex symmetry)3种类型,可作为鉴定病毒和分类的依据。

(1)立体对称。由于病毒核酸浓集在一起形成球状或近似球状,使大多数球状病毒的衣壳都是立体对称。立体对称是指病毒衣壳上的壳粒有规律的"包被"在核酸分子的外面,并排列组合成对称的多面体。在立体对称的病毒中额冠,大多数都是20面体立体对称(icosahedral cubic symmetry),即病毒的衣壳由壳粒聚成20个等边三角形的面、12个顶角和30条棱边。在棱边、三角形面和顶角上皆有对称排列的壳粒。病毒衣壳的对称性和壳粒的数目是病毒分类与鉴定的重要依据之一。不同病毒的壳粒数目不同,如腺病毒有252个,疱疹病毒有162个,小RNA病毒仅有32个。

(2)螺旋对称。病毒核酸盘旋状,壳粒沿核酸走向呈螺旋对称排列,形成杆状的核衣壳。螺旋对称型指构成病毒衣壳的壳粒以病毒核酸分子为轴心旋转装配。大多数杆状或丝状和子弹状病毒的衣壳多属于螺旋对称,如烟草花叶病毒(TMV)、植物弹状病毒、水泡性口膜炎病毒、狂犬病病毒、流感病毒、正粘和副粘病毒等的衣壳呈螺旋对称。

(3)复合对称。病毒的衣壳中既有立体对称部分,又有螺旋对称部分,成为复合对称。砖状病毒和蝌蚪状病毒的衣壳则多属于复合对称。复合对称的病毒主要有 T 噬菌体和痘病毒科中的天花病毒、牛痘病毒等。

4.2.4 病毒的包涵体

在某些感染病毒的寄主细胞内,形成结构特殊、有一定染色特性、在光学显微镜下可见的大小、形态和数量不等的小体,称为包涵体(inclusion body)。包涵体可在细胞核或细胞质内形成。它们多数位于细胞质内,具嗜酸性;少数位于细胞核内,具嗜碱性;也有在细胞质和细胞核内部存在的类型。包涵体是寄主细胞被病毒感染后形成的蛋白质结晶体,是病毒复制复合物、转录复合物、复制和装配中间体、核衣壳和毒粒聚集在寄主细胞特定区域形成的病毒加工厂。它们在寄主细胞中的定位,反应了病毒的复制微点。包涵体有颗粒形和多角形两种。颗粒形包涵体呈圆筒形和卵圆形或椭圆形,内含 1 个(偶尔 2 个)病毒粒子;多角形包涵体一般呈六角形、五角形、四角形和三角形,内含多个病毒粒子,是病毒粒子的聚集体。例如,昆虫的核型和质型多角体病毒,植物的烟草花叶病毒,动物的腺病毒和呼肠孤病毒的包涵体均为病毒粒子的聚集体。

包涵体具有保护病毒粒子的作用。其主要成分是多角体蛋白,不易被正常的蛋白酶水解,在自然界较稳定,在土壤中能保持活性几年到几十年。包涵体从细胞中移出,再接种到活细胞可引起感染。

并非所有的病毒都能形成包涵体。在实践中,病毒的包涵体主要由两类应用:①用于病毒病的诊断。可根据不同病毒包涵体的大小、形态、构造、组分和特性及其在宿主细胞中的部位不同,作为病毒的快速鉴定和某一些病毒性疾病诊断的辅助依据。②用于生物防治。由于在昆虫的核型多角体病毒和质型多角体病毒所引起的包涵体内含有大量活性病毒,因此可用于生产生物防治剂。

4.3 病毒的增殖

病毒体在细胞外是处于静止状态,基本上与无生命的物质相似,当病毒进入活细胞后便发挥其生物活性。由于病毒缺少完整的酶系统,不具有合成自身成分的原料和能量,也没有核糖体,因此决定了它的专性寄生性,必须侵入易感的宿主细胞,依靠宿主细胞的酶系统、原料和能量复制病毒的核酸,借助宿主细胞的核糖体翻译病毒的蛋白质。

4.3.1 一步生长曲线

定量描述病毒增殖规律的实验曲线称为一步生长曲线(one-step growth curve)。该种曲线反映出三个重要的特征参数:潜伏期、裂解期和裂解量。其实验方法是:以适量的病毒接种于标准培养的高浓度的敏感细胞,待病毒吸附后,或高倍稀释病毒和细胞培养物,或以抗病毒抗血清处理病毒和细胞培养物以建立同步感染,然后继续培养,在病毒感染细胞后的不同时间定时取样,测定培养物中的感染性病毒效价(pfu),并以时间为横坐标,病毒效价的对数(lg pfu)为纵坐标,绘制获得一步生长曲线(图4.2),即病毒的复制周期,它分为潜伏期、裂解期和稳定期。最初建立的噬菌体一步生长曲线也适用于动物病毒和植物病毒。

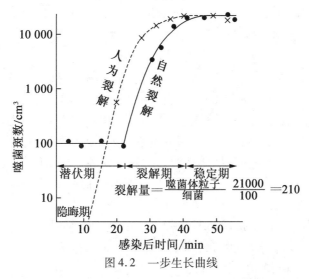

图4.2 一步生长曲线

(1)潜伏期和裂解量。潜伏期是指病毒粒吸附于细胞到受感染细胞释放出子代毒粒所需的最短时间。不同病毒的潜伏期长短不同,噬菌体以分钟计,动物病毒和植物病毒以小时或天计。裂解量是每个受染细胞所产生的子代病毒粒子的平均数目,其值等于潜伏期受染细胞的数目除以稳定期受染细胞所释放的全部子代病毒数目,即等于稳定期病毒效价与潜伏期病毒效价之比。通过一步生长曲线测定,噬菌体的裂解量一般为几十到上百个,植物病毒和动物病毒可达数百乃至上万个。

隐晦期是指自病毒在受染细胞内消失到细胞内出现新的感染性病毒的时间。隐晦期发生在病毒感染的早期,即在潜伏期的前一段,包括病毒的吸附、穿入、脱壳和生物合成。此时受染细胞内用血清学方法检测不出病毒抗原和用电镜检查不到感染性病毒颗粒,故称隐晦期(eclipse phase)。不同病毒的隐晦期长短不同,例如,DNA动物病毒的隐蔽期为5~20 h,RNA动物病毒为2~10 h。

(2)裂解期。裂解期又称为成熟期,是指发生在潜伏期之后的素质细胞迅速裂解死亡,噬菌体粒子急剧增加的一段时间。此期发生在病毒感染的后期,包括病毒的装配和释放。复制周期的长短与病毒的种类有关,多数动物病毒的复制周期至少在24 h以上。

(3)稳定期。稳定期发生在裂解期末,是指感染后的宿主细胞全部被裂解,子代毒粒数目在最高处达到稳定的时期。

4.3.2 病毒的一般增殖过程

病毒的增殖是病毒的基因组在寄主细胞内自我复制与表达的结果,病毒的增殖又称为病毒的复制,是病毒在活细胞中繁殖的过程。病毒的复制必须依赖寄主细胞提供的原料和场所。由于病毒缺乏细胞所具备的细胞器、复制酶系和代谢必需的酶系统与能量,因此其繁殖不能独立地以分裂方式进行,而是在寄主活细胞内控制其生物合成机构,合成病毒的核酸与蛋白质等成分。病毒是以其基因组为模板,借寄主细胞 DNA 聚合酶(多聚酶)或 RNA 聚合酶(多聚酶)以及其他必要因素,指令细胞停止合成细胞的蛋白质与核酸,转为复制病毒的基因组,经转录和转译出相应的病毒蛋白,然后装配成新的病毒粒子,最终释放出子代病毒。各种病毒的增殖过程基本相似,一般可分为吸附、穿入(侵入)、脱壳、生物合成、装配与成熟及释放六个阶段,称为复制周期(replicative cycle)

1. 吸附

病毒表面蛋白的吸附位点(attachment site)与寄主细胞膜上特定的病毒受体发生不可逆结合的过程,称为吸附(absorption)。这是病毒感染细胞的第一步。吸附过程取决于两个条件。一是吸附温度,以决定病毒感染的真正开始,促使与酶反应相似的化学反应;二是病毒对组织的亲嗜性和病毒感染寄主的范围,以决定病毒吸附位点与细胞上受体的特异性。细胞表面能吸附病毒的物质结构称为病毒受体,例如,呼吸道上皮细胞和红细胞表面有蛋白糖,是流感病毒的受体;肠道上皮细胞有脂蛋白,是脊髓灰质炎病毒的受体。如果用酶销毁这些受体,或非易感细胞缺乏该受体,则病毒不能吸附于细胞表面。此外,用针对病毒表面蛋白的抗体处理该病毒,抗体可以与病毒的表面蛋白结合,从而阻止病毒对寄主细胞受体的吸附,保护了机体细胞免受病毒感染。病毒体吸附细胞的过程一般可在几分钟至几十分钟内完成。

2. 穿入

病毒吸附于寄主细胞膜上,可通过几种方式使核衣壳进入细胞内的过程称为穿入(penetration)。有包膜病毒,多数通过吸附部位的酶作用和病毒包膜于细胞膜的同源性等,发生包膜与寄主细胞的融合(fusion),使病毒核衣壳进入细胞质内。无包膜病毒,一般通过细胞膜以胞饮方式将核衣壳吞入。即病毒与细胞表面受体结合后,细胞膜折叠内陷,将病毒包裹其中,形成类似吞噬泡的结构,使病毒原封不动地穿入细胞质内,此过程称为病毒胞饮(viropexis)。噬菌体吸附于细菌后,可能由细菌表面的酶类帮助噬菌体脱壳,使噬菌体核酸直接进入细菌细胞质内。

3. 脱壳

穿入细胞质中的核衣壳脱去衣壳蛋白,使基因组核酸裸露的过程称为脱壳(uncoating)。脱壳是病毒能否复制的关键,病毒核酸如不裸露出来,则无法发挥指令作用,病毒就不能进行复制。脱壳必须有酶的参与。多数病毒的脱壳依靠寄主细胞溶酶体酶的作用,这些特异性水解病毒衣壳蛋白的酶称为脱壳酶。有时病毒自身带有脱壳酶,如痘病毒的脱壳分为两步进行,首先靠细胞溶酶体酶的作用脱去外层衣壳蛋白,然后再经病毒编码产生一种脱壳酶,脱去内层衣壳而释放核酸;少数病毒(如呼肠病毒)并不完全脱壳,因自身没有脱内层衣壳的脱壳酶,故只脱去外层衣壳而以整个核心进行核酸转录和复制。

4. 生物合成

病毒基因组核酸一经脱壳释放,即利用寄主细胞提供的低分子物质合成大量病毒核酸和结构蛋白,此过程为生物合成(biosynthesis)。病毒核酸在寄主细胞内主导生物合成的程序包括:复制病毒自身的核酸、转录成 mRNA 和 mRNA 转译病毒蛋白质。病毒 mR-

NA 转译病毒蛋白质是基于寄主细胞的蛋白合成机构。早期 mRNA 可转译早期蛋白,包括病毒复制所必需的复制酶和一些抑制蛋白,抑制蛋白可封闭寄主细胞的正常代谢,使细胞代谢转向有利于病毒的复制;晚期 mRNA 主要是转译病毒衣壳蛋白和其他结构蛋白。

生物合成中的关键产物是病毒 mRNA,根据病毒核酸的类型以及病毒基因组如何转录 mRNA,又如何指令合成蛋白质,将生物合成过程分为三大类型。

(1)DNA 病毒。人和动物的 DNA 病毒多为双链 DNA,单链 DNA 病毒种类很少。除痘类病毒外,多数双链 DNA 病毒在细胞核内复制 DNA,在细胞质内翻译出病毒蛋白。痘类病毒虽属 DNA 病毒,但它的 DNA 复制与衣壳蛋白的合成等均在细胞质内进行。

①双链 DNA 病毒。其生物合成是先利用寄主细胞核内的依赖 DNA 的 RNA 聚合酶(多聚酶)转录出早期 mRNA,在细胞质内的核蛋白体上翻译成早期蛋白(主要是依赖 DNA 的 DNA 聚合酶和脱氧胸腺嘧啶激酶等病毒功能蛋白或非结构蛋白),用以复制大量子代 DNA 分子。亲代 DNA 在解链酶的作用下解链成正链 DNA 和负链 DNA,在 DNA 聚合酶作用下以半保留方式复制出两条互补链,使成为新的子代双链 DNA(±DNA)。再以子代单链 DNA 为模板,转录大量的晚期 mRNA,在细胞质中翻译成大量晚期蛋白(主要是病毒衣壳和或包膜等病毒结构蛋白),然后转运到细胞质内装配成完整的病毒体。

②单链 DNA 病毒。其生物合成使先以亲代 DNA 为模板,在 DNA 聚合酶的作用下复制互补的 cDNA,亲代单链 DNA 与互补链的 cDNA 组成双链 DNA 的复制中间型(体),然后解链,以互补链的 cDNA 为模板,转录出完整的子代 DNA,再由亲代单链 DNA 为模板转录 mRNA,用来转译子代病毒的衣壳蛋白。

(2)除逆转录病毒以外,多数 RNA 病毒都在细胞质内合成病毒的全部成分,病毒所需的依赖 RNA 的 RNA 多聚酶必须靠病毒基因编码,因寄主细胞不具备此酶。根据基因组 RNA 的不同,又可分为以下 3 种主要复制类型。

①单正链 RNA 病毒。小 RNA 病毒、脑炎病毒和脊髓灰质炎病毒等属于此类型。此类病毒的特点是基因组核酸具有传染性(感染性或侵染性),不含 RNA 聚合酶,单正链 RNA 可直接作为 mRNA 附着于寄主细胞核蛋白体上转译出早期蛋白,即依赖 RNA 的 RNA 聚合酶。在此酶催化下转录出与亲代 RNA 互补的负链 RNA,从而形成双链(±RNA)的复制中间型,然后解链,以互补的负链 RNA 为模板转录大量正链 RNA。这些单正链 RNA 即可作为病毒 mRNA 转译衣壳蛋白和其他结构蛋白,也可直接作为子代病毒的基因组。后者与结构蛋白在细胞质内装配,形成成熟的病毒体。

②单负链 RNA 病毒。多数有包膜的 RNA 病毒如流感病毒、副流感病毒、狂犬病病毒和腮腺炎病毒等都属于此类型。此类病毒的特点是基因组核酸单独没有传染性,单负链 RNA 不能作用 mRNA,病毒体本身多含有依赖 RNA 的 RNA 聚合酶能以亲代单负链 RNA 转录出正链 RNA。正链 RNA 既可作为 mRNA 转译结构蛋白和酶蛋白,也可以正链 RNA 为模板转录出大量负链 RNA 作为子代病毒的基因组。后者与结构蛋白装配成病毒体释放至细胞外。

③双链 RNA 病毒。此类病毒仅由其中负链 RNA 在病毒含有的依赖 RNA 的 RNA 聚合酶作用下复制出正链 RNA。正链 RNA 即可作为模板复制出新负链,组成子代双链

RNA(全部是新合成的 RNA),也可作为 mRNA 先转译出更多的 RNA 聚合酶、控制酶和构成核蛋白的蛋白亚单位。新转译的病毒蛋白与正链 RNA 形成正链核糖核蛋白(+)RNP,新复制的负链 RNA 也形成(-)RNP,最后形成双链(±)RNP,其外层包以衣壳蛋白成为双链 RNA 病毒。

(3)逆转录病毒,又称反转录病毒。人类 T 淋巴细胞白血病病毒(HTLV-Ⅰ、HTLV-Ⅱ)和 HIV 都属于此类型。此类病毒虽然也是单正链 RNA 病毒,但是因含有由基因组编码的依赖 RNA 的 DNA 聚合酶(反转录酶),其生物合成过程与上述三种 RNA 病毒完全不同。在反转录酶的作用下以病毒正链 RNA 为模板合成互补的负链 DNA 链,形成 RNA:DNA 中间体。中间体中的亲代正链 RNA 随后由细胞编码的 RNA 酶 H 水解去除,负链 DNA 则进入细胞核,经细胞的 DNA 聚合酶作用,以负链 DNA 为模板复制互补的 DNA 链组成双联 DNA。这一双链 DNA 整合于寄主细胞核的 DNA 中,成为前病毒(provirus),并可随寄主细胞的分裂而存在于子代细胞内。在细胞核内以前病毒的双链 DNA 为模板,经细胞的 DNA 依赖的 RNA 聚合酶的作用转录出病毒 mRNA,后者可在细胞质核蛋白体上翻译出子代病毒蛋白质。反转录病毒独特的生物合成过程使其成为被确定的人类肿瘤病毒。

5. 装配与成熟

由病毒在寄主细胞内复制生成病毒基因组,可与翻译成的病毒蛋白质(壳粒、包膜突起)装配(assembly)组合,形成成熟的病毒体。

除痘类病毒外,DNA 病毒均在细胞核内装配,RNA 病毒与痘类病毒则在细胞质内装配。当衣壳达到一定浓度时将聚合成衣壳并包装大小合适的核酸形成核衣壳。无包膜病毒装配成核衣壳即为成熟的病毒体;有包膜的病毒一般是在细胞核内或细胞质内装配核衣壳,然后以出芽的形式释放时再包上核膜或细胞质膜后才为成熟病毒。

6. 释放

成熟病毒向细胞外释放(release)有以下两种方式。

(1)破胞释放。无包膜病毒的释放通过细胞破裂完成。当一个病毒感染细胞时,经复制周期可增殖数百至数千个子代病毒,最后寄主细胞破裂而将病毒全部释放到胞外。

(2)出芽释放。有的有膜病毒在细胞内形成核衣壳,移至核膜处出芽获得细胞核膜成分,然后进入细胞质中穿过细胞膜释出而又包上一层细胞质膜成分,由此获得内外两层膜构成包膜。有些病毒在细胞核内装配成核衣壳后,通过细胞核裂隙进入细胞质,然后由细胞膜出芽释出,获得细胞质膜成分构成包膜。还有些病毒如流感病毒和副流感病毒的 RNA 与病毒蛋白质在细胞内装配成螺旋对成型核衣壳,此时寄主细胞膜内以掺入病毒包膜的抗原成分(病毒血凝素和神经氨酸酶),这些部位便是核衣壳出芽的位置。随后当病毒通过细胞膜出芽时,获得寄主细胞膜成分和其中的病毒抗原构成包膜。

4.4 亚病毒粒子

亚病毒(subvirus)是病毒学的一个新分支,突破了原先以核衣壳为病毒体基本结构的传统认识,将仅具有病毒核酸或仅有蛋白质的感染性活体,分类为亚病毒。亚病毒是一类比一般病毒更小、更简单的非细胞生物,属于非典型病毒。以往习惯上把亚病毒分为类病毒(viroid)、卫星 RNA(satellite RNA)和朊病毒(prion)。1995 年,国际病毒委员会第六次报告将亚病毒粒子分为卫星病毒(satellite virus)、类病毒和朊病毒三类。

卫星病毒多与植物感染有关,少数与人或动物感染有关,与人类疾病相关的仅有丁型肝炎病毒(HDV)一种;类病毒和卫星 RNA 主要引起植物病害;朊病毒只存在于脊椎动物,可引起人和动物海绵脑病或白质脑病。

4.4.1 类病毒

(1)类病毒的特性。类病毒是一类无蛋白衣壳,仅有一条裸露的闭合环状单链 RNA 分子,能感染寄主细胞并在其中自我复制,使寄主产生病症的最小病原体。如马铃薯纺锤形状块茎病和柑橘裂皮病的病原体是一种只有侵染性小分子 RNA 而没有蛋白质的感染因子。类病毒的分子质量小,仅为最小 RNA 病毒的 1/10 左右,由 246~600 个核苷酸组成。所有类病毒 RNA 均无 mRNA 活性,不具有编码衣壳蛋白能力。类病毒 RNA 基因组必须转运到植物细胞核中,并依赖寄主细胞的 DNA 依赖的 RNA 聚合酶才能进行复制。类病毒对热河织溶剂有抗性。

(2)Ⅰ类病毒的结构。目前研究的比较清楚的是 1971 年 Diener 首次报道的马铃薯纺锤形块茎病类病毒(PSTV)。它仅由一个含 359 个核苷酸的单链环状 RNA 分子组成,长 50 nm,整个环由两个互补的半体组成,一个含 179 个核苷酸,另一个含 180 个核苷酸。该分子内约 70% 碱基通过氢键配对形成一系列短的双链螺旋区,未配对的碱基则形成单链环状区,双链螺旋区与单链环状区相间排列形成一个伸长的棒状结构。

(3)类病毒的复制。所有的类病毒 RNA 均无 mRNA 活性,不能编码蛋白质。由于类病毒本身不具有编码自身核酸复制的酶,必然利用寄主细胞核内依赖 DNA 的 RNA 聚合酶Ⅱ进行复制,并直接干扰寄主细胞的核酸代谢。由于类病毒为环状单链 RNA 分子,对称或非对称的滚环式复制均适合于该类病毒。故类病毒有的以对称的滚环式复制,有的以非对称的滚环式复制,其复制中间体由核酸酶切割成单位分子长度的线性分子,再连接成环状,复制的最终产物是单链环状(+)RNA 分子。即由滚环复制产生的多聚体(-)RNA 直接拷贝出多聚体(+)RNA,然后经剪切环化,形成子代类病毒。另一方面,类病毒复制过程中产生的(-)RNA 和其余细胞核内低分子 RNA 形成碱基对,使细胞核内低分子 RNA 失去作用,阻碍了正常 RNA 的连接,从而导致细胞高分子系统合成障碍而致病。

迄今已鉴定的类病毒达 20 多种,每种类病毒都有一定的寄主范围。类病毒能引起马铃薯、番茄、苹果、柑橘、椰子等许多经济植物发生缩叶病、矮化病等严重病害。如马铃薯纺锤形块茎病、柑橘裂皮病、菊花矮缩病、椰子坏死病等。其传染途径是通过汁液摩擦传染和种子传染或无性繁殖材料传染。其传染力很强,潜伏期长,侵入后 RNA 能在敏感细胞内自我复制,并不需要辅助病毒。至于类病毒与人类和动物疾病之间的关系尚不清楚。

4.4.2 卫星病毒

卫星病毒具有单链 RNA 基因组,基因组长为 500~2 000 个核苷酸,它必须依赖辅助病毒才能复制,但与辅助病毒基因组之间无核酸序列的同源性。

有些卫星病毒被划归亚病毒,如腺联病毒(AAV)、大肠杆菌噬菌体 P4、卫星烟草坏死病毒(STNV)、卫星烟草花叶病毒(STMV)、丁型肝炎病毒(HDV)等。卫星病毒多与植物感染有关,其中与人类疾病相关的仅有丁型肝炎病毒一种。卫星病毒有两种类型:一类可编码自身衣壳蛋白(如 HDV);另一类不编码自身衣壳蛋白,仅为病毒 RNA 分子,后者称为卫星 RNA。

(1)植物卫星病毒。植物卫星病毒已发现多种,它们都依赖辅助病毒提供复制酶进行复制,并都编码衣壳蛋白。植物卫星病毒对辅助病毒的依赖性相当专一,如 STNV 的复制只能依赖烟草坏死病毒(TNV)的辅助。

(2)丁型肝炎病毒。丁型肝炎病毒必须利用乙型肝炎病毒的包膜蛋白才能完成其复制,土拨鼠肝炎病毒也能辅助其复制。丁型肝炎病毒的单链环状 RNA 基因组与植物类病毒相似,呈杆状二级结构,但其大小与类病毒不同,而且具有编码衣壳蛋白的能力。HDV 和类病毒一样,以其 RNA 为模板,利用寄主的依赖 DNA 的 RNA 聚合酶,通过滚环式复制产生子代共价环状 RNA 分子。

4.4.3 卫星 RNA

卫星 RNA 原称拟病毒(virusoid),是引起苜蓿、绒毛苓等植物病害的一种亚病毒,具有高度二级结构的单股共价闭合环状 RNA 分子,有 300~400 个核苷酸。在二级结构上与类病毒相似,并与许多类病毒有序列同源性,但它不是类病毒,因其不能直接在寄主细胞中复制,必须依赖相应的特异的一种"辅助"病毒进行复制。它们被包裹在辅助病毒的衣壳中,利用辅助病毒的蛋白衣壳,实属一种辅助病毒的卫星 RNA。但卫星 RNA 的存在对辅助病毒的复制并不是必需的,而且它们与辅助病毒基因组间无核酸序列的同源性。卫星 RNA 是感染病毒的病毒,复制时常干扰辅助病毒的增殖,可加入或从病毒中去除(分离),并维持其独立的遗传特性,与寄主(病毒)及其寄主的寄主(细胞)无关。

根据基因组大小可将卫星 RNA 分为两类。大者与卫星病毒基因组类似,但大多数都在 300 个核苷酸左右。较大的卫星 RNA 能表达,较小的卫星 RNA 似乎不具有 mRNA 功能。

不同卫星 RNA 的复制方式各异。有些较小的卫星 RNA 以对称的滚环式复制,产生的 RNA 多聚体经自我切割产生线状单体分子。有些卫星 RNA 复制时不能自我切割。因此,许多卫星 RNA 都能以线状和环状两种形式存在于被感染的组织中,但在辅助病毒颗粒中只有线状形式存在。许多卫星 RNA 能显著影响其辅助病毒在寄主中所产生的症状,有的能加重症状,有的能明显减轻症状。

4.4.4 朊病毒

朊病毒也称朊粒,是一类很小的、具有很强传染性并在寄主细胞内复制的蛋白质致病颗粒。它是 1982 年美国 S. B. Prusiner 命名的一组引起中枢神经系统慢性退化性病变的病原体。使生物学家感到奇怪的是,朊病毒与现行的生物中心法则 DNA→RNA→蛋白质的依赖关系背道而驰,故又称为奇异病毒。

朊病毒没有核酸,无免疫原性,是一种特殊的糖蛋白,对核酸失活的各种理化因子有较强的抵抗力。对 γ 射线、紫外线、蛋白酶、消毒剂(乙醇、过氧化氢、高锰酸钾、碘、甲醛)、去垢剂、有机溶剂和常规的高压灭菌的抵抗力强。使用大于等于 132 ℃ 高压蒸汽灭菌至少 2 h,或用 5.25% 次氯酸钠(未稀释的漂白粉)、氢氧化钠(2 mol/L 或更高)以及硫氰酸胍(4 mol/L)才可有效降低朊病毒的传染性。

朊病毒蛋白质(PrP)的相对分子质量为 $2.7 \times 10^4 \sim 3.0 \times 10^4 u$,是构成朊病毒的基本单位。在电镜下,朊病毒的直径为 25 nm,长为 100~200 nm 的杆状颗粒,大约由 1 000 个 PrP 构成,呈丛状排列,且大小和形状不一,有的丛含有多达 100 个杆状颗粒。侵染性的朊病毒的单体含有 3 个或少于 3 个 PrP 分子,而杆丛聚合体可能含有多到 10^5 个 PrP 分子,所测定的半感染剂量(ID_{50})介于 10~100 个 PrP 分子之间。提纯的朊病毒用刚果红染色,在光学显微镜下可以看到许多无定形结构,大小为 1~20 nm。

现在已知的人和动物朊病毒病有:①人的库鲁病或颤抖病(发现于新几内亚东部高原的一种中枢神经系统退化症);②克雅氏病或传染性病毒痴呆;③吉斯特曼 - 斯召斯列综合征;④致死性家族失眠病;⑤绵羊瘙痒病;⑥山羊瘙痒病;⑦大耳鹿慢性消耗病;⑧牛海绵脑病(即疯牛病,简称 BSE);⑨猫海绵脑病;⑩传染性雪貂白质脑病。

朊病毒病的共同特点是均引起中枢神经系统慢性退化性病变,患者表现为丧失自主控制、痴呆、麻痹、消瘦并最终死亡。其病理学的特点是大脑皮质的神经元细胞退化、空泡变性、死亡、消失,被星状细胞取而代之,因而出现海绵状态。大脑皮质变薄、变性相对增加,因此成为海绵脑病或白质脑病。患者脑组织在光学显微镜下可见大量针状孔洞,并伴有星状细胞胶质化。实验证明,1996 年在英国发现疯牛病的 PrP 的确能传染给人类,应加以防范。

朊病毒的致病机理尚不清楚。对于该种病毒致病因子本质有三种成形学说,其中比较公认的是 Prusiner 提出的羊瘙痒因子是一种传染性蛋白质颗粒,不含有核酸。该蛋白质通过反转译指导自身复制。

朊病毒的研究已取得很大进步,已有大量证据支持上述假说。对朊病毒的本质、繁殖、传播方式、致病机理有待进一步阐明。朊病毒的发现可能为弄清一系列疑难传染性疾病的病因、传播和治疗带来新的希望。

4.5 病毒的抵抗力与变异

病毒受理化因素作用后,失去感染性,称为灭活(inactivation)。灭活的病毒仍能保留其他特性,如抗原性、红细胞吸附、血凝及细胞融合等。

4.5.1 病毒对理化因素的抵抗力

1. 物理因素

(1)温度。多数病毒耐冷不耐热,离开机体后在室温中只能存活数小时,4 ℃ 条件下几天就被灭活。某些病毒(如肝炎病毒和肠道病毒)抵抗力较强,能在自然界中存活数日至数月。大多数病毒经加热 60 ℃,30 min 即可被灭活。但乙肝病毒需加热 100 ℃,

10 min 才能被灭活。病毒在低温下活性不易丧失。低温是保存病毒活力的有效方法,在 $-70 \sim 20$ ℃可保存几个月;在 -196 ℃(液氮)中则能存活几年。经冷冻干燥处理的病毒在 4 ℃下可永久保存。有包膜的病毒一般比无包膜的病毒对温度敏感,反复冻融易被灭活。许多病毒在有蛋白质和盐存在的条件下较稳定。因此,在研制活疫苗时添加盐类有利于疫苗的保存。

(2)射线。病毒对 γ 射线、X 射线和紫外线敏感,易变性、钝化,受直射日光和紫外线照射后即失去传染性,但其照射剂量要比细菌大。射线能灭活病毒是因为其光量子可击毁病毒核酸的分子结构,使其失去生物活性。辐射钝化单链核酸的作用较强,能导致多核苷酸链的致死性断裂,而对双链核酸仅有一条链断裂。紫外线对 DNA 的作用是导致多核苷酸链上邻近的嘧啶形成二聚体。有些病毒(如脊髓灰质炎病毒)经紫外线灭活后,再遇到可见光照射后,激活修复酶可使灭活的病毒复活,此现象称为光复活作用(photoreactivation)。

(3)干燥。在常温下,干燥易使病毒灭活,但若冷冻后进行真空干燥,可使病毒长久存活(数年至数十年),故常用此法保存病毒毒种。

2. 化学因素

(1)pH 值和离子环境。病毒一般在 pH 值 5~9 的环境和生理浓度的盐溶液中稳定,镁离子盐类(如 $MgCl_2$、$MgSO_4$ 等)或 $NaSO_4$ 可保持病毒的活力,有些活病毒疫苗制剂中常加这类稳定剂。保存病毒以中性或偏碱条件较好。多数病毒在 50% 中性甘油盐水中能长久存活,常用于制备牛痘疫苗或保存含病毒的组织块。实验室常用酸性或碱性消毒剂(3%~5%石碳酸溶液)消毒被病毒污染的器材和用具。

(2)脂溶剂。有包膜病毒含有脂类,易被乙醚、氯仿、去氧胆酸钠等脂溶剂溶解而使病毒灭活,失去感染性。故包膜病毒对乙醚等脂溶剂敏感,而裸露病毒对乙醚等脂溶剂有较强的抗性。可用乙醚来鉴别病毒是否具有包膜。

(3)染料。某些病毒经活体染料(如中性红、甲苯胺蓝和吖啶橙等)着染后,染料可以穿透病毒,与核酸结合,当病毒遇到可见光时易被灭活,这种现象称为光感作用(photosensitization)。如病毒空斑实验中用中性红染色,需避光,否则病毒可被灭活而不能形成空斑。

(4)化学消毒剂。多数病毒在 0.5%~1.0% 苯酚溶液中不被灭活,但易被乙醇、甲醛、升汞、氧化剂(如过氧化氢、高锰酸钾、漂白粉、过氧乙酸)、碘酒、强酸及强碱等灭活。饮水中的漂白粉浓度虽能杀死一般细菌,却不能杀灭少数抵抗力较强的病毒(如乙型肝炎病毒、脊髓灰质炎病毒及其他肠道病毒)。甲醛可作用于病毒核酸,几乎所有病毒都被甲醛灭活,但仍可保持其抗原性,故常用于疫苗生产。常用甲醛消毒污染了病毒的用具和空气。

(5)特殊杀病毒剂。常用的特殊杀病毒剂有 β-丙内酯和环氧乙烷。前者是强力的烷化剂和酰化剂,0.2%~0.4% 即可杀死各种病毒,但其水溶液不稳定,现主要用于杀灭储存的人血清或血浆中的肝炎病毒。环氧乙烷适用于对书籍、纸张、皮革、织物、工艺品和仪器等的消毒,但因易爆炸和燃烧,需储于特殊容器中,谨慎使用。此外,β-丙二醇、三乙基乙二醇和次氯酸钠等都能杀灭病毒。

4.5.2 病毒的变异

1. 突变

病毒的突变(mutation)是指基因组中核酸碱基序列上的化学变化,可以是一个核苷酸的改变,也可为上百上千和核苷酸的缺失或易位。病毒复制的自然突变率为 $10^{-8} \sim 10^{-5}$,而各种物理、化学诱变剂(mutagens)可提高突变率,如温度、射线、5-溴尿嘧啶、亚硝酸盐等的作用均可诱发突变。突变株与原先的野生型病毒(wild-type virus)特性不同,表现为病毒毒力、抗原组成、温度和宿主范围等方面的改变。

(1)毒力改变有强毒株及弱毒株,后者可制成弱毒活病毒疫苗,如脊髓灰质炎疫苗、麻疹疫苗等。

(2)条件致死突变株。条件致死突变株指病毒突变后在特定条件下能生长,而在原来条件下不能繁殖而被致死。其中最主要的是温度敏感条件致死突变株(temperature-sensitive conditional lethalmutant),简称温度敏感突变株(ts 株),在特定温度(28~35 ℃)下孵育则能增值,在非特定温度(37~40 ℃)下孵育则不能繁殖,而野生型在两种温度均能增值。显然这是由于在非特定温度下,突变基因所编码的蛋白缺乏其应有功能。因此大多数 ts 株同时又是减毒株。现已从许多动物病毒中分离出来 ts 株,选择遗传稳定性良好的品系用于制备减毒活疫苗,如流感病毒及脊髓灰质炎病毒 ts 株疫苗。

(3)宿主适应性突变株。例如,狂犬病毒突变株适应在兔脑内增值,由"街毒"变为"固定毒",可制成狂犬病疫苗。

2. 基因重组

当两种有亲缘关系的不同病毒感染同一宿主细胞时,它们的遗传物质发生交换,结果产生不同于亲代的可遗传的子代,称为基因重组(genetic recombination)。

(1)活病毒间的重组。例如,流感病毒两个亚型之间可基因重组,产生新的杂交株,即具有一个亲代的血凝素和另一个亲代的神经氨酸酶。这在探索自然病毒变异原理中具有重要意义。流感每隔十年左右引起一次世界性大流行,可能是由于人的流感病毒与某些动物(如鸡、马、猪)的流感病毒间发生基因重组所致。

(2)灭活病毒间的重组。例如,用紫外线灭活的两株同种病毒,若一同培养后,常可使灭活的病毒复活,产生出感染性病毒体,此称为多重复活(multiplicity reactivation),这是因为两种病毒核酸上受损害的基因部位不同,由于重组合相互弥补而得到复活。因此现今不用紫外线灭活病毒制造疫苗,以防病毒复活的危险。

(3)死活病毒间的重组。例如,将能在鸡胚中生长良好的甲型流感病毒(A0 或 A1 亚型)疫苗株经紫外线灭活后,再加亚洲甲型(A2 亚型)活流感病毒一同培养,产生出具有前者特点的 A2 亚型流感病毒,可供制作疫苗,此称为交叉复活(cross reactivation)。

3. 基因产物的相互作用

(1)表型混合(phenotype mixing)。两种病毒混合感染后,一个病毒的基因组偶尔装入另一病毒的衣壳内,或装入两个病毒成分构成的衣壳内,发生表型混合。这种混合不是稳定的,传代后可恢复其原来的特性。

(2)基因混合型(genotype mixing)。两种病毒的核酸偶尔混合装在同一病毒衣壳内,或两种病毒的核衣壳偶尔包在一个囊膜内，但它们的核酸都未重组合，所以没有遗传性。

（3）互补（complementation）。两种病毒通过其产生的蛋白质产物（如酶、衣壳或囊膜）相互间补助不足。例如，辅助病毒与缺损病毒间、两个缺损病毒间、活病毒与死病毒间都可以互补，互补后仍产生原来病毒的子代。

（4）增强（enhancement）。两种病毒混合培养时，一种病毒能促进增强另一种病毒的产量，可能是因为前者压制了产生干扰素所致。

4. 病毒变异的实际意义

（1）研制减毒活疫苗。如 ts 株、宿主适应性突变株的研制。

（2）应用于基因工程（genetic engineering）。基因工程是将一个生物体的基因（gene），也就是携带遗传信息的 DNA 片段，转移到另一个生物体内，与原有生物体的 DNA 结合，实现遗传性状的转移和重新组合，从而使人们能够定向地控制、干预和改变生物体的变异和遗传。目前病毒基因工程正沿着两个方向发展：一是将编码病毒表面抗原的基因移植到质粒中去，在大肠杆菌中产生大量表面抗原物质，以制备疫苗或诊断用抗原。如乙型肝炎病毒编码表面抗原的 DNA 片段已在酵母菌中表达，该疫苗正进行人体观察。二是探索病毒作为基因工程载体的可能性，以便将所需要的外源基因带入人体或植物体内，以治疗人类遗传疾病或创造动物新品种的目的。

4.6　病毒的分类与命名

由于病毒并不像其他生物能借由交配产生后代，因此在种别的定义上与一般生物有所不同。病毒分类的研究史较短，一般采用一种非系统的、多原则的、分等级的分类法。国际病毒分类委员会（International Committee on Taxonomy of Viruses，ICTV）大约每隔 3 年发布一次新的病毒分类命名系统，每次均做些适当的修改和调整。在 1966 年建立起了一个病毒分类的通用系统和统一的命名法则。其七届 ICTV 会议首次规范化了病毒物种的概念，即病毒分类的分支层次中的最低分类单元。分类的主要依据是病毒颗粒的特性、抗原特性与生物特性。到目前为止，只有一小部分的病毒得到了研究，从来自人体的病毒样品中发现有 20% 的序列是未被发现过的，而来自环境中（如海水、大洋沉积物等）的病毒样品则大部分的序列都是全新的。在 2011 年的 ICTV 分类中，6 个目已经建立，分别是有尾噬菌体目（Caudovirales）、疱疹病毒目（Herpesvirales）、单股反链病毒目（Mononegavirales）、网巢病毒目（Nidovirales）、微 RNA 病毒目（Picornavirales）和芜菁黄花叶病毒目（Tymovirales）。分类委员会没有正式区分亚种、株系和分离株之间的区别。分类表中总共有 6 个目、94 个科、22 个亚科、395 个属、2480 个种以及约 3 000 种尚未分类的病毒类型。诺贝尔奖获得者生物学家戴维·巴尔的摩在 1970 年提出了巴尔的摩分类系统。巴尔的摩分类法与 ICTV 分类法一起被用于现代病毒的分类。

病毒分类的依据有感染的对象、遗传物质和基因机构。本书主要介绍按感染的对象进行的分类系统。

4.6.1　病毒的种类

病毒的寄主范围是病毒能够感染并在其中复制的寄主种类和组织细胞种类。病毒分布极为广泛,可以感染几乎所有的细胞生物,常引起病害。由于病毒对寄主感染具有专一性,人们通常根据寄主范围将病毒分为脊椎动物病毒、无脊椎动物病毒(昆虫病毒)、植物病毒和微生物病毒(噬菌体)。

1. 脊椎动物病毒

脊椎动物病毒是指寄生在人类和其他各种脊椎动物(如哺乳动物、禽类、鱼类)细胞内的病毒,可引起人和动物各种疾病。人类80%的传染病,如流行性感冒、肝炎、水痘、麻疹、疱疹、腮腺炎、流行性乙肝炎、脊髓灰质炎、艾滋病和狂犬病等均由病毒引起。病毒传染性强,流行广,死亡率高,有的目前还不能有效地控制,艾滋病(AIDS)便是其中的一种。此外,据统计,人类的恶性肿瘤中,约有15%是由于病毒感染而诱发。哺乳动物中病毒病也相当普遍。大多数家禽均有病毒病,如猪瘟、牛瘟、口蹄疫、马传染性贫血病等,严重危害畜牧业的发展。家禽中则有鸡新城疫、鱼的感染性肿瘤和鱼痘等是由病毒引起的。

动物病毒感染寄主后,一般表现为病毒粒子大量增殖导致寄主细胞裂解。有些病毒感染动物后,并不致死寄主细胞,而是引起肿瘤。病毒的致肿瘤效应可以通过多种方法确定。引起动物肿瘤的病毒包括DNA病毒和RNA病毒。

2. 无脊椎动物病毒

无脊椎动物病毒主要在昆虫中发现。其他在蜘蛛纲、甲壳纲、水螅、原生动物和软体动物等体内也有病毒。昆虫病毒数量较多。据记载,当前国际上已报道的昆虫病毒有1 671种(1990年),我国有290多种(1990年)。其中80%以上是农、林业中常见鳞翅目害虫的病原体。它们有的寄生在传播脑炎、出血热等疾病的蚊、蜱等虫媒中,与农、林、医关系密切。

大多数昆虫病毒可在寄主细胞内形成包涵体。由于在光学显微镜下观察,昆虫病毒包涵体一般呈多角状,故称多角体(polyhedron)。多角体一般为外形呈多角状的多面体,大小一般为0.5~10 μm,多数约为3 μm;多角体的成分为碱溶性结晶蛋白,其内包裹着数目不等的病毒粒子。包涵体可在细胞核或细胞之内形成。根据包涵体的有无及其在细胞中的位置、形状,可将昆虫病毒分为以下五类:

(1)核型多角体病毒(NPV)。核型多角体病毒在寄主细胞核内形成包涵体和杆状的病毒粒子,大多在鳞翅目中发现。它们可使粘虫、水稻夜蛾、棉铃虫、斜纹夜蛾等害虫致病,已广泛用于生物防治。

(2)质型多角体病毒(CPV)。质型多角体病毒在寄主细胞质中形成包涵体和球状病毒粒子,主要在鳞翅目、双翅目、膜翅目中发现。病毒粒子主要在昆虫肠道中增殖。我国用于防治松毛虫效果好。

(3)颗粒体病毒(GV)。颗粒体病毒可在细胞核和细胞质中形成包涵体和杆状粒子,主要感染鳞翅目昆虫的真皮、脂肪组织与血细胞等。我国用菜粉蝶颗粒体病毒制剂防治菜粉蝶等害虫。

(4)昆虫痘病毒(EPV)。昆虫痘病毒的包涵体呈球状或纺锤形,卵形或砖形病毒粒子只包埋于球状体中,主要在鞘翅目、双翅目、直翅目和鳞翅目中发现。

(5)非包涵体病毒。非包涵体病毒主要有大蜡螟浓核症病毒、家蚕软化病病毒、中蜂大幼虫病病毒等。

3. 植物病毒

植物病毒有杆状、丝状和近球状三种基本形态，一般没有包膜，只有少数种类才有包膜。植物病毒大部分属于 ssRNA（单链 RNA）病毒，如植物弹状病毒组的莴苣坏死黄化病病毒等。植物病毒对寄主的专一性并不强，一种病毒可以寄生在不同种、属甚至不同科的植物上，例如，TMV 就可以传染 10 多个科，100 多种草木与木本植物。

已知的植物病毒多达 600 种，绝大多数为种子植物，尤其是禾本科、葫芦科、豆科、十字花科等植物都易发生病毒病。植物患病毒病后，主要表现出三类症状：因叶绿体被破坏或不能合成新的叶绿素，而引起花叶、黄化或红化等；阻碍植株发育导致植株矮化、丛枝或畸形等；杀死植物细胞形成枯斑或坏死等。

4. 微生物病毒

病毒还寄生于细菌、放线菌、真菌、单细胞藻类等细胞内。感染细菌、放线菌等原核微生物的病毒，通常称为噬菌体（phage）。微生物病毒广泛存在于自然界中。在真菌、蓝绿藻中也陆续发现有病毒感染，被称作噬菌体和噬酵母菌体；感染蓝（绿）藻的病毒称为嗜蓝（绿）藻体。据报道，至今已做过电镜观察的噬菌体至少已有 2 850 种（株），其中 2 700 种（株）有尾部。在病毒学中发现最多和研究最深入的是大肠埃希氏菌噬菌体。

（1）病毒的分类依据。

病毒的分类主要依据（原则）包括病毒的形态、结构、基因组、复制、化学组成在内的毒粒性质，以及病毒的抗原性、生物学性质。具体来讲，主要依据下列标准分类：①寄主范围；②基因组类型（DNA 或 RNA）；③衣壳对称性（立体对称或螺旋对称）；④20 面体的衣壳粒数（或螺旋对称的螺旋直径）；⑤有无病毒包膜；⑥核酸链数（双链或单链）；⑦病毒体的形态与大小；⑧核酸相对分子质量；⑨有无包涵体；⑩病毒在寄主细胞中的存在部位；⑪理化特性；⑫抗原性。其中病毒的形态与结构特点是病毒分类的重要依据。

（2）分类特征。

根据电子显微镜下对超薄切片病毒的形态与结构的观察，可将多数与人类疾病相关的病毒进行分类，分类特征如下：

①衣壳的相对性。球行病毒的衣壳多为立体对称，大部分丝状体和弹状病毒的衣壳多属于螺旋对称，而砖形病毒和蝌蚪形病毒的衣壳则多属于复合对称。

②衣壳的装配部位。DNA 病毒的衣壳一般在细胞核内装配，而 RNA 的病毒的衣壳则大多数在细胞质内装配。

③包膜的有无。包膜是病毒的特殊结构。呼吸道病毒多有包膜，而肠道病毒则多无包膜。

④包膜形成的部位。疱疹病毒的包膜来自寄主细胞的核膜，而虫媒病毒和粘病毒的包膜由胞质内膜或细胞膜形成。

⑤病毒体的大小。电镜可准确测定病毒体的大小。无包膜病毒的大小比较一致，有包膜病毒常大小不一。

⑥核衣壳的螺旋直径。不同螺旋对称病毒的核衣壳，其直径各不相同，可供区别。

此外，诸如病毒体在细胞内的排列形式（立体对称病毒倾向于排列成晶格状）、壳粒的数目和包膜表面的突起等形态特点，也可作为病毒分类鉴定的参考。

4.6.2 病毒的命名规则

由于历史的原因,病毒的命名至今仍十分混乱,很多病毒的名称完全不能反映病毒的种属特征。为求统一,在已有的工作基础上,国际病毒分类委员会(ICTV)于 1996 年在第十届病毒大会上提出了 38 条新的病毒命名规则,主要内容如下:

病毒分类系统依次采用目(order)、科(family)、属(genus)、种(species)为分类等级。病毒"种"是构成一个复制系,占据特定的生态环境,并具有多原则分类特征(包括基因组、毒粒结构、理化特性、血清学性质等)的病毒。种名与病毒株名应有明确含义,不涉及属或科名。病毒"属"是一群具有某些共同特征的种,属名的词尾是"virus",承认一个新属必须同时承认一个代表种。病毒"科"是一群具有某些共同特征的属,科名的词尾是"viridae",承认一个新科必须承认一个代表属。病毒"目"是一群具有某些共同特征的科,目名的词尾是"virales"。

根据分类的依据,可将病毒分为科、亚科、属和种。科是病毒分类较为理想的方式,具有清楚的病毒形态学、基因组结构和复制方式等性质,可将各种病毒纳入相应的病毒科。

(1)病毒科(virus families)。病毒科由性状相关的病毒属组成,科名用后缀 viridae 表示,如 Picor – naviridae(小 RNA 病毒科)、Togaviridae(披膜病毒科)和 Paramyxoviridae(副粘病毒科)等。

(2)病毒属(virus genera)。病毒属由性状相关的成员病毒组成,属名用后缀 virus 表示,如 Picornavirus(小 RNA 病毒属)、Paramyxovirus(副粘病毒属)等。属内有若干成员病毒。

4.6.3 病毒的分类系统

病毒分类是将自然界存在的病毒种群按照其性质相似性和亲缘关系加以归纳分类。在 1995 年国际病毒分类委员会第六次报告中提出了一个病毒分类系统,包括 71 个科、11 个亚科、164 个属和 4 000 个成员病毒,但仍然有数百种成员病毒无法分类,而且有新的病毒不断出现。现在的分类系统将已发现的 4 000 余种病毒分为 dsDNA(双链 DNA)病毒、ssDNA(单链 DNA)病毒、DNA 和 RNA 逆转录病毒、dsRNA 病毒、负意 ssRNA 病毒、正意 ssRNA 病毒和亚病毒因子共七大类。其中有少数病毒科以分别划归于有尾噬菌体目、单组分负意 RNA 目和成套病毒目中。另将卫星病毒、类病毒和朊病毒归在亚病毒因子中。

对病毒进行有类的分类和科学的命名,无论在病毒的起源、进化等研究方面,还是在病毒的鉴定和病毒性疾病防治方面都具有重要意义。

思考题

1. 什么是真病毒、亚病毒？病毒的一般特性是什么？
2. 病毒粒有哪几种对称形式？每种对称又有几种特殊外形？试各举一例。
3. 试述病毒的主要化学组成与结构。病毒核酸有何特点？病毒蛋白质有何功能？
4. 试以大肠埃氏菌T偶数噬菌体为例，图示并简述复合对称病毒的典型构造，指出其各部分的特点和功能。
5. 病毒复制周期可分为哪几个阶段？试述各个阶段的工作过程。
6. 什么是一步生长曲线？它可分几期？各期有何特点？
7. 病毒分类原则和病毒命名规则最主要包括哪些？
8. 什么是卫星病毒、类病毒和朊病毒？各自有何特点？

第5章 微生物的营养和培养基

营养(nutrition)是指生物体从外部环境中摄取的,对其生命活动必须的能量和物质,以满足其正常生长和繁殖所需要的一种最基本的生理功能。营养是生命活动的起始点,它为一切生命活动提供了必须的物质基础。营养使微生物可以进一步进行代谢、生长和繁殖,并可能为人们提供种种有益的代谢产物和特殊的服务。营养物则指具有营养功能的物质,在微生物学中,还包括非常规物质形式的光辐射能。总之,营养物可为微生物的正常生命活动提供结构物质、能量、代谢调节物质和必要的生理环境。

学习微生物的营养知识并掌握其规律,是认识、利用和深入研究微生物的必要基础,尤其对有目的地选用、改造和设计符合微生物生理要求的培养基,以便进行科学研究或用于生产实践,具有极其重要的作用。

5.1 微生物的六类营养要素

微生物培养基的配方犹如人们的菜谱,新的种类总是层出不穷的。仅据1930年的一本汇编(*A Compilation of Culture Media*)就已记载了2 500种培养基之多。任何一个微生物学工作者,必须在无数培养基配方中寻求其中的要素或内在的本质,才能掌握微生物的营养规律,选用或设计自己所需要的最适培养基。

从元素水平来分析,微生物的营养要求与摄食型的动物(包括人类)和光合自养型的绿色植物十分接近,它们之间存在着"营养上的统一性"。在元素水平上都需20种左右,以碳、氢、氧、氮、硫、磷六种元素为主,在营养要素水平上则都在六大类的范围内,即碳源、氮源、能源、生长因子、无机盐和水。微生物和动物、植物营养要素的比较见表5.1。

表5.1 微生物和动物、植物营养要素的比较

营养要素	动物（异养）	微生物		绿色植物（自养）
		异养	自养	
碳源	糖类脂肪	糖、醇、有机酸等	二氧化碳、碳酸盐等	二氧化碳、碳酸盐
氮源	蛋白质或其降解物	蛋白质或其降解物、有机氮化物、无机氮化物、氮	无机氮化物、氮	无机氮化物

续表 5.1

营养要素	动物（异养）	微生物		绿色植物（自养）
		异养	自养	
能源	与碳源同	与碳源同	氧化无机物或利用日光能	利用日光能
生长因子	维生素	一部分需要维生素等生长因子	不需要	不需要
无机元素	无机盐	无机盐	无机盐	无机盐
水分	水	水	水	水

1. 碳源

一切能满足微生物生长繁殖所需碳元素的营养物，称为碳源（carbon source）。微生物细胞含碳量约占干重的 50%，故除水分外，碳源是需要量最大的营养物，又称大量营养物（macronutrients）。若将所有微生物当作一个整体，其可利用的碳源范围即碳源谱（spectrum of carbon sources）是极其广泛的，见表 5.2。

表 5.2 微生物的碳源谱

类型	元素水平	化合物水平	原料水平
有机碳	C·H·O·N·X	复杂蛋白质、核酸等	牛肉膏、蛋白胨等
	C·H·O·N	多数氨基酸、简单蛋白质等	一般氨基酸、明胶等
	C·H·O	糖、有机酸、醇、脂类等	葡萄糖、蔗糖、淀粉等
	C·H	烃类	天然气、石油、石蜡油等
无机碳	C(?)	—	—
	C·O	CO_2	CO_2
	C·O·X	$NaHCO_3$、$CaCO_3$ 等	$NaHCO_3$、$CaCO_3$ 等

从表 5.2 可以看出，碳源谱可分为有机碳和无机碳两大类。凡必须利用有机碳源的微生物，就是为数众多的异养微生物；凡以无机碳源作为主要碳源的微生物，则是种类较少的自养微生物。从元素水平、化合物水平直至培养基原料水平来考察碳源，可见其数目是逐级扩大。在元素水平上，碳源可归为七类，其中第五类的"C"是假设的，至少目前尚未发现纯碳也可作为微生物的碳源。其余六类碳源可说明微生物能利用的碳源已大大超过了动物界和植物界所能利用的。有人认为，至今人类已发现或合成的 2 000 余万种有机物，几乎都能被微生物分解或利用。

微生物的碳源谱虽广，但异氧微生物在元素水平上的最适碳源则是"C·H·O"型中的糖类，其次是有机酸类、醇类和脂类等。在糖类中，单糖优于双糖和多糖，己糖优于戊糖，葡萄糖、果糖优于甘露糖、半乳糖；在多糖中，淀粉明显优于纤维素或几丁质等纯多糖，纯多糖则优于琼脂等杂多糖。在有机碳源中，"C·H·O·N"和"C·H·O·N·X"类碳源虽也可被利用，但在设计培养基时，还应尽量避免将这两类主要用于宝贵氮源的化合物降格作为廉价的碳源使用。

上述碳源谱的广度是将微生物界作为一个整体来考察的,如针对某一具体物种来说,其碳源差异则极大,例如,洋葱假单胞菌有 90 种之多,而产甲烷菌仅能利用 CO_2 和少数 1C 或 2C 化合物,一些甲烷氧化菌则仅局限于甲烷和甲醇两种。

对一切异氧微生物来说,其碳源又兼作能源,因此,这种碳源又称双功能营养物(difunctional nutrient)。

异氧微生物虽然要利用各种有机碳源,但有些种类尤其是生长在动物血液、组织和肠道中的致病细菌,还需要提供少量 CO_2 作碳源才能满足其正常生长。

在选用一种具体培养基原料时,不能简单地认为它就是一种纯粹的"营养要素",如糖蜜原是制糖工业中的一种当作废液处理的副产品,内含丰富的糖类、氨基酸、有机酸、维生素、无机盐和色素等,甜薯干、马铃薯、玉米粉或红糖等都是发酵工业中的常用原料,习惯上将其当作"碳源"使用,然而它们几乎包含了微生物所需要的全部营养要素,只是各要素间的比例不一定合适而已。

2. 氮源

凡是提供微生物生长繁殖所需氮元素的营养源,称为氮源(nitrogen source)。氮是构成重要生命物质蛋白质和核酸等的主要元素,氮占细菌干重的 12%~15%,氮源也是微生物的主要营养物。若将微生物作为一个整体来考察,则它们能利用的氮源范围即氮源谱(spectrum of nitrogen source)也是十分广泛的。微生物的氮源谱见表5.3。

表5.3 微生物的氮源谱

类型	元素水平	化合物水平	原料水平
有机氮	N·C·H·O·X	复杂蛋白质、核酸等	牛肉膏、酵母膏等
	N·C·H·O	尿素、一般氨基酸、简单蛋白质等	尿素、蛋白胨、明胶等
无机氮	N·H	NH_3、铵盐等	$(NH_4)_2SO_4$ 等
	N·O	硝酸盐等	KNO_3 等
	N	N_2	空气

与碳源谱类似,微生物的氮源谱也有许多特点。如微生物的氮源谱明显比动物或植物的广。一般地说,异养微生物对氮源的利用顺序是:"N·C·H·O"或"N·C·H·O·X"类优于"N·H"类,更优于"N·O"类,而最不易利用的则是"N"类(只有少数固氮菌、根瘤菌和蓝细菌等可利用)。在微生物培养基成分中,最常用的有机氮源是牛肉膏、酵母菌、植物的饼粕粉和蚕蛹粉等,各种蛋白胨尤为广泛使用。

从微生物所能利用的氮源种类来看,存在着明显的界限:一部分微生物是无需利用氨基酸作氮源的,它们能将尿素、铵盐、硝酸盐甚至氮气等简单氮源自行合成所需要的一切氨基酸,因而可称为氨基酸自养型生物;反之,凡需要从外界吸收现成的氨基酸作氮源的微生物,称为氨基酸异养型生物。所有的动物和大量的异养微生物均属氨基酸异养型生物,而所有的绿色植物和不少微生物均为氨基酸自养型生物。对微生物氮源作这种分类具有重要的实践意义。因为人类和大量直接、间接地为人类服务的动物都需要外界提供现成的氨基酸和蛋白质,而这些营养成分往往又是在它们的食物或饲料、饵料中所缺少的。为了充实人和动物的氨基酸营养,除继续向绿色植物索取外,还应更多地利用氨基酸自养型微生物,让其将人和动物原先无法利用的廉价氮源,包括尿素、铵盐、硝酸盐或氮气等转化成菌体蛋白或含氮的代谢产物(如谷氨酸),以丰富人类的营养和扩大食物资源,这对于21世纪的人类生存和发展来说,更有特殊重要的意义。

3. 能源

能为微生物的生命活动提供最初能量来源的营养物和辐射能,称为能源(energy source)。由于各种异养微生物的能源就是其碳源,因此,其能源谱就显得十分简单。微生物的能源谱见表5.4。

表5.4 微生物的能源谱

能源谱 { 化学物质(化能营养型) { 有机物:化能异养微生物的能源(同碳源) / 无机物:化能自养微生物的能源(不同于碳源) } / 辐射能(光能营养型):光能自养和光能异养微生物的能源 }

化能自养微生物的能源十分独特,都是一些还原态的无机物质,如 NH_4^+、NO_2^-、H_2S、H_2 和 Fe^{2+} 等。能利用这种能源的微生物都是一些原核生物,包括亚硝酸细菌、硝酸细菌、硫化细菌、硫细菌、氢细菌和铁细菌等。由于该类微生物的存在,使人们扩大了对生物圈能源的认识,改变了以往认为生物界只是直接或间接利用太阳能的旧观念。

在能源中,更容易理解前面已经提到过的某一具体营养物可同时兼有几种营养要素功能的观点。如光辐射能是单功能营养"物"(能源),还原态的无机物 NH_4^+ 是双功能营养物(能源、氮源),而氨基酸类则是三功能营养物(碳源、氮源、能源)。

4. 生长因子

生长因子(growth factor)是一类调节微生物正常代谢所必需,但不能用简单的碳、氮源自行合成的有机物。由于其没有能源碳源和氮源等结构材料的功能,因此需要量一般较少。广义的生长因子除维生素外,还包括碱基、卟啉及其衍生物、甾醇、胺类、$C_4 \sim C_6$ 的分支或直链脂肪酸,有时也包括氨基酸营养缺陷突变株所需要的氨基酸;而狭义的生长因子一般仅指维生素。

生长因子虽然属于重要营养要素,但它与碳源、氮源和能源不同,即并非任意具体微生物都需要外界为它提供生长因子。现按微生物对生长因子的需要与否,把其分成三种类型。

(1)生长因子自养型微生物(auxoautotrophs)。生长因子自养型微生物指需从外界吸收任何生长因子,多数真菌、放线菌和不少细菌,如 *E. coli* 等都属此类微生物。

(2)生长因子异养型微生物(auxoheterotrotrophs)。生长因子异养型微生物需要从外界吸收多种生长因子才能维持正常生长,如乳酸菌、动物致病菌、支原体和原生动物等。如一般的乳酸菌都需要多种维生素;许多微生物及其营养缺陷突变株需要碱基;*Haemophilus influenzae*(流感嗜血杆菌)需要卟啉及其衍生物;*Haemophilus parahaemolyticus*(副溶血嗜血杆菌)需要胺类;支原体常需要甾醇;一些瘤胃微生物需要 $C_4 \sim C_6$ 分支或直链脂肪酸;某些厌氧菌如 *Bacteroides melaninogenicus*(产黑素拟杆菌)需要维生素 K 和氯高铁血红素等。

(3)生长因子过量合成的微生物。生长因子过量合成的微生物指少数微生物在其代谢活动中,能合成并大量分泌某些生长因子,如维生素等,因此,可作为相应维生素的生产菌种。例如,可用 *Eremothecium ashbya*(阿舒假囊酵母)或 *Ashbya gossypii*(棉阿舒囊霉)生产维生素 B_2;可用 *Propionibacterium shermanii*(谢氏丙酸杆菌)、*Streptomyces* spp(若干链霉菌)和产甲烷菌生产维生素 B_{12} 等。

在配制培养基时,一般可用生长因子含量丰富的天然物质作原料以保证其生长需要,如酵母膏、玉米浆、肝浸液、麦芽汁或其他新鲜动、植物的汁液等。

5. 无机盐

无机盐(mineral salts)或矿质元素主要可为微生物提供除碳、氮源以外的各种重要元素。凡生长所需浓度在 $10^{-3} \sim 10^{-4}$ mol/L 范围内的元素,均可称为大量元素(macroelements),如 P、S、K、Mg、Na 和 Fe 等;凡所需浓度在 $10^{-6} \sim 10^{-8}$ mol/L 范围内的元素,称为微量元素(microelements),如 Cu、Zn、Mn、Mo、Co、Ni、Sn 和 Se 等。但不同种微生物所需的无机元素往往差别较大,如 G^- 细菌所需 Mg 比 G^+ 细菌约高 10 倍。

无机盐的营养功能十分重要,具体见表 5.5。

表 5.5 无机盐的营养功能

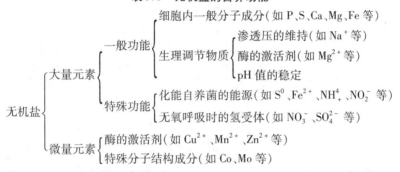

在配制培养基时,对大量元素来说,只要加入相应化学试剂即可,但其中首选的应是 K_2HPO_4、$MgSO_4$,因其可同时提供四种需要量最大的元素。对其他需要量较少的元素来说,因在其他天然成分、一般化学试剂、天然水或玻璃器皿中都以杂质状态普遍存在,故除非做特别精密的营养、代谢研究,一般无需专门添加。

6. 水

除了细菌等少数微生物能利用水中的氢来还原 CO_2 以合成糖类外,其他微生物并非真正将水当作营养物。即使如此,由于水在微生物代谢活动中的不可缺少性,故仍作为营养要素来考虑。

首先,水是一种最优良的溶剂,可保证几乎一切生物化学反应的进行;其次,它可维持各种生物大分子结构的稳定性,并参与某些重要的生物化学反应;此外,它还有许多优良的物理性质,诸如高比热、高汽化热、高沸点以及固态时密度小于液态等,都是保证生命活动十分重要的特性。

微生物细胞的含水量很高,细菌、酵母菌和霉菌的营养体中水的质量分数分别约为 80%、75% 和 85%,霉菌孢子中水的质量分数约为 39%,而细菌芽孢核心部分中水的质量分数则低于 30%。

5.2 微生物的营养类型

营养类型(nutritional types)是指根据微生物生长所需要的主要营养要素即能源和碳源的不同,而划分的微生物类型。由于微生物种类繁多,其营养类型比较复杂,人们常在不同层次和侧重点上对微生物营养类型进行划分(表5.6)。依据碳源、能源及电子供体性质的不同,可将绝大部分微生物分为光能无机自养型(photolithoautotrophy)、光能有机异养型(photoorganoheterophy)、化能无机自养型(chemolithoautotrophy)及化能有机异养型(chemoorganoheterotrophy)四种类型(表5.7)。

表5.6 微生物营养类型(Ⅰ)

划分依据	营养类型	特点
碳源	自养型(autotrophs)	以CO_2为唯一或主要碳源
	异养型(heterotrophs)	以有机物为碳源
能源	光能营养型(phototrophs)	以光为能源
	化能营养型(chemotrophs)	以有机物氧化释放的化学能为能源
电子供体	无机营养型(lithotrophs)	以还原性无机物为电子供体
	有机营养型(organotrophs)	以有机物为电子供体

表5.7 微生物的营养类型(Ⅱ)

营养类型	电子供体	碳源	能源	举例
光能无机自养型	H_2、H_2S、S、或H_2O	CO_2	光能	着色细菌、蓝细菌、藻类
光能有机异养型	有机物	有机物	光能	红螺细菌
化能无机自养型	H_2、H_2S、Fe^{2+}、NH_3、或NO_2^-	CO_2	化学能(无机物氧化)	氢细菌、硫杆菌、亚硝化单胞菌属(Nitrosomonas)、硝化杆菌属(Nitrobacter)、甲烷杆菌属(Methanobacterium)、醋酸杆菌属(Acetobacter)
化能有机异养型	有机物	有机物	化学能(有机物氧化)	假单胞菌属、芽孢杆菌属、乳酸菌属、真菌、原生动物

光能无机自养型和光能有机异养型微生物可利用光能生长,在地球早期生态环境的演化过程中起重要作用;化能无机自养型微生物广泛分布于土壤及水环境中,参与地球物质循环;对化能有机异养型微生物而言,有机物通常兼作碳源和能源。目前,已知的大多数细菌、真菌、原生动物都是化能有机异养型微生物。已知的所有致病微生物都属于此种类型。依据化能有机异养型微生物利用的有机物性质的不同,又可将其分为腐生型(metatrophy)和寄生型(paratrophy)两类,前者可将无生命的有机物(如动植物尸体和残体)作为碳源,后者则寄生在活的寄主机体内吸取营养物质,离开寄主则无法生存。在腐

生型和寄生型之间还存在一些中间类型,如兼性腐生型(facultive metatrophy)和兼性寄生型(facultive paratrophy)。

某些菌株发生突变(自然突变或人工诱变)后,失去合成某种对该菌株生长必不可少的物质(如氨基酸、维生素)的能力,必须从外界环境获得该物质才能生长繁殖,该类突变型菌株称为营养缺陷型(auxotroph),相应的野生型菌株称为原养型(prototroph)。营养缺陷型菌株常用于微生物遗传学方面的研究。

无论采用何种分类方式,不同营养类型之间的界限并非绝对,异养型微生物并非绝对不能利用,只是不能以 CO_2 为唯一或主要碳源进行生长,而且在有机物存在的情况下也可将 CO_2 同化为细胞物质。同样,自养型微生物也可利用有机物进行生长。另外,有些微生物在不同生长条件下生长时,其营养类型也会发生改变,如紫色非硫细菌(*Purple nonsulphur bacteria*)在没有有机物时可同化 CO_2,为自养型微生物,而当有机物存在时,又可利用有机物进行生长,此时它为异养型微生物。又如,紫色非硫细菌在光照和厌氧条件下可利用光能生长,为光能营养型微生物,而在黑暗与好氧条件下,依靠有机物氧化产生的化学能生长,则为化能营养型微生物。微生物营养类型的可变性无疑有利于提高微生物对环境条件变化的适应能力。

1. 光能无机自养型

光能无机自养型也称光能自养型,是一类能以 CO_2 为唯一碳源或主要碳源并利用光能进行生长微生物,能利用无机物如水、硫化氢、硫代硫酸钠或其他无机化合物使 CO_2 固定还原成细胞物质,且伴随元素氧(硫)的释放。

藻类、蓝细菌和光合细菌均属于此种营养类型。

藻类和蓝细菌的营养类型与高等植物光合作用是一致的。

$$CO_2 + H_2O \xrightarrow[\text{叶绿素}]{\text{光能}} [CH_2O] + O_2 \uparrow$$

光合细菌的营养类型则与藻类、蓝细菌和高等植物不同。

$$CO_2 + 2H_2S \xrightarrow[\text{菌绿素}]{\text{光能}} [CH_2O] + H_2O + 2S$$

2. 化能无机自养型

化能无机自养型或称化能自养型,此类微生物可利用无机物氧化过程中放出的化学能作为它们生长所需的能量,以 CO_2 或碳酸盐作为唯一或主要碳源进行生长,利用电子供体如氢气、硫化氢、二价铁离子或亚硝酸盐等使 CO_2 还原成细胞物质。

属于这类微生物的类群有硫化细菌、硝化细菌、氢细菌与铁细菌等。如氢细菌:

$$H + \frac{1}{2}O_2 \longrightarrow H_2O$$

3. 光能有机异养型

光能有机营养型或称光能异养型,此类微生物不能以 CO_2 作为唯一碳源或主要碳源,需以有机物作为供氢体,利用光能将 CO_2 还原为细胞物质。

红螺属的一些细菌就是这一营养类型的代表。

$$2(CH_3)_2CHOH + CO_2 \xrightarrow[\text{光合色素}]{\text{光能}} 2CH_3COCH_3 + [CH_2O] + H_2O$$

光能有机营养型细菌在生长时通常需要外源的生长因子。

4. 化能有机异养型

化能有机营养型或称化能异养营养型,此类微生物生长所需的能量来自有机物氧化过程放出的化学能,生长所需要的碳源主要是一些有机化合物,如淀粉、糖类、纤维素、有机酸等,化能有机营养型微生物里的有机物通常既是其生长的碳源物质又是能源物质。

目前,在已知的微生物中大多数属于化能有机营养型,包括绝大多数的细菌、全部真菌、原生动物以及病毒。

如果化能有机营养型微生物利用的有机物不具有生命活性,则是腐生型;若生活在活细胞内从寄生体内获得营养物质,则是寄生型。

5.3 营养物质进入细胞的方式

微生物能够通过细胞表面进行物质交换,其细胞表面为细胞壁和细胞膜,而细胞壁只对大颗粒的物体起阻挡作用,在物质进出细胞中作用不大。而细胞膜由于具有高度选择通透性而在营养物质进入与代谢产物排出的过程中起着极其重要的作用。

细胞膜具有磷脂双分子层结构,所以物质的通透性与物质的脂溶性程度密切相关。一般来说,物质的脂溶性(或非极性)越高,越容易透过细胞膜。此外,物质的通透性也与其大小有关,气体(O_2 和 CO_2)与小分子物质(乙醇)比较容易透过细胞膜。许多大分子物质如糖类、氨基酸、核苷酸、离子(H^+、Na^+、K^+、Ca^{2+})以及细胞的代谢产物等虽然都是非脂溶性的,却可借助于细胞膜上的转运蛋白自由进出细胞。水虽然不溶于脂,但由于其分子小,不带电以及水分子的双极性结构,所以也能迅速地透过细胞膜。

目前,一般认为营养物质进入细胞主要有四种方式:单纯扩散、促进扩散、主动运送和基团移位。前两者不需要能量,是被动的;后两者需要消耗能量,是主动的,并在营养物质的运输中占主导地位。

5.3.1 营养物质被动扩散进入细胞的机制

营养物质顺着浓度梯度,以扩散方式进入细胞的过程称为被动扩散。被动扩散主要包括单纯扩散和促进扩散。其不同之处在于前者不借助载体,后者需要借助载体进行。

1. 单纯扩散

单纯扩散是指在无载体蛋白参与下,物质顺浓度梯度以扩散方式进入细胞的一种物质运送方式,是物质进出细胞最简单的一种方式。该过程基本是一个物理过程,运输的分子不发生化学反应。其推动力是物质在细胞膜两侧的浓度差,无需外界提供任何形式的能量。物质运输的速率随着该物质在细胞膜内外的浓度差的降低而减小,当膜两侧物质的浓度相等时,运输的速率降至零,单纯扩散就停止。

通过这种方式运送的物质主要有气体(O_2、CO_2)、水、水溶性小分子(乙醇、甘油)、少数氨基酸。影响单纯扩散的因素主要有被运输物质的大小、溶解性、极性、膜外 pH 值、离子强度和温度等。一般相对分子质量小、脂溶性、极性小、温度高时,营养物质容易被吸收。

该过程没有特异性和选择性,扩散速度很慢,不是细胞获取营养物质的主要方式。

2. 促进扩散

促进扩散指物质借助细胞膜上的特异性载体蛋白,顺浓度梯度进入细胞的一种物质运送方式。在此过程中,被运输的营养物质与膜上的特异性载体蛋白发生可逆性结合,载体蛋白将溶质从细胞膜的一侧运送到另一侧,运输前后载体本身不发生变化,载体蛋白的存在只是加快运输过程,有时也称作渗透酶、移位酶。其外部是疏水性的,但与溶质的特异性结合部位却是高度亲水的。载体亲水部位取代极性溶质分子上的水合壳,实现载体与溶质分子的结合。具有疏水性外表的载体将溶质带入脂质层,到达另一侧。因为胞内溶质浓度低,所以溶质就会在胞内侧释放。

此过程对被运输的物质有高度的立体专一性。某些载体蛋白只转运一种分子,如葡萄糖载体蛋白只转运葡萄糖;大多数载体蛋白只转运一类分子,如转运芳香族氨基酸的载体蛋白不转运其他氨基酸。

促进扩散通常在微生物处于高营养物质浓度的情况下发生。与单纯扩散一样,其驱动力也是浓度梯度,此过程不需要消耗能量。这种特异性的扩散主要存在于真核生物中,如葡萄糖通过促进扩散进入酵母菌细胞;在原核生物中促进扩散较少见,但发现甘油可通过促进扩散进入沙门氏菌、志贺氏菌等肠道细菌细胞。

5.3.2 营养物质主动运输进入细胞的机制

对大多数微生物而言,环境中营养物质的浓度总是低于细胞内的浓度,即这些物质的摄取必需逆浓度梯度地进入到细胞内。显然,这个过程需要能量,并且需要载体蛋白。将营养物质逆自身浓度梯度由稀处向浓处移动,并在细胞内富集的过程称为主动运输。

主动运输分为主动运送和基团移位两种运输机制。

1. 主动运送

主动运送指通过细胞膜上特异性载体蛋白的构型变化,同时消耗能量,使膜外低浓度物质进入膜内,且被运输的物质在运输前后不发生任何化学变化的一种物质运送方式。

这种运送方式需要载体蛋白参与,对被运输的物质有高度的立体专一性,被运输的物质和载体蛋白之间存在亲和力,而且在细胞膜内外亲和力不同,膜外亲和力大于膜内亲和力。因此,被运输的物质与载体蛋白在胞外能形成载体复合物,当进入膜内侧时,载体构象发生变化,亲和力降低,营养物质便被释放出来。

主动运送过程和促进扩散一样需要膜载体的参与,并且被运输物质与载体蛋白的亲和力改变与载体蛋白构型的改变有关。不同之处在于,主动运送过程中载体蛋白构型的变化需要消耗能量。

由于这种方式可逆浓度差将营养物质输送入细胞,因此必须由外界提供能量。微生物不同,能量来源也不同,细菌中主动运送所需能量大多来自质子动势,质子动势是一种来自膜内外两侧质子浓度差(膜外质子浓度>膜内质子浓度)的高能量级的势能,是质子化学梯度与膜电位梯度的总和。质子动势既可在电子传递时产生,也可在 ATP 水解时产生。

主动运送是微生物吸收营养物质的主要方式,很多无机离子、有机离子和一些糖类(如乳糖、葡萄糖、麦芽糖等)是通过这种方式进入细胞的,对于很多生存于低浓度营养环境中的微生物来说,主动运送是影响其生存的重要营养吸收方式。

2. 基团移位

基团移位指被运输的物质在膜内受到化学修饰,以被修饰的形式进入细胞的一种物质运送方式。也有特异性载体蛋白参与,并需要消耗能量。除了营养物质在运输过程中发生了化学变化外,该过程的其他特点都与主动运送方式相同。基团移位主要用于运送各种糖类(如葡萄糖、果糖、甘露糖和 N-乙酰葡萄糖胺等)、核苷酸、丁酸和腺嘌呤等物质。

最典型的例子是磷酸转移酶系统,该系统通常由酶 I、酶 II、酶 III 和热稳载体蛋白(HPr)四种蛋白组成。酶 I 是非特异性的,是磷酸烯醇式丙酮酸-己糖磷酸转移酶。酶 II 共有三种:II a、II b、II c,其中 II a 为细胞质蛋白,无底物特异性;II b 和 II c 均为膜蛋白,具有底物特异性,可通过诱导产生,种类较多。酶 III 是膜结合的特异性酶,对糖有专一性。HPr 是一种低分子质量的可溶性蛋白,结合在细胞膜上,具有高能磷酸载体的作用。磷酸转移酶系统每输入 1 个葡萄糖分子,需消耗 1 个 ATP 的能量。具体运送分两步进行:

(1)热稳载体蛋白(HPr)的激活。细胞内高能化合物——磷酸烯醇式丙酮酸(PEP)的磷酸基团通过酶 I 的作用而将 HPr 激活:

$$PEL + HPr \xrightleftharpoons{酶 I} P\sim HPr + 丙酮酸(Pyr)$$

(2)糖经磷酸化运入细胞膜内。膜外环境中的糖分子先与细胞膜外表面上的底物特异膜蛋白——酶 II c 结合,接着糖分子被由 P~HPr→酶 II a→酶 II b 逐级传递来的磷酸基团激活,最后通过酶 II c 再将这一磷酸糖释放到细胞质中。

由于膜对大多数极性的磷酸化合物具有高度的不渗透性,所以磷酸化后的糖不易再流出细胞,可以立即进入分解代谢。

上述四种运送方式的比较与模式图如图 5.1 和表 5.8 所示。

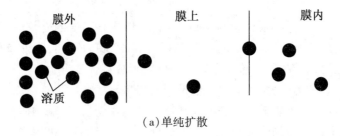

(a)单纯扩散

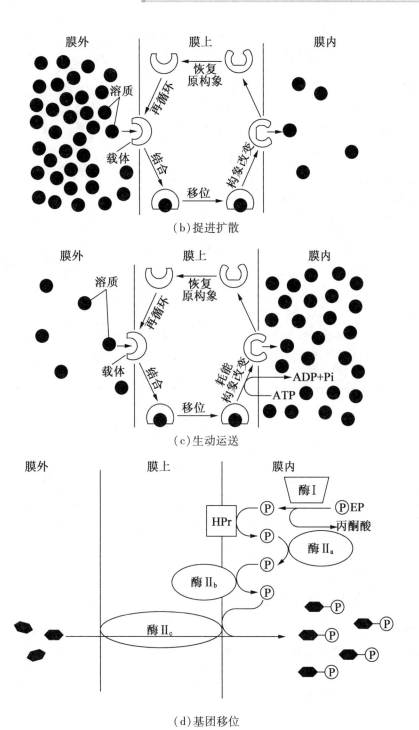

图 5.1 营养物质运送入细胞的四种方式

表5.8　四种跨膜运输方式的比较

比较项目	简单扩散	促进扩散	主动运送	基团移位
特异载体蛋白	无	有	有	有
运送速度	慢	快	快	快
溶质运送方向	由浓到稀	由浓到稀	由稀到浓	由稀到浓
平衡时内外浓度	相等	相等	内部浓度高得多	内部浓度高得多
运送分子	无特异性	特异性	特异性	特异性
能量消耗	不需要	不需要	需要	需要
运送前后的溶质分子	不变	不变	不变	改变
载体饱和效应	无	有	有	有
与溶质类似物	无竞争性	有竞争性	有竞争性	有竞争性
运送抑制剂	无	有	有	有
举例	H_2、CO_2、O_2、甘油、乙醇、少数氨基酸、盐类、代谢抑制剂	SO_4^{2-}、PO_4^{3-}、糖（真核生物）	氨基酸、乳糖等糖类、Na^+、Ca^{2+}等无机离子	葡萄糖、果糖、甘露糖、嘌呤、核苷、脂肪酸

5.4　培养基

培养基(culture medium)是人工配制的,适合微生物生长繁殖或产生代谢产物的营养基质。无论是以微生物为材料的研究,还是利用微生物生产生物制品,都必须进行培养基的配制,它是微生物学研究和微生物发酵生产的基础。

绝大多数微生物都可在人工培养基上生长,只有少数称作难养菌(fastidious microorganism)的寄生或共生微生物,如类支原体、类立克次氏体和少数寄生真菌等,至今仍无法在人工培养基上生长。

5.4.1　培养基的配制原则

1. 目的明确

配制培养基首先要明确培养目的,要培养什么微生物？是为了得到菌体还是代谢产物？应用于实验室还是发酵生产？依据不同的目的,配制不同的培养基。

培养细菌、放线菌、酵母菌、霉菌所需要的培养基是不同的。实验室中常用牛肉膏蛋白胨培养基培养异养细菌,培养特殊类型的微生物则需要特殊的培养基。

自养型微生物有较强的合成能力,因此培养自养型微生物的培养基完全由简单的无机物组成。异养型微生物的合成能力较弱,所以培养基中至少要有一种有机物,通常是葡萄糖。有的异养型微生物需要多种生长因子,常采用天然有机物为其提供所需的生长因子。

如果为了获得菌体或作种子培养基用,一般来说,培养基的营养成分宜丰富些,特别是氮源含量应高些,以利于微生物的生长与繁殖。如果为了获得代谢产物或用作发酵培养基,则所含氮源宜低些,以使微生物生长不致过旺而有利于代谢产物的积累。在有些代谢产物的生产中还需要加入作为其组成部分的元素或前体物质,如生产维生素 B_{12} 时要加入钴盐,在金霉素生产中要加入氯化物,生产苄青霉素时要加入其前体物质苯乙酸。

2. 营养协调

培养基应含有维持微生物最适生长所必需的一切营养物质。但营养物质的浓度与配比要合适。

营养物质浓度过低无法满足其生长的需要;过高则抑制其生长。如适量的蔗糖是异养型微生物的良好碳源和能源,但浓度过高则抑制微生物生长。金属离子是微生物生长所不可缺少的矿质养分,但浓度过大,特别是重金属离子,反而抑制其生长,甚至产生杀菌作用。

各营养物质之间的配比,特别是碳氮比碳氮直接影响微生物的生长繁殖和代谢产物的积累。碳氮比一般指培养基中元素碳和元素氮的比值,有时也指培养基中还原糖与粗蛋白的含量之比。不同的微生物对碳氮比的要求也不同。如细菌和酵母菌培养基中的碳氮比约为 5/1,霉菌培养基中的碳氮比约为 10/1。在微生物发酵生产中,碳氮比直接影响发酵产量,如谷氨酸发酵中需要较多的氮作为合成谷氨酸的氮源,若培养基碳氮比为 4/1,则菌体大量繁殖,谷氨酸积累少;若培养基碳氮比为 3/1,则菌体繁殖受抑制,谷氨酸产量增加。

此外,还须注意培养基中无机盐的量以及它们之间的平衡;生长因子的添加比例也要适当,以保证微生物对各生长因子的平衡吸收。

3. 理化适宜

微生物的生长与培养基的 pH 值、氧化还原电位、渗透压等理化因素密切相关。配制培养基应将这些因素控制在适宜的范围内。

(1) pH 值。

各大类微生物一般都有其生长适宜的 pH 值范围,如细菌为 6.5~7.5,放线菌为 7.5~8.5,酵母菌为 3.8~6.0,霉菌为 4.0~5.8,藻类为 6.0~7.0,原生动物为 6.0~8.0。但对某一具体微生物来说,其生长的最适 pH 值范围常会大大突破上述界限,其中一些嗜极菌尤为突出。

微生物在生长、代谢过程中,会产生改变培养基 pH 值的代谢产物如不及时控制,则会抑制甚至杀死其自身。因此,在设计此类培养基时,要考虑培养基成分对 pH 值的调节能力。这种通过培养基内在成分所起的调节作用,可称为 pH 值的内源调节。

内源调节主要有两种方式:①借磷酸缓冲液进行调节,如调节 K_2HPO_4 和 KH_2PO_4 两者浓度比即可获得 pH 值 6.0~7.6 间的一系列稳定的 pH 值,当两者为等摩尔浓度比时,溶液的 pH 值可稳定在 6.8。②以 $CaCO_3$ 作"备用碱"进行调节:$CaCO_3$ 在水溶液中溶解度很低,故将其加至液体或固体培养基中并不会提高培养基的 pH 值,但当微生物在生长过程中不断产酸时,却可溶解 $CaCO_3$,从而发挥其调节培养基 pH 值的作用。如果不希望培养基有沉淀,则可添加 $NaHCO_3$。

与内源调节相对应的是外源调节,这是一类按实际需要不断从外界流加酸或碱液,以调整培养液 pH 值的方法。

(2) 氧化还原电位。

各种微生物对培养基的氧化还原电位要求不同。一般好氧微生物生长的 Eh(氧化还原势)值为 +0.3 ~ +0.4 V,厌氧微生物只能生长在 +0.1 V 以下的环境中。好氧微生物必须保证氧的供应,这在大规模发酵生产中尤为重要,需采用专门的通气措施。厌氧微生物则必须除去氧,因为氧对其有害。所以,在配制这类微生物的培养基时,常加入适量的还原剂以降低氧化还原电位。常用的还原剂有巯基乙酸、半胱氨酸、硫化钠、抗坏血酸、铁屑等。也可用其他理化手段除去氧。发酵生产上常采用深层静置发酵法创造厌氧条件。

(3) 渗透压和水活度。

多数微生物能忍受渗透压较大幅度的变化。培养基中营养物质的浓度过大,会使渗透压过高,使细胞发生质壁分离,抑制微生物生长。低渗溶液则使细胞吸水膨胀,易破裂。配制培养基时要注意渗透压的大小,掌握好营养物质的浓度。常在培养基中加入适量的 NaCl 来提高渗透压。在实际应用中,常用水活度表示微生物可利用的游离水的含水量。

4. 灭菌处理

要获得微生物纯培养,必须避免杂菌污染,因此对所用器材及工作场所进行消毒与灭菌。对培养基而言,更要进行严格灭菌。一般采取高压蒸汽灭菌,1.05 kg/cm²、121.3 ℃条件下维持 15 ~ 30 min 可达到灭菌目的。在高压蒸汽灭菌过程中,长时间高温会使某些不耐热物质遭到破坏,如使糖类物质形成氨基糖、焦糖,因此含糖培养基常在 0.56 kg/cm²、112.6 ℃ 15 ~ 30 min 进行灭菌,某些对糖类要求较高的培养基,可先将糖进行过滤除菌或间歇灭菌,再与其他已灭菌的成分混合;长时间高温还会引起磷酸盐、碳酸盐与某些阳离子(特别是钙离子、镁离子、铁离子)结合形成难溶性复合物而产生沉淀,因此,在配制用于观察和定量测定微生物生长状况的合成培养基时,需在培养基中加入少量螯合剂,避免培养基中产生沉淀,常用的螯合剂为乙二胺四乙酸(EDTA)。也可将含钙、镁、铁等离子的成分与磷酸盐、碳酸盐分别进行灭菌,然后再混合,避免形成沉淀;高压蒸汽灭菌后,培养基 pH 值会发生改变(一般使 pH 值降低),可根据所培养微生物的要求,在培养基灭菌前后加以调整。

在配制培养基过程中,泡沫的存在对灭菌处理极不利,因为泡沫中的空气形成隔热层,使泡沫中微生物难以被杀死。因而有时需要在培养基中加入消泡沫剂以减少泡沫的产生。

5. 经济节约

配制培养基特别是大规模生产用的培养基时还应遵循经济节约的原则,尽量选用价格便宜、来源方便的原料。在保证微生物生长与积累代谢产物需要的前提下,经济节约原则大致有:"以粗代精""以野代家""以废代好""以简代繁""以烃代粮""以纤代糖""以氮代朊""以国(产)代进(口)"等方面。

5.4.2 培养基的种类

培养基的种类繁多,因考虑的角度不同,可将培养基分成以下几种类型。

1. 根据所培养微生物的种类分类

根据微生物的种类可分为细菌、放线菌、酵母菌和霉菌培养基。

常用的异养型细菌培养基为牛肉膏蛋白胨培养基;常用的自养型细菌培养基是无机的合成培养基;常用的放线菌培养基为高氏一号合成培养基;常用的酵母菌培养基为麦芽汁培养基;常用的霉菌培养基为察氏合成培养基。

2. 根据对培养基成分的了解程度分类

(1) 天然培养基。

天然培养基指一类利用动物、植物或微生物体包括用其提取物制成的培养基,这是一类营养成分既复杂又丰富、难以说出其确切化学组成的培养基,如牛肉膏蛋白胨培养基。其优点是营养丰富、种类多样、配制方便、价格低廉;缺点是化学成分不清楚、不稳定。此类培养基只适用于一般实验室中的菌种培养、发酵工业中生产菌种的培养和某些发酵产物的生产等。

常见的天然培养基成分有麦芽汁、肉浸汁、鱼粉、麸皮、玉米粉、花生饼粉、玉米浆及马铃薯等。实验室中常用牛肉膏、蛋白胨及酵母膏等。

(2) 合成培养基。

合成培养基又称组合培养基或综合培养基,是一类按微生物的营养要求精确设计后用多种高纯化学试剂配制成的培养基,如高氏一号培养基、察氏培养基等。其优点是成分精确、重演性高;缺点是价格较贵,配制繁琐,且微生物生长比较一般。通常仅适用于营养、代谢、生理、生化、遗传、育种、菌种鉴定或生物测定等对定量要求较高的研究工作中。

(3) 半合成培养基。

半合成培养基又称半组合培养基,指一类主要以化学试剂配制,同时还加有某种或某些天然成分的培养基,如培养真菌的马铃薯蔗糖培养基等。严格地讲,凡含有未经特殊处理的琼脂的任何合成培养基,实质上都是一种半合成培养基。其特点是配制方便,成本低,微生物生长良好。发酵生产和实验室中应用的大多数培养基都属于半合成培养基。

3. 根据培养基的物理状态分类

(1) 液体培养基。

呈液体状态的培养基称为液体培养基。其广泛用于微生物学实验和生产,在实验室中主要用于微生物的生理、代谢研究和获取大量菌体,在发酵生产中绝大多数发酵均采用液体培养基。

(2) 固体培养基。

呈固体状态的培养基称为固体培养基。固体培养基有加入凝固剂后制成的;有直接用天然固体状物质制成的,如培养真菌用的麸皮、大米、玉米粉和马铃薯块培养基;还有在营养基质上覆上滤纸或滤膜等制成的,如用于分离纤维素分解菌的滤纸条培养基。

常用的固体培养基是在液体培养基中加入凝固剂(质量分数约2%的琼脂或5%~12%的明胶),加热至100 ℃,然后再冷却并凝固的培养基。常用的凝固剂有琼脂、明胶和硅胶等,其中,琼脂是最优良的凝固剂。现将琼脂与明胶两种凝固剂的特性列在表5.9

中。

固体培养基在科学研究和生产实践中具有多种用途,如用于菌种分离、鉴定、菌落计数、检测杂菌、育种、菌种保藏、抗生素等生物活性物质的效价测定及获取真菌孢子等方面。在食用菌栽培和发酵工业中也常使用固体培养基。

表5.9　琼脂与明胶若干特性的比较

	化学成分	营养价值	分解性	融化温度/℃	凝固温度/℃	常用质量分数	透明度	黏着力	耐加压灭菌
琼脂	聚半乳糖的硫酸酯	无	罕见	约96	约40	1.5%~2%	高	强	强
明胶	蛋白质	作氮源	极易	约25	约20	5%~12%	高	强	弱

(3)半固体培养基。

半固体培养基是指在液体培养基中加入少量凝固剂(如质量分数0.2%~0.5%的琼脂)而制成的半固体状态的培养基。其用途较多,如可通过穿刺培养观察细菌的运动能力,进行厌氧菌的培养及菌种保藏等。

(4)脱水培养基。

脱水培养基又称脱水商品培养基或预制干燥培养基,指含有除水以外的一切成分的商品培养基,使用时只要加入适量水分并加以灭菌即可,是一类成分精确、使用方便的现代化培养基。

4. 根据培养基的功能分类

(1)选择性培养基。

选择性培养基指一类根据某微生物的特殊营养要求或其对某些物理、化学因素的抗性而设计的培养基,具有使混合菌样中的劣势菌变成优势菌的功能,广泛用于菌种筛选等领域。

混合菌样中数量很少的某种微生物,如直接采用平板划线或稀释法进行分离,往往因为数量少而无法获得。选择性培养的方法主要有两种:一是利用待分离的微生物对某种营养物的特殊需求进行设计。例如,以纤维素为唯一碳源的培养基可用于分离纤维素分解菌;用石蜡油来富集分解石油的微生物;用较浓的糖液来富集酵母菌等。二是利用待分离的微生物对某些物化因素具有抗性而设计的。例如,分离放线菌时,在培养基中加入数滴质量分数10%的苯酚,可抑制霉菌和细菌的生长在分离酵母菌和霉菌的培养基中,添加青霉素、四环素和链霉素等抗生素可抑制细菌和放线菌的生长;结晶紫可抑制G^+细菌,培养基中加入结晶紫后,能选择性地培养G^-细菌;7.5%(质量分数)NaCl可抑制大多数细菌,但不能抑制葡萄球菌,从而选择培养葡萄球菌;德巴利酵母属中的许多种酵母菌和酱油中的酵母菌能耐高质量分数(18%~20%)的食盐,而其他酵母菌只能耐受3%~11%质量分数的食盐,所以在培养基中加入15%~20%质量分数的食盐,即构成耐食盐酵母菌的选择性培养基。

(2)鉴别培养基。

鉴别培养基指一类在成分中加入能与目的菌的无色代谢产物发生显色反应的指示

剂,从而达到只需用肉眼辨别颜色就能方便地从近似菌落中找到目的菌菌落的培养基。最常见的鉴别培养基是伊红美蓝乳糖培养基,即 EMB 培养基(表 5.10)。它在饮用水、牛奶的大肠菌群数等细菌学检查和在 *E. coli* 的遗传学研究工作中有着重要的用途。

表 5.10　EMB 培养基成分

成分	蛋白质/g	乳糖/g	蔗糖/g	K_2HPO_4/g	伊红 Y/g	美蓝/g	蒸馏水/g	pH 值
质量	10	5	5	2	0.4	0.065	1 000	7.2

EMB 培养基中的伊红和美蓝两种苯胺染料可抑制 G^+ 细菌和一些难培养的 G^- 细菌。在低 pH 值下,这两种染料会结合并形成沉淀,具有产酸指示剂的作用。因此,试样中多种肠道细菌会在 EMB 培养基平板上产生可用肉眼识别的多种特征性菌落,尤其是 *E. coli*,因其能强烈分解乳糖而产生大量混合酸,菌体表面带 H^+,故可染上酸性染料伊红,又因伊红与美蓝结合,故使菌落染上深紫色,且从菌落表面的反射光中还可看到绿色金属光泽,其他几种产酸力弱的肠道菌的菌落也有相应的棕色。

属于鉴别培养基的还有:明胶培养基可检查微生物能否液化明胶;醋酸铅培养基可用来检查微生物能否产生 H_2S 气体等。

选择性培养基与鉴别培养基的功能往往结合在同一种培养基中。例如,上述 EMB 培养基既有鉴别不同肠道菌的作用,又有抑制 G^+ 细菌和选择性培养 G^- 细菌的作用。

(3)种子培养基。

种子培养基是为了保证在生长中能获得优质孢子或营养细胞的培养基。一般要求氮源、维生素丰富,原料要精。同时应尽量考虑各种营养成分的特性,使 pH 值在培养过程中能稳定在适宜的范围内,以利于菌种的正常生长和发育。有时,还需加入使菌种能适应发酵条件的基质。菌种的质量与发酵生产的成败密切相关,所以种子培养基的质量非常重要。

(4)发酵培养基。

发酵培养基是生产中用于供菌种生长繁殖并积累发酵产品的培养基。一般数量较大,配料较粗。发酵培养基中碳源含量往往高于种子培养基。若产物含氮量高,则应增加氮源。在大规模生产时,原料应来源充足,成本低廉,也应有利于下游的分离提取。

思考题

1. 什么是微生物培养?营养物质有哪些作用?
2. 微生物和动物、植物营养要素的区别是什么?
3. 微生物有哪几种营养类型?各有什么特点?
4. 微生物的能源谱应如何划分?
5. 微生物吸收营养物质的方式有哪些?
6. 简述营养物质被动扩散进入细胞的机制。
7. 简述营养物质主动运输进入细胞的机制。
8. 四种跨膜运输方式的异同点有哪些?

9. 试述细菌通过基团转位吸收糖进入细胞内的过程。
10. 什么是培养基？配制培养基的原则是什么？
11. 根据所培养微生物的种类可将培养基分为哪几类？
12. 根据对培养基成分的了解程度可将培养基分为哪几类？
13. 根据培养基的物理状态可将培养基分为哪几类？
14. 根据培养基的功能可将培养基分为哪几类？
15. 举例说明微生物在生长过程中培养基 pH 值可能发生的变化，并提出解决方法。
16. 有一培养基如下：甘露醇、$MgSO_4$、K_2HPO_4、H_2PO_4、$CuSO_4$、$NaCl$、$CaCO_3$ 及蒸馏水。试述该培养基的 A. 碳素来源；B. 氮素来源；C. 矿质来源。该培养基可用于培养哪类微生物？
17. 试设计一种分离纤维素分解菌的培养基，并说明各营养物质的主要功能。

第 6 章

微生物的生长繁殖及其控制

微生物在适宜环境条件下,不断吸收营养物质,并按自身的代谢方式进行新陈代谢,当同化作用大于异化作用时,生命个体的质量和体积不断增大的过程,称为生长现象。

生命个体生长到一定阶段,通过特定方式产生新的生命个体,即引起生命个体数量增加的生物学过程,称为繁殖。

从生长到繁殖,是生物的构造和机能从简单到复杂、从量变到质变的发展变化过程,这一过程称为发育。

可以看出微生物的生长繁殖是两个不同但又相互联系的概念。生长是一个逐步发生的量变的过程,繁殖是一个产生新的生命个体的质变过程。在高等生物里这两个过程可以明显分开,但在低等特别是在单细胞的生物里,由于个体微小,这两个过程是紧密联系又很难划分的过程。因此在讨论微生物生长时,往往将这两个过程放在一起讨论,这样微生物生长又可以定义为在一定时间和条件下细胞数量的增加,这是微生物群体生长的定义。

6.1 微生物的生长

微生物的生长繁殖是在内外各种环境因素相互作用下的综合反映,当微生物处于一定的物理、化学条件下,生长、发育正常,繁殖率也高;如果某一或某些环境发生改变,就会杀灭或抑制微生物的生长繁殖。

6.1.1 微生物纯培养的获得

微生物在自然界中不仅分布很广,而且都是混杂地生活在一起。要想研究或利用某一种微生物,必须把它从混杂的微生物类群分离出来,以得到只含有一种微生物的培养。微生物学中将在实验条件下,从一个细胞或同种细胞群繁殖得到的后代称为纯培养。纯培养的获得有下列几种方法。

1. 平板划线分离法

用接种环以无菌操作蘸取少许待分离的材料,在无菌平板表面进行平行划线、扇形划线或其他形式的连续划线,微生物细胞数量将随着划线次数的增加而减少,并逐步分散开来,如果划线适宜,则微生物能一一分散,经培养后,可在平板表面得到单菌落。

2. 稀释倒平板法

先将待分离的材料用无菌水作一系列的稀释(如 1:10、1:100、1:1 000、1:10 000 等),然后分别取不同稀释液少许,与已溶化并冷却至 45 ℃左右的琼脂培养基混合,摇匀后,倾入灭过菌的培养皿中,待琼脂凝固后,制成可能含菌的琼脂平板,保温培养一定时间即可出现菌落。如果稀释得当,在平板表面或琼脂培养基中就可出现分散的单个菌落,这个菌落可能就是由一个细菌细胞繁殖形成的。随后挑取该单个菌落,或重复以上操作数次,便可得到纯培养。

3. 单孢子或单细胞分离法

采取显微分离法从混杂群体中直接分离单个细胞或单个个体进行培养以获得纯培养,称为单细胞(单孢子)分离法。单细胞分离法的难度与细胞或个体的大小成反比,较大的微生物如藻类、原生动物较容易,个体较小的细菌则较难。在显微镜下使用单孢子分离器进行机械操作,挑取单孢子或单细胞进行培养。也可以采用特制的毛细管在载玻片的琼脂涂层上选取单孢子并切割下来,然后移到合适的培养基进行培养。单细胞分离法对操作技术有比较高的要求,多限于高度专业化的科学研究中采用。

4. 利用选择性培养基分离法

各种微生物对不同的化学试剂、染料、抗生素等具有不同的抵抗能力,利用这些特性可配制适合某种微生物而限制其他微生物生长的选择培养基,用它来培养微生物以获得纯培养。

另外,还可以将样品预处理,消除不希望分离得到的微生物。如加温杀死营养菌体而保留芽孢,过滤去除丝状菌体而保留单孢子。

6.1.2 微生物生长的测定

微生物测定生长量的方法有很多种,适用于一切微生物。微生物生长情况可以通过测定单位时间内微生物数量或生物量(biomass)的变化来评价。通过微生物生长的测定可以客观地评价培养条件、营养物质等对微生物生长的影响,或评价不同的抗菌物质对微生物产生抑制(或杀死)作用的效果,或客观地反映微生物生长的规律。因此微生物生长的测量在理论上和实际上有着重要的意义。微生物生长的测定有计数、质量和生理指标等方法。

1. 生长量测定法

(1)体积测量法(又称测菌丝浓度法)。

体积测量法指通过测定一定体积培养液中所含菌丝的量来反映微生物的生长状况。取一定量的待测培养液(如 10 mL)放在有刻度的离心管中,设定一定的离心时间(如 5 min)和转速(如 5 000 r/min),离心后,倒出上清液,测出上清液体积为 V,则菌丝浓度为 $(10-V)/10$。菌丝浓度测定法是大规模工业发酵生产中微生物生长的一个重要监测指标。这种方法比较粗放、简便、快速,但需要设定一致的处理条件,否则偏差很大,由于离心沉淀物中夹杂有一些固体营养物,结果会有一定偏差。

(2)称干重法。

可用离心或过滤法测定。一般干重为湿重的10%~20%。在离心法中,将一定体积待测培养液倒入离心管中,设定一定的离心时间和转速,进行离心,并用清水离心洗涤1~5次,进行干燥。干燥可用烘箱在105 ℃或100 ℃下烘干,或采用红外线烘干,也可在80 ℃或40 ℃下真空干燥,干燥后称重。如用过滤法,丝状真菌可用滤纸过滤,细菌可用醋酸纤维膜等滤膜过滤,过滤后用少量水洗涤,在40 ℃下进行真空干燥。称干重法较为烦琐,通常获取的微生物产品为菌体时,常采用这种方法,如活性干酵母、一些以微生物菌体为活性物质的饲料和肥料等。

(3) 比浊法。

微生物的生长引起培养物混浊度的增高。通过紫外分光光度计测定一定波长下的吸光值,判断微生物的生长状况。对某一培养物内的菌体生长做定时跟踪时,可采用一种特制的有侧臂的三角烧瓶。将侧臂插入光电比色计的比色座孔中,即可随时测定其生长情况,而不必取菌液。该法主要用于发酵工业菌体生长监测。

(4) 菌丝长度测量法。

对于丝状真菌和一些放线菌,可以在培养基上测定一定时间内菌丝生长的长度,或是利用一只一端开口并带有刻度的细玻璃管,倒入合适的培养基,卧放,在开口的一端接种微生物,一段时间后记录其菌丝生长长度,借此衡量丝状微生物的生长。

2. 微生物计数法

(1) 血球计数板法。

血球计数板是一种具有特别结构刻度和厚度的玻璃片,载玻片上有四条沟和两条嵴,中央有一短横沟和两个平台,两嵴的表面比两平台的表面高0.1 mm,每个平台上刻有不同规格的格网,中央0.1 mm面积上刻有400个小方格。通过油镜观察,统计一定大格内微生物的数量,即可算出1 mL菌液中所含的菌体数。这种方法简便、直观、快捷,但只适宜于单细胞状态的微生物或丝状微生物所产生的孢子进行计数,并且所得结果是包括死细胞在内的总菌数。

(2) 染色计数法。

为了弥补一些微生物在油镜下不易观察计数,而直接用血球计数板法又无法区分死细胞和活细胞的不足,人们发明了染色计数法。借助不同的染料对菌体进行适当染色,可以更方便地在显微镜下进行活菌计数。例如,酵母活细胞计数可用美蓝染色液,染色后在显微镜下观察,活细胞为无色,而死细胞为蓝色。

(3) 比例计数法。

将已知颗粒(如霉菌孢子或红细胞)浓度的液体与一待测细胞浓度的菌液按一定比例均匀混合,在显微镜视野中数出各自的数目,即可得到未知菌液的细胞浓度。这种计数方法比较粗放,并且需要配制已知颗粒浓度的悬液作标准。

(4) 液体稀释法。

对未知菌样做连续10倍系列稀释,根据估计数,从最适宜的三个连续的10倍稀释液中各取5 mL试样,接种1 mL到三组共15只装培养液的试管中,经培养后记录每个稀释度出现生长的试管数,然后查最大或然数表MPN(most probably number)得出菌样的含菌数,根据样品稀释倍数计算出活菌含量。该法常用于食品中微生物的检测,如饮用水和牛奶的微生物限量检查。

(5) 平板菌落计数法。

平板菌落计数法是一种最常用的活菌计数法。将待测菌液进行梯度稀释,取一定体积的稀释菌液与合适的固体培养基在凝固前均匀混合,或将菌液涂布于已凝固的固体培养基平板上。保温培养后,用平板上出现的菌落数乘以菌液稀释度,即可算出原菌液的含菌数。一般以直径9 cm的平板上出现50~500个菌落为宜。该方法比较麻烦,操作者需有熟练的技术。平板菌落计数法不仅可以得出菌液中活菌的含菌数,而且同时将菌液中的细菌进行一次分离培养,获得单克隆。

(6) 试剂纸法。

在平板计数法的基础上,发展了小型商品化产品以供快速计数用。其形式有小型厚滤纸片、琼脂片等。在滤纸和琼脂片中吸有合适的培养基,其中加入活性指示剂2,3,5-氯化三苯基四氮唑(TTC,无色),待蘸取测试菌液后置密封包装袋中培养。短期培养后在滤纸上出现一定密度的玫瑰色微小菌落,与标准纸色板上图谱比较即可估算出样品的含菌量。试剂纸法计数快捷、准确,相比而言避免了平板计数法的人为操作误差。

(7) 膜过滤法。

用特殊的滤膜过滤一定体积的含菌样品,经吖啶橙染色,在紫外显微镜下观察细胞的荧光,活细胞会发橙色荧光,而死细胞则发绿色荧光。

3. 生理指标法

微生物的生长伴随着一系列生理指标发生变化,如酸碱度、发酵液中的含氮量、含糖量、产气量等,与生长量相平行的生理指标很多,它们可作为生长测定的相对值。

(1) 测定含氮量。

大多数细菌的含氮量为干重的12.5%,酵母为7.5%,霉菌为6.0%。根据含氮量乘以6.25,即可测定粗蛋白的含量。含氮量的测定方法有很多,如用硫酸、过氯酸、碘酸、磷酸等消化法和Dumas测氮气法。Dumas测氮气法是将样品与CuO混合,在CO_2气流中加热后产生氮气,收集在呼吸计中,用KOH吸去CO_2后即可测出氮气的含量。

(2) 测定含碳量。

将少量(干重0.2~2.0 mg)生物材料混入1 mL水或无机缓冲液中,用2 mL质量分数2%的$K_2Cr_2O_7$溶液在100 ℃下加热30 min后冷却。加水稀释至5 mL,在580 nm的波长下读取吸光光度值,即可推算出生长量。需用试剂做空白对照,用标准样品做标准曲线。

(3) 还原糖测定法。

还原糖通常是指单糖或寡糖,可以被微生物直接利用,通过还原糖的测定可间接反映微生物的生长状况,常用于大规模工业发酵生产中微生物生长的常规监测。其方法是离心发酵液,取上清液,加入斐林试剂,沸水浴煮沸3 min,取出加少许盐酸酸化,加入$Na_2S_2O_3$,临近终点时加入淀粉溶液,继续加$Na_2S_2O_3$至终点,查表读出还原糖的含量。

(4) 氨基氮的测定。

氨基氮的测定是离心发酵液,取上清液,加入甲基红和盐酸作指示剂,加入0.02 N的NaOH调色至颜色刚刚褪去,加入18%的中性甲醛,反应一定时间,加入0.02 N的

NaOH 使之变色,根据 NaOH 的用量折算出氨基氮的含量。根据培养液中氨基氮的含量,可间接反映微生物的生长状况。

(5)其他生理物质的测定。

P、DNA、RNA、ATP、NAM(乙酰胞壁酸)等含量以及产酸、产气、产 CO_2(用标记葡萄糖做基质)、耗氧、黏度、产热等指标,都可用于生长量的测定。也可以根据反应前后的基质浓度变化、最终产气量、微生物活性三方面的测定反映微生物的生长。

6.2 微生物的生长规律

6.2.1 典型的生长曲线

细菌接种到均匀的液体培养基后,当细菌以二分裂法繁殖,分裂后的子细胞都具有生活能力。在不补充营养物质或移去培养物,保持整个培养液体积不变条件下,以时间为横坐标,以菌数为纵坐标,根据不同培养时间时细菌数量的变化,可以作出一条反映细菌在整个培养期间菌数变化规律的曲线,这种曲线称为生长曲线(growth curve)。一条典型的生长曲线至少可以分为迟缓期、对数期、稳定期和衰亡期四个生长时期。见图 6.1。

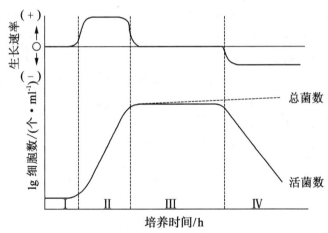

图 6.1 微生物典型生长曲线

1. 迟缓期(lag phase)

将少量菌种接入新鲜培养基后,在开始一段时间内菌数不立即增加或增加很少,生长速度接近于零,也称延迟期、适应期。迟缓期的特点是分裂迟缓、代谢活跃。生长繁殖的速度几乎等于零。细胞形态增大,杆菌的长度增加。细胞内的 RNA 尤其是 rRNA 含量增高,原生质呈嗜碱性。合成代谢活跃,核糖体、酶类和 ATP 的合成加快,易产生诱导酶。对外界不良环境条件,如 NaCl 溶液浓度、温度和抗生素等化学药物敏感。产生迟缓期的原因,认为是微生物接种到一个新的环境,暂时缺乏足够的能量和必需的生长因子,"种子"老化(即处于非对数生长期)或未充分活化,接种时造成的损伤等。在工业发酵和科研中迟缓期会增加生产周期而产生不利的影响,但是迟缓期无疑也是必需的,因为细胞分裂之前,细胞各成分的复制与装配等也需要时间,因此应该采取一定的措施:通过遗传学方法改变种的遗传特性使迟缓期缩短;利用对数生长期的细胞作为"种子";尽量使接种前后所使用的培养基组成不要相差太大;适当扩大接种量等方式缩短迟缓期,克服不良的影响。

2. 对数生长期（log phase）

对数生长期又称指数生长期（exponential phase）,以最大的速率生长和分裂,细菌数量呈对数增加。细菌内各成分按比例有规律地增加,表现为平衡生长。对数生长期的细菌个体形态、化学组成和生理特性等均较一致,代谢旺盛、生长迅速、代时稳定,是研究微生物基本代谢的良好材料。它也常在生产上用作种子,使微生物发酵的迟缓期缩短,提高经济效益。

(1) 对数期的特点。

①生长繁殖的速度很快,活菌的数目呈对数增长,因而细胞每分裂一次所需的代时（世代时间）或原生质增加1倍所需的时间最短。

②细胞进行平衡生长,菌体内各种成分最均匀。

③酶系活跃,代谢旺盛。

④在此时期内,菌细胞的形态特征均匀一致,最能代表种的特征。

⑤微生物的生化特性均匀一致,并且典型。

(2) 影响对数期微生物增代时间的因素。

①菌种。不同菌种的代时差别极大。

②营养成分。同一种细菌在营养物丰富的培养基中生长,其代时较短,反之则长。

③营养物的浓度。在营养物浓度很低的情况下,营养物的浓度才能影响生长速率,随着营养物浓度的增高,生长速率不受影响,而只影响最终的菌体产量。如果进一步提高营养物浓度,则生长速率和菌体产量均不受影响。

④培养温度。温度对微生物的生长速率有极其明显的影响。

发酵工业上尽量延长该期,以达到较高的菌体密度。食品工业上尽量使有害微生物不进入此期。

3. 稳定期（stationary phase）

稳定期指由于营养物质消耗,代谢产物积累和pH值等环境变化,逐步不适宜于细菌生长,导致生长速率降低直至零（即细菌分裂增加的数量等于细菌死亡量）,结束对数生长期,进入稳定期。

(1) 稳定期的特点。

①生长速率常数 R 接近于0。

②菌体产量达到最高值。

③合成次生代谢产物。

④细胞内出现储藏物质,芽孢杆菌内开始产生芽孢。

(2) 产生原因。

①营养物尤其是生长限制因子的耗尽。

②营养物的比例失调,如碳氮比不合适。

③有害代谢废物的积累(如酸、醇、毒素等)。
④物化条件(如 pH 值、氧化还原势等)不合适。

4．衰亡期(decline 或 death phase)

营养物质耗尽和有毒代谢产物的大量积累,细菌死亡速率逐步增加和活细菌逐步减少,标志进入衰亡期。该时期细菌代谢活性降低,细菌衰老并出现自溶。该时期死亡的细菌以对数方式增加,但在衰亡期的后期,由于部分细菌产生抗性也会使细菌死亡的速率降低。

衰亡期的特点:
(1)生长速率常数 R 为负值。
(2)细胞的形态发生变化,出现不规则的衰退形。
(3)释放次生代谢产物,如芽孢等。
(4)菌体开始自溶。

6.2.2 生长的数学模型

利用数学公式来表达微生物系统的某些定量关系,该数学公式便是此系统的数学模型。对数生长期中微生物生长速率变化规律的研究有助于推动微生物生理学与生态学基础研究和解决工业发酵等应用越来越重要。

对数生长期中微生物生长是平衡生长,即微生物细胞数量呈对数增加和细胞各成分按比例增加。因此对数生长期中微生物的生长可用数学模型表示为

$$\frac{dN}{dt}=\mu N \text{ 或 } \frac{dM}{dt}=\mu M \text{ 或 } \frac{dE}{dt}=\mu E$$

式中　N——每毫升培养液中细胞的数量;
　　　M——每毫升培养液中细胞物质的量;
　　　E——每毫升培养液中其他细胞物质的量;
　　　μ——比生长速率(specific growth rate),即每单位数量的细菌或物质在单位时间(h)内增加的量;
　　　t——培养时间,h。

对 $\frac{dN}{dt}=\mu N$ 积分,得

$$\ln N_t - \ln N_0 = \mu(t_1 - t_0)$$

将上式转换成以 10 为底数的对数,即

$$\lg N_t - \lg N_0 = \frac{\mu(t_1 - t_0)}{2.303}$$

式中　N_t 与 N_0——时间 t 和 t_0 时的细胞数量。

因此只要测定从 N_0 增加到 N_t 所用的时间和 N_0 与 N_t 的量,就可以由上式求出该条件下的 μ。例如,t_0 时每毫升培养液中细胞数为 10^4,经过 4h 后该培养液中细胞数量增加到每毫升 10^8(N_t)。则此条件该菌的比生长速率为

$$\mu/h = \frac{\lg N_t - \lg N_0}{t - t_0} \times 2.303 = 2.303$$

说明该菌在此条件下,每个细菌以每小时增加 2.303 个细菌的速度生长。在细菌个体生长里,每个细菌分裂繁殖一代所需要的时间为代时(generation time),在群体生长里细菌数量增加一倍所需要的时间称为倍增时间(doubling time),代时通常以 G 表示。根据公式可以求代时与比生长速率之间的关系。

因为
$$G = t - t_0, N_t = 2N_0$$
所以
$$G = \frac{\ln N_t - \ln N_0}{\mu} = \frac{\ln \frac{N_t}{N_0}}{\mu} = \frac{\ln 2}{\mu} = \frac{0.639}{\mu}$$

如果仍以上述例子的数量为依据,就可以求出该细菌在此条件下的代时为
$$G/h = \frac{0.693}{\mu} = \frac{0.639}{2.303} \approx 0.3$$

也可以先求出细菌繁殖的世代数(n),然后再求 G,即
$$n = \frac{\lg N_t - \lg N_0}{\lg 2} = \frac{\lg N_t - \lg N_0}{0.301}$$
$$G = \frac{t - t_0}{n} = \frac{t - t_0}{3.322(\lg N_t - \lg N_0)}$$

但是不同微生物的差别很大,一般为 1 h 左右,但生长快的微生物在条件适宜时还不到 10 min。

6.2.3 连续培养

连续培养(continous culture of microorganisms)又称开放培养(open culture),是在微生物的整个培养期间,通过一定的方式使微生物能以恒定的比生长速率生长并能持续生长下去的一种培养方法。在微生物培养过程中,不断地供给新鲜的营养物质,同时排除含菌体及代谢产物的发酵液,让培养的微生物长时间地处于对数生长期,以利于微生物的增殖速度和代谢活性处于某种稳定状态。根据生长曲线,营养物质的消耗和代谢产物的积累是导致微生物生长停止的主要原因。因此在微生物培养过程中不断地补充营养物质和以同样的速率移出培养物是实现微生物连续培养的基本原则。

连续培养有两种类型,即恒化器连续培养和恒浊器连续培养。前者是在整个培养过程中通过控制培养基中某种营养物质的浓度基本恒定的方式,保持细菌的比生长速率恒定,使生长"不断"进行。培养基中的某种营养物质通常是作为细菌比生长速率的控制因子,这类因子一般是氨基酸、氨和铵盐等氮源,或是葡萄糖、麦芽糖等碳源或者是无机盐、生长因子等物质。恒化器连续培养通常用于微生物学的研究,筛选不同的变种。后者主要是通过连续培养装置中的光电系统控制培养液中菌体浓度恒定、使细菌生长连续进行的一种培养方式。菌液浓度大小通过光电系统调节稀释率来维持菌数恒定,此种培养方式一般用于菌体以及与菌体生长平行的代谢产物生产的发酵工业,从而获得更好的经济效益。

连续培养如用于生产实践上,就称为连续发酵,连续发酵与单批发酵相比有许多优

点：

(1) 高效。它简化了装料、灭菌、生产时间，提高了设备的利用率。

(2) 自控。便于利用各种仪表进行自动控制。

(3) 产品质量较稳定。

(4) 节约了大量动力、人力等资源。

连续培养或连续发酵也有缺点。最主要的缺点是菌种易于退化，其次易遭杂菌污染，此外营养的利用率一般也低于单批培养。

6.2.4 同步培养

由于微生物细胞极其微小，研究其个体生长存在着技术上的困难。同步培养（synchronous culture）是一种培养方法，它能使群体中不同步的细胞转变成能同时进行生长或分裂的群体细胞。以同步培养方法使群体细胞能处于同一生长阶段，并同时进行分裂的生长方式称为同步生长。通过同步培养方法获得的细胞称为同步细胞或同步培养物。同步培养物常被用来研究在单个细胞上难以研究的生理与遗传特性和作为工业发酵的种子，它是一种理想的材料。

用一般培养方法获得的细胞通常是不完全同步的细胞，就是同步培养方法获得的同步细胞经几次传代之后，也会出现不同步的现象。如何使不同步转变为同步，以及如何使同步细胞能较长时间地保持同步，这是同步培养中要研究的课题。同步培养方法很多，可归纳为机械法与环境条件控制法两类。

1. 机械方法

机械方法是根据微生物细胞在不同生长阶段的细胞体积与质量或根据它们同某种材料结合能力不同的原理设计出来的方法。其中常用的有：

(1) 离心方法。

将不同步的细胞培养物悬浮在不被这种细菌利用的糖或葡聚糖的不同梯度溶液里，通过密度梯度离心将不同细胞分布成不同的细胞带，每一细胞带的细胞大致是处于同一生长期的细胞，分别将它们取出进行培养，就可以获得同步细胞。

(2) 过滤分离法。

将不同步的细胞培养物通过孔径大小不同微孔滤器，从而将大小不同的细胞分开，分别将滤液中的细胞取出进行培养，获得同步细胞。

(3) 硝酸纤维素滤膜法。

根据细菌能紧紧结合到硝酸纤维素滤膜上的特点，将细菌悬液通过垫有硝酸纤维素滤膜的过滤器，然后将滤膜颠倒过来，再将培养基流过滤器，以洗去未结合的细菌，然后将滤器放入适宜条件下培养一段时间，其后仍将培养基流过滤器，这时新分裂产生的细菌被洗下，分部收集并通过培养获得同步细胞。

2. 环境条件控制技术

环境条件控制技术是根据细菌生长与分裂对环境因子要求不同的原理设计的一类获得同步细胞的方法。

(1) 温度。

最适生长温度有利于细菌生长与分裂,不适宜温度如低温不利于细菌生长与分裂。通过适宜与不适宜温度的交替处理之后,通过培养可获得同步细胞。

(2)培养基成分控制。

培养基中的碳、氮源或生长因子不足,可导致细菌缓慢生长直至生长停止。因此将不同步的细菌在营养不足的条件下培养一段时间,然后转移到营养丰富的培养基里培养,能获得同步细胞。另外也可以将不同步的细胞转接到含有一定浓度的,能抑制蛋白质等生物大分子合成的化学物质如抗生素等的培养基里,培养一段时间后,再转接到完全培养基里培养也能获得同步细胞。

(3)其他。

对于光合细菌可以将不同步的细菌经光照培养后再转到黑暗中培养,这样通过光照和黑暗交替培养的方式可获得同步细胞;对于不同步的芽孢杆菌培养至绝大部分芽孢形成,然后经加热处理,杀死营养细胞,最后转接到新的培养基里,经培养可获得同步细胞。

环境条件控制获得同步细胞的机理不完全了解。这种处理可能是导致胞内某些物质合成,它合成和积累可导致细胞分裂,从而获得同步细胞。

6.3 环境对生长的影响及生长的测定

影响微生物生长的外界因素很多,包括营养物质和许多物理、化学因素。生长是微生物与环境相互作用的结果。在液体培养中,生长曲线反映了微生物培养过程中菌数变化同培养时间之间的关系。在培养过程中,环境的变化会对微生物生长产生很大的影响。这种影响通常通过生长量的变化反映出来,因此生长量的测定成为衡量环境影响的重要内容。

无论是自然界中,微生物与其他生物间的相互作用,还是实验室纯培养同种微生物之间的相互作用,环境因素都可能在很大程度上影响它们的生长和代谢反应。影响微生物生长的主要因素有营养物质、水的活性、温度、pH值和氧等。

6.3.1 水

水是机体中的重要组成成分,它是一种起着溶剂和运输介质作用的物质,参与机体内水解、缩合、氧化与还原等反应在内的整个化学反应,并在维持蛋白质等大分子物质的稳定的天然状态上起着重要作用。微生物在生长过程中,对培养基的水活度有一定的要求,每种微生物生长都有最适的水活度,高于或低于所要求的水活度值,都会通过影响培养基的渗透压力变化而影响微生物的生长速率。微生物不同,生长所需要的最适水活度值也不同。一般细菌生长所需要的水活度值高,真菌生长所需水活度值较低。

6.3.2 营养物质

微生物生长需要的能量、碳源、氮源、无机盐等营养物质成分不足时,机体可降低或停止细胞物质合成,避免能量的消耗,或者通过诱导合成特定的运输系统,充分吸收环境中微量的营养物质以维持机体的生存;同时机体对胞内某些如蛋白质、酶、mRNA等非必需成分或失效的成分进行降解以重新利用。在氮、碳源缺乏时,机体内蛋白质降解速率比正常条件下的细胞增加了 7 倍,同时 tRNA 合成减少和 DNA 复制的速率降低,最终导致生长停止。

6.3.3 温度

温度是影响微生物生长的最重要因素之一。温度对微生物的影响具体表现在:影响酶活性,温度变化影响酶促反应速率,最终影响细胞合成;影响细胞膜的流动性,温度高,流动性大,有利于物质的运输,温度低,流动性降低,不利于物质运输,因此,温度变化影响营养物质的吸收与代谢产物的分泌;影响物质的溶解度,对生长有影响。

1. 微生物生长的三个温度基点

从微生物整体来看,生长的温度范围一般在 -10~100 ℃,极端下限为 -30 ℃,极端上限为 105~300 ℃。但对于特定的某一种微生物,只能在一定温度范围内生长,在这个范围内,每种微生物都有自己的生长温度三基点,即最低、最适、最高生长温度。处于最适生长温度时,生长速度最快,代时最短。超过最低生长温度时,微生物不生长,温度过低,甚至会死亡。超过最高生长温度时,微生物不生长,温度过高,甚至会死亡。见图 6.2。

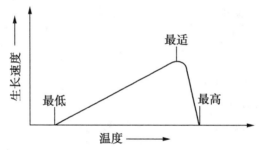

图 6.2 温度对生长速度的影响

2. 微生物生长温度类型

根据微生物的最适生长温度的不同,可将微生物划为三个类型:低温型微生物(嗜冷微生物)、中温型微生物(嗜温微生物)、高温型微生物(嗜热微生物)。其中中温型微生物,最适生长温度为 20~40 ℃,大多数微生物属于此类;室温型主要为腐生或植物寄生,在植物或土壤中。体温型主要为寄生,在人和动物体内。高温型微生物:最适生长温度为 50~60 ℃,主要分布在温泉、堆肥和土壤中。在高温下能生长的原因:①酶蛋白以及核糖体有较强的抗热性;②核酸具有较高的热稳定性(核酸中 G + C 含量高(tRNA),可提供形成氢键,增加热稳定性)。③细胞膜中饱和脂肪酸含量高,较高温度下能维持正常的液晶状态。

根据微生物生长的最适温度不同,可以将微生物分为嗜冷、兼性嗜冷、嗜温、嗜热和超嗜热五种不同类型。它们都有各自的最低、最适和最高生长温度范围(表 6.1)。

表6.1 微生物生长的温度范围

微生物类型	最低温度/℃	最适温度/℃	最高温度/℃
嗜冷微生物(psychrophile)	0以下	15	20
兼性嗜冷微生物(facultative psychrophile 或 psychrotroph)	0	20~30	35
嗜温微生物(mesophile)	15~20	20~45	45左右
嗜热微生物(thermophile)	45	55~65	80
超嗜热或极端嗜热微生物(hyperthermophil)	65	80~90	100以上

表6.2列出不同微生物生长温度的一些典型例子。温度的变化都会对每种类型微生物的代谢过程产生影响，微生物的生长速率会发生改变，以适应温度的变化。

表6.2 不同微生物生长的三种温度

微生物	最低温度/℃	最适温度/℃	最高温度/℃
细菌和古生菌：			
嗜冷芽孢杆菌(*Bacillus psychrophilus*)	10	23~24	28~30
嗜冷微球菌(*Micrococcus cryophilus*)	-4	10	24
粪肠球菌(*Enterococcus faecalis*)	0	37	44
大肠杆菌(*Escherichia coli*)	10	37	45
嗜酸热原体(*Thermoplasma acidophilum*)	45	59	62
水生栖热菌(*Thermus aquaticus*)	40	70~72	79
隐蔽热网菌(*Pyrodictium occultum*)	82	105	110
热叶菌(*Pyrolobus fumarii*)	90	106	113
卓越聚球蓝细菌(*Synechococcus eximius*)	70	79	84
真菌：			
斯考特假丝酵母(*Canadida scottii*)	0	4~15	15
酿酒酵母(*Saccharomyces cerevisiae*)	1~3	28	40
微小毛霉(*Mucor pusillus*)	21~23	45~50	50~58
藻类：			
雪衣藻(*Chlamydomonas nivalis*)	-36	3	4
骨条藻(*Skeletonema costatum*)	6	16~26	>28
藻高温红藻(*Cyanidium caldarium*)	30~34	45~50	56
原生动物：			
变形虫(*Amoeba*)	4~6	22	35
瓜形膜袋虫(*Cyclidium citrullus*)	18	43	47

高温微生物具有一系列的特点：生长速度快，合成大分子迅速，可及时修复高温对其

造成的分子损伤。耐高温菌具应用优势:在减少能源消耗、减少染菌、缩短发酵周期等方面具重要意义。

高温对微生物有重要的影响:高温下蛋白质不可逆变性,膜受热出现小孔,破坏细胞结构(溶菌)。微生物对热的耐受力与微生物种类及发育阶段密切相关,嗜热菌比其他类型的菌体抗热;有芽孢的细菌比无芽孢的菌抗热;微生物的繁殖结构比营养结构抗热性强;老龄菌比幼龄菌抗热。并且微生物对热的耐受力受环境条件的影响,主要表现在与培养基的营养成分有关:①培养基中蛋白质含量高时比较耐热;②与pH值有关:pH值适宜时,不易死亡,pH值不适宜时,容易死亡;③与水分有关:含水量大时,容易死亡,含水量小时,不容易死亡;④与含菌量有关:含菌量高,抗热性增强,含菌量低,抗热性差;⑤与热处理时间有关:热处理时间长,微生物易死亡。

低温对微生物同样有重要的影响。当环境温度低于微生物的最适生长温度时,微生物的生长繁殖停止,当微生物的原生质结构并未破坏时,不会很快造成死亡并能在较长时间内保持活力,当温度提高时,可以恢复正常的生命活动。低温保藏菌种就是利用这个原理。一些细菌、酵母菌和霉菌的琼脂斜面菌种通常可以长时间地保藏在4℃的冰箱中。当温度过低,造成微生物细胞冻结时,有的微生物会死亡,有些则并不死亡。

6.3.4 pH值

微生物的生长pH值范围极广,从pH值2~8都有微生物能生长。但是绝大多数种类都生活在pH值为5.0~9.0的环境中。微生物生长过程中机体内发生的绝大多数的反应是酶促反应,而酶促反应都有一个最适pH值范围,在此范围内只要条件适合,酶促反应速率最高,微生物生长速率最大,因此微生物生长也有一个最适生长的pH值范围。此外,微生物生长还有一个最低与最高的pH值范围,低于或高出这个范围,微生物的生长就被抑制,微生物不同生长的最适、最低与最高的pH值范围也不同(表6.3)。不同的微生物最适生长的pH值不同,根据微生物生长的最适pH值,将微生物分为:嗜碱微生物(硝化细菌、尿素分解菌、多数放线菌);耐碱微生物(许多链霉菌);中性微生物(绝大多数细菌,一部分真菌);嗜酸微生物(硫杆菌属);耐酸微生物(乳酸杆菌、醋酸杆菌)。

表6.3 不同微生物的生长pH值范围

微生物	最低pH值	最适pH值	最高pH值
Thiobacillus thiooxidans 氧化硫硫杆菌	0.5	2.0~3.5	6.0
Lactobacillus acidophilus 嗜酸乳杆菌	4.0~4.6	5.8~6.6	6.8
Rhizobium japonicum 大豆根瘤菌	4.2	6.8~7.0	11.0
Azotobacter chroococcum 圆褐固氮	4.5	7.4~7.6	9.0
Nitrosomonas sp. 硝化单胞菌	7.0	7.8~8.6	9.4
Acetobacter aceti 醋化醋杆菌	4.0~4.5	5.4~6.3	7.0~8.0
Staphylococcus aureus 金黄葡球菌	4.2	7.0~7.5	9.3
Chlorobium limicola 泥生绿菌	6.0	6.8	7.0
Thurmus aquaticus 水生栖热菌	6.0	7.5~7.8	9.5

续表6.3

微生物	最低 pH 值	最适 pH 值	最高 pH 值
Aspergillus niger 黑曲霉	1.5	5.0~6.0	9.0
一般放线菌	5.0	7.0~8.0	10.0
一般酵母菌	3.0	5.0~6.0	8.0

同一种微生物在不同的生长阶段和不同生理生化过程中,对环境 pH 值要求不同。在发酵工业中,控制 pH 值尤其重要。例如,丙酮丁醇梭菌:在 pH 值为 5.5~7.0 时,以菌体生长为主;在 pH 值为 4.3~5.3 时,进行丙酮丁醇发酵。同一种微生物由于环境 pH 值不同,可能积累不同的代谢产物。例如,黑曲霉:pH 值为 2~3 时,产物以柠檬酸为主,只产少量草酸;pH 值为 7 左右时,产物以草酸为主,只产少量柠檬酸。

pH 值对微生物生长进行影响时主要通过影响细胞质膜的透性、膜结构的稳定性和物质的溶解性或电离性来影响物质的吸收,从而影响微生物的生长速率。质子是一种唯一不带电子的阳离子,它在溶液里能迅速地与水结合成水合氢离子(H_3O^+ 等)。在偏碱性条件下,OH^- 占优势,水合氢离子和 OH^- 对营养物质的溶解度和离解状态,细胞表面电荷平衡和细胞的胶体性质等方面均会产生重大影响。在酸性条件下,H^+ 可以与营养物质结合,并能从可交换的结合物或细胞表面置换出某些阳离子,从而影响细胞结构的稳定性;同时由于 pH 值较低,CO_2 溶解度降低,某些金属离子如 Mn^{2+}、Ga^{2+}、Mo^{2+} 等溶解度增加,导致它们在溶液中的浓度增加,从而对机体产生不利的作用。

6.3.5 氧气

氧气对微生物生命活动有重要的影响,根据氧与微生物生长的关系可以将微生物分为五种类型(表6.4)。专性好氧菌:必须在有分子氧的条件下才能生长,有完整的呼吸链,以分子氧作为最终氢受体,细胞含有超氧物歧化酶(SOD, superoxide dismutase)和过氧化氢酶。微好氧菌:只能在较低的氧分压下才能正常生长,通过呼吸链并以氧为最终氢受体而产能。耐氧厌氧菌:可在分子氧存在下进行厌氧生活的厌氧菌。生活不需要氧,分子氧也对它无毒害。不具有呼吸链,依靠专性发酵获得能量。细胞内存在 SOD 和过氧化物酶,但缺乏过氧化氢酶。兼性好氧菌:在有氧或无氧条件下均能生长,但有氧情况下生长得更好,在有氧时靠呼吸产能,无氧时靠发酵或无氧呼吸产能,细胞含有 SOD 和过氧化氢酶。专性厌氧菌:分子氧对它有毒害,短期接触空气,也会抑制其生长甚至致死。在空气或含有 10%(体积分数)CO_2 的空气中,在固体培养基表面上不能生长,只有在其深层的无氧或低氧化还原电势的环境下才能生长;生命活动所需能量通过发酵、无氧呼吸、循环光合磷酸化或甲烷发酵提供;细胞内缺乏 SOD 和细胞色素氧化酶,大多数还缺乏过氧化氢酶。

表6.4 微生物与氧的关系

微生物类型	最适生长的 O_2 的体积分数
好氧菌(aerobe)	≥DF20%
微好氧菌(microaerophile)	2%~10%
耐氧厌氧菌(aerotolerent anaerobe)	2%以下
兼性厌氧菌(facultative)	有氧或无氧
专性厌氧菌(obligate anaerobe)	不需要氧、有氧时死亡

一般绝大多数微生物都是专性好氧菌或兼性厌氧菌。厌氧菌的种类相对较少，但近年来已发现越来越多的厌氧菌。关于厌氧菌的毒害机制直到1971年SOD学说提出后才有进一步认识。严格厌氧微生物并不是被气态的氧所杀死，而是由于不能解除某些氧代谢产物的毒性而死亡。在氧还原为水的过程中，可形成某些有毒的中间产物，如过氧化氢(H_2O_2)、超氧阴离子(O_2^-)等。超氧阴离子为活性氧，兼有分子和离子的性质，反应力极强，极不稳定，可破坏膜和重要生物大分子，对微生物造成毒害或致死。专业好氧菌具有降解这些产物的酶，如过氧化氢酶、过氧化物酶、超氧化物歧化酶等。而专性厌氧菌缺乏SOD，故易被生物体内极易产生的超氧阴离子自由基毒害致死。

6.4 微生物生长繁殖的控制

设计各种理化因素对微生物生长和致死的影响，以及在食品工业中的应用，介绍几个相关术语。

灭菌(sterilization)：采用强烈的理化因素使任何物体内外部的一切微生物永远丧失其生长繁殖能力的措施，称为灭菌。

消毒(disinfection)：采用较温和的理化因素，仅杀死物体表面或内部的一部分对人体有害的病原菌，而对被处理物体基本无害的措施，称为消毒。

防腐(antisepsis)：利用理化因素完全抑制霉腐微生物的生长繁殖，从而达到防止物品发生霉腐的措施，称为防腐。防腐有很多措施，具体如下：

①低温。利用4℃以下的各种低温以保藏食物、药品、菌种等。

②缺氧。在密闭容器中加入除氧剂，如铁粉。真空保藏也是比较常用的方法。

③干燥。采用晒干或红外线干燥保藏粮食、食品等，或在密封条件下用吸湿剂也可达到防霉作用。

④高渗。通过盐渍或糖渍达到高渗。

⑤高酸度。如泡菜、酸菜等。

⑥防腐剂。苯甲酸、山梨酸、脱氢醋酸等。

化疗(chemotherapy)：即化学治疗，利用具有高度选择毒力的化学物质抑制宿主体内病原微生物的生长繁殖，以达到治疗该传染病的一种措施。

抑制(inhibition)：是在亚致死剂量因子作用下微生物生产停止，但在移去这种因子后生产仍可以恢复的生物学现象。

死亡(death):是在致死剂量因子作用下或在亚致死剂量因子长时间作用下,微生物生长能力不可逆丧失,即使这种因子移去后生长仍不能恢复的生物学现象。通常它们是有害微生物控制的主要措施。常见的控制有害菌的措施如图6.3所示。

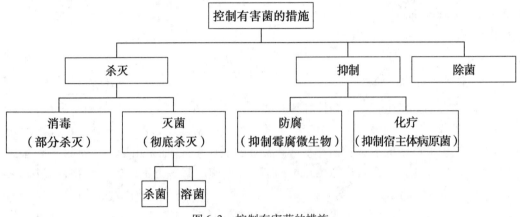

图6.3 控制有害菌的措施

理化因子对微生物生长所起的抑制作用并不是很严格的。因为理化因子的强度或浓度不同,作用效果也不同。例如,有些化学物质低浓度有抑菌作用,高浓度则起杀菌作用,就是同一浓度作用时间长短不同,效果也不一样;不同微生物对理化因子作用的敏感性也不同,就是同一种微生物,所处的生长时期不同,对理化因子作用的敏感性也不同。

6.4.1 控制微生物的物理因素

控制微生物的物理因素主要有温度、辐射作用、过滤、渗透压、干燥和超声波等,它们对微生物生长能起到抑制作用或杀灭作用。

1. 高温灭菌

食品工业中常用的灭菌方法比较多,大体可分为干热灭菌法和湿热灭菌法两大类。湿热比干热灭菌效果好,因为蛋白质在有水的情况下容易凝固,如水的质量分数为50%,蛋白质凝固温度为56 ℃;水的质量分数为6%,蛋白质凝固温度为160~170 ℃。

(1)干热灭菌法。150~170 ℃下维持1~2 h。适用于玻璃器皿、金属用具等耐热物品的灭菌。优点:可保持物品的干燥。

(2)湿热灭菌法。常用的有煮沸消毒法、间隙灭菌法、巴斯德消毒法、高压蒸汽灭菌法、连续加压蒸汽灭菌法。

①巴氏消毒法。巴氏消毒法是食品(牛奶)酿造(啤酒)工业中常用的方法。既可杀死病原微生物,又不致损坏营养,可保留食品饮料原有风味。一般在60~85 ℃处理30 min(63 ℃处理30 min或72 ℃处理15 min,根据结核杆菌在62 ℃下15 min被致死)。

②煮沸消毒。物品在水中煮沸15 min,可杀死所有营养细胞和一部分芽孢。一般用于饮用水的消毒。

③间歇灭菌法。间歇灭菌法是用常压蒸汽反复几次进行灭菌的方法。它主要用于不宜高压灭菌的培养基、不耐热的药物和营养物等。该方法是将待灭菌物品置于蒸锅内加热到沸腾维持15~60 min杀死营养细胞,取出冷却后在37 ℃恒温培养24 h,使芽孢萌

发,再用此法灭菌,反复三次,即可达到灭菌目的。

④连续加压蒸汽灭菌(连消法)。此法适用于大型发酵厂的大批培养基灭菌,培养基一般加热至135~140 ℃维持5~15 min。这种方法的优点是采用高温瞬时灭菌减少营养成分的破坏;总的灭菌时间比实罐灭菌时间短,提高设备的利用率;适宜于自动化操作,降低了操作人员的劳动强度。

⑤高压蒸汽灭菌。高压蒸汽灭菌是实验室和罐头工业中常用的灭菌方法。高压蒸汽灭菌是在特定的设备灭菌锅里完成的。它是由特定的钢材制成,并能承受一定压力的双层设备,蒸汽通过夹层进入锅内,通过仪表与阀门控制一定的温度与压力,以对不同类型的微生物进行灭菌。高压蒸汽灭菌是湿热灭菌中最好方法,通常在1.05 kg/cm^2 的压力下面(此时温度121 ℃)处理15~30 min。高压蒸汽灭菌适用于耐热材料的灭菌,但对于牛奶及其他热敏感物质不适宜,因为高热破坏了食品的营养与风味。现在,牛奶或其他液态食品一般都采用超高温灭菌,即135~150 ℃,灭菌2~6 s,既可达杀菌和保质,又缩短了时间,提高了经济效益。培养基经高压蒸汽灭菌时,灭菌的效果同培养基的性质有关,酸性培养基灭菌时,培养基里的微生物死亡快,例如,酸性食品土豆、果汁、泡菜等比中性食品大米、豆制品等更容易灭菌。高浓度的糖、蛋白质和脂质能降低热穿透性,因而它们通常能增加微生物对热的抗性,而盐浓度高不是增加就是减少微生物的抗热性,这主要取决于微生物的状态。干细胞比湿细胞有更大的抗热性,它们的灭菌需要更高的灭菌温度或更长的时间。

2. 辐射灭菌

辐射灭菌(radiation sterilization)是利用电磁辐射产生的电磁波杀死大多数物体上的微生物的一种有效方法。常用的有微波、紫外线(UV)、X射线和γ射线等,它们都能通过特定的方式控制微生物生长或杀死它们。紫外线使DNA分子中相邻的嘧啶形成嘧啶二聚体,抑制DNA复制与转录等功能,从而杀死微生物;X射线和γ射线能使其他物质氧化或产生自由基再作用于生物分子,或者直接作用于生物分子,以打断氢键、使双键氧化、破坏环状结构或使某些分子聚合等方式,破坏和改变生物大分子的结构,抑制或杀死微生物。辐射灭菌的效果受其他因子制约。存在光复活作用可见光使嘧啶二聚体解体,降低紫外线作用效果;氧可提高X射线或γ射线作用的效果等。

3. 过滤除菌

高压蒸汽灭菌可以除去液体培养基中的微生物,但对于空气和不耐热的液体培养基的灭菌是不适宜的,因此过滤除菌对此种情况则比较适宜。过滤除菌有三种类型。第一种是在一个容器中的两层滤板中间填充棉花、玻璃纤维或石棉,灭菌后空气通过它就可以达到除菌的目的。为了缩小这种滤器的体积,后来在两层滤板之间放入多层滤纸,灭菌后使用也可以达到除菌的作用,这种除菌方式主要用于发酵工业。第二种是膜滤器,它是由醋酸纤维素或硝酸纤维素制成的比较坚韧的具有微孔(0.22~0.45 μm)的膜,灭菌后使用,通过它可将液体培养基中的细菌除去,主要用于科研领域。第三种是核孔(nucleopore)滤器,它是由用核辐射处理得很薄的聚碳酸胶片(厚10 μm)再经化学蚀刻而成。辐射使胶片局部破坏,化学蚀刻使被破坏的部位成孔,而孔的大小则由蚀刻溶液的强度和蚀刻的时间来控制。通过这种滤器就可以将溶液中的微生物除去,这种滤器也主要用于科研领域。

4. 高渗作用

细胞质膜是一种半透膜,它将细胞内的原生质与环境中的溶液(培养基等)分开,如果环境中的溶液浓度低于细胞原生质中的溶液浓度,那么水就会从环境中通过细胞质膜进入原生质,使原生质和环境中溶液浓度达到平衡,这种现象为渗透作用。在渗透时溶剂通过半透膜时受到的阻力称为渗透压(osmosis pressure)。微生物生长对环境的渗透压有一定的要求,当微生物接种在渗透压低的培养基里时,细胞吸水肿胀,细胞质膜受到一种向外的压力即肿胀力。等渗溶液对微生物生长有利;细菌处于低渗液中会吸水膨胀乃至破裂;细胞处于高渗液中会脱水引起质壁分离导致死亡。

5. 干燥

水是微生物细胞的重要成分,占生活细胞的90%以上,它参与细胞内的各种生理活动,因此说没有水就没有生命。降低物质的含水量直至干燥,就可以抑制微生物生长,防止食品、衣物等物质的腐败与霉变。干燥是保存各种物质的重要手段之一。

6. 超声波

超声波可通过其高频率震动与细胞振动的不和谐而造成细胞周围环境的局部真空,导致细胞周围压力的极大变化,这种压力变化促使细胞破裂,引起机体死亡。

6.4.2 控制微生物的化学物质

1. 抗微生物剂

抗微生物剂(antimicrobial agent)是一类能够杀死微生物或抑制微生物生长的化学物质,这类物质可以是人工合成的,也可以是生物合成的天然产物。根据它们抗微生物的特性可分为:

(1)抑菌剂(bacteriostatic agent)。它们能抑制微生物生长,但不能被杀死。

(2)杀菌剂(bactericide)。它们能杀死微生物细胞,但不能使细胞裂解。

(3)溶菌剂(bacteriolysis)。它们能通过诱导细胞裂解的方式杀死细胞,将这类物质加到生长的细胞悬液里会导致细胞数量或细胞悬液的浑浊度降低。

根据作用效果和作用范围,抗微生物剂又可分为消毒剂(disinfectant)和防腐剂(antiseptics),前者通常用来杀死非生物材料上的微生物,后者具有杀死微生物或抑制微生物生长的能力,但对于动物或人体的组织无毒害作用,可作为外用抗微生物药物。表6.5列出了与健康有关一些常用的消毒剂与防腐剂及其作用机制。

表6.5 消毒剂与防腐剂及其作用机制

抗微生物剂	作用范围	作用机制
防腐剂:		
有机汞	皮肤	与蛋白质的巯基结合
0.1%~1%(质量分数)硝酸银	新生儿眼睛,防止淋病奈瑟氏球菌感染致盲	蛋白质沉淀
碘液	皮肤	与蛋白质酪氨酸结合,氧化剂

续表6.5

抗微生物剂	作用范围	作用机制
70%(质量分数)乙醇	皮肤	脂溶剂和蛋白质变性
3%~5%(质量分数)碳酸	地面、家具、器皿	破坏细胞质膜
阳离子化合物(季铵化合物)	洗液	与膜上磷脂相互作用
3%(质量分数)过氧化氢溶液	皮肤	氧化剂
消毒剂:		
$HgCl_2$	桌椅、地板等	与蛋白质的疏基结合
$CuSO_4$	游泳池、供水池	蛋白质沉淀
碘液	医用器械用具	碘化蛋白质酪氨酸
氯气	供水池	氧化剂
含氯化合物	奶制品与食品设备、供水池	氧化剂
酚化合物	表面	蛋白质变性
阳离子去垢剂	医用仪器、食品与奶制品等设备	与磷脂相互作用
乙酰氧化物、甲醛	温度敏感的实验材料如塑料制品等	烷化剂
臭氧	食用水	强氧化剂

2. 抗代谢物

抗代谢物是指一类在化学结构上与细胞内必要代谢物的结构相似,并可干扰正常代谢活动的化学物质,具有良好的选择毒力。生长因子的结构类似物又称为抗代谢物(antimetabolite),它在治疗由病毒和微生物引起的疾病上起着重要作用。在微生物生长过程需要一些生长因子才能正常生长,可以利用生长因子的结构类似物干扰机体的正常代谢,达到抑制微生物生长的目的。磺胺类药物是叶酸组成部分对氨基苯甲酸的结构类似物,它被微生物吸收后取代氨基苯甲酸,干扰叶酸的合成抑制转甲基反应,导致代谢的紊乱,从而抑制生长。对氟苯丙氨酸、5-氟尿嘧啶和5-溴胸腺嘧啶,分别是苯丙氨酸、尿嘧啶和胸腺嘧啶的结构类似物,由这些结构类似物取代正常成分之后造成代谢紊乱,抑制微生物的生长。

3. 抗生素

1929年,A. Fleming发现青霉素,此后各种抗生素被相继发现并应用。人工合成半合成抗生素被相继开发出来并广泛利用,至今已找到1万种以上新抗生素,合成了7万多种的半合成抗生素,但真正临床常用抗生素仅五六十种。

抗生素(antibiotic)是一类由微生物或其他生物生命活动过程中合成的在很低浓度时就能抑制或干扰他种生物(包括病原菌、病毒、癌细胞等)的生物活动的次生代谢产物或其人工衍生物。抗生素主要是通过抑制细菌细胞壁合成、破坏细胞质膜、作用于呼吸链以干扰氧化磷酸化,抑制蛋白质和核酸合成等方式来抑制微生物的生长或杀死微生物。

抗生素与其他一些抗代谢药物,如磺胺类药物,通常是临床上广泛使用的化学治疗剂,但多次重复使用,使一些微生物变得对它们不敏感,作用效果也越来越差。抗性菌株特点:

(1)细胞质膜透性改变。

(2)药物作用靶改变。二氢叶酸合成酶是磺胺类药物作用的靶,抗磺胺药物的菌株改变了二氢叶酸合成酶基因的性质,合成了一种对磺胺药物不敏感的二氢叶酸合成酶;链霉素是通过结合到核糖体30s亚基的一种蛋白质上,干扰蛋白质合成,以达到抑制生长的目的,抗链霉素的抗性菌株合成了一种不能结合链霉素的蛋白质,由这种蛋白质组建的30s亚基就不能结合链霉素,因此对链霉素产生抗性;又如,通过23SRNA上甲基化作用等都可以使抗生素失效。

(3)合成修饰抗生素的酶。如转移乙酰酶。转磷酸酶或腺苷酶转移酶等。在这些酶的作用下,分别使氯霉素与卡那霉素磷酸化或链霉素腺苷酸化,这些被修饰的抗生素也失去了抗菌活性。

(4)抗生菌株发生遗传变异。发生变异的菌株导致合成新的多聚体,以取代或部分取代原来的多聚体。

抗生素在临床上用避免抗药性的措施:

(1)第一次使用的药物剂量要足。

(2)避免在一个时期或长期多次使用同种抗生素。

(3)不同的抗生素混合使用。

(4)对现有抗生素进行改造。

(5)筛选新的更有效的抗生素。这样既可以提高治疗效果,又不会使细菌产生抗药性。

思考题

1. 什么是典型生长曲线?该曲线是如何做出来的?它可分几个时期各期特点如何?
2. 什么是微生物的同步生长?获得微生物同步生长的方法有哪些?
3. 测定微生物群体生长有哪些方法?各有何特点和适用范围?
4. 试述细菌群体生长规律及其在生长实践中的应用。
5. 氧对不同类型的微生物具有怎样的影响?为什么?
6. 测定微生物生长繁殖的方法有哪些?
7. 影响微生物生长的主要因素有哪些?各因素对微生物生长有何影响?
8. 控制有害微生物生长的主要措施有哪些?应怎样控制?
9. 试总结微生物学中消毒和灭菌的主要方法。
10. 什么是微生物的连续培养?
11. 什么是恒浊器?什么是恒化器?试比较其异同。

第 7 章

微生物的代谢

代谢(metabolism)是生命存在的基本特征,是生物体内所进行的全部生化反应的总称。它由分解代谢(catabolism)和合成代谢(anabolism)两个过程组成。分解代谢是指细胞将大分子物质降解成小分子物质,并在过程中产生能量;合成代谢是指细胞利用简单小分子合成复杂大分子,在这个过程中要消耗能量。合成代谢所利用小分子物质来源于分解过程中产生的中间产物或环境中的小分子营养物质。微生物通过分解代谢产生化学能,光合微生物还可将光能转化成化学能,这些能量除用于合成代谢外,还可用微生物的运动和营养物质的运输,另有部分能量以热或光的形式释放到环境中。

无论是分解代谢还是合成代谢,代谢途径都是由一系列连续的酶促反应构成的,前一步反应的产物是后续反应的产物。细胞通过各种方式有效地调节相关的酶促反应,来保证整个代谢途径的协调与完整,从而使细胞的生命活动得以正常进行。

某些微生物在代谢过程中除了产生其生命活动所必需的初级代谢产物和能量外,还会产生一些次级代谢产物,这些次级代谢产物除了有利于这些微生物的生存外,还与人类的生产与生活密切相关,也是微生物学的一个重要研究领域。

7.1 能量的来源

在产能代谢过程中,产生 ATP 可通过底物水平磷酸化和氧化磷酸化两种方式,释放的能量储存于 ATP 等高能分子中,对光合微生物而言,则可通过光合磷酸化将光能转变为化学能储存于 ATP 中。

7.1.1 底物水平磷酸化

生物氧化过程中生成一些含有高能键的化合物可直接偶联 ATP 或 GTP 的合成,这种产生 ATP 等高能分子的方式称为底物水平磷酸化(substrate level phosphorylation)。底物水平磷酸化既存在于发酵作用过程中,也存在于呼吸作用过程中。

7.1.2 氧化磷酸化

物质在生物氧化过程中形成的 NADH 和 $FADH_2$ 可通过位于线粒体内膜或细菌质膜

上的电子传递系统将电子传递给氧或其他氧化型物质,偶联着 ATP 的合成,这种产生 ATP 的方式称为氧化磷酸化(oxidative phosphorylation)。1 分子 NADH 和 $FADH_2$ 可分别产生 3 分子和 2 分子 ATP。

英国学者米切尔(P. Mitchell)于 1961 年提出了化学渗透偶联假说(chemiosmotic-coupling hypothesis),该学说的中心思想是电子传递过程中导致建立膜内外质子浓度差,从而将能量蕴藏在质子势中,质子势推动质子由膜外进入胞内,在这个过程中通过存在于膜上 F_1-F_0ATP 酶偶联 ATP 的形成。在化学渗透偶联假说提示下,美国科学家博耶(P. D. Boyer)提出构象变化偶联假说(conformational-coupling hypothesis),其中心思想是质子推动的质子跨膜运输启动并驱使 F_1-F_0ATP 酶构象发生变化,这种构象变化导致该酶催化部位对 ADP 和 Pi 的亲和力发生变化,并促进 ATP 的生成和释放。

7.1.3 光合磷酸化

光合作用实质是通过光合磷酸化(photophosphorylation)将光能转变成化学能,以用于从 CO_2 合成细胞物质。进行光合作用的生物体除了绿色植物外,还包括光合微生物,如藻类、蓝细菌和其他光合细菌(包括紫色细菌、嗜盐菌等)。它们利用光能维持生命,同时也为其他生物(如动物和异养微生物)提供了赖以生存的有机物。光合磷酸化是指光能转变为化学能的过程,当 1 个叶绿素分子吸收光量子时,叶绿素被激活,导致叶绿素(或细菌叶绿素)释放 1 个电子而被氧化,释放出的电子在呼吸链中传递释放能量,这就是光合磷酸化的基本动力。光合磷酸化可分为环式和非环式两种。

1. 环式光合磷酸化

环式光合磷酸化是存在于光合细菌中的一种原始产能机制,因在光能的驱动下通过电子的循环式传递完成磷酸化产能反应而得名。这类光合细菌产生 NADH 方式因电子供体而不同,当环境中有氢气存在时,氢能直接用来产生 NADH;当环境中无氢存在时,像化能无机营养型细菌一样,可利用无机物 H_2S、S 或琥珀酸等提供电子或氢质子,借助 ATP 的能量,使电子在电子传递链中逆向流动,最后递交给 NAD^+ 生成 NADH。它只存在于原核生物的光合细菌中,主要包括着色菌属(*Chromatium*)、红假单胞菌属(*Rhodopseudomonas*)、红螺菌属(*Rpodospirillum*)和绿弯菌属(*Chloroflexus*)。它们都是厌氧菌。

2. 非环式光合磷酸化

高等植物和蓝细菌与其他光合细菌不同,它们可以裂解水,以提供细胞合成的还原能力。非环式光合磷酸化的反应式为

$$2NADP^+ + 2ADP + 2Pi + 2H_2O \longrightarrow 2NADPH + 2H^+ + 2ATP + O_2$$

有的光合细菌虽然只有一个光合系统,但也似非环式光合磷酸化的方式合成 ATP,反应中的还原力依靠外源电子供体,如 S^{2-}、$S_2O_3^{2-}$ 等。外源电子供体在氧化过程中放出电子,经电子传递系统传给光合色素,使其还原,同时偶联 ATP 的生成。由于这个电子传递途经也没有形成环式回路,故也称为非环式光合磷酸化。

7.2 微生物产能代谢

微生物的产能代谢是指物质在生物体内经过一系列连续的氧化还原反应,逐步分解

并产生释放能量的过程,这是一个产能代谢的过程,称为生物氧化。在生物氧化过程中释放的能量可被微生物直接利用,也可通过能量转换储存在高能化合物(如 ATP)中,以便逐步被利用;还有部分能量以热的形式释放到环境中。不同类型微生物进行生物氧化所利用的物质不同,异养微生物利用有机物,自养微生物则利用无机物。

7.2.1 异养微生物的生物氧化

异养微生物将有机物氧化,根据氧化还原反应中电子受体的不同,可将微生物细胞内发生的生物氧化反应分成发酵和呼吸两种类型,而呼吸又可分为有氧呼吸和无氧呼吸两种方式。

1. 发酵

发酵(fermentation)是指微生物细胞将有机物氧化释放的电子直接交给底物本身未完全氧化的某种中间产物,同时释放能量并产生各种不同的代谢产物。在发酵条件下,有机物只是部分被氧化,因此只是释放出一小部分的能量。发酵过程的氧化与有机物的还原相偶联,被还原的有机物来自于初始发酵的分解代谢产物,即不需要外界提供电子受体。

发酵的种类有很多种,可发酵的底物有糖类、有机酸、氨基酸等,其中以微生物发酵葡萄糖最为重要。生物体内葡萄糖被降解成丙酮酸的过程称为糖酵解(glycolysis),主要有 EMP 途径、HM 途径及 ED 途径等。不同细菌进行发酵时,其发酵方式也各不相同。如运动发酵单胞菌(*Zymomonas mobilis*)和厌氧发酵单胞菌(*Zymomonas anaerobia*)是利用 ED 途径分解葡萄糖为丙酮酸,最后得到乙醇。严格厌氧菌,则是利用 EMP 途径进行乙醇发酵。许多细菌能利用葡萄糖产生乳酸,这类细菌称为乳酸菌。乳酸菌有三种类型:同型乳酸、异型乳酸和双歧乳酸。专性厌氧菌,如梭菌属(*Clostridium*)、丁酸弧菌属(*Butyrivibrio*)、真杆菌属(*Eubacterium*)和梭杆菌属(*Fusobacterium*),能进行丁酸与丙酮-丁醇发酵。在发酵过程中,葡萄糖经 EMP 途径降解为丙酮酸,接着在丙酮酸-铁氧还蛋白酶的参与下,将丙酮酸转化为乙酰辅酶 A,乙酰辅酶 A 再经一系列反应生成丁酸或丁醇和丙酮。肠杆菌,如埃氏菌属(*Escherichia*)、沙门氏菌属(*Salmonella*)和志贺氏菌属(*Shigella*),能够利用葡萄糖进行混合酸发酵。先通过 EMP 途径将葡萄糖分解为丙酮酸,然后由不同的酶系将丙酮酸转化不同的产物。

(1) EMP 途径(图 7.1)。

整个 EMP 途径(Embden-Meyerhof-Parnas pathway)大致可分为两个阶段。第一阶段可认为是不涉及氧化还原反应及能量释放的准备阶段,只是生成两分子的主要中间代谢产物 3-磷酸甘油醛。第二阶段发生氧化还原反应,合成 ATP 并生成两分子的丙酮酸。

在 EMP 途径的第一阶段,葡萄糖在消耗 ATP 的情况下被磷酸化,形成 6-磷酸葡萄糖。初始的磷酸化能增加分子的反应活性。6-磷酸葡萄糖再转化为 6-磷酸果糖,然后再次被磷酸化,形成一个重要的中间产物 1,6-二磷酸果糖。醛缩酶催化 1,6-二磷酸果糖裂解成两个三碳化合物:3-磷酸甘油醛及磷酸二羟丙酮。至此,还未发生氧化还原反应,所有的反应均不涉及电子转移。

在 EMP 途径第二阶段,首先,3-磷酸甘油醛转化为 1,3-二磷酸甘油酸,辅酶 NAD^+ 接受氢原子,形成 NADH;同时每个 3-磷酸甘油醛都接受无机磷酸根被磷酸化。其次,1,3-二磷酸甘油酸转变为 3-磷酸甘油酸,生成的 3-磷酸甘油酸变位为 2-磷酸甘油酸。再次,2-磷酸甘油酸脱水生成磷酸烯醇式丙酮酸。最后,磷酸烯醇式丙酮酸在丙酮酸激酶的作用下生成丙酮酸。在糖酵解过程中,有 2 分子 ATP 用于糖的磷酸化,但合成 4 分子 ATP,因此,每氧化 1 分子的葡萄糖净得 2 分子 ATP。

生成的丙酮酸去向有很多,在酵母细胞中,丙酮酸被还原为乙醇,并伴有 CO_2 的释放;而在乳酸菌中,丙酮酸被还原成乳酸。在有氧存在时,丙酮酸转变为乙酰辅酶 A,再进入三羧酸循环,被彻底氧化成 CO_2 和 H_2O 并释放能量。

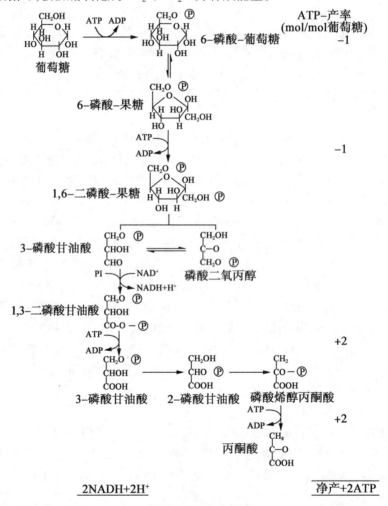

图 7.1　EMP 途径

(2)HM 途径(图 7.2)。

HM 途径(hexose monophosphate pathway)大致可分为三个阶段。首先葡萄糖分子通过几步反应生成 5-磷酸核酮糖和 CO_2,接着 5-磷酸核酮糖变构为 5-磷酸核糖和 5-磷酸木酮糖,最后几种磷酸戊糖在无氧条件下发生重排生成磷酸己糖和磷酸丙糖。HM

途径的1个循环的最终结果是1分子6-磷酸葡糖转化为1分子3-磷酸甘油醛,3分子CO_2和6分子NADPH。一般认为HM途径不是产能途径,而是为生物合成提供大量还原力(NADPH)和中间代谢产物。HM途径中产生的5-磷酸核酮糖还可以转化为1,5-二磷酸核酮糖,在羧化酶作用下固定CO_2,对于光能自养菌具有重要意义。虽然HM途径中产生的NADPH可经呼吸链氧化产能,但不能把HM途径看作是产生ATP的有效机制。大多数好氧和兼性厌氧微生物中都有HM途径,而且在同一微生物中往往同时存在EMP和HM途径,单独具有EMP或HM途径的微生物很少见。

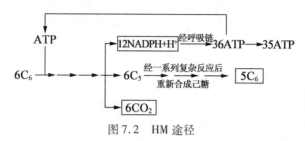

图7.2　HM途径

（3）ED途径（图7.3）。

ED途径（Entner–Doudoroff pathway）又称2-酮-3-脱氧-6-磷酸葡糖酸(KDPG)途径,由N. Entner和M. Doudoroff在1952年嗜糖假单胞杆菌中发现。1分子葡萄糖经ED途径四步反应生成2分子丙酮酸。

总反应式为

$C_6H_{12}O_6 + ADP + Pi + NADP^+ + NAD^+ \longrightarrow 2CH_3COCOOH + ATP + NADP + H^+ + NADH + H^+$

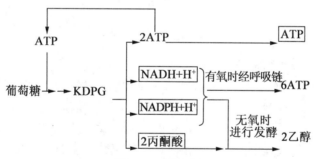

图7.3　ED途径

2. 呼吸作用

呼吸是大多微生物用来产生能量ATP的主要方式。可分为有氧呼吸和无氧呼吸两种类型。以分子氧作为最终电子受体的呼吸称为有氧呼吸（aerobic respiration）以氧化性化合物作为最终电子受体称为无氧呼吸（anaerobic respiration）。呼吸作用和发酵作用的根本区别在于:呼吸作用电子载体不是将电子直接传递给底物降解的中间产物,而是交给电子传递系统,逐步释放出能量后交给最终电子受体。

（1）有氧呼吸。

在发酵过程中,丙酮酸在厌氧条件下转变成不同的发酵产物;而在有氧呼吸过程中,丙酮酸进入三羧酸循环（tricarboxylic acid cycle, TCA循环）和电子传递两部分的化学作用,前者使葡萄糖完全氧化生成CO_2（图7.4）,后者将电子交给分子氧生成水,并产生

ATP。

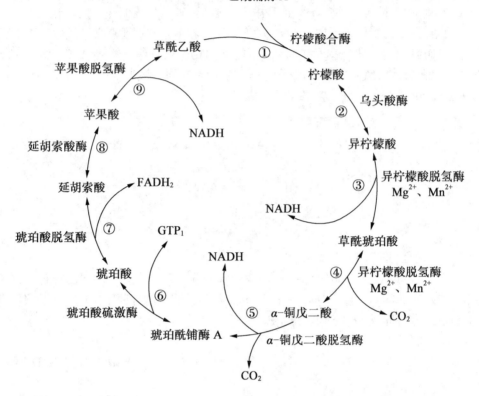

图 7.4 三羧酸循环

丙酮酸经过三羧酸循环,整个过程中共释放出 3 分子的 CO_2。同时生成 4 分子的 NADH 和 1 分子的 FADH 和 $FADH_2$ 可经电子传递系统氧化,氧化 1 分子 NADH 可生成 3 分子 ATP,氧化 1 分子 $FADH_2$ 可生成 2 分子 ATP。琥珀酰辅酶 A 在氧化成延胡索酸时,底物水平磷酸化 1 分子 GTP 可转化成 ATP。因此,每一次三羧酸循环可生成 15 分子 ATP。此外,在糖酵解过程中产生 6 分子 ATP。在葡萄糖生成丙酮酸时底物水平磷酸化生成 2 分子的 ATP。因此,微生物在完全氧化葡萄糖的过程中总共可得到 38 分子的 ATP。

NADH 和 $FADH_2$ 通过电子传递系统被氧化,最终形成 ATP 为微生物的生命活动提供能量。电子传递系统是一系列氢和电子传递体组成的多酶氧化还原体系。电子传递系统中的氧化还原酶包括 NADH 脱氢酶、黄素蛋白、铁硫蛋白、细胞色素、琨及其衍生物。这些系统具有两种基本功能:一是从电子供体接受电子并将电子传递给电子受体;二是通过合成 ATP 把在电子传递过程中释放的一部分能量保存起来。NADH 脱氢酶位于细胞膜的内侧,从 NADH 接受电子,并传递两个氢原子给黄素蛋白;黄素蛋白可分两类黄素单核苷酸(FMN)和黄素腺嘌呤单核苷酸(FAD),最多可接受两个电子,还原时黄素成为无色;铁硫蛋白的相对分子质量较小(通常等于或低于 30 000),以 Fe_2S_2 和 Fe_4S_4 复合体最为常见。铁硫蛋白的还原能力随硫,铁原子的数量及铁原子中心位点发挥作用。与细胞色素一样,铁硫蛋白只能携带电子,不能携带氢原子;细胞色素是含有铁卟啉基团的电子传递蛋白,通过位于细胞色素中心的铁原子失去或获得一个电子而氧化和还原。

(2)无氧呼吸。

某些厌氧和兼性厌氧微生物在无氧条件下进行无氧呼吸。无氧呼吸又称厌氧呼吸,其最终电子受体不是氧,而是像 NO_3^-、SO_4^{2-}、$S_2O_3^{2-}$ 及 CO_2 等这类外源受体。无氧呼吸也需要细胞色素等电子传递体,并在能量分级释放过程中伴随有磷酸化作用,也能产生较多的能量用于生命活动。但由于部分能量随电子转移传递给最终电子受体,所以生成的能量不如有氧呼吸产生得多。无氧呼吸可分为很多种类型:硝酸盐呼吸、硫酸盐呼吸、硫呼吸、铁呼吸、碳酸盐呼吸及延胡索酸呼吸。

7.2.2 自养微生物的生物氧化

一些微生物可以氧化无机物获得能量,同时合成细胞物质,这类微生物称为化能自养微生物。它们在无机能源氧化过程中通过氧化磷酸化产生 ATP,是一个大量耗能和耗还原力的过程。

1. 化能自养菌的生物氧化和产能

(1)氨的氧化。

氨(NH_3)是可以作用能源的最普通的无机化合物,能被硝化细菌氧化。硝化细菌是一类专性好氧革兰氏阳性菌可分为两个亚群:亚硝化细菌和硝化细菌。氨氧化为硝酸的过程可分为两个阶段,先由亚硝化细菌将氨氧化为亚硝酸,再由硝化细菌将亚硝酸氧化为硝酸。硝化细菌以分子氧为最终电子受体,且大多数是专性无机营养型。它们的细胞都具有复杂的膜内褶结构,这有利于增强细胞的代谢能力。硝化细菌无芽孢,多数为二分裂殖,生长缓慢,在自然界氮素循环中起重要作用。

(2)铁的氧化。

自然界中有些细菌能够将亚铁离子氧化成高铁离子,对于少数细菌来说也是一种产能反应,但在这种氧化中只有少量的能量可以被利用,完成这一过程的细菌称为铁细菌,大部分铁细菌是专性化能自养菌。在低 pH 值环境中这种菌能利用亚铁放出能量生长。在该菌的呼吸链中发现了一种含铜蛋白,它与几种 cytc 和 $cyta_1$ 氧化酶构成电子传递链。虽然电子传递过程中的放能部位和放出有效能的多少还有待研究,但已知在电子传递到氧的过程中细胞质内有质子消耗,从而驱动 ATP 的合成。

(3)硫的氧化。

硫杆菌能够利用一种或多种还原态或部分还原态的硫化合物(包括硫化物、元素硫、硫代硫酸盐、多硫酸盐和亚硫酸盐)作为能源。H_2S 首先被氧化成元素硫,随之被氧化酶和细胞色素系统氧化成亚硫酸盐,放出的电子在传递过程中可以偶联产生 ATP。

(4)氢的氧化。

氢细菌都是一些呈革兰氏阴性的兼性化能自养菌。它们能利用分子氢氧化产生的能量同化 CO_2,也能利用其他有机物生长。在氢细菌中,电子直接从氢传递给电子传递系统,电子在呼吸链传递过程中产生 ATP。在多数氢细菌中有两种酶:一种是不需 NAD^+ 的氧化酶,它能够催化以下反应。

$$H_2 \longrightarrow 2H^+ + 2e^-$$

该酶在氧化氢并通过电子传递系统传递电子的过程中,可驱动质子的跨膜运输,形成跨膜质子梯度为 ATP 的合成提供动力;另一种是可溶性氧化酶,它能催化氢的氧化,而使 NAD^+ 还原的反应。所生成的 NADH 主要用于 CO_2 的还原。

2. 光能自养菌的生物氧化和产能

光能转换是光合生物获得能量的一种主要方式,光能自养菌利用叶绿素或细菌叶绿素、类胡萝卜素吸收光能,通过光合磷酸化生成 ATP。光合磷酸化可分为环式光合磷酸化和非环式光合磷酸化。光合细菌主要通过环式光合磷酸化作用产生 ATP,主要包括紫色硫细菌、绿色硫细菌、紫色非硫细菌和绿色非硫细菌。蓝细菌主要通过非环式光合磷酸化产生 ATP。

7.3 微生物的耗能代谢

合成代谢是指细胞将大分子物质降解成简单小分子物质,在此过程中需消耗能量。合成代谢所利用的小分子物质来源于分解代谢过程中产生的中间产物或环境中的小分子营养物质。

微生物利用能量代谢所产生的能量、中间产物以及从外界吸收的小分子,合成复杂的细胞物质的过程称为合成代谢。能量、还原力与小分子前体物质是细胞合成代谢的三大要素。合成代谢所需要的能量由 ATP 和质子动力提供。糖类、氨基酸、脂肪酸、嘌呤、嘧啶等主要细胞成分的合成途径中,合成代谢和分解代谢虽有共同的中间代谢物参加,但在生物合成途径中,一个分子的生物合成途径与它的分解代谢途径通常是不同的。另外,需能的生物合成途径与产能的 ATP 分解反应相偶联,因而生物合成方向是不可逆的。其次,调节生物合成的反应,与相应的分解代谢途径的调节机制无关,因为控制分解代谢途径速率的调节酶,并不参与生物合成途径。

7.3.1 CO_2 的固定

将空气中的 CO_2 同化成细胞物质的过程,称为 CO_2 的固定。微生物有两种同化 CO_2 的方式,一是自养式,二是异养式。在自养式中,CO_2 加在一个特殊的受体上,经过循环反应,使之合成糖并重新生成该受体。在异养式中,CO_2 被固定在某种有机酸上。自养微生物固定 CO_2 的途径主要有以下两条。

1. 卡尔文微循环

卡尔文微循环固定 CO_2 的途径可划分为 3 个阶段:CO_2 的固定;被固定的 CO_2 的还原;CO_2 受体的再生。卡尔文循环每循环一次,可将 6 分子 CO_2 同化成 1 分子葡萄糖。这个途径存在于所有化能自养微生物和大部分光合细菌中。经卡尔文循环同化其总反应式为

$$6CO_2 + 18ATP + 12NADPH + 12H^+ + 12H_2O \longrightarrow C_6H_{12}O_6 + 18ADP + 12NADP^+ + 18Pi$$

2. 还原性三羧酸循环固定 CO_2

还原性三羧酸循环又称为逆向三羧酸循环(reverse TCA cycle),它可将柠檬酸裂解

为草酰乙酸和乙酰辅酶 A。这个途径是在进行光合作用的绿硫细菌中发现的。六碳化合物柠檬酸的裂解产物草酰乙酸可作为 CO_2 受体。每循环一周掺入 2 个 CO_2，并还原成可供各种生物合成用的乙酰辅酶 A，由它再固定 1 分子的 CO_2 后，就可以进一步形成丙酮酸、丙糖、己糖等一系列生物合成需要的原料。每循环一次可固定 4 分子 CO_2，合成 1 分子草酰乙酸，消耗 3 分子 ATP、2 分子 $NADPH_2$、1 分子 $FADH_2$。这个途径存在于光合细菌和绿硫细菌中。

7.3.2 氮的固定

生物都需要氮，氮的最初来源是无机氮。尽管大气中氮气的比例占了 79%，但所有的动、植物以及大多数微生物都不能利用分子态氮作为氮源。微生物将氮还原为氨的过程称为生物固氮。生物固氮是由光合细菌和绿硫细菌完成的。

微生物之所以能够在常温常压条件下固氮，关键是靠固氮酶的催化作用。固氮酶的结构比较复杂，由铁蛋白和钼铁蛋白两个组分组成。固氮作用是一个耗能反应，固氮反应必须在有固氮酶和 ATP 的参与下才能进行，每固定 1 mol 氮大约需 21 mol ATP，这些能量来自于氧化磷酸化或光合磷酸化。在菌体内进行固氮时，还需要一些特殊的电子传递体，其中主要的是铁氧还蛋白和含有 FMN 作为辅基的黄素氧还蛋白。铁氧还蛋白和黄素氧还蛋白的电子供体来自 NADPH，受体是固氮酶。

7.3.3 糖类的合成

微生物在生长过程中，需不断地从简单化合物合成糖类，构成细胞生长所需要的单糖、多糖等。单糖在微生物中很少以游离形式存在，一般以多糖或多聚体的形式，或是以少量的糖磷酸酯和糖核苷酸形式存在。单糖和多糖的合成对自养和异养微生物的生命活动非常重要。

1. 单糖的合成

无论自养微生物还是异养微生物，其合成单糖的途径一般都是通过逆行 EMP 途径合成 6 - 磷酸葡萄糖，然后再转化为其他的糖。葡萄糖的合成在单糖合成中很重要。自养微生物和异养微生物合成葡萄糖的前体来源不同。

糖异生途径是由非糖化合物前体合成新的葡萄糖分子的过程。糖异生作用的起始物质是磷酸烯醇式丙酮酸（PEP），PEP 可在不同于糖酵解途径中的酶作用下，逆向合成 6 - 磷酸葡萄糖。糖异生过程中所需的 PEP 主要由草酰乙酸脱羧而得的，而草酰乙酸是三羧酸循环中的一个重要的中间产物。

2. 多糖的合成

在糖原的合成中 6 - 磷酸葡萄糖是一个关键的中间代谢物，它可以通过单糖互变方式合成其他单糖，但 6 - 磷酸葡萄糖必须转化成 UDP - 葡萄糖。在糖原的合成中，通常以 UDP - 葡萄糖作为起始物。UDP - 葡萄糖在微生物细胞中具有两种功能：一是为单糖的合成提供一种转换合成的底物，二是为多糖合成提供糖基。

微生物细胞内所含有的多糖是一种多聚物，包括同聚多糖和杂多糖。同聚多糖是由相同单糖分子聚合而成的糖类，如糖原、纤维素等。杂多糖是由不同单糖分子聚合而成的糖类,如肽聚糖、脂多糖和透明质酸等。多糖的合成不仅仅是分解反应的逆转,而且是以一种核苷酸为起始物,按着糖单位逐个地添加在多糖链的末端。促进合成的能量是一种核苷酸中高能糖磷酸键水解中得到。多糖的合成是靠转移酶类的特异性来决定亚单位在多聚链上的次序,并且在合成的其起始阶段需要一分子引子作为添加单位的受体,另外还需要糖核苷酸作为糖基载体,将单糖分子转移到受体分子上,使多糖链逐步加长。

7.3.4 氨基酸的合成

在氨基酸合成中,主要有两个问题:各氨基酸碳骨架的合成以及氨基酸的合成。合成氨基酸的碳骨架来自糖代谢产生的中间产物,而氨基酸可直接从外界环境获得或通过体内含氮化合物的分解,再或通过固氮作用合成和由硝酸还原作用合成。另外再合成含硫氨基酸时还需要硫的供给。大多数微生物可以从环境中吸收硫酸盐作为硫的供体一系列的反应才能含硫氨基酸生产。

氨基酸的合成主要由三种方式:一是氨基化作用;二是通过转氨基作用;三是通过糖代谢的中间产物为前体合成氨基酸。

氨基化作用是微生物同化氨的主要途径。能直接吸收氨合成氨基酸的α-酮酸只有α-同戊二酸和丙酮酸。α-酮酸与氨反应形成相应的氨基酸,它是微生物同化氨的主要途径。

转氨基作用是指在转氨基酶催化下,使一种氨基酸的氨基转移给酮酸,形成新的氨基酸的过程。转氨基作用普遍存在于各种微生物体内,是氨基酸合成代谢和分解代谢中极为重要的反应。其反应式为

$$谷氨酸 + 草乙酸酸 \longrightarrow \alpha-同戊二酸 + 天冬氨酸$$

前体转化是指20种氨基酸通过糖的中间代谢产物,如甘油-3-磷酸、赤藓糖-4-磷酸、草酰乙酸、3-磷酸核糖焦磷酸,经一系列的生物反应而合成。根据前体的不同,可将它们分成六种具体途径。

7.3.5 核苷酸的合成

核苷酸是核酸的基本结构单位,它是由碱基、戊糖及磷酸所组成。根据碱基成分可以把核苷酸分为嘌呤核苷酸和嘧啶核苷酸。

(1)嘌呤核苷酸的生物合成。

微生物合成嘌呤核苷酸的两种方式:一种方式是由各种小分子化合物,全新合成次黄嘌呤核苷酸(IMP),然后再转化为其他嘌呤核苷酸。次黄嘌呤核苷酸是在核酮糖-5-磷酸的基础上合成的。第二种方式是由自由碱基或核苷酸组成相应的嘌呤核苷酸。有的微生物无全新合成嘌呤核苷酸的能力,就以这种方式合成嘌呤核苷酸,这是一种补救途径,以便更经济地利用有效成分。

(2)嘧啶核苷酸的生物合成。

嘧啶核苷酸的生物合成可以分成三个阶段。第一阶段:由甲酰磷酸与天冬氨酸合成乳清酸;第二阶段:乳清酸与5-磷酸核糖焦磷酸合成尿嘧啶核苷酸;第三阶段:尿嘧啶核苷酸转化成嘧啶核苷三磷酸后,再与NH_3反应后合成胞嘧啶核苷三磷酸。

(3) 脱氧核苷酸的生物合成。

脱氧核苷酸是由核苷酸糖基第 2 为碳上的羟基还原为 H 形成的,是一个耗能的过程。通常脱氧核苷酸是在核苷二磷酸水平上被还原而成的。

7.3.6 脂肪酸的合成

脂肪酸的合成是在脂肪酸合成酶复合体的作用下完成的。*E. coli* 的脂肪酸合成酶复合体包含七种酶,而哺乳动物的脂肪酸合成酶只有一条肽链,但具有多种催化活性。另外,脂肪酸的合成还需要酰基载体蛋白(acyl carrier protein, ACP)来转移酰基基团。下面主要介绍 *E. coli* 中脂肪酸合成的过程(图 7.5)。

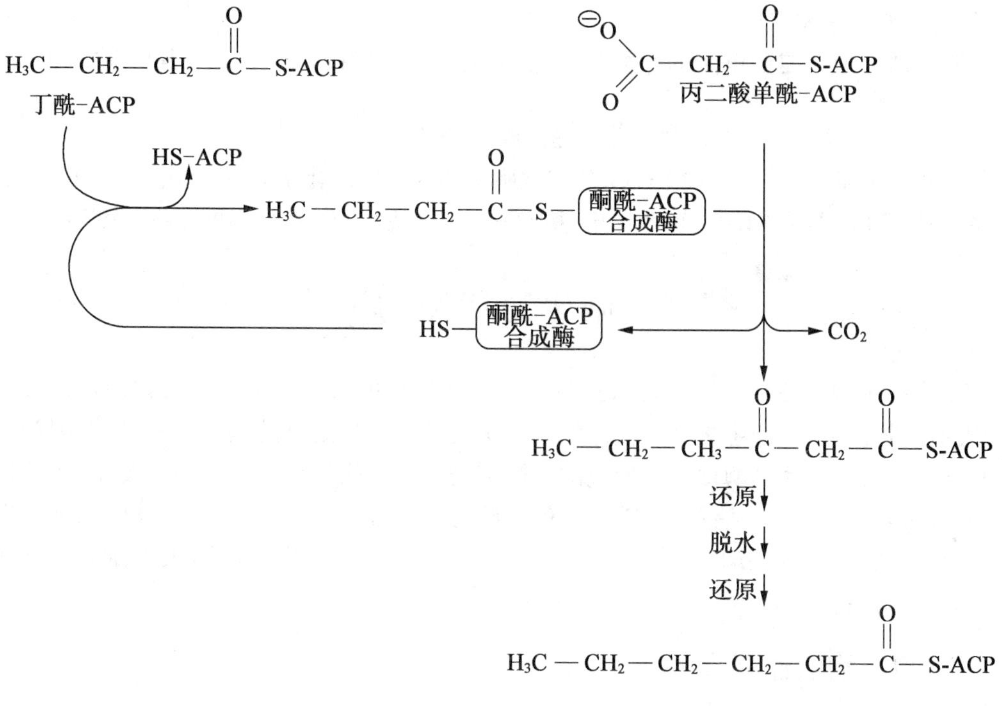

脂肪酸合成第二轮的缩合反应

图 7.5 脂肪酸合成途径

E. coli 中脂肪酸合成包括五个反应步骤:前体负载、前体缩合、还原、脱水和进一步还原。

1. 前体负载

乙酰 CoA 在乙酰 CoA – ACP 转酰基酶的催化下,将其乙酰基转移到 ACP 上,形成乙酰 – ACP。丙二酸单酰 CoA 在丙二酸单酰 – ACP 转酰基酶的催化下,将丙二酸单酰基转移到 ACP 上,形成丙二酸单酰 – ACP。

2. 前体缩合

酮酰基 – ACP 合成酶接受乙酰 – ACP 的乙酰基,释放 HS – ACP。酮酰 – ACP 合成酶催化乙酰基转移到丙二酸单酰 – ACP 上,形成乙酰乙酰 – ACP,并释放 1 分子 CO_2。

3. 还原

在酮酰基-ACP还原酶催化下,乙酰乙酰-ACP中的b-酮基被$NADPH+H^+$还原为醇,形成D-b-羟丁酰-ACP。

4. 脱水

在b-羟酰基-ACP脱水酶的催化下,D-b-羟丁酰-ACP脱水,生成带有双键的反式丁烯酰-ACP。

5. 还原

烯酰基-ACP还原酶催化反式丁烯酰-ACP还原为丁酰-ACP,NADPH为辅酶。

每重复一次2~5的合成过程,就可以增长两个碳单位,直至合成需要长度的脂酰-ACP(如软脂酰-ACP)。

软脂酰-ACP是硫解酶的底物,该酶催化生成软脂酸和HS-ACP。其反应式为

$$软脂酰-ACP \xrightarrow[硫解酶]{H_2O} 软脂酸 + HS-ACP$$

由乙酰CoA和丙二酸单酰CoA合成软脂酸的总反应的化学计量关系式可表示为

乙酰$CoA + 7$丙二酸单酰$CoA + 14NADPH + 14H^+ \longrightarrow$软脂酸$+ 7CO_2 + 14NADP^+ + 8CoASH + 6H_2O$

7.4 微生物代谢的调节

微生物细胞内各种反应之间相互制约,彼此协调,可随环境条件的变化而迅速代谢反应速度进行调节。微生物细胞代谢的调节主要是通过控制酶的调控来实现的,因为任何代谢途径都是一系列酶促反应构成的。微生物细胞代谢调节主要有两种类型:酶活性调节和酶合成的调节。酶活性调节调节的是已有的酶分子的活性,是在酶化学水平上发生的;酶合成的调节调节的是酶分子的合成量,是在遗传学水平上发生的,在细胞内这两种方式协调进行。

7.4.1 酶活性调节

酶活性调节是指一定数量的酶,通过其分子构象或分子结构的改变来调节其催化反应的速率。这种调节方式可以使微生物细胞对环境变化作出迅速的反应。酶活性调节受多种因素影响:底物的性质和浓度、环境因子以及其他酶的存在都有可能激活或控制酶的活性。

1. 酶活性调节类型

酶活性调节的方式主要有酶的激活和酶的抑制两种类型。

(1)酶的激活有前体激活和补偿激活两种类型,其中常见的是前体激活,它常见于分解代谢途径,即代谢途径中后面的反应可以被该途径较前面的一个产物所促进。

(2)酶活性抑制指某一代谢产物途径的终产物过量后,它会直接作用于该途径的第一个酶,使其活性受到抑制,从而使反应速度减慢或停止,避免终产物过多积累。酶活性抑制主要是反馈抑制,它存在于不同途径中,分直接合成途径中的反馈抑制和分支代谢途径中的反馈抑制。前者是一种最简单的反馈抑制类型。直接合成途径中的第一个酶

受末端产物的抑制,而在有两种或两种以上的末端产物的分支代谢中,调节方式较为复杂。其共同特点是每个分支途径的末端产物控制分支点后的第一个酶,同时每个末端产物又对整个途径的第一个酶有部分抑制作用,分支代谢的反馈作用方式有以下几种。

①同工酶反馈抑制。同工酶是指能催化同一化学反应,但其酶蛋白本身的分子结构组成却有着不同的一组酶。同工酶调节特点是:在分支途径中的第一个酶的有几种结构不同的一组同工酶,每种代谢终产物只对一种同工酶具有反馈抑制作用,只有当几种终产物同时过量时,才能完全阻止反应的进行。

②协同反馈抑制。在分支途径中,几种末端产物同时都过量,才对途径中的第一个酶具有抑制作用。若某一末端产物单独过量则对途径中的第一个酶无抑制作用。例如,在多粘芽孢杆菌(*Bacillus polymyxa*)合成 Lys、Met 和 Thr 的途径中,终产物 Thr 和 Lys 协同抑制天冬氨酸激酶。

③累积反馈抑制。在分支代谢途径中,任何一种末端产物过量时都能对共同途径中的第一个酶起抑制作用,而且各种末端产物的抑制作用互不干扰。当各种末端产物同时过量时,它们的抑制作用是累加的。

④顺序反馈抑制。分支代谢途径中的两个末端产物,不能直接抑制代谢途径的第一个酶,而是分别抑制分支点后的反应步骤,造成分支点上中间产物的积累,这种高浓度的中间产物再反馈抑制第一个酶的活性。因此,只有当两个末端产物都过量时,才能对途径中的第一个酶起到抑制作用。枯草芽孢杆菌合成芳香族氨基酸的代谢途径就采取这种方式进行调节。

2. 调节机制

(1)变构调节。

在某些重要的生化反应中,反应产物的积累往往会抑制催化这个反应的酶的活性,这是由于反应产物与酶的结合抑制了底物与酶活性中心的结合。在一个多步反应组成的代谢途径中,末端产物通常会反馈抑制该途径的第一个酶,这种酶通常被称为变构酶。例如,合成异亮氨酸的第一个酶是苏氨酸脱氢酶,这个酶被其末端产物异亮氨酸反馈抑制。变构酶通常是某一代谢途径的第一个酶或是催化某一关键反应的酶。细菌细胞内的糖酵解和三羧酸循环的调控也是通过反馈抑制进行的。

(2)修饰调节。

修饰调节是通过共价调节酶实现的。共价调节酶修饰酶催化多肽链上某些基团进行可逆的共价修饰,使之处于活性和非活性的互变状态,从而导致调节酶的活化或抑制,以控制代谢的速度和方向。修饰调节是体内重要的调节方式,有许多处在分支代谢途径上,对于代谢流量调节作用的关键酶属于共价调节酶。

酶促共价修饰与酶的变构调节不同,酶促共价修饰对于酶活性调节是酶分子共价键发生了变化,即酶的一级结构发生了变化。而在别构调节中,酶分子只是单纯的构象变化。在酶分子发生磷酸化等修饰反应时,一般每个亚基消耗一分子的 ATP,比新合成 1 个酶分子所消耗的能量要小得多。因此这是一种体内较经济的代谢调节方式。另外,酶促共价修饰对调节信号具有放大效应,其催化效率比别构酶调节要高。

7.4.2 酶的合成调节

酶的合成调节是指微生物对自身酶合成量的调节,主要有诱导和阻遏两种方式。

酶合成的诱导是指微生物细胞通过诱导而产生的酶称为诱导酶,如半乳糖苷酶和青霉素酶等;诱导酶合成的物质称为诱导物,如诱导半乳糖苷酶产生的乳糖和诱导青霉素酶合成的青霉素。诱导有协调诱导与顺序诱导两种。诱导物同时或几乎同时诱导几种酶的合成称为协调诱导,如乳糖诱导大肠杆菌同时合成了半乳糖苷酶、半乳糖苷透性酶和半乳糖苷转乙酰酶等与分解乳糖有关的酶。顺序诱导是先后诱导合成分解底物的酶和分解其后各种中间代谢产物的酶,顺序诱导对底物的转化速度较慢。

酶合成的阻遏是微生物细胞阻止代谢中有关酶合成的过程。阻遏主要有终产物阻遏和分解代谢产物阻遏。前者发生于生物合成途径中,后者则与分解代谢途径有关。如大肠杆菌在含有葡萄糖和乳糖的培养基中生长时,首先分解利用其中的葡萄糖而分解乳糖,这是因为葡萄糖的分解代谢产物阻碍了分解利用乳糖的有关酶合成。

酶合成诱导和阻遏的机制。用操纵子理论解释酶合成的调节有两种机制:一种是负调控机制,由调节基因的产物——阻遏蛋白起着阻止结构基因转录的作用,不能合成相应的酶。另一种是正调控机制,由调节基因的产物——激活蛋白促进 RNA 聚合酶的结合,从而增加 mRNA 的合成。

(1)负调控机制。

负调控机制可分负控诱导和负控阻遏两大类。负控诱导特异性阻遏蛋白在没有和诱导剂(如乳糖)结合时,是结合在操纵基因上,并具有活性,阻止结构基因的转录。这时结构基因处于休眠状态,mRNA 聚合酶转录的"开关"被关闭,转录受阻,结果没有分解乳糖的相应酶的合成。负控阻遏在没有辅阻遏物(通常是由阻遏酶产生的小分子物质。它与诱导剂合在一起,常称为效应物)存在的情况下,特异性阻遏蛋白是不结合在操纵基因上的。此时结构基因的表达顺利进行,操纵子转录 mRNA,合成辅阻遏物的酶不断合成,辅阻遏物也不断形成并累积。辅阻遏物也开始和阻遏蛋白结合,发生变构,产生活性,并与操纵基因结合,"开关"关闭,转录受阻,从而阻止了结构基因的表达。

从上面不难看出,不管是负控诱导,还是负控阻遏,起重要作用的调节因子都是阻遏蛋白。

(2)正调控机制。

在正调控机制中,调节蛋白为激活蛋白,它促使 RNA 聚合酶结合在启动基因上,推动 mRNA 的转录。这种激活蛋白也称分解代谢产物活化蛋白或 cAMP 受体蛋白。激活蛋白也是一种变构蛋白,当细胞中环腺苷酸浓度很高时,它与 CRP 组成复合物,同时发生变构。该复合物又会激活启动基因,并与 RNA 聚合酶结合,开始转录。在大肠杆菌中,cAMP 一方面由腺苷酸环化酶催化合成,另一方面由磷酸二酯酶催化分解。而葡萄糖及其分解产物 既会抑制腺苷酸环化酶的活性,阻止 ATP 环化形成 cAMP,又会增强磷酸二酯酶的活性,促进 cAMP 分解成 AMP,从而降低细胞内的 cAMP 浓度,影响转录,继而阻遏与乳糖分解有关的诱导酶合成。因此,只有当葡萄糖耗尽后,cAMP 浓度才正常得到回升,操纵子重新启动,开始利用乳糖作为碳源,进行菌体的二次生长。

思考题

1. 一酵母突变株的糖酵解途径中,从乙醛到乙醇的路径被阻断,它不能在无氧条件下的葡萄糖平板上生长,但可在有氧条件下的葡萄糖平板上存活。请解释这一现象。
2. 论述不同微生物在不同条件下丙酮酸的去向。

第8章 微生物的遗传与变异

遗传和变异是生物界最本质的属性之一。遗传是亲代和子代生物学特性传递的过程，使亲代的特性在子代中重现。有关微生物的遗传变异现象，早在巴斯德时代就已开始了研究，如柯赫从患炭疽病的羊体中分离出了炭疽杆菌；巴斯德利用变异的炭疽杆菌制成了疫苗防治炭疽病等。

8.1 遗传变异的物质基础

遗传变异有无物质基础以及何种物质可承担遗传变异功能的问题，是生物学中的一个重大理论问题。对此有着不同的猜测。直到1944年以后，利用微生物这一实验对象进行了三个著名的实验，才以确凿的事实证实了核酸尤其是DNA才是遗传变异的真正物质基础。

8.1.1 证明核酸是遗传物质的三个经典实验

1. 转化实验

肺炎双球菌的转化现象在1928年就已被发现，可是转化因子的化学本质直到1944年才为美国化学家埃弗里(Avery)鉴定为DNA。此后DNA的重要意义才逐渐被认识，分子遗传学的发展才有可能。

发现DNA的遗传功能，始于1928年格里菲斯(P. Griffith)所做的用肺炎双球菌感染小鼠实验，并首次发现了基因是一类特殊生物分子的证据(图8.1)。

肺炎双球菌有两种类型：

S型：菌体含有多糖类荚膜，菌落光滑(smooth)，有毒性，可以使人患肺炎或使小鼠患败血症。

R型：不具荚膜，菌落粗糙(rough)，无毒性，不致病。

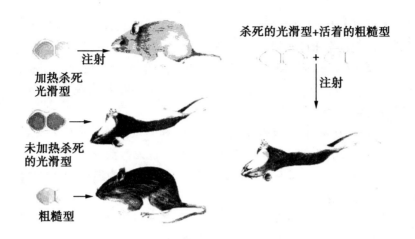

图 8.1　格里菲斯的实验

R 型肺炎球菌转化为 S 型肺炎球菌的现象,称为转化(transformation)。导致 R 型细菌发生转化的因子,其化学本质究竟是什么?这个问题,与遗传学家提出的"基因的化学本质是什么?"实质上是同一个问题。格里菲斯发现的转化现象为以后认识到 DNA 是遗传物质奠定了基础。在美国纽约洛克菲勒研究所工作的艾弗里及他的同事立刻敏感地抓住了这一问题,并在此基础上继续研究,取得了重大突破。他们在实验中发现:死去的 S 型菌并未复活,而是 S 型菌的 DNA 进入了 R 型菌,使其转化为新的 S 型致病肺炎双球菌。艾弗里等人的实验不仅揭开了"格里菲斯之谜",并且在世界上第一次证明基因就在 DNA 上。

艾弗里等人的实验证据:分离 S 型死菌的提取液→分别检测各分离组分(蛋白质、类脂、多糖、RNA 和 DNA)的转化活性→只有 DNA 具有转化因子活性(图 8.2)。

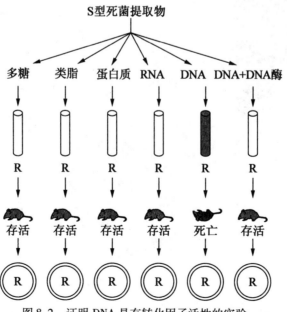

图 8.2　证明 DNA 具有转化因子活性的实验

他们确认,"转化因子"就是 DNA。这是 DNA 认识史上的一次重大突破,彻底改变了 DNA 在生物体内无足轻重的传统观念。但当时的主流观点并不接受艾弗里 DNA 是遗传物质的观念,认为提取的 DNA 无论如何纯净,仍然可能有残余的蛋白质,蛋白质才是有活性的转化因子。针对学术界的否定意见,艾弗里于 1946 年用蛋白酶、RNA 酶和 DNA 酶分别处理肺炎球菌的细胞抽提物。

实验结果:可以破坏、消化蛋白质的胰蛋白酶和糜蛋白酶不影响转化活性;分解、消化 RNA(而不是消化分解 DNA)的 RNA 酶对转化活性无影响;在加入分解、消化 DNA 的 DNA 酶后,转化活性丧失。这些实验进一步证明了 DNA 作为遗传信息载体的功能。

2. 噬菌体感染实验

1951 年,赫里奥特(R. Herriott)提出一个十分富有魅力和启发性的假说:"病毒的作用可能像一个充满着转化因子的注射针。这样的病毒本身不会进入细胞,但它不仅用尾部接触寄生细胞,并可能通过酶的作用在细胞外膜上钻一小孔,然后病毒头部的 DNA 就钻入细胞。"

当人们为艾弗里的实验而激烈争论时,研究噬菌体的美国微生物学家赫尔希(A. D. Hershey)等人在考虑,能否将蛋白质和 DNA 完全分开,单独观察 DNA 的作用呢?他们受赫里奥特思路的启发设计了一个精巧的噬菌体感染实验。赫尔希与德尔布吕克和卢里亚一起,获 1969 年的诺贝尔生理学医学奖。

噬菌体感染实验:^{35}S 标记蛋白质外壳的噬菌体➡感染➡细菌➡细菌无放射性;^{32}P 标记 DNA 内芯的噬菌体➡感染➡细菌➡细菌有放射性(图 8.3)。

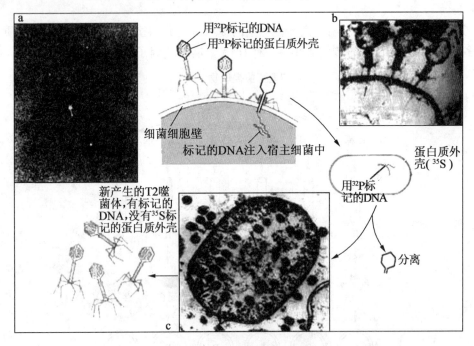

图 8.3 噬菌体感染实验

这一结果确凿无疑地证明,进入寄主细胞内的是噬菌体 DNA,而不是蛋白质外壳。

噬菌体的 DNA 不但包括噬菌体自我复制的信息,而且包括合成噬菌体蛋白质所需要的全部信息。直到证明了噬菌体 DNA 能携带遗传信息到后代中去以后,科学界才终于接受了 DNA 是遗传信息载体的理论。

3. 植物病毒的重建实验

有些病毒不含 DNA,只含 RNA,对这些病毒来说 RNA 是遗传物质。1956 年美国科学工作者 H. Fraenkel Conrat 用含 RNA 的烟草花叶病毒(TMV)进行了著名的植物病毒重建实验(图 8.4)。烟草花叶病毒中有许多不同的毒株,它们会对寄主引起不同的症状,而且各种毒株间在其蛋白质中的氨基酸组分也各不相同。这类病毒的蛋白质和 RNA 可人为地拆开,同时又可将其重新组合成新的有感染力的病毒颗粒。这就充分说明,在 RNA 病毒中,遗传物质也是核酸,这里只不过是 RNA 罢了。

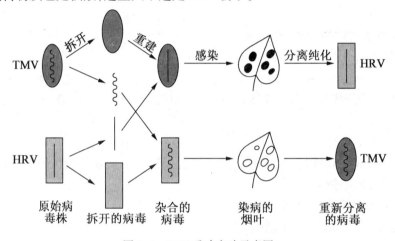

图 8.4 TMV 重建实验示意图

以上三个实验得出一个共同的结论:只有核酸才是生物遗传变异的物质基础。无论是 DNA 还是 RNA 作为遗传物质的基础已是无可辩驳的事实。但朊病毒的发现对蛋白质不是遗传物质的定论也带来一些疑云。PrP 是具有传染性的蛋白质致病因子,迄今未发现蛋白内有核酸,但已知的传染性疾病的传播必须有核酸组成的遗传物质,才能感染宿主并在宿主体内自然繁殖。那么这是生命界的又一特例呢? 还是因为目前人们的认识和技术所限而尚未揭示的生命之谜呢? 还有待于生命科学家去认识和探索。

8.1.2 遗传物质在细胞内的存在形式

基因(gene):实现一定遗传效应的核苷酸片断(为一条多肽或 RNA 分子合成编码所需的完整的一段核酸序列)。

基因组(genome):一个物种的单倍体的所有染色体及其所包含的遗传信息的总称。

遗传型(基因型):生物的全部遗传因子及基因组成。

表型(表现型):具有一定遗传型的个体,在特定环境条件下通过生长发育所表现出来的形态等生物学特征的总和。

除部分病毒的遗传物质是 RNA 外,其余病毒及全部具有典型细胞结构的生物体的遗传物质都是 DNA。按其在细胞中存在的形式可分成染色体 DNA 和染色体外 DNA。原核细胞和真核细胞中 DNA 的存在形式不完全相同。

1. DNA 在原核细胞中的存在方式

原核细胞的细胞学特点：无核膜与核仁的分化，只有一个核区称为拟核。

(1) 遗传物质的存在方式。

染色体 DNA 处于拟核区，无组蛋白（近年来发现与非组蛋白结合）。结构上为一条裸露的闭合环状 DNA，以紧密的超螺旋状态存在。

染色体外 DNA 主要指质粒(如 F 因子、R 因子、Col 因子)。

(2) 基因组的特点。

染色体为双链环状的 DNA 分子(单倍体)；基因组上遗传信息具有连续性；功能相关的结构基因组成操纵子结构；结构基因的单拷贝及 rRNA 基因的多拷贝；基因组的重复序列少而短。

2. DNA 在真核细胞中的存在方式

(1) 真核细胞 DNA 分为核 DNA 和核外 DNA。

核 DNA 即染色体 DNA，它与组蛋白结合构成具有复杂结构的染色体。

核外 DNA 是指线粒体和叶绿体等 DNA，其结构与原核细胞的 DNA 相似，也能编码结构蛋白。

(2) 基因组的特点。

典型的真核染色体结构(染色体由核小体组成)；没有明显的操纵子结构；有间隔区和内含子序列；重复序列多。

3. 非细胞型微生物遗传物质的存在方式

除朊病毒外的其他病毒的遗传物质均为核酸分子 ——DNA 或 RNA。

4. 质粒

质粒(plasmid)是一类小型闭合环状核外双螺旋 DNA 分子，能进行自主复制的细胞质遗传因子，主要存在于各种微生物细胞中。

8.1.3　DNA 双螺旋分子结构模型的提出

人们彻底摒弃蛋白质是基因的化学本质的概念，是在 1953 年 4 月 25 日英国的 *Nature* 刊登了美国生物化学家沃森和英国生物物理学家克里克的 DNA 的双螺旋结构模型，这一天是分子生物学的诞生日。两位创立者荣获 1962 年的诺贝尔生理学医学奖。

8.2　微生物的突变与修复

8.2.1　突变概述

1. 突变

突变(mutation)是一种遗传状态，是可通过遗传物质复制而遗传的线性 DNA 结构上部分碱基的任何永久性改变，是一种可遗传的变异(variation)。

2. 突变的划分

(1) 基因突变与染色体畸变。

从突变涉及的范围看,可以将突变分为基因突变(gene mutation)和染色体畸变(chromosome aberration)。广义的突变包括基因突变与染色体畸变,一般所说的突变仅指基因突变。

基因突变指的是一个基因内部可以遗传的结构性改变,是一个碱基至一小段核苷酸序列的变化,分为点突变(point mutation)和片段突变(fragment mutation)两种情况。基因突变发生的原因通常有两种情况:一是某种碱基或核苷酸被另一种碱基或核苷酸替换;二是由碱基的插入和缺失引起的移码突变。

染色体畸变指的是染色体结构改变和染色体数目改变。染色体结构改变包括缺失(deficiency)、重复(duplication)、倒位(inversion)与易位(translocation),指的是染色体上一段核苷酸序列的丢失或增加或倒置180°或重排等变化。

染色体数目改变是指以染色体组为单位的整倍性或非整倍性的染色体改变,一般在真核生物中才能观察到这种改变。

(2) 碱基置换与移码突变。

从基因结构的改变方式看,基因突变可分为碱基置换突变与移码突变。

碱基置换突变是由一个新的碱基对替代一个原有的碱基对的突变,称为碱基替换(base substitution)或碱基替代突变。在这种突变中,碱基对的数目没有变,只是一对碱基对被另一对碱基对所替代。碱基置换分为转换(transition)和颠换(transversion)。

转换就是嘌呤之间或嘧啶之间的互换,颠换则是嘌呤与嘧啶之间的互换。

移码突变或移框突变(frame-shift mutation)是一个或几个非3倍数的碱基的增加或缺失(delete or insert)所引起的突变,从而改变多肽链的氨基酸组成。

(3) 自发突变与诱发突变。

从突变的过程来看,突变可划分为自发突变(spontaneous mutation)与诱发突变(induced mutation)。

(4) 单点突变、多点突变和大片段突变。

从DNA碱基序列改变多少来看,可以将突变分为单点突变(point mutation)、多点突变(multiple mutation)和大片段突变。

单点突变指的是一个碱基的改变,包括碱基替代,即转换与颠换。往往具有较高的回复突变率。

多点突变指的是一个或几个并非一定连续的碱基的改变、插入或缺失。

单点突变和多点突变可导致同义突变、错义突变或无义突变。

大片段突变指的是一段连续的核苷酸片段的缺失、插入或重排。

(5) 同义突变、错义突变、无义突变、终止密码突变和外显子跳跃。

从遗传信息的改变看,可以将突变分为同义突变(synonymous mutation)、错义突变(missense mutation)、无义突变(nonsense mutation)、终止密码突变(termination mutation)和外显子跳跃(exon skipping mutation)。

同义突变指的是碱基的改变并没有引起氨基酸的变化,这与遗传密码的兼并性和摆动性有关,是单核苷酸多态性的主要表现,是疾病易感性的主要差别。

错义突变指的是一对碱基的改变致使某一氨基酸的密码子变为另一氨基酸的密码子。错义突变包括致死突变(lethal mutation)、渗漏突变(leaky mutation)和中性突变(neutral mutation)。

错义突变可影响蛋白质的活性,严重的导致蛋白质失去活性,影响表型或致死。遗传学研究者将造成个体致死效应或其产物功能完全丧失的突变称为致死突变或无效突变。

渗漏突变是介于突变型与野生型之间的碱基序列改变,功能虽不完全丧失,仍保留基本活性,表型与野生型相似,但在杂合状态不能产生足够多或足够强的野生型表型的突变。这种情况产生的新的等位基因称为渗漏基因。

中性突变与同义突变合称为沉默突变(silent mutation)或无声突变。中性突变是DNA序列及对应的氨基酸发生了改变,但不影响其功能的突变,同义突变只是DNA序列发生了密码子兼并性的改变,但其对应的氨基酸并没有改变的突变,因此沉默突变不影响蛋白质活性,不引起表型改变,以多态的形式在生物体内积累,引起生物不同个体间DNA序列的变化,造成个体易感性差异。

无义突变指一对碱基的改变致使某一氨基酸的密码子变为终止密码子(UAG、UGA、UAA)的突变。包括极性突变和渗漏型突变。

终止密码突变是指当DNA分子中一个终止密码发生突变,成为编码氨基酸的密码子时,多肽链的合成将继续进行下去,肽链延长直到遇到下一个终止密码子时停止,从而形成,延长的异常肽链,这种突变也是一种延长突变(elongtion mutation)。

外显子跳跃(exon skipping)是碱基置换在真核生物中引起的一种特殊的突变。

(6)正向突变、回复突变与抑制突变。

从突变的效应背离或返回野生型的方向看,可将突变分为正向突变(forward mutation)和回复突变(back mutation或reverse mutation)。

一般把野生型基因变成突变型基因的过程称为正向突变,把突变型基因又经过突变变成野生型的突变称为回复突变。

回复突变因突变位点的不同又可以分为原位回复突变和抑制突变(suppressor mutation)。

原位回复突变指的是突变型基因在同一点上再突变恢复为野生型基因,频率很低。

若回复突变并没有真正发生在正向突变的碱基序列内,只是原始突变效应被抑制了,因而表现为抑制性回复突变,称为抑制突变。抑制突变分为基因内抑制和基因间抑制。

(7)启动子突变、组成型突变、突变热点和增变热点。

从突变位点看,可以将突变分为启动子突变(promoter mutation)、组成型突变(constitutive mutation)、突变热点(hot spots of mutation)和增变突变(mutator mutation)。

启动子突变指突变存在于启动子区域的突变。

组成型突变指发生于操纵子区域的突变不能被阻遏蛋白所识别,或存在于调节基因区域的突变不能产生有功能的阻遏蛋白,使结构基因的表达失去了负向控制,从而产生不依赖于需要、在细胞中有固定数量蛋白质表达的突变,这种基因的表达称为组成型表达(constitutive expression)。

热点突变指突变位点的突变频率大大高于平均突变频率的突变,这个突变位点又称突变热点。

增变突变指基因组中某些基因的突变可使整个基因组的突变率明显上升,这类基因称为增变基因(mutator gene),这类突变称为增变突变。

(8)转座突变、非条件突变、获得功能突变、失去功能突变和显性负突变。

从转座行为看,可将突变分为插入因子导致的突变、复合转座子导致的突变和转座噬菌体导致的突变。

从突变表型对外界环境的敏感性看,可以将突变分为非条件突变(nonconditional mutation)和条件突变(conditional mutation)。

从突变后果看,可将突变分为失去功能突变和获得功能突变。

显性负突变(dominant negative mutations)指突变基因的表达产物与野生型等位基因的表达产物具有拮抗作用,故又被称为抗性突变。

(9)体细胞突变和生殖细胞突变。

从遗传角度看,可将突变分为体细胞突变(somatic mutation)和生殖细胞突变(germinal mutation)。

(10)形态突变和生化突变。

从表型看,可以将突变分为形态突变(morphological mutation)和生化突变(biochemical mutation)。

8.2.2　突变的特点

1. 基因突变的规律

不对应性;自发性;稀有性;独立性;诱变性;稳定性;可逆性;多方向性;重演性;有害性;有利性;平行性。

2. 微生物突变的常见类型与菌株

从筛选菌株的实用目的出发,按突变后极少数突变株的表型能否在选择培养基上迅速检出和鉴别来区分,突变株分为选择性突变株和非选择性突变株。

选择性突变株(selectable mutant)指能在选择性培养条件下用选择性培养基快速选择出来的突变株,这种突变株具有选择性标记,以生理突变为主,可通过某种环境条件使它们得到生长优势,从而取代原始菌株,如营养缺陷型突变、抗性突变与条件致死突变等。

非选择性突变株(non-selectable mutant)指不能用选择性标记进行鉴定的突变株,这类突变株没有选择性标记,以形态突变、产量突变和抗原突变为主,只是一些数量、形态以及抗原性上的差异。

饰变(modification)指生物体由于非遗传因素引起的表型改变,变化发生在转录、翻译水平。其特点是几乎整个群体中的每一个个体都发生同样的变化,性状变化的幅度小且不遗传,引起饰变的因素消失后,表型即可恢复。

营养缺陷型(auxotroph)是指由于野生型菌株控制代谢的某基因发生突变后而丧失

合成一种或几种生长因子、氨基酸、维生素、核苷酸的能力。因而无法在基本培养基上正常生长繁殖的变异类型。营养缺陷型可在加有相应营养物质的补充培养基平板上生长选出，它是一类非常重要的生化突变型。由于这种突变型只能在完全培养基或补充培养基上生长，在基本培养基上不生长，是一种负选择标记。营养缺陷型菌株经回复突变或重组后产生的菌株称为原养型(prototroph)。很多氨基酸和核苷酸生产菌就是营养缺陷型突变株。

抗性突变(resistant mutant)是指引起抗噬菌体、抗逆境(高温、盐)或耐药性的突变。抗性突变株是指对某种抗性因子具有抵抗能力的突变株。

3. 抗药性突变的特点

细菌的抗药性突变是一种正选择标记，在加有相应抗生素的平板上，只有抗性突变菌株能生长，所以很容易分离得到。

抗药性突变是基因突变的一种，但具有其自身的特点：三个著名实验，即影印实验、波动实验和涂布实验，说明抗药性突变与药物的存在无关，抗药性突变是自发产生的，药物的存在只是增加了抗药性突变的选择压；抗药性突变以一定的突变率发生在个别细菌中，具有随机性、稀有性、可逆性等基因突变的共有特点；各种药物抗性的发生是彼此独立无关的事件；抗药性突变型的稳定性取决于抗性突变的来源。来源有三方面：基因突变、质粒突变及生理环境突变，后者属于非遗传变异。此外，抗药性突变的稳定性也与抗药性基因的回复突变以及抗药性突变率有关；抗药性突变与其他突变一样可以通过某些理化因素来提高突变率；抗药性突变是 DNA 分子的某一特定位置结构改变的结果。

(1) 波动试验 (fluctuation test) 又称变量试验或彷徨试验。

1943年，S. E. Luria 和 M. Delbrück 发表了利用波动试验研究细菌抗噬菌体突变的论文，揭开了细菌遗传学的新篇章。波动实验如图 8.5 所示。

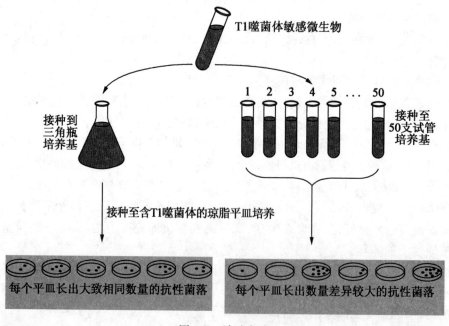

图 8.5　波动实验

从试验的结果分析可以看出,来自大试管的各种培养皿中,抗性菌落数基本相同,而来自各小管培养物的样品,各皿间抗性菌落相差很大,这说明 E. coli 抗性噬菌体性状的突变,不是由环境因素——噬菌体诱导出来的,而是在它们接触到噬菌体前,在某一次细胞分裂过程中随机地自发产生的,噬菌体在这里仅起淘汰原始的未突变的敏感菌和筛选抗噬菌体突变型的作用。

（2）涂布试验（Newcombe experiment; plate spread）。

1949 年,Newcombe 设计了一种与变量试验相似,方法更为简便的证实同一观点的实验,这就是涂布试验。与变量试验不同,他用的是固体平板培养法（图8.6）。这也意味着该抗性突变发生在未接触噬菌体之前。噬菌体的加入只起甄别这类自发突变是否发生的作用,而根本不是诱导突变的因素。

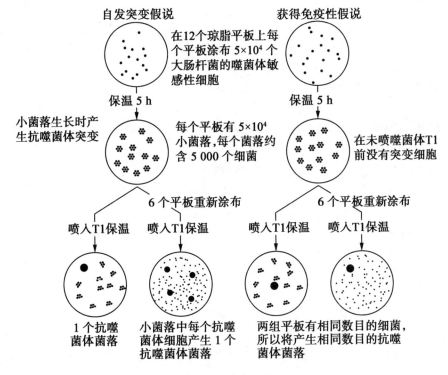

图 8.6　涂布试验

（3）影印试验（replice plating）。

1952 年,Lederberg 夫妇证明了微生物的抗药性是在未接触药物前自发地产生的,这一突变与相应的药物环境毫不相干。所谓平板影印培养法,实质是一种能达到在一系列培养皿的相同位置上出现相同遗传型菌落的接种培养方法。其基本过程是:把长有许多菌落（可多达数百个）的母种培养皿倒置于包有灭菌丝绒布的木质圆柱上,使其上沾满来自培养皿平板上的菌落。然后可将这一"印章"的菌落一一接种到不同的选择性培养基平板上。待这些平板培养后,对各平板相同位置上菌落做对比后,就可选出适当的突变型菌株（图8.7）。

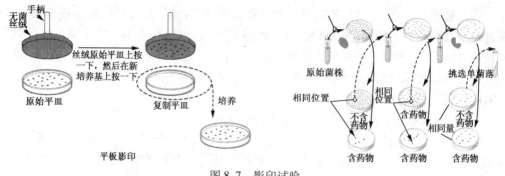

图 8.7　影印试验

8.2.3　突变的分子机理

推测自发突变的可能原因有背景辐射和环境因素的诱变。不少"自发突变"实质上是由于一些原因不详的低剂量诱变因素的长期综合诱变效应；微生物自身有害产物的诱变效应，如 H_2O_2；环出效应；DNA 复制性损伤。

1. 自发性损伤（自发突变）

（1）复制中的损伤。

复制中的损伤指复制过程中碱基配对发生误差，经 DNA 聚合酶校读和单链结合蛋白等综合作用后仍存在的 DNA 损伤。

DNA 复制中的错误结果包括碱基替换及移码突变、缺失和重复。

复制中的常见错误是 G、T 错配，而不是正确模式的 G、C 配对。

（2）碱基的自发性化学改变。

碱基的自发性化学改变主要包括互变异构；碱基的脱氨基作用；自发的脱嘌呤、脱嘧啶；细胞代谢产物和增变基因突变等因素对 DNA 的损伤。

2. 诱发突变

常见的诱变剂有物理诱变剂、化学诱变剂和生物诱变剂。

诱发突变的机制主要是取代 DNA 中的一个碱基，改变一个碱基使之发生错配，或破坏一个碱基使之在正常情况下无法与任何碱基配对。微生物的诱变机理主要表现在：以 DNA 为靶的直接诱变，包括碱基的改变和对 DNA 链的破坏；通过作用于对 DNA 合成和修复有关的酶系而间接导致 DNA 损伤，诱发基因突变或染色体畸变。

3. 突变热点

某些位点的突变频率大大高于平均数，这些位点就称为突变热点。

突变热点存在的原因：形成突变热点的最主要的原因是 5－甲基胞嘧啶（MeC）的存在；在短的连续重复序列处容易发生插入或缺失突变。这是由于在 DNA 复制时发生模板链和新生链之间的碱基配对滑动而造成的；突变热点还与诱变剂有关；转座子的致突变作用以及增变基因突变和紫外线诱变作用，也都有不同程度的序列优先性。

8.2.4　突变修复

1. 光复活作用

（1）现象的发现及概念。

1949年,A. Kelner首先在放线菌中发现紫外线照射后的光复活作用。在一个偶然的场合下发现紫外线照射过的放线菌孢子如果在可见光下培养时,存活数显然大于在黑暗中培养的同样处理样品。

接着发现嗜血杆菌(*Haemophilus*)没有光复活能力,可是经来自具有光复活能力的大肠杆菌的提取物处理后,嗜血杆菌便具有光复活能力。

1950年,R. Dulbecco也观察到将UV照射过的噬菌体感染经强可见光照射的大肠杆菌,存活的噬菌体数大为增加。

在UV辐射造成的DNA损伤还没有导致遗传物质永久突变之前,经可见光激活,发挥修复功能,可见光对UV造成的杀菌或诱变作用的修复过程,称为光复活作用(photoreactivation)。

(2)机制。

光复活作用主要依赖于细胞内含有一种专一性的酶,光裂合酶或光解酶或光激活酶(photolyase)。当紫外线照射时,引起DNA分子中胸腺嘧啶二聚体的形成,改变了DNA分子的空间构型。光裂合酶识别这种扭曲的部分,在暗处与其结合,形成复合物,移至可见光下,从吸收可见光所获得的能量,使该酶切开二聚体,DNA恢复正常状态,光裂合酶从DNA链上解离,完成整个修复过程(图8.8)。

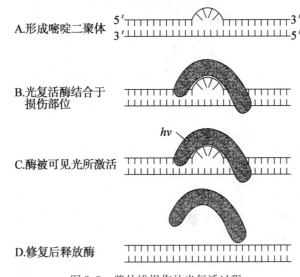

图8.8 紫外线损伤的光复活过程

2. 切除修复(excision repair)

(1)现象的发现。

1954年,Setlow用放射性^{3}H标记的uvr$^+$和uvr$^-$菌中的DNA,研究了这一修复过程。

(2)参与修复的酶。

在一系列酶的作用下,细胞可将DNA分子中受损伤的部分切除掉,并以完整的那一条链为模板,合成切去的部分,然后使DNA结构恢复正常。

切除DNA的损伤:紫外线、电离辐射、化学诱变剂(甲基磺酸甲酯,可使G的7位氮原子烷基化,造成脱嘌呤作用)、DNA复制中碱基错误掺入等。

参与的酶:特异性核酸内切酶、外切酶、聚合酶和连接酶。
(3)类型。
①核苷酸切除修复(nucleotide excision repair,NER):UvrABC修复。
②碱基切除修复(base excision repair,BER):由糖基化酶起始作用的切除修复。
(4)切除修复的机制。
①核苷酸切除修复(NER)如图8.9所示。

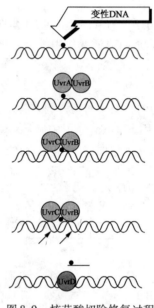

图8.9 核苷酸切除修复过程

a. UvrA识别损伤位点并与UvrB结合。

b. UvrA释放,UvrB与UvrC结合。

c. UvrB与UvrC复合物在损伤位点两侧切割。

d. UvrD将此区解旋。

e. DNA聚合酶、DNA连接酶填充缺口。

②碱基切除修复(BER)。

所有细胞中都带有不同类型、能识别受损核酸位点的糖苷水解酶,它能够特异性切除受损核苷酸上的N-β-糖苷键,在DNA链上形成去嘌呤或去嘧啶位点,统称为AP位点。

a. 糖基化酶切断糖苷键,释放出损伤碱基,产生AP位点。

b. AP内切酶在AP位点切开磷酸二酯键。

c. 外切酶进一步切割。

d. DNA聚合酶、DNA连接酶填充缺口。

(5)切除修复与光复活的差异。

切除修复与光复活相比较有一些差异,光复活只涉及DNA的一条链,而切除修复需要同时有一条完整的互补链;切除修复作用对恢复细菌存活的效率远低于光修复;而且在切除修复中,修复酶又有可能发生错误造成错配现象,因而会引起其他突变。

3. **重组修复**(recombination repair)

(1)重组修复模型。

1984年,P Howard-Flanders 通过从另一双链中获得同源单链来修补双链 DNA 一条链上缺口的模式。

复制时遇到一个未修复的 DNA 损伤(DNA 分子的损伤面较大,还来不及修复完善就进行复制)。跳过该损伤并重新起始复制留下一个子链缺口。

但是重组修复的结果是,两个 DNA 分子中一个分子链结构是完整的,另一个分子结构仍然带有母链遗留下来的二聚体,修复中并没有去除二聚体。在以后复制的过程中损伤部分所产生的缺口,还要按以上过程进行重组修复。经过多代复制后,原先的二聚体虽然还存在,但随着复制代数的增多,带有二聚体的 DNA 分子在新合成的 DNA 分子总数中的比例越来越少,以致稀释到不足以影响生物细胞的正常生理功能,成为微不足道的成分了。

(2)与光复活作用和切除修复的区别。

其区别在于切除修复和光复活作用均发生在 DNA 复制之前;重组修复仅发生在复制过程中或复制之后。

光复活作用使 T＝T 复原为两个 T;切除修复则将 T 切除;重组修复是在不改变胸腺嘧啶二聚体的情况下进行修复作用。所以可以将这三种修复作用看作生物对于外界因素对于遗传物质的损伤所设置的层层屏障。

8.2.5 表型延迟

表型延迟(phenotypic lag):表型的改变落后于基因型改变的现象。

分离性延迟:突变的基因经 DNA 复制和细胞分裂后变成纯合状态,表型才能表现出来。

生理性延迟:由杂合状态变为纯合状态,突变表型仍不能表现出来。

造成表型延迟的原因如下。

1. **分离延迟**

细菌在生长对数期时,一个细菌细胞中往往有几个核,单核细胞常出现双核现象,多核细胞的核也成倍增加,而突变通常发生在一个核上,故其变异或非变异的细胞必须经过一代或几代繁殖才能分离,这种纯种变异细胞出现的推迟现象称为分离延迟现象(图 8.10(a))。

2. **生理延迟**

当突变发生时,相应的野生型酶分子并没有改变,细胞由杂合状态变为纯合状态时,由于杂合期所合成的非变异的蛋白或酶仍然发挥作用,必须经过细胞多代分离后,才能将这些非变异的酶稀释掉,最终达到变异后应该表现的形态,如营养缺陷型突变株的筛选过程(图 8.10(b))。

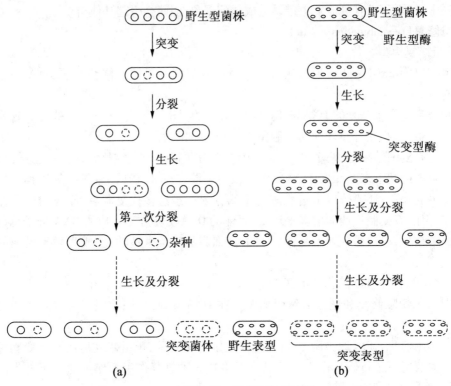

图 8.10 表型延迟示意图

8.2.6 突变型的筛选

(1) 与筛选营养缺陷突变有关的三类培养基。

①基本培养基(MM,minimal medium)。

基本培养基有时可用符号"[-]"来表示。

某野生型能生长的最低成分的组合培养基。

②完全培养基(CM,complete medium)。

完全培养基有时可用符号"[+]"来表示。

各种营养缺陷型能生长的天然或半组合培养基。

③补充培养基(SM,supplemental medium)。

凡只能满足相应的营养缺陷型生长需要的合成培养基称为补充培养基。

补充培养基的符号可根据加入的是 A 或 B 等代谢物而分别用[A]:[-] + A 或[B]:[-] + B 来表示。

(2) 与营养缺陷型突变有关的三类遗传型个体。

①野生型(wild type)。从自然界分离到的发生营养缺陷型突变前的原始菌株称为野生型。

[A^+B^+]:可在[-]生长。

②营养缺陷型(auxotroph)。由于缺乏合成某些生长因素的能力,而只能在 CM 和相应的补充培养基上生长,而不能在 MM 中生长的变异菌株(主要指合成维生素、氨基酸及

嘌呤、嘧啶的能力），称为营养缺陷型。

[A⁺B⁻]：能在[+]、[B]生长。

[A⁻B⁺]：能在[+]、[A]生长。

[A⁻B⁻]：能在[+]生长。

③原养型(prototroph)。原养型一般指营养缺陷型突变株经回复突变或重组后产生的菌株，其营养要求在表型上与野生型相同。

[A⁺B⁺]：可在[-]生长。

(3) 营养缺陷型的筛选方法。

营养缺陷型的筛选一般要经过诱变处理、中间培养、淘汰野生型、检出和鉴定营养缺陷型五个环节。

①诱变剂处理。

②中间培养。

CM 或 SM 培养基，培养过夜，克服表型延迟。

③淘汰野生型。

即浓缩缺陷型，以提高检出率。

a. 青霉素浓缩法。

1948 年，B. Davis 和 J. Lederberg 用这个方法来选择营养缺陷型菌。

青霉素是一种杀菌剂，它对革兰氏阳性菌更有效。

机制：青霉素分子的结构与细胞壁成分肽聚糖的五肽尾链的 D - 丙氨酰 - D - 丙氨酸末端相似，从而阻碍酶的转肽作用，导致感染细胞壁的合成。

野生型能在 MM 中生长，而缺陷型不能，于是将诱变处理液在 MM 中培养短时让野生型生长，处于活化阶段，而缺陷型无法生长，仍处于休眠状态。由于细菌或酵母对一些抗生素敏感，于是就相应地加入一定量的抗生素，结果活化状态的野生型就被杀死，保存了缺陷型，这便是淘汰细菌的野生型的原理。一般细菌可以采用青霉素，酵母可采用制霉菌素。

b. 菌丝过滤法。

野生型霉菌或放线菌的孢子能在基本培养液中萌发并生长菌丝。

诱变剂处理的孢子悬浮在基本培养液中，培养若干小时后滤去菌丝，缺陷型孢子便得以浓缩，培养和过滤应重复几次，每次培养时间不宜过长，这样才能收到充分浓缩的效果。

c. 差别杀菌法。

经诱变剂处理的细菌形成芽孢，将芽孢在基本培养液中培养一段时间，然后加热(如80 ℃，15 min)，杀死营养体，由于野生型芽孢能萌发所以被杀死，缺陷型芽孢不被杀死而得到浓缩。

c. 饥饿法。

某些缺陷型菌株在某些培养条件下自行死亡，如果在某一细胞中发生了另一营养缺陷型突变，这一细胞反而会避免死亡，从而可被浓缩。

④营养缺陷型的检出。

a. 逐个测定法。

诱变后的孢子或菌体,经富集培养,涂布分离在完全培养基平板进行培养,待菌落孢子成熟后,用灭菌的牙签或接种针把每个菌落上孢子或菌体分别接到基本培养基和完全培养基平板上的相应位置,同时培养,然后观察对比菌落生长情况。如果基本培养基上不生长而完全培养基相应位置上生长的菌落,可能为营养缺陷型。挑取孢子或菌体分别移接到基本培养基和完全培养基斜面上,进一步复证。该法可靠性强,但工作量大。

b. 夹层培养法。

先在培养皿上倒一薄层基本培养基,凝固后再倒一层经过诱变处理的菌液,其上再倒一层基本培养基;经培养后,对首次出现的菌落用记号笔在皿底标记,然后再倒一层完全培养基,再培养,出现的形态较小的新菌落,多为缺陷型(图8.11)。

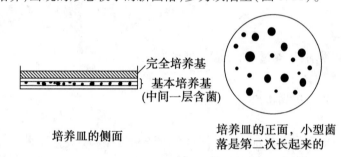

图8.11 夹层培养法

c. 限量补给法。

如果试验的目的仅是检出营养缺陷型菌株,则其该法是将富集培养后的细胞接种到含有0.01%蛋白胨的基本培养基上,培养后,野生型细胞迅速地长成大菌落,在平皿底部做好颜色标记,而生长缓慢的小菌落可能是缺陷型,此称为限量培养。如果试验的目的是要定向筛选某种特定的缺陷型,则可在基本培养基中加入某种单一的氨基酸、维生素或碱基等物质,称为补充培养。

d. 印培养法。

经富集后的孢子或菌体分离在完全培养基培养至菌落成熟(母皿),用灭菌后的特制"丝绒印模"在母皿平板菌落上轻轻一印,再转印到方位相同的另一基本培养基和完全培养基的平板上。培养后观察比较菌落生长情况,凡是在基本培养基上不生长,而在完全培养基上生长的菌落,分别移接到以上两种培养基斜面上进一步复证。另外,也可采用更简便的方法,以上印模从母皿中蘸上菌体细胞后,仅影印在基本培养基平板上,培养后,生长的菌落情况与存放于冰箱的母皿菌落比较即可检出营养缺陷型。本法适用于细菌、酵母菌,其次对小型菌落的放线菌和霉菌也适用。

⑤营养缺陷型的鉴定。

营养缺陷型鉴定步骤。缺陷型类别的测定通常分别用以下物质来代表氨基酸、维生素、核酸碱基:氨基酸混合物、酪素水解物或蛋白胨,代表氨基酸类。

酵母浸出液,其中氨基酸、维生素、嘌呤、嘧啶均有。

维生素混合物,代表维生素类。

核酸碱基混合液,代表嘌呤、嘧啶类。

将待测微生物从斜面上用生理盐水或缓冲液洗下来,离心洗涤,制成浓度为 $10^6 \sim 10^8$ 个/mL 菌悬液,取 0.1 mL 加入到基本培养基中,混匀倒入平皿,制成平板。凝固后,用圆滤纸分别浸湿沾取以上四类代表物质,覆于平皿标定的位置上。培养后,观察圆滤纸片周围菌株生长情况,如出现混浊的生长圈,就可初步确定缺陷型所需的生长因子属于哪一类别,进一步复证。

⑥营养缺陷型菌株的应用。

营养缺陷型菌株在研究和实践中都有极其重要的意义。它可作为研究代谢途径和杂交、转化、转导、原生质体融合、质粒和转座因子等遗传规律所不可缺少的标记菌种;也可作为氨基酸、维生素、碱基等物质生物测定的实验菌种;在生产中,可直接用作发酵生产核苷酸、氨基酸等代谢产物的生产菌株;也可作为菌种杂交、重组育种和利用基因工程进行育种时所不可缺少的带有特定基因标记的亲本菌株。

8.3 可移动的遗传因子和染色体外遗传因子

8.3.1 转座子

转座(Transposition):遗传因子改变自身位置的行为。

转座因子(Transposable element):可移动位置的遗传因子的总称。

转座子(Transposons,Tn):在原核生物与真核生物基因组中存在着可从一个染色体位点转移到另一位点的一些 DNA 序列,是一类较大的、除了含有与转座有关的基因外,还含有抗药基因以及其他基因的转座因子。因此,又称复合转座子,Tn 有许多种类型,表示为 Tn1、Tn2、Tn3 等。

1. 转座的类型

转座主要有三种形式(图 8.12)。

复制型转座:供体上的转座子被复制,转座后供体上仍存在转座子,需转座酶、解离酶。

非复制型转座:供体上的转座子先释放出来,然后转到受体后供体上不再存在转座子,只需转座酶,供体被破坏或被修复。

保守型转座:供体上的转座子不释放,供体与受体接触,然后转座子转到受体中去。

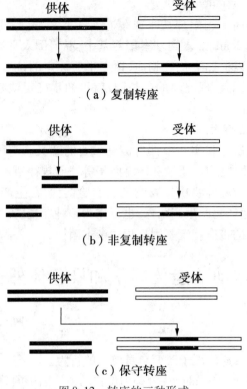

图 8.12 转座的三种形式

2. 转座子的分类和结构特征

(1)原核生物转座子的类型。

①插入序列(insertion sequences,IS)———最简单的转座子。

插入序列本身没有任何表型效应,只带有与转座有关的转座酶基因,是一类较小的转座因子,可以从染色体的一个位置转到另一个位置,可以从质粒转到染色体上,在 E. coli 的染色体上和质粒上都有插入序列,通过这些同源序列间的重组,F 质粒插入染色体上形成 Hfr 菌株。

A. 2 个分离的反向末端重复序列(inverted terminal repeats, ITR)。

B. 1 个转座酶(transposase)编码基因。

插入序列有 IS1、IS2、IS3、…、IS11 等,长度为 768~5 700 bp,在细胞中的拷贝数不等。

②复合转座子 —— Ⅰ类转座子。

由耐药性基因和两个相同的 IS 组成。

③复杂转座子 —— Ⅱ类转座子(TnA 家族)。

不是 IS 类转座组件的复合体,而是携带转座和耐药等基因的独立体。

组成:长约 5 kb,两端为 ITR,而不是 IS。中间编码区含转座酶编码基因、抗生素抗性和解离酶等编码基因。

TnA 家族由许多相关的转座子组成,如 Tn3、Tn1、Tn501 等。

④转座噬菌体——Ⅲ类转座子。

转座噬菌体是能插入大肠杆菌 DNA 任何位置的一类温和噬菌体,又称 Mu 噬菌体、增变噬菌体(mutator phage)。游离的 Mu 噬菌体与插入的 Mu 噬菌体在结构上一样,两端无黏性末端,插入基因引起基因突变,整合方式与噬菌体不同,因此划入转座因子。37 000 bp 的线形 DNA 分子。

(2)真核生物转座子的类型。

①酵母菌中的转座子——Ty 因子。

Ty 因子是一大类转座子,长 6.3 kb,两端各有一段长 334 bp 的顺向重复序列,称为 δ 成分。每个酵母细胞基因组有 30~35 拷贝的 Ty 因子,约有 100 个独立存在的 δ 成分。Ty 因子指与非重复序列相间而散在分布的重复 DNA 序列。

②还原病毒与转座子。

还原病毒为单链 RNA 病毒,基因组 RNA 长 7~10 kb,有 gag、pol、env 三种基因。与转座子有相似性,可能由祖先转座子衍生而来。

③非病毒返座子。

遗传信息的移动是从 DNA 到 DNA,这种转移过程称为转座(transposition);被转移的遗传信息单元称为转座子(transposon)。

遗传信息的移动是从 DNA 到 RNA 再到 DNA,这种 RNA 介导的转座作用称为返座作用;被转移的遗传信息单元称为返座子。

真核生物的非病毒返座子都起源于 RNA pol Ⅱ 和 Ⅳ 的转录产物。前者为长散布重复序列,后者为短散布重复序列。

3. 转座机制

(1)转座中复制子融合形成共和体(cointegrate)。一个含有两个质粒的细胞,每个质粒各有一个转座子,两个质粒可以融合在一起形成共和体,这一过程称为复制子融合(replicon fusion),如图 8.13 所示。

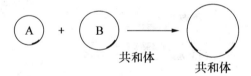

图 8.13 复制子融合过程

(2)转座子的复制过程。

转座子的复制过程如图 8.14 所示。

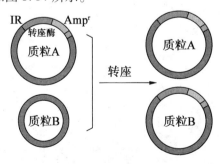

图 8.14 转座子的复制过程

(3)转座的机制。

①转座作用模型Ⅰ——对称模型(图8.15)。

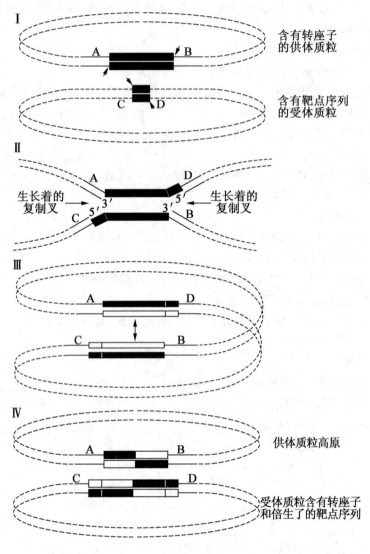

图8.15 对称模型

②转座作用模型Ⅱ——非对称模型(图8.16)。

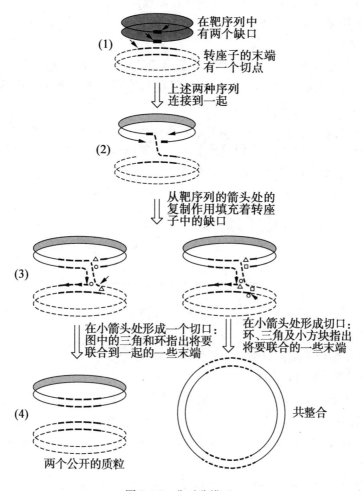

图 8.16 非对称模型

8.3.2 质粒

质粒(plasmid)是一类小型闭合环状核外双螺旋 DNA 分子,能进行自主复制的细胞质遗传因子,主要存在于各种微生物细胞中。

1. 质粒的性质

①可在细胞质中独立于染色体之外(游离态),也可以通过交换掺入染色体上,以附加体(episome)的形式存在。

②质粒是一种复制子(replicon),根据自我复制能力的不同,分为严紧型和松弛型两种:严紧型质粒的复制受细胞核控制,与染色体 DNA 复制相伴随,一般一个寄主细胞内只有少数几个(1~5个)拷贝;松弛型质粒的复制不受细胞核控制,在染色体 DNA 复制停止的情况下仍可以进行复制,在细胞内的数量可以达到 10~200 个或更多。

③可以通过转化、转导或接合作用而由一个细菌细胞转移到另一个细菌细胞中,使两个细胞都成为带有质粒的细胞。质粒转移时,它可以单独转移,也可以携带着染色体

(片段)一起进行转移,所以它可成为基因工程的载体。

④对于细菌的生存并不是必要的。

⑤功能多样化。

⑥质粒的不相容性。质粒的不相容性是指细菌质粒不能在相同细胞中同时存在的现象。当某种质粒在宿主细胞内存在时,会阻止其他质粒进入细胞寄宿,这种质粒称为不相容质粒。

⑦质粒中的选择性标记。常用的质粒载体含有一个或两个抗生素抗性基因。

对于由于三种构型同时存在时造成的多带现象(提取质粒时造成或自然存在),可以进行特异性单酶切,使其成为一条带(图8.17)。

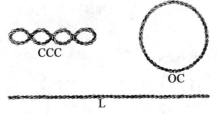

图8.17 质粒的三种构型

2. 质粒的主要类型

根据质粒所编码的功能和赋予宿主的表型效应分类。

(1)致育因子(Fertility factor,F因子)。

F因子能以游离状态(F^+)和与染色体相结合的状态(Hfr)存在于细胞中,所以又称之为附加体(episome)。

在志贺氏菌属(*Shigella*)、沙门氏菌属(*Salmonella*)和链球菌属(*Streptococcus*)等其他细菌中也发现了与大肠杆菌类似的致育因子。

在放线菌中,天蓝色链霉菌含有SCP1和SCP2两种致育质粒,这两种质粒在天蓝色链霉菌的接合过程中起重要作用,带动染色体从供体细胞向受体细胞转移。

携带F质粒的菌株称为F^+菌株(相当于雄性),无F质粒的菌株称为F^-菌株(相当于雌性)。

(2)抗性因子(Resistance factor,R因子)。

抗性因子包括抗药性和抗重金属两大类,简称R质粒。抗性质粒在细菌间的传递是细菌产生抗药性的重要原因之一。

R100质粒(89 kb)可使宿主对下列药物及重金属具有抗性。负责这些抗性的基因是成簇地存在于抗性质粒上。

(3)Col质粒:产细菌素的质粒(Bacteriocin production plasmid)。

细菌素:许多细菌都能产生某些代谢产物,抑制或杀死其他近缘细菌或同种不同菌株,因为这些代谢产物是由质粒编码的蛋白质,不像抗生素那样具有很广的杀菌谱,所以称为细菌素(bacteriiocin)。

细菌素的种类很多,一般根据产生菌的种类进行命名:

*E. coli*产生的细菌素为大肠杆菌素(colicins),而质粒被称为Col质粒。此外,还有枯

草杆菌素、乳酸菌素、根瘤菌素等。

(4) 毒性质粒(virulence plasmid)。

Ti 质粒(tumor inducing plasmid),诱癌质粒。存在于根癌土壤杆菌(*Agrobacterium tumefaciens*)中,可引起许多双子叶植物的根癌;长约 200 kb,是一个大型质粒;植物遗传工程研究中的重要载体。

(5) 代谢质粒(metabolic plasmid)。

质粒上携带有利于微生物生存的基因,如能降解某些基质的酶,进行共生固氮,或产生抗生素等。

(6) 隐秘质粒(cryptic plasmid)。

隐秘质粒不显示任何表型效应,它们的存在只有通过物理的方法,例如,用凝胶电泳检测细胞抽提液等方法才能发现。它们存在的生物学意义目前几乎不了解。在应用上,很多隐秘质粒被加以改造作为基因工程的载体(一般加上抗性基因)。

(7) 2 μm 质粒。

2 μm 质粒是酵母菌中进行分子克隆和基因工程的重要载体,因此以它为基础构建的克隆和表达载体已得到广泛的应用。另一方面,该质粒也是研究真核基因调控和染色体复制的一个十分有用的模型。

根据拷贝数或复制特点,质粒可分为:

高拷贝数(high copy number)质粒(每个细胞中可以有 10~100 个拷贝,其复制和染色体的复制不同步),如 Col E1、Col E2 等——松弛型质粒(relaxed plasmid)。

低拷贝数(low copy number)质粒(每个细胞中只有 1~2 个拷贝,其复制行为与染色体的复制同步),如 F 因子、R100——严紧型质粒(stringent plasmid)。

窄宿主范围质粒(narrow host range plasmid)只能在一种特定的宿主细胞中复制。

广宿主范围质粒(broad host range plasmid)可以在许多种细菌中复制。

8.4　突变与育种

8.4.1　自发突变与育种

1. 从生产中选育

在日常的大量生产过程中,微生物也会以一定频率自发突变,富于实际经验和善于细致观察的人们就可以及时抓住这些良机来选育优良的生产菌种。

2. 定向培育优良品种

定向培育一般指用某一特定因素长期处理某微生物群体,同时,不断地对它们进行移种传代,以达到积累并选择相应的自发突变株的目的。

8.4.2　诱变育种

诱变育种是指利用物理或化学诱变剂处理均匀而分散的微生物细胞群,促进其突变率显著提高,然后采用简便、快速和高效的筛选方法,从中挑选少数符合育种目的的突变株。

诱变育种工作中应考虑以下几个原则：

(1)挑选优良的出发菌株。

①经过生产中选育过的自发变异菌株。

②采用具有有利性状的菌株。

③选择已发生其他变异的菌株作为出发菌株。

④在育种时可选择称为增变菌株的变异菌株,它们对诱变剂的敏感性比原始菌株大为提高。

⑤在选择产核苷酸或 Aa 的出发菌株,至少能积累少量所需产物或具前体的菌株,而在选择产抗生素的出发菌株时,最好选择已通过几次诱变并发现每次的效价都有一定程度提高的菌株作为出发菌株等。

(2)处理单孢子(或单细胞)悬液。

处理的细胞必须是单细胞,均匀的悬液状态,可以均匀地接触诱变剂,又可避免长出不纯的菌落。

细胞的生理状态对诱变效应也会发生很大的影响,故在制备细胞悬液时,应考虑以下几个方面：

①同步培养。一般要求诱变处理的细胞处于同步培养状态。

②菌龄。一般处理细菌的营养细胞,采用生长旺盛的对数期细胞,其突变率高且重现性好。

③细胞悬浮液。真菌的孢子或酵母菌的营养细胞,浓度为 10^6 个/mL,而细菌的培养细胞或放线菌孢子浓度为 10^8 个/mL。

④细胞悬浮液的制备。细胞悬浮液可用生理盐水或缓冲液配制。在实际工作中,要得到均匀分散的细胞悬液,通常可用无菌的玻璃珠来打碎成团的细胞,然后再用无菌脱脂棉过滤。

(3)选用最适的诱变剂量。

剂量一般指强度与作用时间的乘积。

扩大产量变异的幅度和使产量变异向正变的方向移动。

规律:突变率往往随剂量的增高而增高。

①正变较多地出现在偏低的剂量中,而负变则较多地出现于偏高的剂量中。

②经多次诱变而提高产量的菌株,更容易出现负变。

③形态变异与生产性能变异在剂量上不完全一致,形态变异多发生在偏高剂量中,而一般形态变异多趋向于降低产量。

(4)要充分利用复合处理的协调效应。

复合处理的种类:两种或多种诱变剂先后使用;同一种诱变剂重复使用;两种或多种诱变剂同时使用。

(5)中间培养时非常重要。

为了克服表型延迟,必须将经诱变处理的菌液进行中间培养,即将一定量的菌液,接入完全液体培养基中培养过夜。

(6) 利用和创造形态、生理与产量间的相关指标。

一些形态变异虽能直接、迅速地加以观察,但又不一定与产量变异相关,如果能找到两者间相关性,则育种时初筛的效率就会大大提高。

8.4.3 致癌物质的测定

很多种化学物质,能以各种机制导致 DNA 的突变。利用各种诱变剂获得各类遗传突变,进行诱变育种;对有害微生物进行控制;危害人类自身的健康。

1. Ames 试验的原理

Ames 试验由美国加利福尼亚大学 Bruce Ames 教授于 1966 年发明,因此称为 Ames 试验。

Ames 试验,检测受试物诱发鼠伤寒沙门氏菌组氨酸营养缺陷型突变株(his^-)回复突变成野生型(his^+)的能力。试验菌株都有组氨酸突变(his^-),不能自行合成组氨酸,在不含组氨酸的最低营养平皿上不能生长,回复突变成野生型后能自行合成组氨酸,可在最低营养平皿上生长成可见菌落。计数最低营养平皿上的回变菌落数来判定受试物是否有致突变性。

2. Ames 试验的目的

检测某种化学药品是否是诱变剂、致癌剂及食品、饮料、药物等中是否含致癌物。

特点:快速、准确、费用廉价。

3. 试验菌及对试验菌的要求

标准菌株要求:检测鼠伤寒沙门氏菌(*Salmonella typhmurium*)组氨酸营养缺陷型菌株(his^-)的回复突变率(为了增加试验的敏感性,该菌株还应包括另外两个突变,一个是造成细胞表面透性增加的深度粗糙突变型,另一个是丧失切除修复能力的缺失型)。

回复突变(reverse mutation 或 back mutation):突变体失去的野生型性状,可以通过第二次突变得到恢复,这种第二次突变称为回复突变。

4. 试验的步骤

将试验药品与鼠肝匀浆混合在一起,保温一段时间。

由于生物体内、体外可能存在的差异,可在体外加入哺乳动物(如大鼠)微粒体酶系统,使待测物活化,使 Ames 试验的准确率达 80% ~ 90%。将试验菌株涂于基本培养基上;用圆形滤纸片吸入试验药品,然后将滤纸片放入上述平皿中央进行培养。

5. 结果判定

如在平板上无大量菌落产生,则说明试样中不含诱变剂。

如在纸片周围有一抑菌圈,其外才是大量菌落,说明试样中是诱变剂的浓度很高。

如在纸片周围即长大量菌落,说明诱变剂浓度合适。

斑点试验和平板掺入试验如图 8.18 所示。

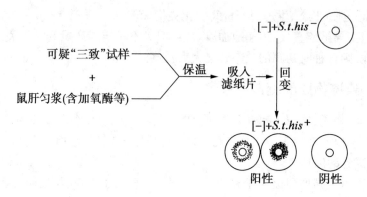

图 8.18　斑点试验

8.5　基因重组和育种

凡将两个不同性状个体内的遗传基因转移到一起,经过遗传分子间的重新组合,形成新的遗传个体的方式,称为基因重组或遗传重组(genetic recombination)。

(1)重组与突变的区别。

①突变系指一个细胞的同一基因组中某一点或某一 DNA 片段发生的变异;而重组是来自两个细胞的不同基因组间遗传物质交换的结果。

②重组可在微生物细胞不发生突变的情况下,形成新的基因型与表型。

(2)杂交(hybridization)系指不同基因型的亲本个体或细胞(指单细胞生物)交配而产生子代的过程。

重组是分子水平上的概念,杂交中必然包含重组,而重组则不限于杂交这一种形式。

8.5.1　细菌、放线菌的接合及育种

1. 细菌的接合及育种

接合(conjugation)指供体菌与受体菌的完整细胞经直接接触而传递大段 DNA(包括质粒)遗传信息的现象。

(1)接合现象的发现。

1946 年,黎德伯格(Lederberg)和塔特姆(Tatum)将来自大肠杆菌(*Escherichia coli*) K_{12} 菌株的两个营养缺陷型品系混合培养。

A 为甲硫氨酸缺陷型 met^- 和生物素缺陷型 bio^-。

B 为苏氨酸缺陷型 thr^- 和亮氨酸缺陷型 leu^-。

将两者在完全培养基上混合培养过夜,然后将混合培养物经离心和洗涤除去完全培养基,再涂布在基本培养基上;再将分别培养的 A、B 菌涂布于另外两个基本培养基上做对照。经培养后发现,两个单独培养的菌涂布的平板上无菌落。而在混合培养菌的培养皿上,大约每 10^7 个亲本细胞中出现一个 met^+、bio^+、thr^+、leu^+ 及原养型菌落,如图 8.19 所示。

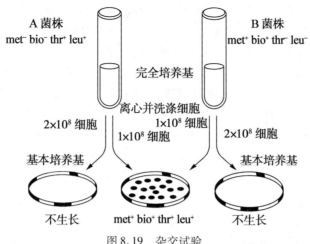

图 8.19　杂交试验

① 可能是细菌接合后发生基因重组的结果。
② 细菌细胞并没有接合,而是交换了 DNA,即发生了转化的结果。
③ 细菌细胞并没有接合,而是通过培养基交换了养料,即互养结果。
④ 细菌细胞并没有接合,而是亲本细菌发生了回复突变结果。
⑤ 虽经接合而未发生基因重组,只是形成异核体或杂合二倍体的结果。
(2) 接合作用的证明。
① 转化作用的排除。
Davi(1950)设计了 U 形管实验,如图 8.20 所示。

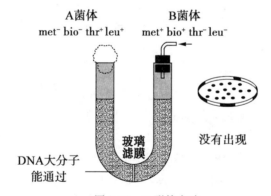

图 8.20　U 形管实验

在任何一臂内都没有出现原养型细菌。这说明两个菌株间的直接接触——接合,是原养型细胞出现的必要条件。
② 互养的排除。
营养缺陷型细菌通过培养基交换养料而产生的现象称为互养。
Lederberg 和 Tatum 进一步实验否定了这种可能性,他们将培养过一种营养缺陷型菌的培养基经过灭菌、过滤,然后加入到另一营养缺陷型菌培养物中。即使前一种菌在培养灭菌过滤之前发生过裂解,也不能使后一种菌产生原养型。
③ 回复突变的排除。

这两种菌株有四个突变,如果挑到的原养型菌是这两菌中任何一个回复突变而造成的生长,那么就必须至少有两个突变型同时发生突变,任何两个基因突变的回复突变率都大于 10^{-12},这在基本培养基上几乎不可能获得菌落。

④异核体和杂合二倍体的排除。

在异核体细胞中,同时存在两种核质体。在杂合二倍体的情况下,两种核质体合在一起,无论是哪一种情况,细胞都是原养型,但是由于有隐性基因存在,所以在继续培养中会出现分离现象,也就是说,在原养型的后代中会出现缺陷型的细菌。实验结果与此相反,原养型菌落的基因是稳定的,说明原养型就是单倍重组体。

(3)接合的机制。

①接合作用中两菌株性别的存在。

Lederberg 和 Tatum 认为两个细菌的亲本细胞在接合过程中起同等的作用,即 *E. coli* 的性系统被认为是同宗配合的。

这个正反交的结果说明 A 和 B 品系虽然都来自野生型 *E. coli* K_{12}。可是在杂交期间两个品系所引起的作用是不同的,是一种单向异宗配合的过程。A、B 两品系在获得的同时,发生了性状的变化,两个接合的亲本细胞同雌雄异体的性作用相类似,其中供体品系相当于雄性,而受体品系相当于雌性,所以杀死雌的不能产生后代。

即在接合过程中遗传物质的交换是一种单向的转移:供体(雄性)→ 受体(雌性)。

②F 因子的存在。

a. *E. coli* 的某些株记为 F^+,带有一个性因子或致育因子,而另一个不育型品系记作 F^-,即不带性因子。

b. 杂交 $F^+ \times F^-$ 是可育的,杂交 $F^- \times F^-$ 是不育的。

c. F 因子可以传递,从 F^+ 到 F^- 细菌,但必须通过细胞接触。

d. F 因子能够自发丧失,一旦丧失就不能恢复。

③F 因子及 F^+ 细胞的特性。

F^+ 是一种可遗传性状,因为 F^+ 细菌分裂仍得到 F^+ 细胞,F 因子的存在使细胞成为 F^+,F 因子丧失则为 F^-。F 因子转移的频率可高达 70% 以上,所以 F 因子是染色体外的一种遗传结构,即质粒(plasmid)。

F 因子是独立于染色体外的小型环状 DNA 分子,具有自我复制及转移到其他细胞中去的能力。大小约是细菌基因组 DNA 的 2%,相对分子质量为 6.3×10^6,含 94.5 kb,整个基因组编码 94 个蛋白质,其中 1/3 的基因与接合作用有关。

F 性菌毛分布在 *E. coli* 的表面,数目与 F 因子相当,长度为 $1 \sim 20~\mu m$。

功能是:是两性细胞接合时,转移 DNA 的通道,又称为性纤毛桥;又是特异噬菌体吸附的部位。

④接合时 DNA 转移的机制。

DNA 转移的机制尚不详。

(4)F 因子的三种存在形式。

①F^+:即 F 质粒,编码性菌毛,称为雄性菌,在细胞中以游离状态存在。

②Hfr(high frequency of recombination):F 质粒整合到细菌染色体上,使细菌能高效

地转移染色体上的基因,故称为高频重组菌。

③F':Hfr 菌中的 F 质粒可从染色体上脱离下来,并带染色体上几个邻近的基因,故称为 F'。

三者均有性菌毛,均可发生接合,如图 8.21 所示。

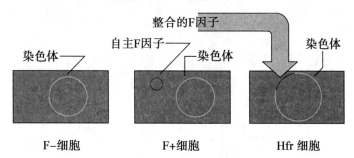

图 8.21　F 因子的三种存在形式

这两类菌株的异同:

a. F^+ 和 Hfr 均能和 F^- 菌株杂交。

b. F^+ 和 Hfr 都能合成细胞表面附属物——性菌毛。

c. Hfr 菌株总是从 F^+ 菌株中得到。

d. Hfr 菌株经吖啶橙处理后性质不变,而 F^+ 经处理后变为 F^- 菌株。

e. Hfr 和 F^- 杂交后,F^- 菌株性别一般不变,而 F^+ 和 F^- 杂交后变为 F^+。

④F^-:不是所有的 Hfr 菌都是相当稳定的。

(5)三种"雄性"菌株与 F^- 接合后的结果。

①$F^+ \times F^- \longrightarrow 2F^+$,如图 8.22 所示。

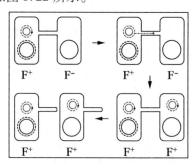

图 8.22　F^+ 与 F^- 接合后的结果

②$Hfr \times F^- \longrightarrow Hfr + F^-$,如图 8.23 所示。

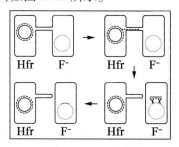

图 8.23　Hfr 与 F^- 接合后的结果

③F'×F⁻──→2F',如图 8.24 所示。

Hfr 菌株的 F 因子反常切除,形成 F'因子,所形成 F'因子有两种类型——Ⅰ型和Ⅱ型。

Ⅰ型:F 因子缺失的那部分留在染色体上,同时将附带的染色体基因传递过去。

Ⅱ型:完整的 F 因子 DNA 和位于 F 因子插入两端的染色体基因,造成染色体上这两种基因的缺失。

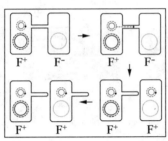

图 8.24　F'与 F⁻接合后的结果

(6)中断杂交实验。

1957 年,E. L. Wollman 和 F. Jocob 设计了中断杂交实验,以证明接合时遗传物质从供体细胞的转移是直线式进行的,他们将 Hfr 菌株与 F⁻菌株混合在一起进行杂交培养。

每隔一定时间取样,将菌液放在组织搅拌器内搅拌,以中断杂交。经过稀释,接种到含有链霉素的完全培养基上,这样将杀死所有 Hfr 细胞,然后对形成菌落的 F⁻细胞用影印培养法测试其基因型,以便确定每个基因转移到 F⁻细胞的时间。

根据中断杂交的实验,以 Hfr 基因在 F⁻细胞中出现的时间为标准,可以做出大肠杆菌的连锁遗传图。

用不同的 Hfr 菌株进行中断杂交实验所做出的大肠杆菌基因连锁图,其基因进入 F⁻细胞的转移的顺序不大相同。这个实验进一步说明 F 因子和细菌染色体都是环状的,而 Hfr 细胞染色体的形成,则因 F 因子插入环状染色体的不同位置,因而形成了不同的转移原点和转移方向。

2. 放线菌的接合作用

(1)放线菌基因重组的发现。

1955 年,Sermonti 夫妇在天蓝色链霉菌(*Streptomyces coelicoler*)ISS 株中首次发现通过遗传性交换而产生的重组,接着 Hopwood 也用 *S. coelicoler* A 3(2) 发现了同样的重组。

(2)放线菌的性别。

原始致育型(IF,initial fertility)相当于 *E. coli* 的 F⁺。

正常致育型(NF,normal fertility)相当于 *E. coli* 的 Hfr。

超致育型(UF,ultra fertility)相当于 *E. coli* 的 F⁻。

(3)放线菌的致育因子。

在 *S. coelicoler* 中存在一种称为 scp1 的致育因子。

特点:scp1 具有转移性;它除了能够自身转移以外,还能带动染色体进行转移;scp1 时带有与产生次甲霉素有关的基因;scp1 不存在于 UF 菌株中,但存在于 IF 和 NF 菌株的细胞内,scp1 插入到染色体上;scp1 还可以带有 *PabA*、*CysB*、*UraA* 等基因,带有这些基因的 Scp1 称为 scp1'。而带有 CysB 基因的 Scp1 称为 Scp1 – CysB,而带有 Pab 基因的 Scp1 称为 Scp1 – PabA。

(4)*S. coelicoler* 三种致育类型与 *E. coli* 的三种致育类型之间的区别。

①*E. coli* 中 $F^- \times F^-$ 是不育的,但是在 *S. coelicoler* 中可以从 $UF \times UF$ 杂交中得到较低频率的重组体。

②在 *E. coli* 中 $F^+ \times F^+$ 或 $Hfr \times Hfr$ 杂交的可育性很低,除非使其中的一个菌株成为 F^- 的拟表型状态才能成为可育。然而,$NF \times NF$ 或 $IF \times IF$ 在 *S. coelicoler* 中是高度可育的。

③在 *E. coli* 中 $F^+ \times F^-$,杂交子代都是 F^+,但 $Hfr \times F^-$ 杂交子代是 Hfr 和 F^-。在 *S. coelicoler* 中则 $IF \times UF$ 的杂交子代是 IF,$NF \times UF$ 杂交子代是 NF。

3. 采用接合技术育种

Hfr 菌株和 F^- 菌株接触带来两个细菌细胞的接合和染色体从 Hfr 菌株向 F^- 菌株转移。因此,接合杂交是确定特定基因的粗略位置的有效方法,也是育种的一种手段。

8.5.2 转化与育种

1. 细菌转化实验

(1)基础知识。

野生型肺炎双球菌(*Streptococcus pneumoniae*)菌落为光滑型,一种突变型为粗糙型,两者的根本差异在于荚膜形成。荚膜的主要成分是多糖,具特殊的抗原性。不同抗原型是遗传的、稳定的,一般情况下不发生互变。

(2)Griffith 转化研究(1928 年)。

根据上述研究结果 Griffith 认为:(有毒)死细菌中的某种物质转移到(无毒)活细菌中,并使之具有毒性,导致小家鼠死亡;他将这种细菌遗传类型的转变称为转化,并将引起转化的物质称为转化因子(tranforming principle);但是当时的化学与生化分析技术还无法鉴定杀死细菌中的成分,因而不知转化因子为何物。

以后一些研究者重复上述试验,并且加入了体外培养试验,即将加热杀死的 SⅢ 细菌与无毒 RⅡ 细菌混合培养,然后注入小家鼠体内,同样导致家鼠死亡。表明细菌在培养条件下也能够实现遗传类型间的定向转化。

(3)阿维利(Avery)等的转化实验(1944 年)。

图 8.25 表明来源于加热杀死的 SⅢ 细菌,并使 RⅡ 细菌转化成为 SⅢ 型细菌的转化因子是 DNA。

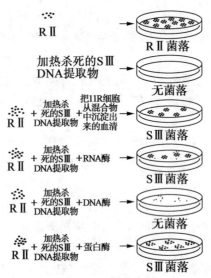

图 8.25 转化实验

正是在这一认识的基础上,将转化定义为:某一基因型的细胞从周围介质中吸收来自另一基因型的 DNA 而使它的基因型和表现型发生相应变化的现象。

Avery 等人的实验实际上也表明:决定细菌遗传类型的物质是 DNA,即证明了 DNA 就是遗传物质。但由于他们采用的实验方法当时不被人们广泛接受,而且得出的结论与当时人们的传统观念(认为蛋白质是遗传物质)不符合,而长期没有得到人们的承认。

转化(transformation):受体细胞直接吸收来自于供体细胞的离体 DNA 片段,并通过交换把它整合到自己的基因组中,从而获得了供体细胞的某些遗传性状的现象,称为转化,获得新性状的受体称为转化子(transformant)。

转化不是两个细胞的直接接触,而是供体细胞的离体 DNA 与受体细胞直接接触,而转移遗传物质。

2. 转化过程

一般认为感受态出现在细菌对数生长后期,并且某些处理过程可以诱导或加强感受态,以 *E. coli* 为例,用 Ca^{2+} 处理对数生长后期的大肠杆菌可以增强其感受能力。

对于转化作用来说,转化 DNA 片段必须具有一定的大小,一般认为,转化 DNA 的片段没有上限,但是在制备转化子过程中,往往人工打断供体 DNA 分子,获得的片段约 10^7 dal。在受体细胞摄取 DNA 时,转化分子可能进一步断裂,所以大约仅 0.5% 供体基因组能够进入受体细胞。

在某一特定条件下培养的部分细胞才有吸收外源 DNA 的能力,这种细胞称为感受态细胞,能接受转化因子的细菌的生理状态称为感受态(competence)。

转化机制如图 8.26 所示。

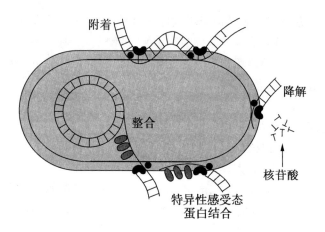

图 8.26 转化机制

3. 转化过程的基因重组及育种

(1) 转化技术用于基因定位。

在转化过程中,两个连锁的基因可以同时转化,但是同时转化并不一定意味着基因连锁。因为包含着两个不连锁基因的两个 DNA 片段可以被同一个细菌所吸收。

(2) 转化育种。

如供体菌能耐高温或有抗青霉素的特性,而受体菌不耐高温或对青霉素是敏感的。可利用转化手段将供体菌的特性转给受体菌以达到育种的目的。

8.5.3 转导与育种

1. 转导

通过完全缺陷或部分缺陷的噬菌体为媒介,将供体细胞的 DNA 片段携带到受体细胞中,通过交换与整合,从而使后者获得前者部分遗传性状的现象,称为转导(transduction)。获得新性状的受体细胞,就称为转导子(transductant)。

转导的种类见表 8.1

表 8.1 转导的种类

转导		
	普遍转导	完全普遍转导
		流产普遍转导
	局限转导	低频转导
		高频转导

2. 普遍转导

通过完全缺陷的噬菌体对供体菌任何 DNA 小片段的"误包",而实现其遗传性状传递至受体菌的转导现象,称为普遍转导(generalized transduction)。

(1) 完全(普遍性)转导(complete transduction)。

1952 年发现,在 *Salmonella typhimurium* 中存在转导现象。在它的完全普遍性转导实验中以其野生型菌株作为供体菌;营养缺陷型菌株作为受体菌;P22 噬菌体作为转导媒介,对供体菌是烈性噬菌体,对受体菌是温和噬菌体。

P22 噬菌体在供体菌内增殖时,宿主的核染色体组断裂,待噬菌体成熟与包装之际,极少数($10^{-6} \sim 10^{-8}$)噬菌体的衣壳将与噬菌体头部核心大小相似的一段供体DNA片段误包入其中,形成了一个完全不含噬菌体自身DNA的缺陷噬菌体。

供体菌裂解时,如将少量裂解物与大量受体菌群体相混,使其感染复数(m.o.i)小于1,这种完全缺陷噬菌体就会将这一外源DNA片段导入受体细胞内。

在这种情况下,由于一个受体细胞只感染了一个完全缺陷噬菌体,故受体细胞不会发生往常的溶源化,也不显示其免疫性,更不会裂解和产生正常的噬菌体;而由于导入的外源DNA片段可与受体细胞核染色体组上的同源区段配对,再通过双交换而整合到受体菌染色体组中,所以使后者成为一个遗传性状稳定的转导子。

感染复数(multiplicity of infection, m.o.i):由于每一宿主细胞表面的特异性受体有限,因此所能吸附的噬菌体数目也有一个限量。每一敏感细胞所能吸附的噬菌体的数量,m.o.i一般很大,可达$250 \sim 360$。

由于超m.o.i的外源噬菌体吸附而引起的、不能产生子代噬菌体的裂解,称为自外裂解(lysis from without)。

噬菌体裂解第一个宿主时可能有三种情况:
①包入的完全是噬菌体的DNA(正常噬菌体)。
②包入的完全是细菌DNA(完全缺陷噬菌体)。
③部分带有噬菌体基因的DNA(部分缺陷噬菌体)。
转导分别是由后两种噬菌体参与进行的。

(2)流产普遍转导(abortive transduction)。

流产普遍转导简称流产转导,经转导而获得了供体菌的DNA片段的受体菌,如果外源DNA与其既不进行交换、重组和复制,也不迅速消失,而仅进行转录、转译和性状表达,这种现象就称为流产转导,发生流产转导的细胞在进行分裂后只能将这段外源DNA分配给一个子细胞,而另一个子细胞仅获得供体基因经转录、转译而形成的少量产物酶,因此,在表型上仍出现轻微的供体菌特征,每次经过一次分裂,就受到一次"稀释",所以,能在选择性培养基平板上形成微小菌落,就形成了流产转导的特点。

3. 局限转导(specialized transduction)

局限转导指通过部分缺陷的温和噬菌体将供体菌的少数特定基因携带到受体菌中,并获得表达的转导现象。

特点:只转导供体菌的个别特定基因;该特定的基因由部分缺陷的噬菌体所携带。缺陷噬菌体是由于其在形成过程中所发生的低频率(约为10^{-5})"误切",或由于双重溶源菌的裂解而形成(约形成50%缺陷噬菌体)。

局限转导分为低频转导与高频转导。

(1)低频转导(low-frequency transduction, LFT)。

在一般的转导现象中,从宿主染色体上切离时发生不正常切离的频率极低,故这种裂解物中的部分缺陷噬菌体的比例是极低的($10^{-4} \sim 10^{-6}$),将这种裂解物称为LFT(低频转导)裂解物。

用LFT裂解物以低m.o.i(感染复数)感染宿主,就可获得极少量的局限转导子,即低频转导。

(2) 高频转导(high-frequency transduction, HFT)。

当用 LFT 裂解物以高 m.o.i 感染 E. coli gal⁻(不发酵半乳糖的营养缺陷型)菌株时,凡是感染有 λ_{dgal} 噬菌体任一细胞,几乎都同时感染有正常的 λ 噬菌体。这时 λ 与 λ_{dgal} 同时整合在一个受体菌的核染色体组上,从而使它成为一个双重溶源菌(double lysogen)。当双重溶源菌被紫外线等诱导时,其中的正常 λ 噬菌体的基因可补偿 λ_{dgal} 缺失的部分基因功能,因而两种噬菌体就同时获得复制的机会。所以在双重溶源菌中的正常 λ 噬菌体被称为助体(或辅助)噬菌体(helper phage)。

双重溶源菌的裂解物中含有等量的 λ 和 λ_{dgal} 粒子,称为 HFT(高频转导)裂解物。

用 HFT 裂解物以低 m.o.i 感染另一个 E. coli gal⁻(不发酵半乳糖的营养缺陷型)受体菌,就可以高频率地将其转化为能发酵半乳糖的 E. coli gal⁺ 转导子,称为高频转导。

普遍性转导和局限性转导的比较见表 8.2。

表 8.2　普遍性转导和局限性转导的比较

比较项目	普遍性转导	局限性转导
转导的基因	供体染色体或染色体外的任何基因	供体染色体上与原噬菌体紧密连锁的少数几个基因
噬菌体寄生的位置	不结合在寄主染色体特定位置上	结合在寄主染色体特定位置
获得转导噬菌体的方法	通过敏感菌的裂解或溶源菌的诱导	紫外线诱导溶源菌
转导子的区别	一般稳定,非溶原性(不表现出任何噬菌体的性状,包括免疫性)	一般不稳定,呈缺陷溶原性(对同源噬菌体具有免疫性,但不表现出其他噬菌体的性状)

4. 溶源转变

当温和噬菌体感染宿主而使其发生溶源化时,因噬菌体的基因整合到宿主的核基因组上,而使后者获得了除免疫性以外的新性状的现象,称为溶源转变。

性质:表面上与转导相似,而本质上不同于转导。

与转导的区别:当宿主丧失其原噬菌体时,通过溶源转变而获得的新性状也随之消失;温和噬菌体不携带来自供体菌的外源基因,是噬菌体自身基因使宿主获得新性状;温和噬菌体是完整的,不是缺陷的;获得新性状的是溶源化的宿主细胞,不是转导子。

5. 转导用于基因定位

普遍性转导噬菌体通常可以用来绘制供体菌遗传图谱。例如,P1 噬菌体的基因组约为染色体长度 2.4%,P1 噬菌体感染 E. coli 后,可以随意包裹寄主 DNA 片段,只要这个片段包含的基因座位不超过 E. coli 遗传图谱的 2 min 距离,均可一起被转导,这是一般用接合和转化作用来进行基因定位所难以实现的,对细菌染色体小片段的精细结构十分有用,两个邻近的基因一起被转导的现象,称为共转导(cotransduction)。

当转导的 DNA 片段进入受体后,与受体同源分子进行重组,当另一个基因的标记被选择时,那么另一个邻近基因的发现频率随着它们二者之间的距离的缩小而增大,这个频率称为共转导频率(co-transduction frequency)。

6. 转导育种

(1)育种条件。

供体菌,受体菌,转导噬菌体,选择性标记。

(2)过程。

首先要进行噬菌体效价的测定,所谓噬菌体的效价测定,就是测定 1 mL 培养液中会有活噬菌体的数目,该数目称为噬菌体的效价。在含有敏感菌株的平板上发现噬菌体斑,一般一个噬菌体形成一个噬菌斑,因此,可以根据一定体积培养液所发现的噬菌斑数目计算出噬菌体的效价。

转导育种的操作很简单,先将供体菌培养至对数生长期,然后向其中加入噬菌体,继续培养,使一部分供体菌发生裂解反应而释放出转导噬菌体,加入氯仿以杀死仍活着的供体菌,待完全溶菌后,低速离心以去除菌体残渣,上清液经 DNase 处理和微孔滤膜除菌后,即可制成供体菌裂解液,然后,将受体菌培养至对数生长期,向其中加入供体菌裂解液,将该菌转移到选择培养基平板上培养,即可以从中获得目的转导子。

8.6 菌种的衰退、复壮和保藏

在科学研究和生产实践中,必然会遇到菌种的衰退、复壮和保藏等问题,这都涉及一系列有关遗传、变异等的基本知识和理论,因此,有必要在本章中加以讨论。

8.6.1 菌种的衰退

在生物进化的历史长河中,遗传性的变异是绝对的,而其稳定性却是相对的;在变异过程中,衰退的变异是大量的,而进化的变异却是个别的。在自然条件下,个别的适应性变异通过自然选择就可保存和发展,最后成为进化的方向;在人为条件下,人们也可通过人工选择法去有意识地筛选出个别的正变体(plus mutant),并用于生产实践中。相反,如不自觉、认真地进行人工选择,大量的自发突变株就会随之泛滥,最后导致菌种的衰退。在长期接触菌种的实际工作人员中,都有一个深刻的体会,即如果对菌种工作任其自然、放任自流,不搞纯化、复壮和育种,则菌种就会对你进行"惩罚",反映到生产上就会出现持续的低产、不稳产。这说明菌种的生产性状也是不进则退的。

1. 菌种衰退的现象

衰退(degeneration)即菌种在培养或保藏过程中,由于自发突变的存在,出现某些原有优良生产性状的劣化、遗传标记的丢失等现象。

随着菌种保藏时间的延长或菌种的多次转接传代,菌种本身所具有的优良的遗传性状可能得到延续,也可能发生变异。变异有正变(自发突变)和负变两种,其中负变即菌株生产性状的劣化或有些遗传标记的丢失均称为菌种的衰退。但是在生产实践中,必须将由于培养条件的改变导致菌种形态和生理上的变异与菌种衰退区别开来。因为优良菌株的生产性能是和发酵工艺条件紧密相关的。如果培养条件发生变化,如培养基中缺乏某些元素,会导致产孢子数量减少,也会引起孢子颜色的改变;温度、pH 值的变化也会使发酵产量发生波动等。所有这些,只要条件恢复正常,菌种原有性能就能恢复正常,因此这些原因引起的菌种变化不能称为菌种衰退。常见的菌种衰退现象中,最易觉察到的是菌落形态、细胞形态和生理等多方面的改变,如菌落颜色的改变,畸形细胞的出现等;菌株生长变得缓慢,产孢子越来越少直至产孢子能力丧失,如放线菌、霉菌在斜面上多次传代后产生"光秃"现象等,从而造成生产上用孢子接种的困难;还有菌种的代谢活动,代谢产物的生产能力或其对寄主的寄生能力明显下降,如黑曲霉糖化能力的下降,抗菌素发酵单位的减少,枯草杆菌产淀粉酶能力的衰退等。所有这些都对发酵生产均不利。因此,为了使菌种的优良性状持久延续下去,必须做好菌种的复壮工作。即在各菌种的优良性状没有衰退之前,定期进行纯种分离和性能测定。

2. **菌种衰退的原因**

菌种衰退的主要原因是有关基因的负突变。当控制产量的基因发生负突变,就会引起产量下降;当控制孢子生成的基因发生负突变,则使菌种产孢子性能下降。一般而言,菌种的衰退是一个从量变到质变的逐步演变过程。开始时,在群体中只有个别细胞发生负突变,这时如不及时发现并采用有效措施而一味移种传代,就会造成群体中负突变个体的比例逐渐增高,最后占优势,从而使整个群体表现出严重的衰退现象。因此,突变在数量上的表现依赖于传代,即菌株处于一定条件下,群体多次繁殖,可使衰退细胞在数量上逐渐占优势,于是衰退性状的表现就更加明显,逐渐成为一株衰退了的菌体。同时,对某一菌株的特定基因来讲,突变频率比较低,因此群体中个体发生生产性能的突变不是很容易的,但就一个经常处于旺盛生长状态的细胞而言,发生突变的概率比处于休眠状态的细胞大得多,因此,细胞的代谢水平与基因突变关系密切,应设法控制细胞保藏的环境,使细胞处于休眠状态,从而减少菌种的衰退。

3. **防止衰退的措施**

(1)控制传代次数。

尽量避免不必要的移种和传代,并将必要的传代降低到最低限度,以减少细胞分裂过程中所产生的自发突变概率($10^{-8} \sim 10^{-9}$)。为此,任何较重要的菌种,都应采取一套相应的良好菌种保藏方法。

(2)创造良好的培养条件。

在实践中,有人发现如创造一个适合原种的生长条件,就可在一定程度上防止衰退。例如,在赤霉素生产菌 *G. fujikuroi* 的培养基中,加入糖蜜、天冬酰胺、谷氨酰胺、5'- 核苷酸或甘露醇等丰富营养物时,有防止衰退效果;在 *Aspergillus terricola*(栖土曲霉)3.942培养基时,发现温度从 28~30 ℃提高到 33~34 ℃时,可防止产孢子能力的衰退。

(3)利用不易衰退的细胞传代。

在放线菌和霉菌中,由于其菌丝细胞常含几个细胞核,甚至是由异核体组成的,因此若用菌丝接种就易出现离异(dissociation)或衰退,而孢子一般是单核的,用于接种,就不会发生这类现象。在实践中,若用灭过菌的棉团轻巧地对放线菌进行斜面移种,就可避免菌丝接入。另外,有些霉菌(如 *A. nidulans* 等)用其分生孢子传代易于衰退,而改用子囊孢子接种,则能避免衰退。

(4)采用有效的菌种保藏方法。

在用于工业生产的菌种中,重要的性状大多属于数量性状,而这类性状恰是最容易衰退的。有些如链霉素生产菌 *Streptomyces griseus*(灰色链霉菌)的菌种保藏即使是采用干燥或冷冻干燥保藏等较好的方法,还是会出现这类情况。这说明有必要研究和采用更为理想的菌种保藏方法。

8.6.2 菌种的复壮

狭义的复壮仅是一种消极的措施,指的是在菌种已发生衰退的情况下,通过纯种分离和测定典型性状、生产性能指标,从已衰退的群体中筛选少数尚未退化的个体,以达到恢复原菌株固有性状的相应措施。

广义的复壮则应是一项积极的措施,即在菌种的典型特征或生产性状尚未衰退前,就经常有意识地采取纯种分离和生产性状的测定工作,以期从中选择到自发的正变个体。

1. 分离纯化

在衰退菌种的细胞群中,一般还存在仍保持原有典型性状的个体。通过纯化分离法,设法将这种细胞挑选出来即可达到复壮的效果。纯化分离方法较多,大体可分两类:一类较粗放,可达到"菌落纯"水平(pure culture in colony lever);另一类较精细,可达到"菌株纯"水平(pure culture in strain lever)。纯化分离法的分类见表8.3。

表8.3 纯化分离法的分类

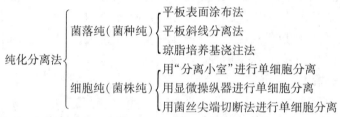

2. 宿主复壮

对于因长期在人工培养基上移种传代而衰退的病原菌,可接种到相应的昆虫或动、植物宿主体中,通过这种特殊的活的"选择性培养基"一次至多次选择,就可从典型的病灶部位分离到恢复原始毒力的复壮菌株。如经长期人工培养的 *Bacillus thuringiensis* 会发生毒力减退和杀虫效率降低等衰退现象。这时,就可将已衰退的菌株去感染菜青虫等幼虫,然后再从最早、最严重罹病的虫体内重新分离出产毒菌种。

3. 淘汰已衰退的个体

有人发现,若对 *S. microflavus* "5406"农用抗生素的分生孢子采用 −10 ~ −30 ℃ 的低温处理 5 ~ 7 d,使其死亡率达到约80%,结果会在抗低温的存活个体中留下未退化的个体,从而达到复壮的效果。

4. 遗传育种

可将衰退菌株作为出发菌株,重新进行遗传育种,从中选出高产的、不易衰退的稳定菌株。

以上综合了一些在实践中曾收到一定成效的防止菌种衰退及达到复壮的经验。但在使用这些措施之前,还需仔细分析和判断自己的菌种究竟是发生了衰退,还是属于一般性的饰变或污染。

8.6.3 菌种的保藏

菌种(culture,stock culture)是一种极其重要和珍贵的生物资源,菌种保藏(preservation,conservation,maintenance)是一项十分重要的基础性工作。菌种保藏机构的任务是在广泛收集实验室和生产用菌种、菌株、病毒菌株(还包括动物、植物的细胞株和微生物质粒等)的基础上,将其妥善保藏,使之不死、不衰、不乱,以达到便于研究、交换和使用等目的。为此,在国际上一些较发达的国家都设有若干国家级的菌种保藏机构。例如,中国微生物菌种保藏管理委员会(CCCCM)、中国典型培养物保藏中心(CCTCC)、美国典型菌种保藏中心(ATCC)、美国北部地区研究实验室(NRRL)、荷兰的霉菌中心保藏所(CBS)、英国的国家典型菌种保藏所(NCTC)、前苏联的全苏微生物保藏所(UCM)、日本的大阪发酵研究所(IFO)等都是有关国家的代表性菌种保藏机构。

1. 菌种保藏的原理

无论采用何种保藏方法,首先应该挑选典型菌种的优良纯种进行保藏,最好保藏它们的休眠体,如分生孢子、芽孢等。其次,应根据微生物生理、生化特点,人为地创造环境条件,使微生物长期处于代谢不活泼、生长繁殖受抑制的休眠状态。这些人工环境主要是干燥、低温和缺氧。另外,避光、缺乏营养、添加保护剂或酸度中和剂也能有效提高保藏效果。

2. 菌种保藏的方法

(1) 斜面低温保藏法。

将菌种接种在适宜的斜面培养基上,待菌种生长完全后,置于4 ℃左右的冰箱中保藏,每隔一定时间(保藏期)再转接至新的斜面培养基上,生长后继续保藏,如此连续不断。此法广泛适用于细菌、放线菌、酵母菌和霉菌等大多数微生物菌种的短期保藏及不宜用冷冻干燥保藏的菌种。放线菌、霉菌和有芽孢的细菌一般可保存6个月左右,无芽孢的细菌可保存1个月左右,酵母菌可保存3个月左右。如以橡皮塞代替棉塞,再用石蜡封口,置于4 ℃冰箱中保藏,不仅能防止水分挥发、能隔氧,而且能防止棉塞受潮而污染。这一改进可使菌种的保藏期延长。

该法的优点是简便易行,容易推广,存活率高,故科研和生产上大多采用此保藏方法。其缺点是菌株仍有一定程度的代谢活动能力,保藏期短,传代次数多,菌种较容易发生变异和被污染。

(2) 石蜡油封藏法。

石蜡油封藏法是在无菌条件下,将已灭菌并蒸发掉水分的液体石蜡倒入培养成熟的菌种斜面(或半固体穿刺培养物)上,石蜡油层高出斜面顶端1 cm,使培养物与空气隔绝,加胶塞并用固体石蜡封口后,垂直放在室温或4 ℃冰箱内保藏。使用的液体石蜡要求优质无毒,化学纯规格,其灭菌条件是:150~170 ℃烘箱内灭菌1 h;或121 ℃高压蒸汽灭菌60~80 min,再置于80 ℃的烘箱内烘干除去水分。

由于液体石蜡阻隔了空气,使菌体处于缺氧状态下,而且又防止了水分挥发,使培养物不会干裂,因而能使保藏期达1~2年,甚至更长。此法操作简单,适于保藏霉菌、酵母菌、放线菌、好氧性细菌等，对霉菌和酵母菌的保藏效果较好，可保存几年甚至数十年。但对很多厌氧性细菌的保藏效果较差，尤其不适用于某些能分解烃类的菌种。

(3)砂土管保藏法。

砂土管保藏法是一种常用的长期保藏菌种的方法，适用于产孢子的放线菌、霉菌及形成芽孢的细菌，一些对干燥敏感的细菌如奈氏球菌、弧菌和假单胞杆菌及酵母则不适用。

其制作方法是，先将砂与土分别洗净、烘干、过筛（一般砂用60目筛，土用120目筛），按砂与土的比例为(1~2):1混匀，分装于小试管中，砂土的高度约为1 cm，121 ℃蒸气灭菌1~1.5 h，间歇灭菌3次。50 ℃烘干，经检查无误后备用。也可只用砂或土作载体进行保藏的。需要保藏的菌株先用斜面培养基充分培养，再以无菌水制成10^8~10^{10}个/mL菌悬液或孢子悬液滴入砂土管中，放线菌和霉菌也可直接刮下孢子与载体混匀，置于干燥器中抽真空2~4 h，用火焰熔封管口（或用石蜡封口），置于干燥器中，在室温或4 ℃冰箱内保藏，后者效果更好。

此法兼具低温、干燥、隔氧和无营养物等诸条件，故保藏期较长、效果较好，且微生物移接方便，经济简便。该方法比石蜡油封藏法的保藏期长，为1~10年。中国科学院微生物研究就用砂土管保藏法保藏放线菌。

(4)麸皮保藏法。

麸皮保藏法也称曲法保藏。即以麸皮作载体，吸附接入的孢子，然后保存于低温干燥条件下。其制作方法是按照不同菌种对水分要求的不同将麸皮与水以一定的比例1:(0.8~1.5)拌匀，装量为试管体积2/5，湿热灭菌后经冷却，接入新鲜培养的菌种，适温培养至孢子长成。将试管置于盛有干燥剂（氯化钙等）的干燥器中，于室温下干燥数日后移入低温下保藏；干燥后也可将试管用火焰熔封，再保藏，效果更好。

此法适用于产孢子的霉菌和某些放线菌，保藏期在1年以上，操作简单，经济实惠，工厂较多采用。中国科学院微生物研究所采用麸皮保藏法保藏曲霉，如米曲霉、黑曲霉、泡盛曲霉等，其保藏期可达数年至数十年。

(5)冷冻真空干燥保藏法。

冷冻真空干燥保藏法又称冷冻干燥保藏法，简称冻干法。它通常是用保护剂制备拟保藏菌种的细胞悬液或孢子悬液于安瓿管中，再在低温下快速将含菌样品冻结，并减压抽真空，使水升华将样品脱水干燥，形成完全干燥的固体菌块。并在真空条件下立即融封，造成无氧真空环境，最后置于低温下，使微生物处于休眠状态，得以长期保藏。常用的保护剂有脱脂牛奶、血清、淀粉、葡聚糖等高分子物质。

由于此法同时具备低温、干燥、缺氧的菌种保藏条件，因此保藏期长，一般达5~15年，存活率高，变异率低，是目前被广泛采用的一种较理想的保藏方法。除不产孢子的丝状真菌不宜用此法外，其他大多数微生物如病毒、细菌、放线菌、酵母菌、丝状真菌等均可采用此保藏方法。但该法操作较烦琐，技术要求较高，且需要冻干机等设备。

保藏菌种需用时，可在无菌环境下开启安瓿管，将无菌的培养基注入安瓿管中，固体菌块溶解后，摇匀复水，然后将其接种于适宜该菌种生长的斜面上适温培养即可。

(6)液氮超低温保藏法。

液氮超低温保藏法简称液氮保藏法或液氮法。此法是以甘油、二甲基亚砜等作为保护剂,在液氮超低温(-196 ℃)下保藏。其主要原理是菌种细胞从常温过渡到低温,并在降到低温之前,使细胞内的自由水通过细胞膜外渗出来,以免膜内因自由水凝结成冰晶而使细胞损伤。美国 ATCC 菌种保藏中心采用该法保藏时,将菌悬液或带菌丝的琼脂块经控制制冷速度,以每分钟下降 1 ℃的速度从 0 ℃直降到 -35 ℃,然后保藏在 -150 ℃ ~ -196 ℃液氮冷箱中。如果降温速度过快,由于细胞内自由水来不及渗出胞外,形成冰晶就会损伤细胞。据研究认为降温的速度控制在 1~10 ℃/min,细胞死亡率低;随着速度加快,死亡率则相应提高。

一般选用甘油、二甲基亚砜、糊精、血清蛋白、聚乙烯氮戊环、吐温 80 等作为保护剂,但最常用的是甘油(10% ~20%)。不同微生物要选择不同的保护剂,再通过试验加以确定保护剂的浓度,原则上是控制在不足以造成微生物致死的浓度。

此法操作简便、高效、保藏期一般可达 15 年以上,是目前被公认的最有效的菌种长期保藏技术之一。除了少数对低温损伤敏感的微生物外,该法适用于各种微生物菌种的保藏,甚至连藻类、原生动物、支原体等都能用此法有效的保藏。另外,此法可使用各种培养形式的微生物进行保藏,无论是孢子或菌体、液体培养物或固体培养物均可。其缺点是需购置超低温液氮设备,且液氮消耗较多,操作费用较高。

使用菌种时,从液氮罐中取出安瓿瓶,并迅速放到 35~40 ℃温水中,使之冰冻熔化,以无菌操作打开安瓿瓶,移接到保藏前使用的同一种培养基斜面上进行培养。从液氮罐中取出安瓿瓶时速度要快,一般不超过 1 min,以防其他安瓿瓶升温而影响保藏质量。且取样时一定要戴专用手套,以防止意外爆炸和冻伤。

思考题

1. 证明核酸是遗传物质的三个经典实验是什么?
2. 遗传物质在细胞内的存在形式有哪些?
3. 什么是突变、突变体、突变剂?
4. 突变有哪些种类?
5. 分别解释条件突变、组成型突变、渗漏突变、沉默突变及条件致死突变。
6. 突变的基本特点有哪些?
7. 微生物突变的常见类型有哪些?
8. 简述抗药性突变特点、来源及区分。
9. DNA 自发性损伤有哪些种类? 简述复制性损伤的概念、类型、特点及原因。
10. 碱基的自发性化学损伤的种类与特点有哪些?
11. 诱发突变有哪些种类?
12. 化学因素造成的 DNA 损伤的种类及特点是什么?
13. 常见致癌剂有哪些? 各具有什么特点?
14. 物理因素造成的 DNA 损伤的种类及特点是什么?

15. 生物因素导致的 DNA 损伤有哪些类？具有什么特点？
16. 突变热点形成的原因是什么？什么是突变热点与增变基因？
17. 突变修复有哪些种类？各有何特点？修复系统存在的意义是什么？
18. 简述表型延迟的分类及造成表型延迟的原因。
19. 简述与筛选营养缺陷突变有关的培养基种类及遗传型个体。
20. 简述营养缺陷型的筛选方法。
21. 简述淘汰野生型的方法。
22. 简述营养缺陷型的检出方法。
23. 简述转座的概念与类型。
24. 简述质粒的性质及主要类型。
25. 简述基因工程质粒载体的特点。
26. 简述挑选优良的出发菌株的原则。
27. 简述 Ames 试验的原理及方法。
28. 简述重组与突变的区别。
29. 简述接合作用的证明方法。
30. 简述 F 因子的三种存在形式。
31. 简述 Griffith 转化实验方法及结果。
32. 简述转化 DNA 的特点。
33. 简述转导的概念及分类。
34. 简述完全(普遍性)转导的过程。
35. 简述流产普遍转导的过程。
36. 简述局限转导的特点及分类。
37. 简述普遍性转导和局限性转导的区别。
38. 简述原生质体融合及基本过程。
39. 简述原生质体融合及原生质体技术的理论与实践意义。
40. 什么是菌种的衰退？
41. 菌种衰退的现象主要有哪些？
42. 菌种衰退的原因及防止措施有哪些？
43. 菌种的复壮的方法主要有？
44. 简述菌种保藏的原理及方法。

第 9 章

传染与免疫

传染与免疫的规律,是人类诊断、预防和治疗各种传染病的理论基础。免疫学方法因其高度特异性和灵敏度,不但可用于基础理论研究中对众多生物大分子的定性、定量和定位,而且对多种疾病的诊断、法医检验、生化测定、医疗保健、生物制品生产、肿瘤防治、定向药物的研制的反生物战等多项实际应用都有极其重要的作用。

9.1 传　　染

9.1.1 传染与传染病

生物体在一定条件下,由体内或体外的致病因素引起的一系列复杂且有特征性的病理状态,即称疾病。按病因来分,疾病可分非传染性疾病和传染性疾病两大类,前者如遗传性疾病、生理代谢性疾病、大多数癌症、中毒、机械性创伤以及由生态环境引起的地方病等;而后者则指由微生物等生物性病原体引起的会传播和流行的疾病。凡能引起传染病的生物,均称病原体(pathogen,细菌、真菌性病原体也称病原菌或致病菌)。据统计,已知侵害人类的病原体多达 1 709 种(2000 年)。

1. 传染的定义

传染(infection)又称感染或侵染,指外源或内源性病原体在突破其宿主的三道防线(机械屏障、非特异性免疫和特异性免疫)后,在宿主的特定部位定居、生长、繁殖,产生特殊酶和毒素,进而引起一系列病理、生理性反应的过程。若寄生物在宿主体内长期维持潜伏状态或亚临床传染状态,则不致发生传染病相反,当客观条件有利于病原体的大量繁殖并产生有害酶和毒素时,就导致其宿主发生传染病。因此,传染病(infection disease, communicable disease, contagious disease)是一类由活病原体的大量繁殖所引起的,可从某一宿主的个体直接或间接传播到同种或异种宿主的疾病。

2. 传染病的危害

传染病的种类很多,在已发现的大量人和动物传染病中,由我国学者首先分离和鉴定的病原体仅两种(沙眼衣原体和腹泻轮状病毒)。至今,传染病已成为全人类死亡的第二病因,且其中大部分属于人畜共患病(zoonosis)。历史上一般为 5~10 年才出现一种新发传染病,可是近年来却已加速至每年一种或一种以上。从 1979 年 10 月 WHO(世界卫生组织)宣布地球上已消灭了天花起,许多人乐观地认为,人类将会很快地消灭和控制各类传染病。据统计,2002 年的全球人口约 62 亿,在当年死亡的 5 700 万人口中,因传染病死亡就达 1 490 万人(尤以发展中国家居多),其中最严重的六种传染病分别为急性呼吸道感染(近 400 万)、艾滋病(近 280 万)、腹泻症(近 180 万)、疟疾(近 128 万)和麻疹(近 61 万)。

2003 年 SARS 出现后,我国卫生部门已于 2004 年底将 1992 法定(《中华人民共和国传染病防治法实施办法》)的 35 种传染病增加了两种(SARS 和传染性禽流感),成为 37 种(表 9.1)。

表 9.1 我国 37 种法定传染病目录

甲类(2 种)
鼠疫,霍乱
乙类(25 种)
传染性非典型肺炎(SARS),艾滋病,病毒性肝炎,脊髓灰质炎,人感染高致病性禽流感,麻疹,流行性出血热,狂犬病,流行性乙型脑炎,登革热,炭疽,细菌性和阿米巴性痢疾,肺结核,伤寒和副伤寒,流行性脑脊髓膜炎,百日咳,白喉,新生儿破伤风,猩红热,布鲁氏病,淋病,梅毒,钩端螺旋体病,血吸虫病,疟疾
丙类(10 种)
流行性感冒,流行性腮腺炎,风疹,急性出血性脑膜炎,麻风病,流行性和地方性斑疹伤寒,黑热病,包虫病,丝虫病,传染性腹泻病(除霍乱、细菌性和阿米巴性痢疾、伤寒和副伤寒外)

9.1.2 决定传染结果的三大因素

1. 病原体

病原体的数量、致病特性和侵入方式是决定传染结果中的最主要因素。细菌、病毒、真菌和原生动物等不同病原体的致病特性差别很大,例如,细菌会通过产生各种侵袭性酶类、外毒素和内毒素等物质危害宿主,病毒会通过杀细胞传染、稳定传染和整合传染等危害宿主,而真菌则会通过致病性、条件致病性、变态反应和产真菌毒素等方式危害宿主。现以细菌性病原体为例,介绍其病原体毒力、侵入数量和侵入门径三者在引起传染病中的作用,如表 9.2 所示。

表 9.2 病原体的分类

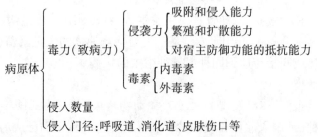

(1)毒力(virulence, virulence factors)。

毒力又称致病力(pathogenicity),表示病原体致病能力的强弱。对细菌性病原体来说,毒力就是菌体对宿主体表的吸附,向体内侵入,在体内定居、生长和繁殖,向周围组织的扩散蔓延,对宿主防御功能的抵抗,以及产生损害宿主的毒素等一系列能力的总和。毒力可分为侵袭力和毒素两方面。

①侵袭力(invastiveness)。病原体所具有的突破宿主细胞防御功能,并在其中进行生长繁殖和实现蔓延扩散的能力,包括以下三种能力:吸附和侵染能力,如 *Salmonella*(若干沙门氏菌)和 *Vibrio spp*(若干弧菌)等生活在人类肠道的致病菌可通过其菌毛而吸附在肠道皮上,*Neisseria gonorrhoeae*(淋病奈瑟氏球菌)的菌毛可使其牢牢吸附于尿道黏膜的上皮表面等。吸附后,有的病原体仅在原处生长繁殖并引起疾病,如 *Vibrio cholerae*(霍乱弧菌);有的侵染细胞内生长、产毒并杀死细胞、产生溃疡,如 *Shigella sysenteriae*(痢疾志贺氏菌);有的则通过黏膜上皮细胞或细胞间质,侵入表层下部组织或血液中进一步扩散,如由 *Streptococcus haemolyticus*(溶血链球菌)引起的化脓性感染等。

②毒素(toxin)。细菌毒素可分为内毒素和外毒素两大类。

外毒素(exotoxin)指在病原细菌生长过程中不断向外界环境分泌的一类毒性蛋白质,有的属于酶,有的属于酶原,有的属于毒蛋白。

若用 0.3%~0.4% 甲醛溶液对外毒素进行脱毒处理,可获得失去毒性但仍保留其原有的免疫原性(抗原性)的生物制品,称作类毒素(toxoid)。将其注射机体后,可使机体产生相对应外毒素具有免疫性能的抗体(抗毒素)。常用的类毒素有白喉类毒素、破伤风类毒素等。

内毒素(endotoxin)是革兰氏阴性菌细胞壁外层的组分之一,其化学成分是脂多糖(LPS)。它因在活细胞中不分泌到体外,仅在细菌死亡后自溶或人工裂解时才释放,故称为内毒素。若将内毒素注射到温血动物或人体后,会刺激宿主细胞释放内源性的热源质,通过它对大脑控温中心的作用,就会引起动物发高烧。与外毒素相比,内毒素的毒性较低,例如,他对实验鼠 LD50 为每鼠 200~400 μg,而外毒素-肉毒毒素则每鼠仅 25 pg。

由于内毒素具有生物毒性,又有极强的化学稳定性(在 250 ℃ 下干热灭菌 2 h 才能完全灭活),因此,在生物制品、抗生素、葡萄糖液和无菌水等注射用药中,都严格限制其存在。但在脑膜炎的诊断中,则要检查出脑脊液中是否有内毒素的存在,为此,希望有一种内毒素的灵敏检出法。以往曾用家兔发热实验法检测,但因此法既费时、费工、费钱,灵敏度又低,故从 1968 年起,已逐渐被一种更专一、简便、快速和灵敏的鲎试剂法(limulus assay)所取代。

鲎俗称马蹄蟹,是一类属于节肢动物门、螯肢亚门、肢口纲、剑尾目的无脊椎动物,是已有 3 亿年历史的活化石。全世界现存种有 3 属 5 种,美洲鲎和产于我国浙江以南浅海中的东方鲎。鲎具有开放性血管系统,每只可采血 100~300 mL,其血清呈蓝色,内含血蓝蛋白和外源凝集素(lectin)。鲎血中仅含一种变形细胞,其裂解产物可与革兰氏阴性细菌的内毒素和脂磷壁酸(膜磷壁酸)等发生特异性和高灵敏度的凝胶化反应。其作用机制是

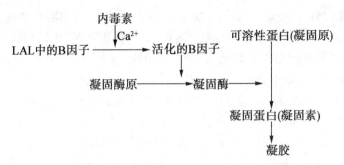

鲎试剂法已被广泛用于临床诊断,药品、生物制品和血制品检验,食品卫生监测以及科学研究等许多领域中。

外毒素与内毒素的比较见表9.3。

表9.3 外毒素与内毒素的比较

比较项目	外毒素	内毒素
产生菌	革兰氏阳性细菌为主	革兰氏阴性细菌
化学成分	蛋白质	脂多糖(LPS)
释放时间	活菌随时分泌	死菌溶解后释放
致病类型	不同外毒素不同	不同病原菌的内毒素作用基本相同
抗原性	完全抗原,抗原性强	不完全抗原,抗原性弱或无
毒性	强*	弱
引起宿主发烧	不明显	明显
制成类毒素	能	不能
热稳定性	60~100 ℃半小时即破坏	耐热性强
存在状态	细胞外,游离态	结合在细胞壁上
举例	白喉毒素、破伤风毒素、肉毒毒素、链球菌红疹毒素、葡萄球菌肠毒素、霍乱弧菌肠毒素、大肠杆菌肠毒素、志贺氏痢疾杆菌肠毒素等	沙门氏菌、志贺氏菌、奈瑟氏球菌和大肠杆菌等革兰氏阴性细菌所产生的内毒素

*1 mg 纯肉毒毒素可杀死 2 000 万只小白鼠;1 mg 破伤风毒素可杀死 100 万只小白鼠;1 mg 白喉毒素可杀死 1 000 只豚鼠

2. 宿主的免疫力

所谓免疫或称免疫性、免疫力(immunity),经典的概念是指机体免除传染性疾病的能力。随着免疫学的飞速发展,免疫的概念已经变得更为丰富和全面了。现代免疫概念认为,免疫是机体识别和排除抗原性异物的一种保护功能,在正常条件下,它对机体有利;在异常条件下,也可损害机体。

具体地说,免疫功能包括免疫防御(immunologic defence)、免疫稳定(immunologic homeostasis)及免疫监视(immunologic serveillance)。

免疫功能的分类见表9.4。

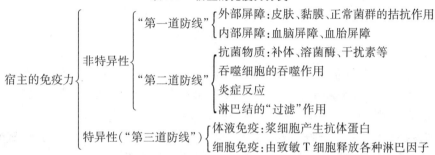

表9.4　免疫功能的分类

在这里,先把宿主免疫力的各个方面作一表解形式地概括。宿主的免疫力分类见表9.5。

表9.5　宿主的免疫力分类

3. 环境因素

传染的发生与发展除了取决于上述的病原体和毒力、数量、侵入门径和宿主的免疫力外,还取决于对以上因素都有影响的环境因素。良好的环境因素有助于提高机体的免疫力,也有助于限制、消灭自然疫源和控制病原体的传播,因而可以防止传染病的发生或流行。

在环境因素中,值得重视的是医院感染。根据我国卫生部对134所医院的80万个病人进行调查(1993年后),发现住院病人在医院内受感染的比例高达9.7%,传播途径包括空气、厕所、卧具、注射器、导管、穿刺工具、手术器具以及电话、电钮和各种把手等;病种主要为下呼吸道感染(30%)、泌尿道感染(19%)、手术后创口感染(14%)、胃肠道感染(12%)以及新生儿感染等,而95%的病原菌属于耐药性条件致病菌(Opportunist pathogen),尤其是 *S. aureus* 的 MRSA(耐甲氧西林金黄色葡萄球菌)、*E. coli* 和 *P. aeruginosa*。

9.1.3　传染的后果

病原菌侵入其宿主后,按原病菌、宿主与环境三个方面力量的对比或影响的大小决定着传染的结局。后果主要有:

1. 隐性感染(inapparent infection)

如果宿主的免疫力很强,而病原菌的毒性相对较弱,数量又较少,传染后只因其宿主的轻微损害,且很快就将病原体彻底消灭,因而不出现临床症状者,称为隐性传染。

2. 带菌状态(carrier state)

如果病原菌与宿主细胞双方都有一定的优势,但病原体仅被限制于某一局部且无法大量繁殖,两者长期处于相持状态,就称为带菌状态。这种长期处于带菌状态的宿主,就称带菌者(carrier)。在隐性传染或传染病痊愈后,宿主就会成为带菌者,如不注意,就会成为该传染病的传染源,十分危险。这种情况在伤寒、白喉等传染病中时有发生。如"伤寒玛丽"真名是美国一位女厨师,1906年,受雇于一名银行职员家做厨师,不到三个星期就使全家包括保姆在内的11人中的6人患了伤寒,而当地却没有任何人患此病,经检验,他是一名健康的带菌者,在粪便中连续排出 Salmonella typhi(伤寒沙门氏菌)。后经仔细研究,证实从1890～1906年在美国纽约有7个家庭多达28个伤寒患者都是由她传染的。后把她在一孤岛上隔离5年后,此事已被人们遗忘。可是,至1915年,纽约妇产科医院又爆发了伤寒病(25人感染,其中两人死亡),经调查,其传染源仍是"伤寒玛丽",不过这次是她为了重操旧业而化名为布朗夫人干的,她被重新隔离,直至1938年中风而死。

3. 显性传染(apparent infection)

如果宿主的免疫力很低,或入侵的病原体毒力很强、数量较多,病原体很快在体内繁殖并产生大量有毒产物,使宿主细胞和组织受到严重损害,生理功能异常,于是就出现了一系列临床症状,就是显性传染或传染病。

按发病时间的长短可把显性传染分为急性传染和慢性传染两种,前者的病程仅数日至数周,如流行性脑膜炎和霍乱等,后者的病程可达数月、数年至数十年,如结核病、麻风病、艾滋病和克雅氏病等。

按照发病部位不同,显性感染又可分为局部感染(local infection)和全身感染(systemic infection)两种,按性质和严重程度的不同,可把它们分为四类。

(1)毒血症。病原体被限制在宿主的局部病灶,只有其所产毒素才进入血液而引起全身性症状者,称为毒血症,如白喉、破伤风等。

(2)菌血症。病原体由宿主局部的原发病灶侵入血流后传播至远处组织,但未在血流中大量繁殖的传染病,称为败血症,如伤寒症的早期。

(3)败血症。病原体侵入宿主的血流并在其中大量繁殖,造成宿主的严重损伤和全身性中毒症状者,称为败血症,如铜绿假单胞菌(Pseudomonas aeruginosa),旧称绿脓杆菌,常引起败血症。

(4)脓毒血症。一些化脓性细菌在引起宿主细胞败血症的同时,又在其许多脏器(肺、肝、脑、肾、皮下组织等)中引起化脓性病灶者,称为脓毒血症,如金黄色葡萄球菌(Staphyococcus aureus)就可引起脓毒血症。

9.2 非特异性免疫

凡在生物长期进化过程中形成,属于先天既有,相对稳定,无特殊针对性的对付病原体的先天抵抗能力,称为非特异性免疫(nonspecific immunity),也称先天免疫(innate immunity)或自然免疫(natural immunity)。对人和高等动物来说,非特异性免疫主要由宿主的屏障结构、吞噬细胞的吞噬功能、正常组织和体液中的抗菌物质以及有保护性的炎症反应等四方面组成。应该注意的是,非特异性免疫与特异性免疫只是为了学习方便而区分的,二者联系密切,如巨噬细胞的功能等。

9.2.1 表皮和膨胀结构

1. 皮肤与黏膜

这是宿主对病原体的"第一道防线"或"机械防线",其作用有三种:①机械性阻挡和排除作用;②化学物质的抗菌作用,如汗腺分泌的乳酸、皮脂腺分泌的脂肪酸、胃黏膜分泌的胃酸(pH 值为 2 左右)以及泪腺、唾液腺、乳腺和呼吸道黏膜分泌的溶菌酶等,都有治菌或杀菌作用;③正常菌群的拮抗作用。

2. 屏障结构

(1)血脑屏障。

血脑屏障是一种可阻挡病原体及其有毒产物或某些药物由血流渗透到脑组织或脑脊液的非专有解剖构造,具有保护中枢系统神经的功能。它主要由软脑膜、脉络丛、脑血管及星状胶质细胞组成。婴幼儿因血脑屏障未发育完善,故易患脑膜炎或乙型脑炎等传染病。

(2)血胎屏障。

血胎屏障由母体子宫内膜的底蜕膜和胎儿的绒毛膜共同组成。当它发育成熟(约妊娠三个月后),具有保证母子间物质交换和防止母体内的病原体侵入胎儿的功能。

9.2.2 吞噬细胞及其吞噬作用

当病原体一旦突破"第一道防线"即表皮和屏障结构后,就会遇到宿主非特异性防御系统的"第二道防线"的抵抗,吞噬细胞的吞噬作用就是其中重要的一环。

人体的血细胞通常由红细胞(erythrocyte,420 万/ml ~ 600 万/ml)。白细胞(leukocyte,4 500 ~ 11 000 个/ml)和血小板(blood platelet,15 万/ml ~ 40 万/ml)三部分组成。其中尤以白细胞的种类为最多,它们负担着各种非特异和特异的免疫功能,因此被誉为机体的"白色卫士"。各种白细胞的形状如图 9.1 所示。白细胞的分类见表 9.6。

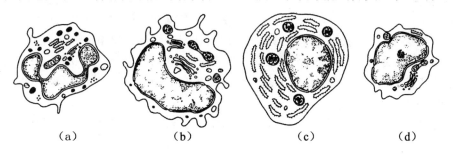

图 9.1 各种白细胞的形状

表 9.6 白细胞的分类

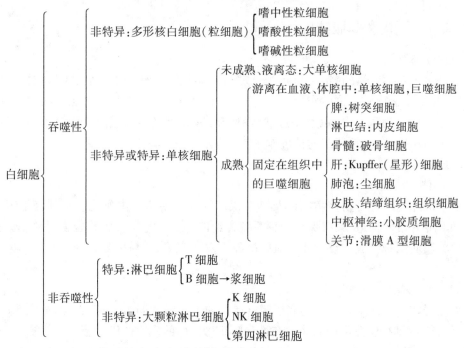

现主要介绍与非特异性免疫有关的几类吞噬细胞。

吞噬细胞(phagocytes)是一类存在于血液、体液或组织中,能进行变形虫运动,并能识别、吞噬、杀死和消化病原微生物及其产物等异常抗原的白细胞。最主要的吞噬细胞有三类:其一为多形核白细胞中的嗜中性粒细胞;其二为以巨噬细胞为代表的各种单核吞噬细胞;其三分布于淋巴液和脾中的树突细胞。

1. **多形核白细胞(polymorphonuclear leukocyte,PMN)**

多形核白细胞又称粒细胞(granulocyte),是一类有分节状细胞核、细胞质内含大量溶酶体(lysosome)颗粒的白细胞,其形状较小(直径 10~15 μm),运动力强(40 μm/min),在骨髓中形成,寿命短(半衰期为 6~7 h),存在于血流和骨髓中。在其溶酶体中含有杀菌物质和酶类,诸如过氧化氢酶、溶菌菌、蛋白酶、磷酸酶、核酸酶和脂肪酶等。

多形核白细胞有三类:嗜中性粒细胞、嗜碱性粒细胞和嗜酸性粒细胞,其中嗜中性粒细胞最为重要,因为它的数量占三种粒细胞中的 90%,占白细胞总数的 40%~75%,在人血中含量为 2 500~7 500 个/mm^3。

吞噬作用一般在血管壁或血纤蛋白凝块表面进行,其吞噬过程如图 9.2 所示。

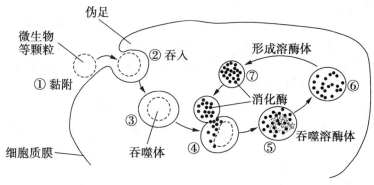

图9.2 多形核白细胞的吞噬作用

2. 巨噬细胞

巨噬细胞是一类存在于血液、淋巴、淋巴结、脾脏、腹水和多种组织中的大型单核细胞(直径为10~20 μm),寿命长,可做变形虫状运动,对异物有吞噬、胞饮、抗原加工和递呈功能。在体外培养时,具有黏附于玻璃、塑料表面的和吸收锥虫蓝(trypanblue)等特性。从细胞核的形状、数目和细胞内含较少溶酶体等特征来看,易与多形核白细胞相区分。巨噬细胞起源于骨髓干细胞,即骨髓干细胞(bone marrow stemcell)→单核母细胞(monoblast)→原核细胞(protomonocyte)→单核细胞(monocyte)→巨噬细胞。固定在不同组织中的巨噬细胞有不同的名称(表9.6)。

巨噬细胞的主要功能有:

(1)吞噬和杀菌作用。上述嗜中性粒细胞相仿(图9.2),可通过多种胞内酶和包外酶,杀灭、消化、被吞入的病原体和异物,包括清除体内衰老、损伤或死亡的细胞。

(2)抗原递呈作用。巨噬细胞是一种抗原递呈细胞(antibody presentation cell,APC),它通过吞噬、处理及传递三个步骤,对外来抗原物质进行加工,以适应激活淋巴细胞的需要。吞噬细胞在天然免疫和获得性免疫中的作用如图9.3所示。

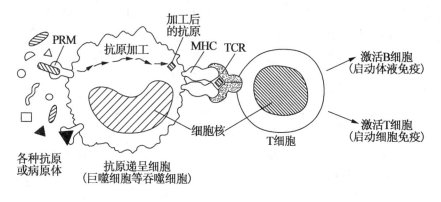

图9.3 吞噬细胞在天然免疫和获得性免疫中的作用
PRM—图像识别分子;MHC—主要组织相容性复合物;TCR—T细胞受体
注:图内各构造的大小不成比例

(3)免疫调节作用。除上述抗原递呈作用外,还可在外来抗原刺激下,分泌多种可溶性生物活性物质,借此来调节免疫功能,包括激活淋巴细胞、促进炎症反应或加强吞噬细胞的吞噬、消化作用等。这类活性物质种类很多,如白细胞介素-1(interleukin-1,IL-1)、纤维蛋白(fibronectin)、前列腺素(prostaglandin)、淋巴细胞激活因子(LAF)、遗传相关巨噬细胞因子(GRE)和溶解酶等。

3. 树突细胞

树突细胞是一类固定在淋巴结和脾中具有吞噬能力和抗原递呈作用的白细胞,由单核细胞分化后形成,它与巨噬细胞共同组成最重要的促进获得性免疫应答的免疫细胞。

9.2.3 炎症

炎症是使机体对病原体的入侵或其他损伤的一种保护性反应,在相应部位出现红、肿、痛、热和功能障碍,是炎症的五大病理性特征。

广泛存在于人类和高等动物体内的白细胞、红细胞、血小板、组胺(histamine)和5-羟色胺在发炎早期有着重要作用。炎症既是一种病理过程,又是一种防御病原体入侵的积极免疫反映,原因是:①可动员大量吞噬细胞聚集在发炎部位;②血流的加速使血液中的抗菌因子和抗体发生局部浓缩;③死亡的宿主细胞堆积可释放一部分抗菌物质;④炎症中心部位氧浓度的下降和乳酸浓度的提高,可抑制多种病原体的生长;⑤炎症部位体温的升高可降低某些免疫应答,以便与细菌等病原体抗衡。

9.3 特异性免疫

特异性免疫也称获得性免疫或适应性免疫,是相对于上述非特异性免疫而言的,其主要功能是识别非自身和自身的抗原物质,并对它产生免疫应答,从而保证机体内环境的稳定。

特异性免疫可通过自动或被动两种方式获得。特异性免疫的分类见表9.7。免疫应答的三个阶段和两大类型如图9.4所示。

表9.7 特异性免疫

特异性免疫 { 自动获得 { 天然的:经临床或亚临床感染后获得 / 人工的:接种死、活疫苗或类霉素后获得 } ; 被动获得 { 天然的:通过胎盘或初乳自母体中获得 / 人工的:注入免疫血清、抗霉素、丙种球蛋白或淋巴细胞后获得 } }

免疫应答过程可分三阶段,即感应阶段、增殖和分化阶段以及效应阶段;根据参与的免疫活性细胞的种类和功能的不同,免疫应答又可分为细胞免疫和体液免疫两类。

细胞免疫是指机体在抗原刺激下,一类小淋巴细胞(依赖胸腺的T细胞)发生增殖、分化,进而直接攻击靶细胞或间接地释放一些淋巴因子的免疫作用;而体液免疫则指机体受抗原刺激后,来源于骨髓的一类小淋巴细胞(B细胞)进行增值并分化为浆细胞,由它合成抗体并释放到体液中以发挥其免疫作用。

如图9.4的TD抗原即胸腺依赖性抗原,包括血细胞、血清成分、细菌细胞和其他可溶性蛋白等在内的多数抗原,它需要抗原递呈细胞递呈抗原,促使成熟的 TH(辅助性 T 细胞,T helper)转化成活化的 TH 后才能刺激 TC(细胞毒 T 细胞,cytotoxic T cell)和 TD (迟发型超敏 T 细胞)产生淋巴因子(执行细胞免疫功能),以及刺激成熟的 B 细胞转变成浆细胞后产生抗体(执行体液免疫功能)。具体地说,APC 就是指任何能与 TD 抗原相结合,经摄取、加工后呈递给特种 T 淋巴细胞并使之激活的免疫细胞。APC 包括单核细胞、吞噬细胞、树突细胞、朗氏细胞和 B 细胞等。TI 抗原即非胸腺依赖性抗原,指它在刺激机体产生抗体时,不需要 T 细胞辅助的抗原或是对 T 细胞依赖程度很低的抗原,包括一些糖类、脂类和核酸类抗原,如细菌荚膜多糖、LPS 或聚鞭毛蛋白等,它们一般引起机体产生体液免疫中的初次应答,而不引起再次应答。

特异性免疫是由相应的免疫系统执行其功能的,包括免疫器官、免疫细胞和免疫分子三部分。

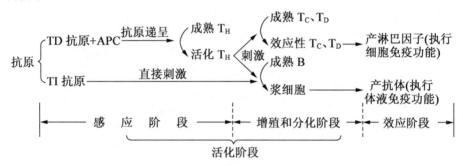

图 9.4　免疫应答的三个阶段和两大类型
(各英文简写的含义参见文中说明)

9.3.1　免疫器官

1. 中枢免疫器官

中枢免疫器官又称一级淋巴器官,是免疫细胞发生、分化和成熟的部位。

(1)骨髓。

骨髓是形成各类淋巴细胞、巨噬细胞和血细胞的部位。骨髓中的多能干细胞具有很大的分化能力,可分化出:髓样干细胞,即髓样前体细胞,由它发育成红细胞系、粒细胞系、单核细胞系和巨噬细胞系等;淋巴样细胞,即淋巴前体细胞,可发育成淋巴细胞,再通过胸腺或法氏囊(或类囊器官)衍化成 T 细胞或 B 细胞,最后定位于外周免疫组织。

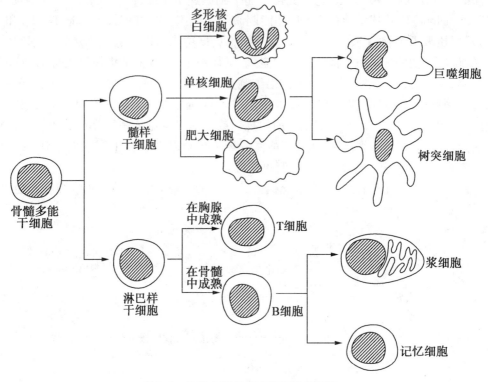

图9.5 几种主要免疫应答细胞的起源

（2）胸腺和法氏囊。

人和哺乳动物的胸腺位于胸腔的前纵膈，紧贴在器官和大血管之间，由左、右两大叶组成，它是T细胞分化和成熟的场所。T细胞的成熟主要通过胸腺中的网状上皮细胞所分泌的胸腺素和胸腺生成素等多种胸腺因子和胸腺微环境的作用共同完成。

法氏囊为鸟类所特有，形如囊状，由于其位于泄殖腔的后上方，故又称腔上囊。它是一个促使鸟类B细胞分化、发育以发挥其体液免疫功能的中枢淋巴器官，相当于人和哺乳动物骨髓的功能。

2. 外周免疫器官

外周免疫器官主要是脾和淋巴结。由中枢免疫器官产生的T、B淋巴细胞至外周免疫器官定居，在遇抗原刺激后，它们就开始增殖，并进一步分化为致敏淋巴细胞或产生抗体的浆细胞，以分别执行其细胞免疫或体液免疫功能，如图9.5所示。

9.3.2 免疫细胞和免疫活性细胞

免疫细胞泛指一切具有非特免疫应答的异性和特异性免疫功的细胞，包括淋巴细胞、粒细胞、单核细胞和各种类型的巨噬细胞等。

免疫活性细胞是指能特异性识别的抗原，即能接受抗原的刺激，并随后进行分化、增殖和产生抗体或淋巴因子，以发挥特异性一群细胞，主要指T细胞和B细胞。因单核细胞和巨噬细胞在非特异和特异性免疫中都发挥作用，故也可以列入免疫细胞内。免疫活性细胞均来自于骨髓中的多功能干细胞,即造血干细胞。T 和 B 淋巴细胞的来源及其功能如图 9.6 所示。

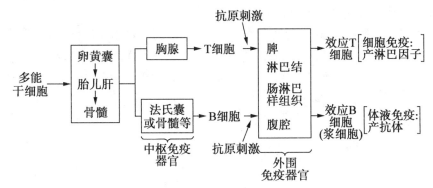

图 9.6　T 和 B 淋巴细胞的来源及其功能

现简介几种重要的淋巴细胞。

1. T 细胞

T 细胞即 T 淋巴细胞,是一类与特异性免疫应答的小淋巴细胞,主要执行细胞免疫功能,包括细胞介导的细胞毒作用和迟发型超敏反应,也参与抗体的形成和炎症反应。在高等动物成体中,T 细胞源于骨髓,待转移到胸腺中分化、成熟后,分布到外周淋巴器官和外围血液中。因此,T 细胞又称胸腺依赖型淋巴细胞。

自卵黄囊、胎儿肝和骨髓产生的 T 细胞的干细胞,又称为胸腺前细胞,而经过胸腺保育并分化成熟的 T 细胞就称为胸腺后细胞。在这一分化过程中,T 细胞的表面标志及功能发生了一系列的变化和整合。T 细胞定位于周围巴结的副皮质及脾自髓部分,并经过血液、组织、淋巴不断释放到周围血液环流中。当受到抗原刺激后,T 细胞会进一步地分化、增殖,以发挥其特异性功能。

T 细胞有其独特的表面标志,包括表面受体和表面抗原两类。表面受体如绵羊红细胞受体和有丝分裂原受体等。E 受体指 T 细胞上能与绵羊红细胞相结合的受体,即可使周围的绵羊红细胞结合在周围而形成一束玫瑰花絮物。利用这一原理可检测外周血中 T 细胞的数目及其比例,这种试验就称为 E 花结试验或 E 玫瑰花环试验。

在正常人血中,T 细胞占总淋巴细数的 60%～70%。有丝分裂原则是指在体外的条件下,能与淋巴细胞表面相应受体结合并刺激淋巴细胞的一类物质,它可促使淋巴细胞合成 DNA 和进行有丝分裂,因而使其转化为淋巴母细胞,如菜豆的植物血凝素、刀豆的伴刀豆球蛋白以及抗胸腺细胞球蛋白、葡萄球菌 A 蛋白和美洲商陆有丝分裂原等。

T 细胞的表面是第二表面标志,实际上就是 T 细胞的抗原受体,简称 T 细胞受体,这是一种身出于 T 细胞表面的抗原特异性受体蛋白,性质为跨膜蛋白,每个细胞表面可有数千个,它是 T 细胞执行复杂和精确地识别抗原性异物的物质基础之一。它的特点是不能直接识别天然抗原,而能识别经

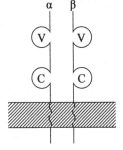

图 9.7　T 细胞表面抗原受体
(TCR)的分子结构

过 APC 加工后递呈的抗原。T 细胞的表面抗原受体主要由 α 和 β 两条多肽链组成，每条链都有一可变动的功能区和一恒定功能区，与 Ig 的 Fab 片段相似，镶嵌在细胞膜内。此外有 Fc 受体和补体受体等结构，如图 9.7 所示。

细胞因子通常由白细胞产生，种类很多，已知的已超过 100 种，包括细胞化学因子、白细胞介素、细胞毒因子、集落刺激因子、促生长因子和干扰素，见表 9.8。

表 9.8　若干细胞因子和细胞化学因子的特点

名称	产生细胞	主要靶细胞	效果
细胞因子			
IL－1	单核细胞	T_B	激活
IL－2	激活的 T 细胞	T 细胞	生长，分化
IL－3	T_H1	造血干细胞	生长因子
IL－4	T_H2	B 细胞	IgG1 和 IgE 合成
IL－5	T_H2	B 细胞	IgA 合成
IL－10	T_H2	T_H1	抑制 T_H1
IL－12	巨噬细胞，树突细胞	T_H1，NK 细胞	分化，激活
IFN－α	白细胞	正常细胞	抗病毒
IFN－γ	T_H1	巨噬细胞	激活
GM－CSF	T_H1	髓样细胞	分化为粒细胞，单核细胞
TGF－β	T_H1 和 T_H2	巨噬细胞	抑制激活
TNF－α	T_H1，巨噬细胞，NK 细胞	巨噬细胞	激活
TNF－β	T_H1	巨噬细胞	激活
细胞化学因子			
IL－8	巨噬细胞，成纤维细胞，角质形成细胞	嗜中性细胞，T 细胞	吸引剂和激活剂
MCP－1	巨噬细胞，成纤维细胞，角质形成细胞	巨噬细胞，T 细胞	吸引剂和激活剂

注：IL 为白细胞介素；CM－CSF 为粒细胞，单核细胞集落刺激因子；TGF 为 T 细胞生长因子；TNF 为肿瘤坏死因子；MCP 为巨噬细胞化学吸引剂蛋白

2. B 细胞

B 细胞即 B 淋巴细胞，是一种在细胞膜表面带有自己合成的免疫球蛋白表面受体、产生免疫球蛋白和向 T 细胞递呈抗原的淋巴细胞。

骨髓中的多能干细胞再分化为前 B 细胞，前 B 细胞在哺乳动物的骨髓中或在鸟类的腔上囊中进一步分化、成熟为 B 细胞，因此 B 细胞又称为骨髓依赖性淋巴细胞或囊依赖性淋巴细胞。成熟的 B 细胞当遇到外来病原细菌或病毒等有害抗原物质侵袭时，它就会通过膜表面免疫球蛋白 SmIg 与相应抗原发生特异性组合，并在抗原刺激下使自己激活，进一步发生克隆分化，形成能分泌抗体的浆细胞和具有记忆功能的 B 细胞。这种由 B 细胞分泌抗体而介导的免疫应答，就称为体液免疫。B 细胞与上述 T 细胞有许多不同之处，两者的比较可见表 9.8。

(1) B 细胞和表面受体。

B 细胞与 T 细胞的外形虽相同，但两者膜和表面结构即表面标志却有差异，包括有丝分裂原受体、抗原受体、补体受体和 Fc 受体等都有所不同。已知作为识别抗原性异物的 B 细胞膜表面的抗原受体，是一类镶嵌于膜脂质双分子层中的膜表面免疫球蛋白，其主要成分是单体的 IgM 和 IgD。

(2) B 细胞的表面抗原。

B 细胞的表面抗原即上述的 B 细胞抗原受体 SmIg。随着 B 细胞分化程度的深入，细胞膜表面依次出现与膜结合的单体 IgM 和 IgD。B 细胞表面抗原 IgM 的分子结构如图 9.8 所示。

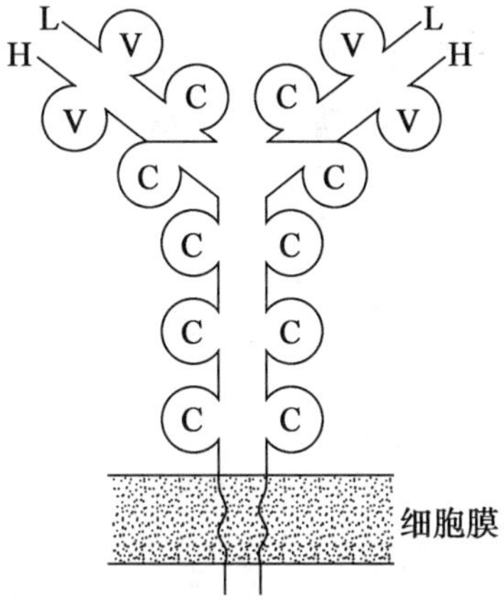

(3) B 细胞的亚群。

B 细胞的亚群的分类方法较多，至今仍无公认的。一般把 B 细胞产生抗体时是否需 T 细胞的辅助分成两亚群，期中的 B-1 为 T 细胞不依赖型亚群，它只有初级免疫应答反应，而无次级免疫应答反应，B-2 则为 T 细胞依赖性亚群。

图 9.8 B 细胞表面抗原 IgM 的分子结构

3. 淋巴细胞

(1) NK 细胞。

NK 细胞在机体内分布较广，是机体抗肿瘤的第一道防线，即自然杀伤细胞。因其细胞质中有嗜天青颗粒，且细胞较大，故也称大颗粒淋巴细胞。其细胞核呈肾形，并有显著的凹痕，细胞质内有几个大型线粒体。NK 细胞是天然免疫系统中的关键组成部分，是与 T、B 淋巴细胞相互并列的第三类群免疫细胞，它可在无抗体、无补体或无抗原致敏即非特异方式的情况下利用穿孔蛋白和粒酶去杀伤某些肿瘤细胞、被病毒感染的细胞。NK 细胞起源于骨髓干细胞，可占淋巴细胞总数的 5%~10%。

(2) K 细胞。

K 细胞即杀伤细胞，是一类与 NK 细胞相似的大颗粒淋巴细胞。通过 IgG 分子中的 Fc 片段与 K 细胞表面的 Fc 受体结合，可触发 K 细胞的杀伤活性，故它能专一地但非特异地杀伤 IgG 所覆盖的靶细胞。由于这种杀伤作业要以特异性的抗体作媒介，故被称为抗体依赖性细胞介导的细胞毒作用。K 细胞有很高的 ADCC 效应，它可在微量特异性抗体的环境中发挥对靶细胞的杀伤作业，包括可对不易被吞噬的寄生虫等较大型的病原体、恶性肿瘤细胞、受病毒感染的宿主细胞或对同种组织或器官移植物发挥杀伤作用。

除了以上几种重要的免疫分子外，还有抗体、补体、细胞因子、抗原等。

4. 抗原

(1) 基本概念。

抗原，是一类能诱导机体发生免疫应答并能与相应抗体或 T 淋巴细胞受体发生特异性免疫反应的大分子物质。

抗原一般应同时具备两个特性：免疫原性又称抗原性，只能刺激机体产生免疫应答能力的特性；免疫反应性，具有免疫原性和免疫反应性的抗原，就是完全抗原，包括大多数常见的抗原,如多数蛋白质、细菌细胞、细菌外毒素、并毒体和动物血清等;凡缺乏免疫原性而有免疫反应性的抗原物质,称为半抗原或不完全抗原,如大多数多糖、类脂、核酸及其降解物以及某些药物等,因其无免疫原性,故不能刺激机体产生免疫应答,但当它们与适当的蛋白体如甲基化牛血清蛋白相结合后,就兼有了免疫原性,由此刺激机体产生的抗体,就可与该半抗原发生特异结合。半抗原免疫性的获得及其免疫反应性如图9.9所示。

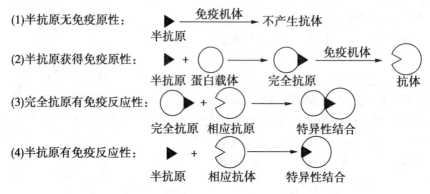

图 9.9　半抗原免疫性的获得及其免疫反应性

（2）免疫原性的物质基础。

①相对分子质量大。大分子是抗原的首要条件,其相对分子质量一般都大于 1.0×10^{4},凡低于 4.0×10^{3} 者,一般不具免疫原性。在这一范围内,一般免疫原性还与相对分子质量成正比。但少数物质例外,如明胶的相对分子质量虽高达 1.0×10^{5},但其中缺乏含苯环的氨基酸,又易降解,故免疫原性很弱。

②分子结构复杂。在构成生物体的各类大分子中,蛋白质的免疫原性最强,其次是若干复杂多糖,再次是核酸,而类脂类物质则最差。在蛋白质中,一般又为含大量芳香氨基酸尤其含酪氨酸的免疫原性最强。某些原先免疫原性很弱的胶原蛋白,若使其与酪氨酸结合,也可增强免疫原性。

同时,各种生物大分子的免疫原性强弱还与其构象和易接近性有关。

③异物性。在正常情况下,机体的自身物质或细胞是不能刺激自身的免疫系统发生免疫应答的,因此,一般的抗原都必须是异种或至少是异体的物质。种属关系越远,其组织结构间的差异越大,则免疫原性越强。但是,异物并非仅体外物质专有,例如,眼球中的晶状体蛋白就是一种自身的淋巴细胞从未接触过的物质;再如,自身物质由于外受伤、感染、电离辐射或药物的影响而发生变化,也可成为"异己"物质自身抗原,由此可引起自身免疫系统发生免疫应答,最终导致自身免疫病。也就是说,凡在胚胎期淋巴细胞所接触过的物质,即被当作"自身"物质,否则就属"异己"物质。

（3）抗原决定簇。

抗原决定簇又称抗原表位,指位于抗原表面可决定抗原特异性的特定化学基团,也就是构成抗原的免疫原所必需的最少单位数。由于抗原决定簇的存在,就使抗原能与相应淋巴细胞上的抗原受体发生特异结合,从而可激活淋巴细胞并引起免疫应答。

一个抗原的表面可存在一种至多种不同的抗原决定簇,由此产生了一种至多种相应的特异性。抗原决定簇的分子很小,大体相当于相应的抗体的结合部位,一般由 5~7 个氨基酸、单糖或核苷酸残基组成。凡能与抗体相结合的抗原决定簇的总数,称为抗原结合价。大多数抗原的抗原结合价是多价的,例如,甲状腺球蛋白为 40,牛血清蛋白为 18 等。

(4)两类半抗原。

复合半抗原:无免疫原性但具免疫反应性,能在试管中与相应抗体发生特异性结合并产生可见反应。

简单半抗原:又称阻抑半抗原或复合半抗原,它既无免疫原性,也无免疫反应性。

(5)细菌的抗原。

细菌是一类重要的病原体,其化学成分极其复杂,每种细菌的细胞都是一个包含多种抗原成分的复合体。细菌的各种抗原示意图如图 9.10 所示。

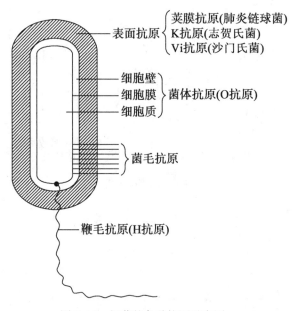

图 9.10　细菌的各种抗原示意图

表面抗原是指包围在细菌细胞壁外层的抗原,主要是荚膜或微荚膜抗原。

菌体抗原是指存在于细胞壁、细胞膜与细胞质上的抗原。菌体抗原在过去曾称为"O 抗原",O 即德文,即某菌缺失鞭毛而不能运动从而菌落不能蔓延的意思。目前 O 抗原已专指 G⁻细菌,尤其是一些肠道 G⁻细菌表面的耐热、抗乙醇的脂多糖 – 蛋白抗原。若按 *E. coli* 的 O 抗原对其分类,已发现有 150 多种血清型。

鞭毛抗原指存在于鞭毛上的抗原,即鞭毛蛋白抗原,又称 H 抗原(H 为德文 Hauch,意即菌落在培养基表面会蔓延的,说明这是有鞭毛、会运动的细菌)。

菌毛抗原指由细菌细胞表面的菌毛蛋白所形成的抗原。

外毒素和类毒素。细菌的外毒素一般都是抗原性很强的蛋白质。类毒素则是外毒素经甲醛脱毒后对动物无毒,但仍保留强免疫性的蛋白质。类毒素可免疫宿主动物以制取相应的抗体(俗称抗毒素,antitoxin),用以治疗相应的细菌毒素中毒症,如白喉抗毒素和破伤风抗毒素等。

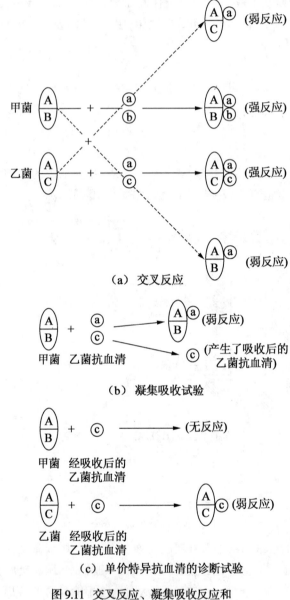

图9.11 交叉反应、凝集吸收反应和单价特异抗血清的诊断试验

(6)共同抗原与交叉反应。

在一个同时存在有多种抗原的复杂抗原系统,例如细菌细胞中,只有该系统自身特有的抗原,称特异性抗原;而为多种复杂抗原系统所共有的抗原,则称共同抗原。一种细菌的细胞通常同时含有上述两类抗原,故能刺激机体同时产生两类相应的抗体。

为简化起见,以下以甲、乙两种细菌且每种菌只限两种抗原来分析。如甲菌含A、B两种抗原,故可刺激机体产生含a、b两种抗体的抗血清。当甲菌与其自身抗血清接触时,可发生很强的反应。又如,乙菌含 A、C 两抗原,故可刺激机体产生含 a、c 两种抗体的抗血清。当乙菌与其自身抗血清相遇时,也会发生很强的血清反应。如果使甲菌的菌体(含 A、B 抗原)与乙菌的抗血清(含 a、c 抗体)相接触,由于甲、乙两菌有共同抗原 A,所以甲菌的 A 抗原可与乙菌抗血清中的 a 抗体发生较弱的反应,反之亦然。这类由于甲、乙两菌存在共同抗原而引起甲菌抗原(或抗体)与乙菌的抗体(或抗原)间发生较弱的免疫反应的现象,称为交叉反应,如图 9.11 所示。

5. 抗体

(1) 概述。

抗体是高等动物体在抗原物质的刺激下,由浆细胞产生的一类能与相应抗原在体内外发生特异结合的免疫球蛋白。

抗体的五个特点是:仅由鱼类以上脊椎动物的浆细胞产生;必须有相应抗原物质刺激免疫细胞后才能产生;能与相应的抗原发生特异性、非共价和可逆的结合;其化学本质是一类具有体液免疫功能的可溶性球蛋白;因抗体是蛋白质,故既具抗体功能,也可作抗原去刺激异种生物产生相应的抗体,这就是抗抗体。

自 1890 年 E. von Behring 和北里柴三郎将白喉毒素接种入动物体内,并在其血清中发现能中和白喉毒素毒性的第一种抗体"白喉抗毒素"以来,抗体曾被冠以多种名称,包括杀菌素、溶菌素和 γ 球蛋白等,直到 1968 年和 1972 年世界卫生组织(WHO)等才决定,凡具有抗体活性及与抗体有关的各自在蛋白,统称为免疫球蛋白,因此免疫球蛋白几乎成了抗体的同义词。

目前,纯化后的 Ig 已分为五类,其统一名称为 IgG、IgA、IgM、IgD 和 IgE。在动物进化的漫长历程中,特异性体液免疫系统中的抗体较晚出现。

无脊椎动物不能合成抗体,仅利用非特异的天然凝集素、吞噬细胞或炎症反应去消除外来抗原物质。待进化到脊椎动物后,就逐步出现种种抗体,例如,鱼类一般具有 IgM,两栖类具有 IgM 和 IgG,鸟类进化一般有 IgA、IgM 和 IgG,进化到哺乳动物后,家兔中仅有 IgA、IgM 和 IgG,其余多数种类以具有 IgA、IgM 和 IgG、IgE4 类,而人类和鼠则同时具有五类完整的 Ig。

(2) Ig 的化学结构。

在正常人体和高等动物血清中,存在着大量的免疫球蛋白,但从化学结构上看,它们都是极其不均一或呈高度异质性的,也是一类多克隆抗体。因此从理论上来说,在单克隆抗体技术突破以前,要深入分析 Ig 的一级结构,似乎是不可能的。但是,事实上 R. porter 和 G. Edelman 早在 1962 年就提出了 Ig 的 Y 型四链结构模型,至 1969 年,G. Edelman 又首次完成了抗体分子 IgG1 一级结构的测定。其原因是,20 世纪 50 年代以后,由于蛋白质分离纯化技术的进步,尤其是发现了在浆细胞恶性繁殖而引起的多发性骨髓瘤和聚球蛋白血症患者的血中,存在着大量的 Ig。

如图 9.12 所示,典型的 Ig 分子是由一长一短两对多肽链对称排列而成的一个 Y 型分子,近对称轴的一对较长的肽链,称为重链或 H 链(heavy chain);外侧一对较短的肽链,称为轻链或 L 链(light chain)。

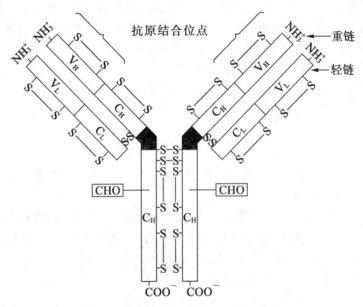

图9.12 免疫球蛋白IgG1结构的模式图

占重链1/4或轻链的1/2长度的一段区域,称为可变区或V区,因为这一区域内的氨基酸序列是可变的;占重链的3/4或轻链1/2长度的一段区域,则称为恒定区或C区(constant region),因为这一区内氨基酸序列是恒定的。

轻重链间和重重链间分别由二硫键(—S—S—)相连接。在重链的居中处约有30个氨基酸残基组成了一个能使Ig分子自由曲折的片段,称为铰链区(hinge region)。该处因含有较多的脯氨酸,故富有弹性。另外,在Ig的V端是肽链的氨基酸末端,称为N端,而相反的一端即为肽链的羧基端,称为C端。此外,重链上还有结合糖的部位,所以Ig是一类糖蛋白。

现介绍Ig的类、型、数(氨基酸数)、段(酶解片段)、体(单、双、三和五体)、价(抗原结合价)、功能区和构象等特征。

①Ig的类别(classes)和亚类(subclasses)。

根据重链的血清学类型、相对分子质量的大小(亚基数)和糖含量不同,可把抗体分为数类,如人的抗体就可分成IgG、IgA、IgM、IgD和IgE五类。这是因为,它们重链的血清学类型可分为γ、δ、α、μ和ε五种类型。

在这五类中,再按其重链构造上的变化又可分为多个亚类,如人类的IgG就可分为IgG1、IgG2、IgG3、IgG4四个亚类,它们之间除了重链间的免疫原性有所不同外,其重链间的二硫键数目和位置也各不相同。另外,IgA和IgM的重链也至少存在两个亚类。从量上来说,IgG是血清中最重要的免疫球蛋白,其中的IgG1占IgG总量的70%,IgG2占16%,IgG3占10%,IgG4占4%。

②Ig的型别(type)和亚型(subtype)。

Ig的型别是按其轻链的血清学类型来区分的,五类Ig只有λ和κ两种型别。因此,同一物种的各类Ig又各自可因其所含轻链的型别而分为两型。例如,在人类的Ig轻链中一般κ占70%，λ占30%。如果再按轻链可变区氨基酸序列差异的不同，还可以把上述两型进一步划分为数个亚型，如人类的κ型有三个亚型，λ型有五个亚型等。

③Ig肽链的氨基酸数。

不同的Ig及其亚类所含的氨基酸残基数是有差别的。一般来说，轻链的氨基酸残基数在220个左右，重链则是轻链的加倍，约为440个。

现以G.Edelman(1969年)测定的IgG1为例，其重链多含446个氨基酸，轻链含214个，共计1 320个，包含19 996个原子。相对分子质量为150 000，比胰岛素大25倍。从其N端起，轻链的V区占108个氨基酸，自109～214处为其C区。重链的V区约占114个氨基酸，其余3/4左右均为C区，据测定，在其他的Ig中，IgA和IgD(单体)的氨基酸数与IgG接近，而IgM和IgE单体的氨基酸数则比IgG要多。

④IgG的酶解和化学分解片段。

IgG分子是由两轻、两重4条多肽链凭借若干二硫键连接而成的一种Y形分子。若用巯基试剂(mercapto-reagent)和两种蛋白酶对其作化学分解和酶解，就可产生10余种不同大小、构造、性质和免疫功能的小片段(图9.13、图9.14)。

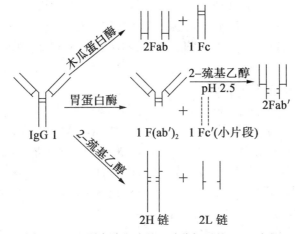

图9.13 经蛋白酶和巯基乙醇分解后的IgG1片段

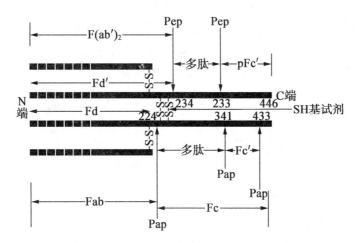

图9.14 木瓜蛋白酶(Pap)和胃蛋白酶(Pep)对IgG1的水解点及其产物
（图中的数字指自N端开始的氨基酸序号）

⑤木瓜蛋白酶和胃蛋白酶。

木瓜蛋白酶(papain,pap)的酶解片段:通过 pap 水解,两个 IgG1 可产生两个相同的抗原结合片段(antigen binding fragment,Fab)和一个可结晶片段(fragment crystalisable,Fc,只在冷藏时可形成结晶)。在 Fc 上还结合有糖基。Fc 在 pap 的继续作用下,还可产生更小的肽,称为 Fc'。F 如用 pap 对已用巯基乙醇处理过的单股重链进行水解,就可产生一段具可变区和一小段恒定区的片段,称为 Fd。从功能上看,Fab 仍能与相应的抗原做特异性结合,而 Fc 则具有固定补体的作用。

胃蛋白酶(pepsin,pep)的酶解片段:pep 可将 IgG1 水解成大小不同的两个片段。大片段是由两个二硫键连接的 Fab 双体,故称为 F(ab')₂,它具有 Fab 的功能,但却是两个抗原结合价,且肽链稍长。小片段是与 Fc 相似但分子长度略短的重链片段,在 pep 的继续作用下,也可以进一步水解成更小的 pFc' 片段。同理,若用 pep 对单股重链进行水解,则还可获得一个包含有可变区和一段恒定区的重链片段,此即 Fd'。另外,若将 F(ab')₂ 用巯基试剂处理,则可产生两个 Fab' 片段。

⑥Ig 的二硫键数。

由图9.12可知,IgG1 有12个链内二硫键和4个链间二硫键,但不同的 IgG 亚类是不同的。IgG 分子上有12~16个链内二硫键(每条轻链上有2~3个,重链上有4~5个)以及2~11个重链间二硫键(例如,人的 lgG1=2、lgG2=4、lgG3=5、lgG4=2)。

⑦Ig 的体。

Ig 的体有单体、双体和五体等。

单体:由一个 Y 形分子组成的 Ig,称为单体,如 IgG、IgD 和 IgE 等。

双体:由两个 Y 形分子组成的 Ig,称为双体。例如,lgA 在人的血液中主要以单体形式存在,称为血清型 lgA 或 7SlgA。而在唾液、泪水、乳汁(尤其是初乳)、胃肠分泌液、呼吸道和泌尿生殖道的黏液等分泌液,则以双体占优势,故称为双体为分泌型 lgA 或 11SIgA。双体 IgA 是由两个单体通过称为 J 链,即连接链的肽相连接的。J 链是一种酸性糖蛋白,相对分子质量为 15 000,其作用主要是促使单体聚合。在双体上还有一由糖蛋白构成的分泌片(secretory piece),其相对分子质量为 60 000,有上皮细胞产生,其功能是保护 IgA 免受分泌液中所含的蛋白酶水解。分泌片既可以以非共价键形式与 IgA 连接,也可以以游离态存在(图9.15)。

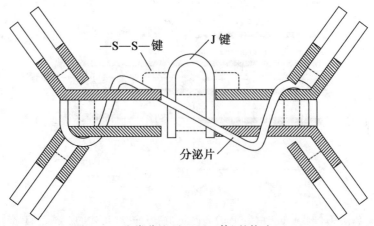

图9.15 人类分泌型 IgA(双体)的构造

五体:由五个 Y 形分子聚合而成的星状 Ig 称为五体或五聚体(pentamer)。其每一单体的重链恒定区都是由四个功能区组成,而上述 IgG 的相应恒定区却只有三个功能区。五个单体间由二硫键结合一起。它有 10 个抗原结合价。其相对分子质量高达 900 000,故又称为巨球蛋白(macroglobulin),分子中也有一个 J 链短肽。在人体的血清中,IgM 约占 Ig 的 5%~10%,在抗菌性免疫应答中起到重要作用。IgM 的五体结构如图 9.16 所示。

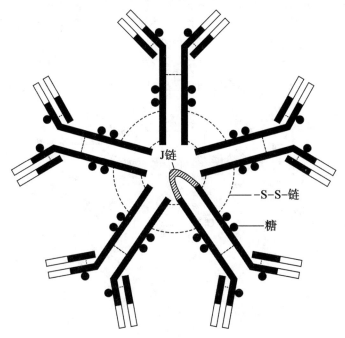

图 9.16　IgM 的五体结构

⑧Ig 的抗原结合价。

抗原结合价是指每个 Ig 分子上能与抗原决定簇相结合部位的数目。有一条轻链的 V 区合在一起组成一个抗原结合价,这可比作一付钳子只有当两个夹口同时存在时才能牢牢夹住一个物价那样。由此就可知道 Fab 是 1 价的,F(ab')2 是 2 价的,Fd、Fd' 和 Fc 等片段是零价的,Ig 的单体式 2 价的,双体是 4 价的,至于 IgM 这种五体,从理论上来判断是 10 价的,然而,实验测定数据却只有 5 价,而只是对小分子半抗原显示 10 价。其原因是:当 IgM 与大分子抗原结合时,由于空间位置的拥挤,使每对结合价只能发挥一半的作用。

⑨Ig 的功能区(domain)。

功能区又称辖区,是指 Ig 的结构单元,一般呈成对状排列。在重、轻链之间,约每 110 个氨基酸链形成一个功能区,每区都有一个内部二硫键相连(图 9.12)。Ig 分子可看作是一个较松散链接的结构单元群。一个 Fab 片段有两对功能区,Fc 片段则有 2~3 对功能区。Fab 片段的 CL 和 VL 功能区来自一条完整的轻链,而 CH1 和 VH 则来自 N 端起的半条重链,这四个功能区共同组成一个抗原的结合部位,由于不同的抗体的 VL 和 VH 的几个特殊部位(如 N 端起的第 20、50 和 90 位)即"高变区"或互补决定区(complementary determining region, CDR)上的氨基酸种类变化极大,从而使不同抗体有可能与成千上万种的抗原进行相应特异结合。

⑩Ig 的构象。

在电子显微镜下,游离的 Ig 分子不能产生清晰的图像,只有当它与 2 价的半抗原交联成不大的复合物时才能产生清晰的图像。据研究,这是因为 Ig 分子在与抗原结合前发生了构象改变所致,即它从相对松散的结构变为较致密的折叠形式。形象地说,在此前、后分子形状已从 T 形改变成 Y 形了,Ig 分子在未与抗原结合时,分子呈 T 形,当 Fab 片段与抗原相结合后,通过柔软的铰链区的弯曲,就呈 Y 形。这时,使原先处于隐蔽状态的补体结合部位显露了出来,并启动一系列与补体有关的免疫应答。因此,还可以把 Ig 分子理解成一个开关,它可以启动或关闭若干免疫反应,如图 9.17 所示。

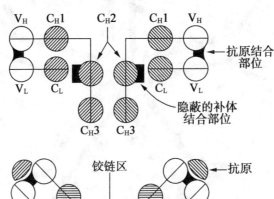

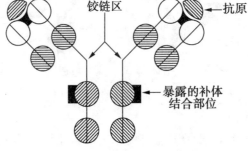

图 9.17 Ig 的构象从 T 形转变为 Y 形

五类 Ig 的特性、分布和免疫学功能见表 9.9。

表 9.9 五类 Ig 的特性、分布和免疫学功能

比较项目	IgG	IgA	IgM	IgD	IgE
相对分子质量/$\times 10^3$	150	150 385(双体)	970(五体) 175(单体)	180	190
含糖量/%	3	10	12	18	12
质量分数/%	80	13	6	1	0.002
在血清中的质量浓度/(mg·mL^{-1})	13.5	3.5	1.5	0.03	0.000 05

续表9.9

比较项目	IgG	IgA	IgM	IgD	IgE
半衰期/d	23	6	5	2.8	2.3
抗原结合位点	2	2或4(双体)	10	2	2
出现时间	出生后3个月	出生后4~6个月	胚胎期末	较晚	较晚
通过血胎屏障	能	不能	不能	不能	不能
分布	血液,淋巴	唾液、初乳等分泌物,血清,细胞液	血液,淋巴,B淋巴细胞表面受体(单体形式)	血液,淋巴,B淋巴细胞表面	血液,淋巴,肥大细胞表面
免疫功能	中和细胞毒素,抗细菌,抗病毒,与补体的结合力弱	抗细菌,抗病毒、黏膜等局部免疫	溶菌,溶血,与补体结合力强,用于机体的早期防御	不明	参与变态反应,抗寄生虫感染

思考题

1. 何为传染？影响传染结果的因素有哪些？
2. 何为非特异性免疫？
3. 何为特异性免疫？如何获得特异性免疫？
4. 请图示免疫球蛋白的结构。

第10章 微生物在食品制造中的作用

微生物用于食品制造是人类利用微生物的最早、最重要的一个方面,在我国已有数千年的历史。社会经济的进步和现代生物技术的快速发展,为人类新型食品的研究和制造带来了诸多新的机会。无论是传统发酵食品还是以生物技术为手段的现代食品工业,都离不开微生物这个主题,是微生物独有的生长特性和代谢活动造就了现代发酵食品的生产与研究领域。微生物在现代发酵食品工业所创造的经济效益和社会效益,使人类对微生物的研究与应用技术在不断地深入与拓宽。随着各种新型发酵食品、功能性食品的不断应用上市,人们的物质生活将更加丰富。

10.1 食品制造中的细菌及其应用

微生物用于食品制造是人类利用微生物的最早、最重要的一个方面,在我国已有数千年的历史。在食品工业中,可利用微生物制造出许多食品,如乳酸饮料、味精及种类繁多的调味品等。下面选择几种用微生物生产的食品做简要介绍。

10.1.1 食醋

食醋是一种酸性调味品。它能增进食欲,帮助消化,在人们饮食生活中不可缺少。食醋按加工方法可分为合成醋、酿造醋、再制醋三大类。其中产量最大且与我们关系最为密切的是酿造醋,它是用粮食等淀粉质为原料,经微生物制曲、糖化、酒精发酵、醋酸发酵等阶段酿制而成。其主要成分除醋酸(3%~5%)外,还含有各种氨基酸、有机酸、糖类、维生素、醇和酯等营养成分及风味成分,具有独特的色、香、味。它不仅是调味佳品,长期食用对身体健康也十分有益。

1. 生产原料

目前酿醋生产用的主要原料有:薯类,如甘薯、马铃薯等;粮谷类,如玉米、大米等;粮食加工下脚料,如碎米、麸皮、谷糠等;果蔬类,如黑醋栗、葡萄、胡萝卜等;野生植物,如橡子、菊芋等;其他,如酸果酒、酸啤酒、糖蜜等。

生产食醋除了上述主要原料外,还需要疏松材料如谷壳、玉米芯等,使发酵料通透性好,好氧微生物能良好生长。

2. 酿造微生物

传统工艺酿醋是利用自然界中的野生菌制曲、发酵,因此涉及的微生物种类繁多。新法制醋均采用人工选育的纯培养菌株进行制曲、酒精发酵和醋酸发酵,因而发酵周期短、原料利用率高。

(1)淀粉液化、糖化微生物。

淀粉液化、糖化微生物能够产生淀粉酶、糖化酶。使淀粉液化、糖化的微生物很多,而适合于酿醋的主要是曲霉菌。常用的曲霉菌种有:

甘薯曲霉 AS3.324:因适用于甘薯原料的糖化而得名,该菌生长适应性好、易培养、有强单宁酶活力,适合于甘薯及野生植物等酿醋。

东酒一号:是 AS 3.758 的变异株,培养时要求较高的湿度和较低的温度,上海地区应用此菌制醋较多。

黑曲霉 AS3.4309(UV−11):糖化能力强、酶系纯,最适培养温度为 32 ℃。制曲时,前期菌丝生长缓慢,当出现分生孢子时,菌丝迅速蔓延。

宇佐美曲霉 AS3.758:是日本在数千种黑曲霉中选育出来的,其糖化力极强、耐酸性较高的糖化型淀粉酶菌种。菌丝黑色至黑褐色。孢子成熟时呈黑褐色。能同化硝酸盐,其生酸能力很强。对制曲原料适宜性也比较强。

此外还有米曲霉菌株:沪酿 3.040、沪酿 3.042(AS 3.951)、AS 3.863 等。黄曲霉菌株:AS 3.800,AS 3.384 等。

(2)酒精发酵微生物。

生产上一般采用子囊菌亚门酵母属中的酵母,但不同的酵母菌株,其发酵能力不同,产生的滋味和香气也不同。北方地区常用1300 酵母,上海香醋选用工农 501 黄酒酵母。K 字酵母适用于以高粱、大米、甘薯等为原料而酿制普通食醋。AS 2.109、AS 2.399 适用于淀粉质原料,而 AS 2.1189、AS 2.1190 适用于糖蜜原料。

(3)醋酸发酵微生物。

①醋酸菌的选择。

醋酸菌是醋酸发酵的主要菌种。醋酸菌具有氧化酒精生成醋酸的能力,革兰氏染色阴性,好氧,喜欢在含糖和酵母膏的培养基上生长。其生长最适温度为 28~32 ℃,最适 pH 值为 3.5~6.5。

醋厂选用的醋酸菌的标准为:氧化酒精速度快、耐酸性强、不再分解醋酸制品、风味良好的菌种。目前国内外在生产上常用的醋酸菌有:

奥尔兰醋杆菌(*A. orleanense*)。生长最适温度为 30 ℃。该菌能产生少量的酯,产酸能力较弱,但耐酸能力较强。

许氏醋杆菌(*A. schutzenbachii*),也是目前制醋工业较重要的菌种之一。在液体中生长的最适温度为 25~27.5 ℃,固体培养的最适温度为 28~30 ℃,最高生长温度为 37 ℃。该菌产酸高达 11.5%。对醋酸没有氧化作用。

恶臭醋杆菌(*A. rancens*)恶臭醋杆菌是我国酿醋常用菌株之一。该菌在液面处形成菌膜,并沿容器壁上升,菌膜下液体不浑浊。一般能产酸 6%~8%,有的菌株副产 2%的葡萄糖酸,并能把醋酸进一步氧化成二氧化碳和水。

AS 1.41醋酸菌属于恶臭醋酸杆菌,是我国酿醋常用菌株之一。该菌生长的适宜温度为28~30℃,生成醋酸的最适宜的温度为28~33℃,最适pH值3.5~6.0,耐受酒精体积分数为8%。最高产醋酸为7%~9%,产葡萄糖酸力弱。能氧化分解醋酸为二氧化碳和水。

沪酿1.01醋酸菌是从丹东速酿醋中分离得到的,是我国食醋工厂常用的菌种之一。该菌由酒精生成醋酸的转化率平均高达93%~95%。

②醋酸菌的培养及保藏。

斜面试管培养基:酒精(质量分数为6%)100ml,葡萄糖0.3 g,酵母膏1 g,$CaCO_3$ 1.5 g,琼脂2.5 g;宜保藏在0~4℃冰箱内备用。由于培养基中已加入碳酸钙,以中和产生的酸,所以保藏时间较长。

3. 固态法食醋生产

醋酸菌在充分供给氧的情况下生长繁殖,并把基质中的乙醇氧化为醋酸,总反应式为

$$C_2H_5OH + O_2 \longrightarrow CH_3COOH + H_2O$$

(1)醋酸菌种制备工艺流程。

斜面原种→斜面菌种(30~32℃,48 h)→三角瓶液体菌种(一级种子30~32℃,振荡24 h)→种子罐液体菌种(二级种子)→(30~32℃,通气培养22~24 h)→醋酸菌种子

(2)工艺流程(略)。

(3)生产工艺。

①原料配比及处理。

甘薯或碎米、高粱等100 kg,细谷糠80 kg,麸皮120 kg,水400 kg,砻糠50 kg,醋酸菌种子40 kg,食盐3.75~7.5 kg(夏多冬少)。

将薯干或碎米等粉碎,加麸皮和细谷糠拌和,加水润料后以常压蒸煮1 h或在0.15 MPa压力下蒸煮40 min,出锅冷却至30~40℃。

②发酵。

原料冷却后,拌入麸曲和酒母,并适当补水,使醅料水分达60%~66%。入缸品温以24~28℃为宜,室温在25~28℃。入缸第二天后,品温升至38~40℃时,应进行第一次倒缸翻醅,然后盖严维持醅温30~34℃进行糖化和酒精发酵。入缸后5~7 d酒精发酵基本结束,醅中可含酒精7%~8%,此时拌入砻糠和醋酸菌种子,同时倒缸翻醅,此后每天翻醅一次,温度维持37~39℃。约经12 d醋酸发酵,醅温开始下降,醋酸含量达7.0%~7.5%时,醋酸发酵基本结束。此时应在醅料表面加食盐。一般每缸醋醅夏季加盐3 kg,冬季加盐1.5 kg。拌匀后再放2 d,再经2 d后醋醅成熟即可淋醋。

③淋醋。

淋醋工艺采用三套循环法。先用二醋浸泡成熟醋醅20~24 h,淋出来的是头醋,剩下的头渣用三醋浸泡,淋出来的是二醋,缸内的二渣再用清水浸泡,淋出三醋。如以头淋醋套头淋醋为老醋;二淋醋套二淋醋三次为双醋,较一般单淋醋质量为佳。

④陈酿及熏醋。

陈酿是醋酸发酵后为改善食醋风味进行的储存、后熟过程。陈酿有两种方法:一种

是醋醅陈酿,即将成熟醋醅压实盖严,封存数月后直接淋醋。或用此法储存醋醅,待销售旺季淋醋出厂。另一种是醋液陈酿,即在醋醅成熟后就淋醋,然后将醋液储入缸或罐中,封存1~2个月,可得到香味醇厚、色泽鲜艳的陈醋。有时为了提高产品质量,改善风味,则将部分醋醅用文火加热至70~80 ℃,24 h后再淋醋,此过程称为熏醋。

⑤配兑和灭菌。

陈酿醋或新淋出的头醋都还是半成品,头醋进入澄清池沉淀,调整其浓度、成分,使其符合质量标准。除现销产品及高档醋外,一般要加入0.1%苯甲酸钠防腐剂后进行包装。陈醋或新淋的醋液应于85~90 ℃维持50 min杀菌,但灭菌后应迅速降温后方可出厂。一般一级食醋的含酸量5.0%,二级食醋含酸量3.5%。

10.1.2 发酵乳制品

发酵乳制品是指原料乳经过杀菌作用接种特定的微生物进行发酵作用,产生具有特殊风味的食品,称为发酵乳制品。它们通常具有良好的风味、较高的营养价值及一定的保健作用,深受消费者的普遍欢迎。常用发酵乳制品有酸奶、奶酪、酸奶油、马奶酒等。

发酵乳制品主要包括酸奶和奶酪两大类,生产菌种主要是乳酸菌。乳酸菌的种类较多,常用的有干酪乳杆菌(*Lactobacillus casei*)、保加利亚乳杆菌(*L. bulgaricus*)、嗜酸乳杆菌(*L. acidophilus*)、植物乳杆菌(*L. plantarum*)、乳酸乳杆菌(*L. Lactis*)、乳酸乳球菌(*Lactococcus lactis*)、嗜热链球菌(*Streptococcus thermophilus*)等。

目前,发酵乳制品的品种很多,如酸奶、饮料、干酪、乳酪等。现仅简要介绍双歧杆菌酸奶的生产工艺。双歧杆菌酸奶的生产有两种不同的工艺:一种是两歧双歧杆菌与嗜热链球菌、保加利亚乳杆菌等共同发酵的生产工艺,称为共同发酵法;另一种是将两歧双歧杆菌与兼性厌氧的酵母菌同时在脱脂牛乳中混合培养,利用酵母在生长过程中的呼吸作用,以生物法耗氧,创造一个适合于双歧杆菌生长繁殖、产酸代谢的厌氧环境,称为共生发酵法。

10.1.3 氨基酸发酵

氨基酸是组成蛋白质的基本成分,其中有八种氨基酸是人体不能合成但又必需的氨基酸,称为必需氨基酸,人体只有通过食物来获得。另外在食品工业中,氨基酸可作为调味料,如谷氨酸钠、肌苷酸钠、鸟苷酸钠可作为鲜味剂,色氨酸和甘氨酸可作为甜味剂,在食品中添加某些氨基酸可提高其营养价值等等。因此氨基酸的生产具有重要的意义。

自从20世纪60年代以来,微生物直接用糖类发酵生产谷氨酸获得成功并投入工业化生产。我国成为世界上最大的味精生产大国。味精以成为调味品的重要成员之一,氨基酸的研究和生产得到了迅速发展。随着科学技术的进步,对传统的工艺不断地进行改革,但如何保持传统工艺生产的特有风味,从而使新工艺生产出的产品更具魅力,是今后研究的课题。

1. 谷氨酸发酵

(1)谷氨酸生产菌。

谷氨酸生产菌包括谷氨酸棒杆菌、乳糖发酵短杆菌、黄色短杆菌。我国使用的生产菌株是北京棒杆菌 AS1.299、北京棒杆菌 D110、钝齿棒杆菌 AS1.542、棒杆菌 S-914 和黄色短杆菌 T6-13 等。

(2)生产原料。

发酵生产谷氨酸的原料有：淀粉质原料，如玉米、小麦、甘薯、大米等，其中甘薯和淀粉最为常用；糖蜜原料：甘蔗糖蜜、甜菜糖蜜；氮源料：尿素或氨水。

(3)工艺流程。

味精生产全过程可分五个部分：淀粉水解糖的制取；谷氨酸生产菌种子的扩大培养；谷氨酸发酵；谷氨酸的提取与分离；由谷氨酸制成味精。

2. 黄原胶

黄原胶(Xamthan Gum)别名汉生胶，又称黄单胞多糖，天然食品添加剂，是国际上 20 世纪 70 年代发展起来的新型发酵产品。它是由甘蓝黑腐病黄单胞细菌(*Xanthomonas campestris*)以碳水化合物为主要原料，经通风发酵、分离提纯后得到的一种微生物高分子酸性胞外杂多糖。其作为新型优良的天然食品添加剂用途越来越广泛。

国际上，黄原胶开发及应用最早的是美国。美国于 20 世纪 60 年代初首先用微生物发酵法获得黄原胶。1964 年，美国 Merck 公司在世界上首先实现了黄原胶的工业化生产。1979 年，世界黄原胶总产量为 2 000 t，1990 年达 4 000 t 以上。在美国，黄原胶年产值约为 5 亿美元，仅次于抗生素和溶剂的年产值，在发酵产品中居第三位。

我国对黄原胶的研究起步较晚，进行开发研究的单位有南开大学、中国科学院微生物研究所、山东省食品发酵工业研究所等，均已通过中试鉴定。目前全国有烟台、金湖、五连等数家黄原胶生产厂，年产在 200 t 左右，主要用作食品添加剂。我国生产黄原胶的淀粉用量一般在 5% 左右，发酵周期为 72~96 h，产胶能力为 30~40 g/L，与国外比较，生产水平较低。随着黄原胶生产和应用范围的进一步发展，目前北京、四川、郑州、苏州、山东等地都有黄原胶生产新厂建成，预示着我国的黄原胶生产将呈现一个新的局面。

10.2　食品制造中的酵母及其应用

酵母菌与人们的生活有着十分密切的关系，几千年来劳动人民利用酵母菌制作出许多营养丰富、味美的食品和饮料。目前，酵母菌在食品工业中占有极其重要的地位。利用酵母菌生产的食品种类很多，下面仅介绍几种主要产品。

10.2.1　面包

面包是产小麦国家的主食，几乎世界各国都有生产。它是以面粉为主要原料，以酵母菌、糖、油脂和鸡蛋为辅料生产的发酵食品，其营养丰富，组织蓬松，易于消化吸收，食用方便，深受消费者喜爱。

1. 酵母菌种

酵母是生产面包必不可少的生物松软剂。面包酵母是一种单细胞生物，学名为啤酒酵母。

生产上应用的酵母主要有鲜酵母、活性干酵母及即发干酵母。鲜酵母发酵力较低，发酵速度慢,不易储存运输。活性干酵母是鲜酵母经低温干燥而制成的颗粒酵母,发酵活力及发酵速度都比较快,且易于储存运输,使用较为普遍。即发干酵母又称速效干酵母,是活性干酵母的换代用品,使用方便,一般无需活化处理,可直接生产。

2. 酵母菌在面包制作中的作用

酵母在发酵时利用糖类进行发酵作用,产生CO_2,使面团体积膨大,结构疏松,呈海绵状结构;发酵后的面包与其他各类主食品相比,其风味自有特异之处。产品中有发酵制品的香味,这种香气的构成极其复杂。酵母中的各种酶对面团中的有机物发生反应,将高分子的物质变成结构简单的小分子有机物,这对人体消化吸收非常有利。酵母本身的蛋白质含量甚高,且含有多种维生素,使面包的营养价值增高。

10.2.2 酿酒

我国是一个酒类生产大国,也是一个酒文化文明古国,在应用酵母菌酿酒的领域里,有着举足轻重的地位。

酿酒具有悠久的历史,产品种类繁多,如黄酒、白酒、啤酒、果酒等品种,而且形成了各种类型的名酒,如绍兴黄酒、贵州茅台酒、青岛啤酒等。酒的品种不同,酿酒所用的酵母以及酿造工艺也不同,而且同一类型的酒各地也有自己独特的工艺。

1. 啤酒

啤酒是以优质大麦芽为主要原料,大米、酒花等为辅料,经过制麦、糖化、啤酒酵母发酵等工序酿制而成的一种含有CO_2、低酒精浓度和多种营养成分的饮料酒。它是世界上产量最大的酒种之一。

根据酵母在啤酒发酵液中的性状,可将它们分成两大类:上面啤酒酵母和下面啤酒酵母。上面啤酒酵母在发酵时,酵母细胞随CO_2浮在发酵液面上,发酵终了形成酵母泡盖,即使长时间放置,酵母也很少下沉。下面啤酒酵母在发酵时,酵母悬浮在发酵液内,在发酵终了时酵母细胞很快凝聚成块并沉积在发酵罐底。国内啤酒厂一般都使用下面啤酒酵母生产啤酒。

用于生产上的啤酒酵母种类繁多。不同的菌株,在形态和生理特性上不一样,在形成双乙酰高峰值和双乙酰还原速度上都有明显差别,造成啤酒风味各异。

2. 葡萄酒

葡萄酒是由新鲜葡萄或葡萄汁通过酵母的发酵作用而制成的一种低酒精含量的饮料。葡萄酒质量的好坏和葡萄品种及酒母有着密切的关系。因此在葡萄酒生产中葡萄的品种、酵母菌种的选择是相当重要的。

葡萄酒酵母在植物学分类上为子囊菌纲的酵母属,啤酒酵母种,广泛用于酿酒、酒精、面包等生产中。各酵母的生理特性、酿造副产物、风味等有很大的不同。葡萄酒酵母除了用于葡萄酒生产以外,还广泛用在苹果酒等果酒的发酵上。如我国张裕 7318 酵母、法国香槟酵母、匈牙利多加意(Tokey)酵母等。

优良葡萄酒酵母具有以下特性:除葡萄(其他酿酒水果)本身的果香外,酵母也产生良好的果香与酒香;能将糖分全部发酵完,残糖在 4 g/L 以下;具有较高的对二氧化硫的抵抗力;具有较高发酵能力,一般可使酒精含量达到 16% 以上;有较好的凝集力和较快沉降速度;能在低温(15 ℃)或果酒适宜温度下发酵,以保持果香和新鲜清爽的口味。

3. 酵母细胞的综合利用

酵母细胞中含有蛋白质、脂肪、糖类、维生素和无机盐等,其中蛋白质含量特别丰富,如啤酒酵母蛋白质含量占细胞干重的42%～53%,产假丝酵母为50%左右。糖类除糖原外,还发现有海藻糖、去氧核糖、直链淀粉等。蛋白质中氨基酸的含量除蛋氨酸比动物蛋白低外,苏氨酸、赖氨酸、组氨酸、苯丙氨酸等含量均较高,氨基酸组成比较完全。人体必须的八种氨基酸多数也都比小麦中的含量高;维生素在14种以上,因此,它具有较高的营养价值,是良好的蛋白质资源,可作为食用和饲用。从20世纪40年代开始,酵母菌作为蛋白质补充料,广泛应用于畜牧生产,尤其是反刍动物的生产。卫生部2004年4月公布的可用于保健食品的真菌中,酵母类除包括酿酒酵母、产朊假丝酵母以外,还有乳酸克鲁维酵母和卡氏酵母。

10.3 食品制造中的霉菌及其应用

霉菌在食品加工业中的用途十分广泛,许多酿造发酵食品、食品原料的制造,如豆腐乳、豆豉、酱、酱油、柠檬酸等都是在霉菌的参与下生产加工出来的。绝大多数霉菌能把加工所用原料中的淀粉、糖类等碳水化合物、蛋白质等含氮化。在食品酿造业中,常常以淀粉质为主要原料。只有将淀粉转化为糖,才能被酵母菌及细菌利用。

淀粉的糖化、蛋白质的水解均是通过霉菌产生的淀粉酶和蛋白质水解酶进行的。通常情况是先进行霉菌培养制曲。淀粉、蛋白质原料经过蒸煮糊化加入种曲,在一定温度下培养,曲中由霉菌产生的各种酶起作用,将淀粉、蛋白质分解成糖、氨基酸等水解产物。

在生产中利用霉菌作为糖化菌种很多。根霉属中常用的有日本根霉(AS3.849)、米根霉、华根霉等;曲霉属中常用的有黑曲霉、宇佐美曲霉、米曲霉和泡盛曲霉等;毛霉属中常用的有鲁氏毛霉,还有红曲属中的一些种也是较好的糖化剂,如紫红曲霉、安氏红曲霉、锈色红曲霉、变红曲霉(AS3.976)等。

10.3.1 酱类

酱类包括大豆酱、蚕豆酱、面酱、豆瓣酱及其加工制品,都是由一些粮食和油料作物为主要原料,利用以米曲霉为主的微生物经发酵酿制的。酱类发酵制品营养丰富,易于消化吸收,既可作小菜,又是调味品,具有特有的色、香、味,价格便宜,是一种受欢迎的大众化调味品。

用于酱类生产的霉菌主要是米曲霉(Asp. oryzae),生产上常用的有沪酿3.042、黄曲霉 Cr-1菌株(不产生毒素)、黑曲霉(Asp. Nigerf-27)等。所用的曲霉具有较强的蛋白酶、淀粉酶及纤维素酶的活力,它们把原料中的蛋白质分解为氨基酸,淀粉变为糖类,在其他微生物的共同作用下生成醇、酸、酯等,形成酱类特有的风味。

10.3.2 酱油

酱油是人们常用的一种食品调味料,营养丰富,味道鲜美。它是用蛋白质原料(如豆饼、豆柏等)和淀粉质原料(如麸皮、面粉、小麦等),利用曲霉及其他微生物的共同发酵作用酿制而成的。

酱油生产中常用的霉菌有米曲霉、黄曲霉和黑曲霉等,应用于酱油生产的曲霉菌株应符合如下条件:不产黄曲霉毒素;蛋白酶、淀粉酶活力高,有谷氨酰胺酶活力;生长快速、培养条件粗放、抗杂菌能力强;不产生异味,制曲酿造的酱制品风味好。

酱油生产所用的霉菌主要是米曲霉(Asp. Oryzae)。生产上常用的米曲霉菌株有 AS 3.951(沪酿 3.042)、UE328、UE336、AS 3.863、渝 3.811 等。

生产中常常是由两菌种以上复合使用,以提高原料蛋白质及碳水化合物的利用率,提高成品中还原糖、氨基酸、色素以及香味物质的水平。除曲霉外,还有酵母菌、乳酸菌参与发酵,它们对酱油香味的形成也起着十分重要的作用。

10.3.3 柠檬酸

柠檬酸(Citric acid)的分子式为 $C_6H_8O_7$。又名枸橼酸,外观为白色颗粒状或白色结晶粉末,无臭,具有另人愉快的强烈的酸味,相对密度为 1.655 0。柠檬酸易溶于水、酒精,不溶于醚、酯、氯仿等有机溶剂。商品柠檬酸主要是无水柠檬酸和一水柠檬酸,前者在高于 36.6 ℃的水溶液中结晶析出,后者在低于 36.6 ℃水溶液中结晶析出。它天然存在于果实中,其中以柑橘、菠萝、柠檬、无花果等含量较高。柠檬酸是生物体主要代谢产物之一。早期的柠檬酸生产是以柠檬、柑橘等天然果实为原料加工而成的。1893 年,德国微生物学家 Wehmen 发现两种青霉菌能够积累柠檬酸,1923 年,美国科学家研究成功了以废糖蜜为原料的浅盘法柠檬酸发酵,并设厂生产。1951 年,美国 Miles 公司首先采用深层发酵大规模生产柠檬酸。我国于 1968 年用薯干为原料采用深层发酵法生产柠檬酸成功,由于工艺简单、原料丰富、发酵水平高,各地陆续办厂投产,至 20 世纪 70 年代中期,柠檬酸工业已初步形成生产体系。

目前生产上常用产酸能力强的黑曲霉作为生产菌。在固体培养基上,菌落由白色逐渐变至棕色。孢子区域为黑色,菌落呈绒毛状,边缘不整齐。菌丝有隔膜和分枝,是多细胞的菌丝体,无色或有色,有足细胞,顶囊生成一层或两层小梗,小梗顶端产生一串串分生孢子。

10.3.4 苹果酸

L-苹果酸广泛存在于生物体中,是生物体三羧酸循环的成员。苹果酸广泛应用于食品领域。因为苹果酸具有比柠檬酸柔和的酸味,滞留时间长和口味更好的优点,所以作为食品酸味剂更为理想。许多微生物都能产生苹果酸,大致有:用于一步发酵法的黄曲霉、米曲霉及寄生曲霉;用于两步发酵法的华根霉、无根根霉及短乳杆菌、膜醭毕赤酵母;用于酶转化法的短乳杆菌、大肠杆菌、产氨短杆菌及黄色短杆菌。

10.4 食品制造中的微生物酶制剂

酶是一种生物催化剂,具有催化效率高、反应条件温和和专一性强等特点,已经日益受到人们的重视,应用也越来越广泛。生物界中已发现有多种生物酶,在生产中广泛应用的仅有淀粉酶、蛋白酶、果胶酶、脂肪酶、纤维素酶、葡萄糖异构酶、葡萄糖氧化酶等十几种。利用微生物生产生物酶制剂要比从植物瓜果、种子、动物组织中获得更容易。因为动、植物来源有限,且受季节、气候和地域的限制,而微生物不仅不受这些因素的影响,而且种类繁多、生长速度快、加工提纯容易、加工成本相对比较低,充分显示了微生物生产酶制剂的优越性。现在除少数几种酶仍从动、植物中提取外,绝大部分是用微生物来生产的。

10.4.1 主要酶制剂微生物

酶制剂可以由细菌、酵母菌、霉菌、放线菌等微生物生产。酶制剂如耐高温 α-淀粉酶糖化酶、蛋白酶、脂肪酶、纤维素酶、半纤维素酶、果胶酶、葡萄糖氧化酶、葡萄糖异构酶、菌蔗糖酶、橙皮苷酶、乳糖酶、单宁酶、花色素酶、凝乳酶及胺氧化酶。

10.4.2 酶制剂在食品工业中的应用

1. 酶制剂在食品保鲜方面的应用

酶法保鲜技术是利用生物酶的高效的催化作用,防止或消除外界因素对食品的不良影响,从而保持食品原有的优良品质和特性的技术。

葡萄糖氧化酶(Glucose oxidase)可催化葡萄糖和氧反应,生成葡萄糖酸和双氧水。将葡萄糖氧化酶与食品一起置于密封容器中,在有葡萄糖存在的条件下,该酶可有效地降低或消除密封容器中的氧气,从而有效地防止食品成分的氧化作用,起到食品保鲜作用。葡萄糖氧化酶可以在有氧条件下,将蛋类制品中的少量葡萄糖除去,从而有效地防止蛋制品的褐变,提高产品的质量;另外,在氧的存在下容易发生氧化作用的花生、奶粉、面制品、冰淇淋、油炸食品等富含油脂的食品;易发生褐变的马铃薯、苹果、梨、果酱类食品中,利用葡萄糖氧化酶这种理想的除氧保鲜剂,可以有效地防止氧化的发生。溶菌酶(Lysozyme)是一种催化细菌细胞壁中的肽多糖水解的水解酶。用溶菌酶处理食品,可以有效地防止和消除细菌对食品的污染,起到防腐保鲜作用。溶菌酶由于其专一地作用于细菌的细胞壁,而对人体细胞不会产生不利的影响,所以广泛地应用于医药、食品等需要杀灭细菌的领域。在食品保鲜方面,可用于各种食品的防腐保鲜等,如干酪、水产品、低浓度酿造酒、乳制品等其他食品的保鲜。采用溶菌酶进行食品的防腐保鲜,一般使用蛋清溶菌酶。蛋清溶菌酶对人体无害,可有效地防止细菌对食品的污染,它已广泛地用于各种食品的防腐保鲜。

2. 酶制剂在淀粉类食品生产中的应用

淀粉酶被广泛地应用,其中主要的有 α-淀粉酶、β-淀粉酶、糖化酶、支链淀粉酶、葡萄糖异构酶等。现在国内外葡萄糖的生产绝大多数是采用淀粉酶水解的方法。果葡糖浆是有葡萄糖异构酶催化葡萄糖异构化生成果糖,使葡萄糖转化为果糖,由此可生产出果糖含量达70%、90%甚至更高的果葡糖浆,称之为高果糖浆。饴糖生产中所利用的酶,高麦芽糖浆的生产是采用β-淀粉酶和支链淀粉酶的共同作用,使淀粉更多地转化为麦芽糖。

3. 酶在蛋白质食品生产中的应用

明胶是一种热可溶性的蛋白质凝胶,在食品加工中有广泛的用途。生产明胶的原料一般采用动物的皮或骨,这些原料含有丰富的胶原蛋白。用蛋白酶水解可得到明胶溶液。

4. 酶在果蔬食品生产中的应用

常用果胶酶处理果汁、果酒、果脯、果蔬罐头等的生产。在果汁生产过程中,经酶处理的果汁比较稳定,可防止混浊。果胶酶已广泛用于苹果汁、葡萄汁、柑橘汁等的生产。在果蔬制品的脱色方面也用到酶制剂处理。许多水果和蔬菜,如葡萄、桃、草莓、芹菜等都含有花青素。用花青素酶处理,使花青素水解且保色。

5. 酶在果酒生产中的应用

在葡萄酒生产的过程中,主要应用的酶有果胶酶和蛋白酶。在红葡萄酒酿制过程中使用果胶酶,可提高色素的抽提率,还有助于酒的老熟,增加酒香。除了含有各种果胶酶外,还含有少量的纤维素酶和半纤维素酶,还使用蛋白酶,以使酒中存在的蛋白质水解,防止出现蛋白质浑浊,使酒体清澈透明。在其他果酒也可采用酶法处理,以提高产率和产品质量。

6. 酶在食品添加剂生产中的应用

酶作为一种高效生物催化剂,逐渐在食品添加剂的生产中获得较广泛的应用。酶的使用确实能解决化学合成和天然提取方法中的问题,也就为食品添加剂的生产提出新的思路。

思考题

1. 简述酿酯醋酸细菌、酱油曲霉菌、酿酒酵母菌的基本特性。
2. 参与酱油酿造的微生物有哪些?
3. 简述葡萄酒酿造中苹果酸乳酸发酵对产品质量的意义。
4. 什么是酶制剂?酶制剂有哪些应用?
5. 微生物来源的食品添加剂主要有哪些?

第11章 食品的微生物污染及腐败变质

引起食品污染的微生物种类繁多,如细菌、霉菌等。微生物可以直接或间接地通过各种途径污染食品,并不断地利用食品中的丰富营养进行侵入、生长繁殖,最后导致食品发生腐败变质,甚至可以引起食物中毒。因此,了解微生物在自然界中的分布规律及其生长繁殖的动态,掌握食品微生物主要来源,对于切断污染途径、控制微生物对食品的污染、延长食品保藏时间、防止食品腐败变质与中毒事件的发生具有十分重要的意义。

11.1 食品的微生物污染来源与途径

11.1.1 污染食品的微生物来源

1. 来自土壤中的微生物

土壤是微生物的"大本营",土壤中微生物数量最大,种类也最多,这是由于土壤具备了适合各种微生物生长繁殖的理想条件的缘故,即由土壤环境的特点决定的。

(1)土壤中含有微生物所需要的各种营养物质(有机质、大量元素及微量元素、水分及各种维生素等)。

(2)氧气。表层土壤有一定的团粒结构,疏松透气,适合好氧微生物的生长;而深层土壤结构紧密,适合厌氧微生物生长。

(3)土壤的酸碱度适宜,适合微生物的生长与繁殖(一般接近中性,适合多数微生物的生长,虽然一些土壤pH值偏酸或偏碱,但在那里也存在着相适应的微生物类群,如酵母菌、霉菌、耐酸细菌、放线菌、耐碱细菌等)。

(4)温度。土壤的温度一年四季中变化不大,既不十分酷热,也不相当严寒,非常适合微生物的生长繁殖。

那么土壤中含有哪些重要的微生物类群?其特点又如何呢?

自养型微生物:如硝酸细菌、亚硝酸细菌、硫细菌等。

异养型微生物:如很多引起食品变质的微生物,引起食物中毒的病原微生物和传染病的病原微生物等,都属于这一类。这类微生物包括有大多数的细菌、所有的放线菌、酵母菌和霉菌等。

通常土壤中细菌占较大的比率,主要的细菌包括:腐生性的球菌;需氧性的芽孢杆菌(枯草芽孢杆菌、蜡状芽孢杆菌、巨大芽孢杆菌);厌氧性的芽孢杆菌(肉毒梭状芽孢杆菌、腐化梭状芽孢杆菌)及非芽孢杆菌(如大肠杆菌属)等。

土壤中酵母菌、霉菌和大多数放线菌都生存在土壤的表层,酵母菌和霉菌在偏酸的土壤中活动显著。

值得注意的是,土壤中微生物的种类和数量在不同地区、不同性质土壤中有很大的差异,特别是在土壤的表层中微生物的波动很大。一般在浅层(10~20 cm)土壤中,微生物最多,随着土壤深层的加深,微生物数量逐渐减少。

2. 来自水中的微生物

水是微生物广泛存在的第二个理想的天然环境,江、河、湖、泊中都有微生物的存在,下水道、温泉中也存在有微生物。

(1)水的环境特点。

水中含有不同量的无机物质和有机物质,水具有一定的温度(如水的温度会随着气温的变化而变化,但深层水温度变化不大)、溶解氧(表层水含氧量较多,深层水缺氧)和pH 值(淡水 pH 值为 6.8~7.4),决定了其存在着不同类群的微生物。

(2)水中微生物的主要类群及其特点。

①淡水中的微生物(主要为两部分)。

一部分为假单孢菌属、产碱杆菌属、气单孢菌属、无色杆菌属等组成的一群 G^- 菌杆菌。

这类微生物的最适生长温度为 20~25 ℃,它们能够适应淡水环境而长期生活下来,从而构成了水中天然微生物的类群。

另一部分为来自土壤、空气和来自生产、生活的污水以及来自人、畜类粪便等多方面的微生物。特别是土壤中的微生物是污染水源的主要来源,它主要是随着雨水的冲洗而流入水中。

来自生活污水、废物和人畜排泄物中的微生物大多数是人畜消化道内的正常寄生菌,如大肠杆菌、粪肠球菌和魏氏杆菌等;还有一些是腐生菌,如某些变形杆菌、厌氧的梭状芽孢杆菌等,当然,有些情况下,也可以发现少数病原微生物的存在。

水中微生物活动的种类、数量经常是变化的,这种变化与许多因素有关,如气候、地形条件,水中含有的微生物所需要的营养物质的多少、水温、水中的含氧量,水中含有的浮游生物体等。

如雨后的河流中微生物数量上升,有时达 107 cfu/ml,但隔一段时间后,微生物数量会明显下降,这是水的自净作用造成的(阳光照射及河流的流动使含菌量冲淡,水中有机物因细菌的消耗而减少,浮游生物及噬胞菌的溶解作用等)。

②海水中的微生物。

海水中生活的微生物均有嗜盐性。靠近陆地的海水中微生物的数量较多(因为有江水、河水的流入,故含有机物的量比远海多),且具有与陆地微生物相似的特性(除嗜盐性外)。

海水中的微生物主要是细菌,如假单孢菌属、无色杆菌属、不动杆菌属、黄杆菌属、噬胞菌属、小球菌属、芽孢杆菌属等。如在捕获的海鱼体表经常有无色杆菌属、假单孢菌属和黄杆菌属的细菌检出。这些菌都是引起鱼体腐败变质的细菌。海水中的细菌除了能引起海产动植物的腐败外,有些还是海产鱼类的病原菌,有些菌种还是引起人类食物中毒的病原菌,如副溶血性弧菌等。

3. 来自空气中的微生物

(1)空气环境的特点。

空气中缺乏微生物生长所需要的营养物质,再加上水分少,较干燥,又有日光的照射,因此微生物不能在空气中生长,只能以浮游状态存在于空气中。

(2)空气中微生物的主要类群及其特点。

空气中的微生物主要来自于地面,几乎所有土壤表层存在的微生物均可能在空气中出现。但由于空气的环境条件对微生物极为不利,故一些 G^- 菌(如大肠菌群等)在空气中很容易死亡,故检出率很低。在空气中检出率较高的是一些抵抗力较强的类群,特别是耐干燥和耐紫外线强的微生物,即细菌中 G^+ 球菌、G^+ 杆菌(特别是芽孢杆菌)以及酵母菌和霉菌的孢子等。这些微生物可以附着在尘埃上或被包在微小的水滴中而浮在空间。空气中尘埃越多,污染的微生物也越多;下雨或下雪后,空气中的微生物数量就会显著降低,靠近地面的空气污染微生物的程度最严重,在高空中则很少,室内空气中微生物含量的多少与气候条件、人口密度以及室内外的清洁卫生状态有关。

空气中有时也会含有一些病原微生物,有的间接来自地面,有的直接来自人或动物的呼吸道,如结核杆菌、金黄色葡萄球菌等一些呼吸道疾病的病原微生物,可以随着患者口腔喷出的飞沫小滴散布于空气中。

4. 来自人及动、植物的微生物

人和动、植物的体表,因生活在一定的自然环境中,就会受到周围环境中微生物的污染。健康人体和动物的消化道、上呼吸道等均有一定的微生物存在,当人和动物有病原微生物寄生时,患者病体内就会产生大量病原微生物向体外排出,其中少数菌还是人畜共患的病原微生物,寄生于植物体的病原微生物,虽然对人和动物无感染性,但有些植物病原微生物的代谢产物却具有毒性,能引起人类的食物中毒。

11.1.2 微生物污染食品的途径

食品原料在运输、贮藏、加工、成品以及销售等一系列过程中,都有可能会遭受微生物的污染。根据污染的情况,可分为内源性污染和外源性污染。作为食品原料的动、植物体在生活过程中,由于本身带有的微生物而造成食品的污染,称为内源性污染,也称为第一次污染;食品在生产加工、运输、贮藏、食用过程中,通过水、空气、人、动物、机械设备及用具等而使食品发生微生物的污染,称为外源性污染,也称为第二次污染。

1. 通过水和土壤而污染

食品的原材料大部分来自土壤,食品加工厂要用大量的水,因此土壤和水中的微生物均有机会成为食品中微生物的主要来源。

在很多情况下,微生物污染食品是通过水的媒介而造成的,如果用不洁的、含菌数较高的水来处理食品就会造成食品污染,即使是使用清水,由于使用不当,也会造成食品的污染。

另外,在生产食品的过程中,如果直接使用未经净化消毒的天然水,尤其是地表水,食品也会污染较多的微生物,同时还有可能受到其他污物和毒物等对食品污染。

2. 通过空气而污染

空气中的微生物经常会随着尘埃的飞扬和沉降将微生物带到食品上。此外,人体内的痰沫、鼻涕和口水(唾液)的小水滴中均含有一定量微生物,故在讲话、咳嗽和打喷嚏时,可直接或间接地污染食品。所以只要食品暴露于空气中,就不可避免地要受到微生物的污染。

3. 通过人及动物接触而污染

人接触食品时,人体可作为媒介,将微生物传给食品,尤其是由于人的手而造成的食品污染最为常见,所以直接接触食品的从业人员,如果他们的工作服、工作帽等不经常清洗、消毒和保持洁净,就会将附着于其上的大量微生物带入食品而造成污染。

此外,有食品的地方,也正是鼠、蝇、蟑螂等一些小动物活动频繁的场所,这些动物体表或消化道内均带有大量的微生物,它们是微生物的传播者,而且鼠类常是沙门氏菌的带菌者。因此,有时被鼠类污染的食品,常常会污染沙门氏菌或造成食物中毒。

4. 通过加工设备及包装材料而污染

应用于食品的一切用具,如原料的包装物品、运输工具、生产的加工设备和成品的包装材料及容器等,都有可能作为媒介将微生物污染食品。

(1)所有上述物品在未经消毒或灭菌前,总是带有不同数量的微生物,当遇到包装物品的更换和运输环节变动时,就会造成更多的微生物污染。

(2)装运易腐败食品的运输工具和容器,如果在用过后未进行彻底的清洗和消毒而连续使用,就会使运输工具和容器中残留较多数量的微生物,从而造成以后装用食品的污染。

(3)食品在加工过程中,要通过许多设备,若通过不加高热的设备越多,造成污染的机会也就越多。

(4)已经消毒或无菌的食品,如果使用不洁净的包装容器,就会使含菌不多的食品或无菌的食品重新遭受污染,这样甚至会造成食品一经包装完毕就已经成为不符合卫生质量指标的食品了。

11.1.3 食品中微生物的消长

由于污染源和污染途径的不同,在食品中出现的微生物的种类也是复杂的。食品中的微生物不论在数量上和种类上都随着食品所处环境的变动和食品性状的变化而不断变化,这种变化所表现的主要特征就是:食品中微生物的数量出现增多或减少,称为消长现象。

1. 加工前

食品在加工前,无论是动物性原料或植物性原料,都已有不同程度的微生物污染,由于运输、贮藏等原因,常常造成食品的污染机会增多,虽然有些微生物污染食品后,因环境条件的不适应而引起死亡,但是从所存在的微生物总数来看,一般并不见减少而只有增多。

加工前微生物数量增长的现象,在一些新鲜的鱼肉类和果蔬类的食品中可以明显地反映出来。因而从食品加工前后来看,加工前原料食品中所含的微生物,无论在种类上还是数量上,总是比加工后要多得多。

2. 加工过程中

在食品加工过程中,清洗、消毒、灭菌等对微生物的生存不利,可以使食品中微生物的数量明显下降,甚至可以使微生物完全清除。当然,原料污染的程度,会影响到加工过程中微生物的下降率。如果加工过程中卫生条件差,还会出现二次污染现象,当残存在食品中的微生物有繁殖机会时,就会导致微生物数量骤然上升的现象;但在一般卫生良好的情况下,只会少量污染,因而食品中所含有的微生物的总数不会明显地增多。

3. 加工后

一种是食品中残留的微生物或再度污染的微生物,在遇到适宜条件时,生长繁殖而出现食品变质。变质初期微生物数量会骤然增多,但当上升到一定数量时,就不再继续上升,相反地还会出现下降,这是由于微生物生长繁殖引起食品变质时,食品中营养被消耗,越来越不适宜微生物生长,所以到后期还会出现微生物数量的减少。

另一种是食品没有出现再次污染,在加工后仅残留少数微生物,也得不到生长繁殖的适宜条件,因此,随着贮藏日期的延长,微生物数量不断下降。

上述情况是食品加工前后微生物消长的一般规律,对于指导食品的卫生生产,防止食品腐败有重要指导意义。

11.2 食品的细菌污染

11.2.1 食品中常见的细菌

细菌性微生物是人类食物链中最常见的病原,主要有大肠杆菌、沙门氏菌、结核菌、炭疽菌、肉毒梭菌、李斯特菌、葡萄球菌、猪链球菌等。2005 年从欧盟 25 个成员国所搜集的有关 11 种动物疾病的感染病例中,李斯特菌对胎儿危害极大,在 2004 年一年当中导致了 107 例死亡。沙门氏菌对禽类、生猪及其鲜肉制品的感染率最高,蛋类、禽类肉制品和猪肉是人类感染沙门氏菌病的主要渠道。食品细菌即指常在食品中存在的细菌,包括致病菌、条件致病菌和非致病菌。自然界的细菌种类繁多,但由于食品理化性质、所处环境条件及加工处理等因素的限制,在食品中存在的细菌只是自然界细菌的一小部分。非致病菌一般不引起人类疾病,但其中一部分为腐败菌,与食品腐败变质有密切关系,是评价食品卫生质量的重要指标。某些细菌在食品中存活时,可以通过活菌的摄入引起人体(通常是肠道)感染——食品感染;或预先在食品中产生的细菌毒素导致人类中毒——食品中毒。从食品卫生的角度来看,污染食品引起食品腐败变质,造成食物中毒和引起疾病的细菌见表 11.1。

表 11.1　与腐败有关的主要微生物的名称及作用

属　名	易受腐败的食品	腐败作用及有关微生物
链球菌属（Streptococcus）乳杆菌属（Lactobacillus）	牛奶、乳制品、肉类、蔬菜等	使牛乳酸败：乳链球菌（St. lactis）、粪链球菌（St. faecalis） 使绍兴酒等酸败：同型腐酒乳杆菌（L. homohiochii）
假单胞菌属（Pseudomonas）	牛奶、蛋、肉类、鱼贝类、蔬菜等	在海水、淡水、土壤、空气和工厂中普遍存在，易引起多种食品腐败变质，主要菌种有： 荧光假单胞菌（Ps. fluorescens） 腐败假单胞菌（Ps. putrefaciens） 卵状假单胞菌（Ps. ovalis） 铜绿假单胞菌（Ps. aeruginosa，绿脓杆菌） 粪黄假单胞菌（Ps. synxantha）
芽孢杆菌属（Bacillus）	牛奶、乳制品、蔬菜、面包、米饭、肉、鱼加工品等	枯草杆菌（B. subtilis） 蜡状芽孢杆菌（B. cercus） 腐败芽孢杆菌（B. putrificus） 肠膜芽孢杆菌（B. mesentericus） 凝结芽孢杆菌（B. coagulans） 多粘芽孢杆菌（B. polymyza） 环状芽孢杆菌（B. circulans）
梭状芽孢杆菌（Clostridium）	肉类、牛奶、罐头、蔬菜等	使牛乳腐败：酪丁酸梭菌（Cl. tyrobutyricum） 使肉类腐败：生孢梭菌（Cl. sporogenes）、腐败梭菌（Cl. putrificum） 使罐头腐败：Cl. nigrificans 使酱菜恶臭：丁酸梭菌（Cl. butyricum） 使人中毒：肉毒梭菌（Cl. botulinum）
无色杆菌属（Achromobacter）黄杆菌属（Flavobacterium）	新鲜鱼肉类、肉类等	多数为水中细菌，在低温条件下也能生长繁殖
醋杆菌属（Acetobacter）	水果、果汁类、酿造制品类	醋化醋杆菌（A. aceti） 弱氧化醋杆菌（A. suboxydans）
微球菌属（Micrococcus）	肉类、鱼贝类及其加工品	附着于鱼类引起腐败
酵母类	水果、酿造制品、蔬菜、肉加工品等	啤酒酿造呈不良臭味： 巴氏酵母（Saccharomyces pasteurianus） 果酱类和盐渍物腐败：圆酵母属（Torulopsis） 接合酵母属（Zygosaccharmyces）

续表 11.1

属 名	易受腐败的食品	腐败作用及有关微生物
霉菌类	水果、蔬菜、谷物、干燥食品、面包等	在谷物、面包等比较干燥的食品上繁殖的有： 曲霉属(Aspergillus) 青霉属(Penicillium) 脉孢菌属(Neurospora) 根霉属(Rhizopus) 丛梗孢属(Monilia) 使米变黄：岛青霉(P. islandicum) 使牛奶变质：黄曲霉(Asp. flavus)、乳粉孢霉(Oidium lactis)

11.2.2　食品中的细菌总数及其食品卫生学意义

食品中的细菌总数是指每克或每毫升或每平方厘米面积食品的细菌数目而言，不考虑其种类。国家标准检验方法是在严格的规定条件下（样品处理、培养基组成成分及 pH 值、培养温度、培养时间、计数方法等），使适应这些条件的每个活的细胞必须而且只能形成一个肉眼可见的菌落，菌落数的总和称为该食品的细菌总数。

细菌菌落总数作为食品的细菌指标主要有以下两方面的卫生学意义：一是可作为食品被细菌污染程度即清洁状态的标志；二是可以用来预测食品耐存放程度或期限。

11.2.3　大肠菌群及其食品卫生学意义

大肠菌群是一组来自人和温血动物肠道（粪便），在 35～37 ℃下能发酵乳糖产酸产气、需氧或兼性厌氧的革兰氏阴性无芽孢杆菌，包括肠肝菌科的埃希菌属（典型肠杆菌属）、柠檬酸杆菌属、肠杆菌属和克雷伯菌属（后三者为非典型肠杆菌属）。大肠菌群已被许多国家用作食品质量鉴定的指标。

大肠菌群的食品卫生学意义：

（1）直接意义。

可作为食品被人或温血动物粪便污染的指示菌。其原因是：特异（仅来自肠道）；数量多，易检出；环境抵抗力强；检验方法灵敏。

（2）间接意义。

可推断食品被肠道致病菌污染的可能性。由于大肠菌群与肠道致病菌来源相同，而且在外界生存的时间与主要肠道致病菌（如致病菌沙门氏菌属、志贺菌属）相当，所以大肠菌群可作为肠道致病菌污染食品的指示菌。

11.3　食品的腐败变质

食品腐败变质是指食品受到各种内外因素的影响，造成其原有化学性质或物理性质发生变化，降低或失去其营养价值和商品价值的过程。

食品腐败变质的过程实质上是食品中碳水化合物、蛋白质、脂肪在污染微生物的作用下分解变化、产生有害物质的过程。这些变化使食品的质量降低或失去食用价值,如鱼肉的腐臭、油脂的酸败、果蔬的腐烂、粮食的霉变等等。

11.3.1 微生物引起食品变质的基本因素

食品腐败变质的因素是多方面的,一般可从食品本身、环境因素及微生物三方面来考虑。

1. 食品的基质条件

(1)食品的营养成分。

食品中含有蛋白质、糖类、脂肪、无机盐、维生素和水分等丰富的营养成分,是微生物的良好天然培养基。

食品中蛋白质被微生物分解造成的败坏称为腐败。食品中碳水化合物或脂肪被微生物分解产酸而败坏称为酸败。对蛋白质分解能力强的微生物是变形杆菌及霉菌,如沙门柏干酪青霉能分泌胞外蛋白酶;对碳水化合物分解能力很强的微生物是酵母,如啤酒酵母以及霉菌(如黑曲霉);对脂肪分解能力很强的微生物是霉菌,如黄曲霉及少数细菌(如荧光假单胞菌)。

(2)食品的 pH 值。

① 食品的 pH 值与微生物生长的适应性。

根据食品 pH 值范围可将食品划分为两大类。

非酸性食品:凡是 pH 值在 4.5 以上的食品(动物性食品和大多数蔬菜)。酸性食品:凡是 pH 值在 4.5 以下的食品(水果和少数蔬菜)。如动物食品的 pH 值一般为 5~7,蔬菜 pH 值为 5~6,它们一般为非酸性食品;水果的 pH 值为 2~5,一般为酸性食品(表11.2)。

表11.2 不同食品的 pH 值范围

动物食品	蔬菜	水果
牛肉 5.1~6.2	卷心菜 5.4~6.0	苹果 2.9~3.3
羊肉 5.4~6.7	花椰菜 5.6	香蕉 4.5~4.7
猪肉 5.3~6.9	芹菜 5.7~6.0	柿子 4.6
鸡肉 6.2~6.4	茄子 4.5	葡萄 3.4~4.5
鱼肉(多数)6.6~6.8	莴苣 6.0	柠檬 1.8~2.0
哈肉 6.5	洋葱(红)5.3~5.8	橘子 3.6~4.3
蟹肉 7.0	菠菜 5.6~6.0	西瓜 5.2~5.6
牡蛎肉 4.8~6.3	番茄 4.2~4.3	无花果 4.6
小虾肉 6.8~7.0	萝卜 5.2~5.5	橙 3.6~4.3
金枪鱼 5.2~6.0	芦笋(花与茎)5.7~6.1	李子 2.8~4.6
大马哈鱼 6.1~6.3	豆(青刀豆)4.6~6.5	葡萄柚(汁)3.0

续表 11.2

动物食品	蔬菜	水果
火腿 5.9~6.1	玉米(甜)7.3	
牛乳 6.5~6.7	菠菜 5.5~6.0	
奶油 6.1~6.4	南瓜 4.8~5.2	
酪乳 4.5	马铃薯 5.3~5.6	
奶酪 4.9~5.9	荷兰芹 5.7~6.0	
稀奶油 6.5	西葫芦 5.0~5.4	

绝大多数细菌生长的最适 pH 值为 6.5~7.5,非酸性食品是适合于多数细菌生长。酵母生长的最适 pH 值是 4.0~5.8;霉菌生长的最适 pH 值为 3.8~6.0。酸性食品则主要适合于酵母、霉菌和少数耐酸细菌的生长。

②微生物引起食品 pH 值的变化。

食品的 pH 值影响微生物的生长,同样,微生物在食品中生长繁殖又会引起食品的 pH 值的变化。有些微生物能分解食品中的糖而产生酸,使食品的 pH 值降低;有些微生物能分解食品中的蛋白质产生碱(氨或胺),使 pH 值升高。

(3)食品的水分。

食品中的水分含量决定了生长的微生物种类。微生物在食品中的生长繁殖取决于水分活度(A_w,也称水活性)。食品的 A_w 值在 0.60 以下,微生物不能生长。一般认为食品 A_w 值在 0.65 以下,是食品安全贮藏的防霉含水量。

表 11.3 食品中主要微生物类群生长的最低 A_w 值范围

微生物类群	最低 A_w 值范围	微生物类群	最低 A_w 值
大多数细菌	0.99~0.90	嗜盐性细菌	0.75
大多数酵母菌	0.94~0.88	耐高渗酵母	0.60
大多数霉菌	0.94~0.73	干性霉菌	0.65

(4)食品的渗透压。

在低渗透压的食品中绝大多数微生物都能够生长。在高渗透压的食品中,多数霉菌和少数酵母能够生长,绝大多数细菌不能在较高渗透压的食品中生长,只有少数种能在高渗环境中生长。耐高渗微生物主要有高度嗜盐细菌(盐杆菌属、小球菌属)、中等嗜盐细菌(假单胞菌属、弧菌属)、低等嗜盐细菌(黄杆菌属、无色杆菌属等)、耐糖细菌(肠膜明串珠菌)、耐高糖酵母(蜂蜜酵母、鲁氏酵母等)及耐高渗的霉菌(青霉属、曲霉属等)。

2. 食品的环境条件

微生物在食品上能否生长繁殖,能否造成食品腐败变质,除了基质条件以外还要取决于外界环境条件,如温度、气体和湿度。

(1)温度。

根据微生物对温度的适应性,可将微生物分为嗜冷菌(psychrophiles)、嗜温菌(mesophiles)及嗜热菌(hermophiles)。在这三类微生物各自不同的生长适宜温度范围内可以找到一个能共同适应的温度范围,即 25~30 ℃,各类微生物都有可能引起食品的腐败变质。

食品冷藏尽管可以抑制多数微生物生长,但仍有一些嗜冷微生物能够生长繁殖,引起食品发生腐败变质。在 -10 ℃左右的低温下,仍有少数种类微生物能够生长,如属于革兰氏阴性的假单胞菌,还有革兰氏阳性菌如微球菌属、链球菌属等,酵母有假丝酵母、圆酵母、隐球酵母等,霉菌有青霉属、芽枝霉属及毛霉属。

温度降至 -1～-5℃时微生物的生长基本上可以被控制,但其中少数的酵母和霉菌适应性较大,还不能被抑制。因此,有人提出了对不同食品贮藏时能完全防止微生物生长所需的低温(表11.4)。

表11.4　不同食品完全防止微生物生长所需的贮藏温度

食品	温度/℃
肉类	-9～10
奶油	-9～11
鱼类	-10～12
冷冻制品	-9.5～10
蔬菜	-10

超过45 ℃的高温条件下,嗜热微生物仍能生长繁殖而造成食品腐败变质,它们主要引起糖类的分解而产酸。变质的过程,从时间上比嗜温菌引起的变质过程要短。

(2)气体。

微生物与 O_2 有着十分密切的关系。在食品中,如果缺乏 O_2,变质速度通常较慢。这时变质主要由厌氧微生物所引起。如果食品处在有氧的环境中,则容易发生变质。如果微生物属于兼性厌氧微生物,那么在某种条件下,O_2 存在与否则决定着该菌是否生长及生长速度。例如,当 Aw 值是0.86时,无氧存在,金黄色葡萄球菌不能生长或生长极其缓慢;如有氧,则生长良好。

对食品原料,腐败的程度意味着原料的新鲜程度。在新鲜原料中,由于机体内一般存在着还原性物质(如动物原料组织内的—SH 基和植物原料内的维生素 C),所以具有抗氧化能力。在食品原料内部生长的微生物绝大部分应该是厌氧微生物。而在原料表面上生长的则是好氧微生物。食品经过加工改变了物质结构,好氧微生物则能进入组织内部。此时,如不采取措施,则食品易发生变质。

另外,H_2 和 CO_2 等气体的存在,对微生物的生长也有一定的影响。实践中可通过控制它们的浓度来防止食品发生腐败变质。

(3)湿度。

空气中相对湿度超过70%,富含蛋白质的鱼、肉、蛋、豆类制品等食品在这种环境中存放,则很快会发黏、发霉、变色、变味,甚至发臭。梅雨季节粮食、食品容易发霉,就是因为空气湿度太大的缘故。

11.3.2　微生物与食品的腐败变质

食品从原料到加工产品,随时都有被微生物污染的可能。这些污染的微生物在适宜条件下即可生长繁殖,分解食品中的营养成分,使食品失去原有的营养价值,成为不符合卫生要求的食品。下面就各类主要食品的腐败变质做以介绍。

1. 乳及乳制品的腐败变质

各种不同的乳,如牛乳、羊乳、马乳等,其成分虽各有差异,但都含有丰富的营养成分,容易消化吸收,是微生物生长繁殖的良好培养基。乳一旦被微生物污染,在适宜条件下,就会迅速繁殖引起腐败变质而失去食用价值,甚至可能引起食物中毒或其他传染病的传播。

牛乳在挤乳过程中会受到乳房和外界微生物的污染,通常根据其来源可以分为三类。

①乳房内的微生物。

牛乳在乳房内不是无菌状态,即使遵守严格无菌操作挤出乳汁,在 1 mL 中也有数百个细菌。乳房中的正常菌群,主要是小球菌属和链球菌属。由于这些细菌能适应乳房的环境而生存,称为乳房细菌。乳畜感染后,体内的致病微生物可通过乳房进入乳汁而引起人类的传染。常见的引起人畜共患疾病的致病微生物主要有结核分枝杆菌、布氏杆菌、炭疽杆菌、葡萄球菌及溶血性链球菌及沙门氏菌等。

②环境中的微生物。

环境中的微生物包括挤奶过程中细菌的污染和挤后食用前的一切环节中受到的细菌的污染。污染的微生物的种类、数量直接受牛体表面卫生状况、牛舍的空气、挤奶用具、容器,挤奶工人的个人卫生情况的影响。另外,挤出的奶在处理过程中,如不及时加工或冷藏,不仅会增加新的污染机会,而且会使原来存在于鲜乳内的微生物数量增多,这样很容易导致鲜乳变质。所以挤奶后要尽快进行过滤、冷却。

③来自饲料被霉菌污染所产生的有毒代谢产物。

乳中可能存在的病原菌如图 11.1 所示。

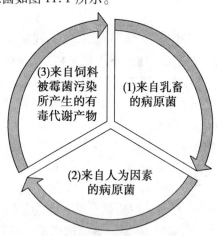

图 11.1　乳中可能存在的病原菌

(1)乳液的变质过程。

鲜乳及消毒乳都残留一定数量的微生物,特别是污染严重的鲜乳,消毒后残存的微生物还很多,常引起乳的酸败,这是乳发生变质的重要原因。乳中含有溶菌酶等抑菌物质,使乳汁本身具有抗菌特性。但这种特性延续时间的长短,随乳汁温度高低和细菌的污染程度而不同。通常新挤出的乳,迅速冷却到 0 ℃可保持 48 h,5 ℃可保持 36 h,10 ℃可保持 24 h,25 ℃可保持 6 h,30 ℃仅可保持 2 h。在这段时间内,乳内细菌是受到抑制的。

当乳的自身杀菌作用消失后,乳静置于室温下,可观察到乳所特有的菌群交替现象。这种有规律的交替现象分为以下几个阶段。

①抑制期(混合菌群期)。

在新鲜的乳液中含有溶菌酶、乳素等抗菌物质,对乳中存在的微生物具有杀灭或抑制作用。在杀菌作用终止后,乳中各种细菌均发育繁殖,由于营养物质丰富,暂时不发生互联或拮抗现象。这个时期约持续 12 h 左右。

②乳链球菌期。

鲜乳中的抗菌物质减少或消失后,存在于乳中的微生物,如乳链球菌、乳酸杆菌、大肠杆菌和一些蛋白质分解菌等迅速繁殖,其中以乳酸链球菌生长繁殖居优势,分解乳糖产生乳酸,使乳中的酸性物质不断增高。由于酸度的增高,抑制了腐败菌、产碱菌的生长,以后随着产酸增多乳链球菌本身的生长也受到抑制,数量开始减少。

③乳杆菌期。

当乳链球菌在乳液中繁殖,乳液的 pH 值下降至 4.5 以下时,由于乳酸杆菌耐酸力较强,尚能继续繁殖并产酸。在此时期,乳中可出现大量乳凝块,并有大量乳清析出,这个时期约有 2 d。

④真菌期。

当酸度继续升高至 pH 值为 3.0~3.5 时,绝大多数的细菌生长受到抑制或死亡。而霉菌和酵母菌尚能适应高酸环境,并利用乳酸作为营养来源而开始大量生长繁殖。由于酸被利用,乳液的 pH 值回升,逐渐接近中性。

⑤腐败期(胨化期)。

经过以上几个阶段,乳中的乳糖已基本上消耗掉,而蛋白质和脂肪含量相对较高,因此,此时能分解蛋白质和脂肪的细菌开始活跃,凝乳块逐渐被消化,乳的 pH 值不断上升,向碱性转化,同时并伴随有芽孢杆菌属、假单孢杆菌属、变形杆菌属等腐败细菌的生长繁殖,于是牛奶出现腐败臭味。

在菌群交替现象结束时,乳也产生各种异色、苦味、恶臭味及有毒物质,外观上呈现黏滞的液体或清水。鲜乳中微生物活动曲线如图 11.2 所示。

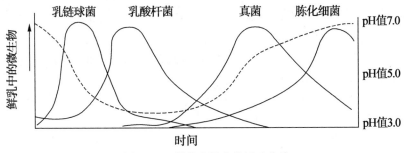

图 11.2 鲜乳中微生物活动曲线

(2)乳液的消毒和灭菌。

鲜乳消毒和灭菌是为了杀灭致病菌和部分腐败菌,消毒的效果与鲜乳被污染的程度有关。牛乳消毒的温度和时间的确定是保证最大限度地消灭微生物和最高限度地保留牛乳的营养成分和风味,首先是必须消灭全部病原菌。

鲜乳的消毒灭菌方法有多种,以巴氏消毒法最为常见。巴氏消毒的操作方法有多种,其设备、温度和时间各不相同,但都能达到消毒目的,目前鲜乳的消毒灭菌方法主要有以下几种:

①低温长时消毒法。60~65 ℃、加热保温30 min,目前市场上见到的玻璃瓶装、罐装的消毒奶、啤酒、酸渍食品、盐渍食品采用的就是这种常压喷淋杀菌法。但此法由于消毒时间长,杀菌效果不太理想,目前许多乳品厂已不在使用。

②高温短时消毒法。将牛乳置于72~75 ℃加热4~6 min,或80~85 ℃加热10~15 s,可杀灭原有菌数99.9%。用此法对牛乳消毒时,有利于牛奶的连续消毒,但如果原料污染严重时,难以保证消毒的效果。

③高温瞬时消毒法。目前许多大城市已采用高温瞬时消毒法。即控制条件为85~95 ℃,2~3 s加热杀菌,其消毒效果比前两者好,但对牛乳的质量有影响,如容易出现乳清蛋白凝固、褐变和加热臭等现象。

④超高温瞬时灭菌法。许多科学家做了大量的试验,发现在保证相同杀菌效果的前提下,提高温度比延长杀菌时间对营养成分的损失要小些,因而目前比较盛行的乳灭菌方法是超高温瞬时灭菌法。即牛乳先经75~85 ℃预热4~6 min,接着通过136~150 ℃的高温2~3 s。在预热过程中,可使大部分的细菌杀死,其后的超高温瞬时加热,主要是杀死耐热的芽孢细菌。该方法生产的液态奶可保存很长的时间。

2. 肉类的腐败变质

肉类食品包括畜禽的肌肉及其制品、内脏等,由于其营养丰富,有利于微生物生长繁殖;家畜、家禽的某些传染病和寄生虫病也可通过肉类食品传播给人,因此保证肉类食品的卫生质量是食品卫生工作的重点。

(1)肉类中的微生物。

参与肉类腐败过程的微生物是多种多样的,一般常见的有腐生微生物和病原微生物。腐生微生物包括有细菌、酵母菌和霉菌,它们污染肉品,使肉品发生腐败变质。

细菌主要是需氧的革兰氏阳性菌,如蜡样芽孢杆菌、枯草芽孢杆菌和巨大芽孢杆菌等;需氧的革兰氏阴性菌有假单胞杆菌属、无色杆菌属、黄色杆菌属、产碱杆菌属、埃希氏杆菌属、变形杆菌属等;此外还有腐败梭菌、溶组织梭菌和产气荚膜梭菌等厌氧梭状芽孢杆菌。

酵母菌和霉菌主要包括有假丝酵母菌属、丝孢酵母属、交链孢霉属、曲霉属、芽枝霉属、毛霉属、根霉属和青霉属。

病畜、禽肉类可能带有各种病原菌,如沙门氏菌、金黄色葡萄球菌、结核分枝杆菌、炭疽杆菌和布氏杆菌等。它们对肉的主要影响并不在于使肉腐败变质,而是传播疾病,造成食物中毒。

(2)肉类变质现象和原因。

肉类腐败变质时，往往在肉的表面产生明显的感官变化，常见的有：

①发黏。微生物在肉表面大量繁殖后，使肉体表面有黏状物质产生，这是微生物繁殖后所形成的菌落以及微生物分解蛋白质的产物。这主要是由革兰氏阴性细菌、乳酸菌和酵母菌所产生。当肉的表面有发黏、拉丝现象时，其表面含菌数一般为 $10^7 cfu/cm^2$。

②变色。肉类腐败变质，常在肉的表面出现各种颜色变化。最常见的是绿色，这是由于蛋白质分解产生的硫化氢与肉质中的血红蛋白结合后形成的硫化氢血红蛋白（H_2S-Hb）造成的，这种化合物积蓄在肌肉和脂肪表面，即显示暗绿色。另外，粘质赛氏杆菌在肉表面所产生红色斑点，深蓝色假单胞杆菌能产生蓝色，黄杆菌能产生黄色。有些酵母菌能产生白色、粉红色、灰色等斑点。

③霉斑。肉体表面有霉菌生长时，往往形成霉斑。特别是一些干腌制肉制品，更为多见。如美丽枝霉和刺枝霉在肉表面产生羽毛状菌丝；白色侧孢霉和白地霉产生白色霉斑；草酸青霉产生绿色霉斑；蜡叶芽枝霉在冷冻肉上产生黑色斑点。

④气味。肉体腐烂变质，除上述肉眼观察到的变化外，通常还伴随一些不正常或难闻的气味，如微生物分解蛋白质产生恶臭味；乳酸菌和酵母菌的作用下产生挥发性有机酸的酸味；霉菌生长繁殖产生的霉味等。

（3）鲜肉变质过程。

健康动物的血液、肌肉和内部组织器官一般是没有微生物存在的，但由于屠宰、运输、保藏和加工过程中的污染，致使肉体表面污染了一定数量的微生物。这时，肉体若能及时通风干燥，使肉体表面的肌膜和浆液凝固形成一层薄膜时，可固定和阻止微生物浸入内部，从而延缓肉的变质。

通常鲜肉保藏在 0 ℃左右的低温环境中，可存放 10 d 左右而不变质。当保藏温度上升时，表面的微生物就能迅速繁殖，其中以细菌的繁殖速度最为显著，它沿着结缔组织、血管周围或骨与肌肉的间隙蔓延到组织的深部，最后使整个肉变质。宰后畜禽的肉体由于有酶的存在，使肉组织产生自溶作用，结果使蛋白质分解产生蛋白胨和氨基酸，这样更有利于微生物的生长。

随着保藏条件的变化与变质过程的发展，细菌由肉的表面逐渐向深部浸入，与此同时，细菌的种类也发生变化，呈现菌群交替现象。这种菌群交替现象一般分为三个时期，即需氧期、兼性厌氧期和厌氧菌期。

①需氧菌期。细菌分解前 3~4 d，细菌主要在表层蔓延，最初见到各种球菌，继而出现大肠杆菌、变形杆菌、枯草杆菌等。

②兼性厌氧菌期。腐败分解 3~4 d 后，细菌已在肉的中层出现，能见到产气荚膜杆菌等。

③厌氧菌期。在腐败分解的 7~8 d 以后，深层肉中已有细菌生长，主要是腐败杆菌。值得注意的是，这种菌群交替现象与肉的保藏温度有关，当肉的保藏温度较高时，杆菌的繁殖速度较球菌快。

3.鱼类的腐败变质

（1）鱼类中的微生物。

目前一般认为，新捕获的健康鱼类，其组织内部和血液中常常是无菌的，但在鱼体表面的黏液中、鱼鳃以及肠道内存在着微生物。当然,由于季节、渔场、种类的不同,体表所附细菌数有所差异。

存在于鱼类中的微生物主要有假单胞菌属、无色杆菌属、黄杆菌属、不动杆菌属、拉氏杆菌属和弧菌属。淡水中的鱼还有产碱杆菌、气单胞杆菌和短杆菌属。另外,芽孢杆菌、大肠杆菌、棒状杆菌等也有报道。

(2)鱼类的腐败变质。

一般情况下,鱼类比肉类更易腐败,因为通常鱼类在捕获后,不是立即清洗处理,而多数情况下是带着容易腐败的内脏和鳃一道进行运输,这样就容易引起腐败。其次,鱼体本身含水量高(70%~80%),组织脆弱,鱼鳞容易脱落,细菌容易从受伤部位侵入,而鱼体表面的黏液又是细菌良好的培养基,因而造成了鱼类死后很快就发生了腐败变质。

4. 鲜蛋的腐败变质

(1)鲜蛋中的微生物。

通常新产下的鲜蛋里是没有微生物的,新蛋壳表面又有一层黏液胶质层,具有防止水分蒸发,阻止外界微生物侵入的作用。其次,在蛋壳膜和蛋白中,存在一定的溶菌酶,也可以杀灭侵入壳内的微生物,故正常情况下鲜蛋可保存较长的时间而不发生变质。然而鲜蛋也会受到微生物的污染,当母禽不健康时,机体防御机能减弱,外界的细菌可侵入到输卵管,甚至卵巢。而蛋产下后,蛋壳立即受到禽类、空气等环境中微生物的污染,如果胶质层被破坏,污染的微生物就会透过气孔进入蛋内,当保存的温度和湿度过高时,侵入的微生物就会大量生长繁殖,结果造成蛋的腐败。

鲜蛋中常见的微生物有大肠菌群、无色杆菌属、假单胞菌属、产碱杆菌属、变形杆菌属、青霉属、枝孢属、毛霉属及枝霉属等。另外,蛋中也可能存在病原菌,如沙门氏菌、金黄色球菌。

(2)鲜蛋的腐败变质。

由于上述的多种原因,鲜蛋也容易发生腐败变质,其变质有两种类型。

①腐败。腐败主要是由细菌引起的鲜蛋变质。侵入到蛋中的细菌不断生长繁殖并形成各种相适应的酶,然后分解蛋内的各组成成分,使鲜蛋发生腐败和产生难闻的气味。腐败主要由荧光假单胞菌所引起,使蛋黄膜破裂,蛋黄流出与蛋白混合(即散蛋黄)。如果进一步发生腐败,蛋黄中的核蛋白和卵磷脂也被分解,产生恶臭的H_2S等气体和其他有机物,使整个内含物变为灰色或暗黑色。这种黑腐病主要是由变形杆菌属和某些假单胞菌及气单胞菌引起。

②霉变。霉菌菌丝经过蛋壳气孔侵入后,首先在蛋壳膜上生长起来,逐渐形成斑点菌落,造成蛋液黏壳,蛋内成分分解并有不愉快的霉变气味产生。

5. 罐藏食品的腐败变质

罐藏食品是将食品原料经一系列处理后,再装入容器,经密封、杀菌而制成的一种特殊形式保藏的食品。一般来说,罐藏食品可保存较长时间而不发生腐败变质。但是,有时由于杀菌不彻底或密封不良,也会遭受微生物的污染而造成罐藏食品的变质。

(1)罐藏食品的性质。

存在于罐藏食品上的微生物能否引起食品变质,是由多种因素来决定的。其中食品的 pH 值是一个重要因素。因为食品的 pH 值多半与食品原料的性质及确定的食品杀菌工艺条件有关，并进而与引起食品变质的微生物有关。罐藏食品的分类及要求热力灭菌温度见表 11.5。

表 11.5 罐藏食品的分类及要求热力灭菌温度

	低酸性食品 （pH 值为 5.3 以上）	中酸性食品 （pH 值为 5.3～4.5）	酸性食品 （pH 值为 4.5～3.7）	高酸性食品 （pH 值为 3.7 以下）
食品种类	谷类、豆类、肉、禽、乳、鱼、虾等	蔬菜、甜菜、瓜类等	番茄、菠菜、梨、柑橘等	酸泡菜、果酱等
热力灭菌温度	高温杀菌 105～121 ℃	高温杀菌 105～121 ℃	沸水或 100 ℃ 以下介质中杀菌	沸水或 100 ℃ 以下介质中杀菌

（2）引起罐藏食品变质的微生物。

罐藏食品生物腐败变质通常分为嗜热菌、中温菌、不产芽孢菌、酵母菌和霉菌引起的腐败。

①芽孢杆菌。嗜热脂肪芽孢杆菌、凝结芽孢杆菌，它们是引起罐头平酸腐败（产酸不产气腐败）的嗜热菌；枯草芽孢杆菌、巨大芽孢杆菌和蜡样芽孢杆菌，它们是引起罐头平酸腐败中温菌；也有少数中温芽孢细菌引起罐头腐败变质时伴随有气体产生，如多粘芽孢杆菌、浸麻芽孢杆菌；TA 菌（如嗜热解糖梭菌）是一种分解糖、专性嗜热、产芽孢的厌氧菌；特别是厌氧的肉毒梭状芽孢杆菌，在食品中繁殖能产生肉毒毒素，且毒性很强，因此罐藏食品常常把能否杀死肉毒梭菌的芽孢作为灭菌标准。罐藏食品发生由芽孢杆菌引起的腐败，多是由于杀菌不彻底造成的。

②非芽孢细菌。一类是肠杆菌，如大肠杆菌、产气杆菌、变形杆菌等；另一类是球菌，如乳链球菌、类链球菌和嗜热链球菌等，它们能分解糖类产酸，并产生气体造成罐头胀罐。不产芽孢的细菌耐热性不如产芽孢细菌，如果罐头中发现有不产芽孢的细菌，这常常是由于罐头密封不良、漏气而造成的，或由于杀菌温度过低造成的。

③酵母菌。引起罐藏食品变质的酵母菌主要是球拟酵母属、假丝酵母属、啤酒酵母属。由于罐头食品加热杀菌不充分，或罐头密封不良而导致了酵母菌残存于罐内。罐藏食品因酵母引起的变质，绝大多数发生在酸性或高酸性罐头食品，如水果、果浆、糖浆以及甜炼乳等制品。酵母菌多为兼性厌氧菌，发酵糖产生二氧化碳而造成腐败胀罐。

④霉菌。霉菌具有耐酸、耐高渗透压的特性，因此引起罐藏食品变质，常见于酸度高（pH 值为 4.5 以下）的罐头食品中。但霉菌多为好氧菌，且一般不耐热，若罐头食品中有霉菌出现，说明罐头食品真空度不够、漏气或杀菌不充分而导致了霉菌残存，如青霉属、曲霉属等。但也有少数几种霉菌耐热，如纯黄丝衣霉菌和雪白丝衣霉菌等较耐热、耐低氧，可引起水果罐头发酵糖产生二氧化碳而胀罐。

6. 果蔬及其制品的腐败变质

（1）微生物引起新鲜果蔬的变质。

水果和蔬菜的表皮和表皮外覆盖着一层蜡质状物质，这种物质有防止微生物侵入的作用，因此一般正常的果蔬内部组织是无菌的。但是当果蔬表皮组织受到昆虫的刺伤或其他机械损伤时,微生物就会从此侵入并进行繁殖,从而促进果蔬的腐烂变质,尤其是成熟度高的果蔬更易损伤。

水果与蔬菜的物质组成特点是以碳水化合物和水为主,水分含量高,这些是果蔬容易引起微生物变质的一个重要因素(水果85%、蔬菜88%);其次水果pH<4.5,蔬菜pH值为5~7,这决定了水果蔬菜中能进行生长繁殖的微生物的类群。引起水果变质的微生物,开始只能是酵母菌、霉菌;引起蔬菜变质的微生物是霉菌、酵母菌和少数细菌。

最常见的现象是首先霉菌在果蔬表皮损伤处繁殖或者在果蔬表面有污染物黏附的区域繁殖,侵入果蔬组织后,组织壁的纤维素首先被破坏,进而分解果胶、蛋白质、淀粉、有机酸、糖类,继而酵母菌和细菌开始繁殖。由于微生物繁殖,果蔬外观上就表现出深色的斑点,组织变得松软、发绵、凹陷、变形,并逐渐变成浆液状甚至是水液状,并产生了各种不同的味道,如酸味、芳香味、酒味等。

(2)微生物引起果汁的变质。

①引起果汁变质的微生物。

水果原料带有一定数量的微生物,在果汁制造过程中,不可避免地还会受到微生物的污染,因而果汁中存在一定数量的微生物,但微生物进入果汁后能否生长繁殖,主要取决于果汁的pH值和果汁中糖分含量的高低。由于果汁的酸度pH值多为2.4~4.2,且糖度较高,因而在果汁中生长的微生物主要是酵母菌、霉菌和极少数的细菌。

果汁中的细菌主要是植物乳杆菌、乳明串珠菌和嗜酸链球菌。它们可以利用果汁中的糖、有机酸生长繁殖并产生乳酸、CO_2等和少量丁二酮、3-羟基-2-丁酮等香味物质。乳明串珠菌可产生粘多糖等增稠物质而使果汁变质;当果汁的pH>4.0时,酪酸菌容易生长而进行丁酸发酵。

酵母菌也是果汁中所含的微生物数量和种类最多的一类微生物,它们是从鲜果中带来的或是在压榨过程中环境污染的,酵母菌能在pH>3.5的果汁中生长。果汁中的酵母菌,主要有假丝酵母菌属、圆酵母菌属、隐球酵母属和红酵母属。此外,苹果汁保存于低CO_2气体中时,常会见到汉逊氏酵母菌生长,此菌可产生水果香味的酯类物质;柑橘汁中常出现有越南酵母菌、葡萄酒酵母、圆酵母属和醭酵母属的酵母菌,这些菌是在加工中污染的;浓缩果汁由于糖度高、酸度高,细菌的生长受到抑制,在其生长的是一些耐渗透压的酵母菌,如鲁氏酵母菌、蜂蜜酵母菌等。

霉菌引起果汁变质时会产生难闻的气味。果汁中存在的霉菌以青霉属最为多见,如扩张青霉、皮壳青霉等,其次是曲霉属的霉菌,如构巢曲霉、烟曲霉等。其原因是霉菌的孢子有强的抵抗力,可以较长的时间保持其活力。但霉菌一般对CO_2敏感,故充入CO_2的果汁可以防止霉菌的生长。

②微生物引起果汁变质的现象。

微生物引起果汁变质一般会出现浑浊、产生酒精和导致有机酸的变化。

果汁浑浊除了化学因素引起外,造成果汁浑浊的原因大多数是由于酵母菌进行酒精发酵而造成的,当然有时也可由霉菌而造成。通常引起浑浊的是圆酵母菌属中的一些种以及一些耐热性的霉菌,如雪白丝衣霉菌、纯黄衣霉菌和宛氏拟青霉等,但霉菌在果汁中少量生长时,并不发生浑浊,仅使果汁的风味变坏,产生霉味和臭味等,因为它们能产生果胶酶,对果汁起澄清作用,只有大量生长时才会浑浊。

引起果汁产生酒精而变质的微生物主要是酵母菌,常见的酵母菌有葡萄汁酵母菌、啤酒酵母菌等。酵母菌能耐受 CO_2,当果汁含有较高浓度的 CO_2 时,酵母菌虽不能明显生长,但仍能保持活力,一旦 CO_2 浓度降低,即可恢复生长繁殖的能力。此外,少数霉菌和细菌也可引起果汁产生酒精变质,如甘露醇杆菌、明串珠菌、毛霉、曲霉、镰刀霉中的部分菌种。

果汁变质时可导致有机酸的变化。果汁中含多种有机酸,如酒酸、柠檬酸、苹果酸,它们以一定的含量形成了果汁特有的风味,当微生物生长繁殖后,分解或合成了某些有机酸,从而改变了它们的含量比例,因而使果汁原有的风味被破坏,有时甚至产生了一些不愉快的异味,如解酒石杆菌、黑根霉、葡萄孢霉属、青霉属、毛霉属、曲霉属和镰刀霉属等。

7. 糕点的腐败变质

(1) 糕点变质现象和微生物类群。

糕点类食品由于含水量较高,糖、油脂含量较多,在阳光、空气和较高温度等因素的作用下,易引起霉变和酸败。引起糕点变质的微生物类群主要是细菌和霉菌,如沙门氏菌、金黄色葡萄球菌、粪肠球菌、大肠杆菌、变形杆菌、黄曲霉、毛霉、青霉、镰刀霉等。

(2) 糕点变质的原因分析。

糕点变质主要是由于生产原料不符合质量标准、制作过程中灭菌不彻底和糕点包装贮藏不当而造成的。

①生产原料不符合质量标准。

糕点食品的原料有糖、奶、蛋、油脂、面粉、食用色素、香料等,市售糕点往往不再加热而直接入口。因此,对糕点原料选择、加工、储存、运输、销售等都应有严格的遵守卫生要求。糕点食品发生变质的原因之一是原料的质量问题,如作为糕点原料的奶及奶油未经过巴氏消毒,奶中污染有较高数量的细菌及其毒素;蛋类在打蛋前未洗涤蛋壳,不能有效地去除微生物。为了防止糕点的霉变以及油脂和糖的酸败,应对生产糕点的原料进行消毒和灭菌。对所使用的花生仁、芝麻、核桃仁和果仁等已有霉变和酸败迹象的不能采用。

②制作过程中灭菌不彻底。

各种糕点食品生产时,都要经过高温处理,既是食品熟制,又是杀菌过程,在这个过程中大部分的微生物都被杀死,但抵抗力较强的细菌芽孢和霉菌孢子往往残留在食品中,遇到适宜的条件,仍能生长繁殖,引起糕点食品变质。

③糕点包装贮藏不当。

糕点在生产过程中,由于包装及环境等方面的原因会使糕点食品污染许多微生物。烘烤后的糕点,必须冷却后才能包装。所使用的包装材料应无毒、无味,生产和销售部门应具备冷藏设备。

11.4 食品微生物污染的控制

食品在加工前、加工过程中和加工后,都容易受到微生物的污染,如果不采取相应的措施加以防止和控制,那么食品的卫生质量就必然要受到影响。

为了保证食品的卫生质量,不仅要求食品的原料中所含的微生物数量降到最少的程度,而且要求在加工过程中和在加工后的储存、销售等环节中不再或非常少受到微生物的污染,要达到以上的要求,必须采取以下措施。

11.4.1 加强环境卫生管理

环境卫生的好坏,对食品的卫生质量影响很大。

环境卫生搞得好,其含菌量会大大下降,这样就会减少对食品的污染。若环境卫生状况很差,其含菌量一定很高,这样容易增加污染的机会。所以加强环境卫生管理,是保证和提高食品卫生质量的重要一环。

1. 做好粪便卫生管理工作

事实上搞好粪便卫生管理工作具有重要的意义,做好这项工作不仅可以提高肥料的利用率,而且可以减少对环境的污染,因为在粪便中常常含有肠道致病菌、寄生虫卵和病毒等,这些都有可能成为食品的污染源。因此,一定要做好粪便的收集、运输以及无害化处理等工作。

2. 做好污水卫生管理工作

污水来源于生活污水和工业污水两大类。生活污水中含有大量有机物质和肠道病原菌,工业污水含有不同的有毒物质。为了保护环境,保护食品用水的水源,必须做好污水无害化处理工作。

3. 做好垃圾卫生管理工作

垃圾是固体污物的总称,垃圾来源于居民的生活垃圾和工农业生产垃圾两大类。垃圾组成复杂,从垃圾无害化和利用的观点来看,可分为三类,即有机垃圾、无机垃圾和废品。

(1)有机垃圾。有机垃圾指瓜皮、果壳、菜叶、动植物尸体等,它们易于腐败,含有大量的微生物,危害较大,需进行无害化处理,同时也含有较多的肥料可用于农业。有机垃圾集中以后,常采用堆肥法进行处理,由于在堆肥过程中,微生物的作用不仅可使有机物得到分解,转化成植物能吸收的无机质和腐殖质,而且在堆肥过程中产生的高温,以及微生物之间的拮抗作用而杀死有机垃圾中的病原菌和寄生虫卵,从而达到无害化的要求。

(2)无机垃圾和废品在卫生学上危害不大,故无需无害化处理。

11.4.2 加强企业卫生管理

加强环境卫生管理,降低环境中的含菌量,减少食品污染的机会,从而可以促进食品卫生质量的提高。但是只注意外界环境卫生,而不注意食品企业内部的卫生管理,再好的食品原材料或食品还要受到微生物的污染,进而发生腐败变质,所以搞好企业卫生管理就显得更加重要,因为它与食品的卫生质量有着直接的密切关系。

1. 食品生产卫生

食品在生产过程中,每个环节都必须要有严格而又明确的卫生要求。只有这样,才能生产出符合卫生的食品。

(1)食品厂址选择,要考虑防止企业对居民区的污染和居民区及周围环境对企业的污染,厂房和生活区要分开设置,特殊的场所,如屠宰场要单独设置,工厂的空地除了搞好清洁卫生外,还应进行绿化,以降低空气中灰尘和污物的含量。

(2)生产食品的车间,要求环境清洁,生产容器及设备能进行清洗消毒。车间应有防尘、防蝇和防鼠的设备,车间内的空气最好要采取过滤措施,这样可以明显地减少污染食品的微生物数量。

(3)食品在生产过程中,工艺要合理,流程要尽量缩短,尽量实行生产的连续化、自动化和密闭化,这样可以减少食品接触周围环境的时间。

(4)食品生产离不开水,水的卫生质量如何,可直接影响食品的卫生质量。不少食品的污染,就是由于使用了不卫生的水而引起的。在食品生产过程中,所使用的水必须符合国家规定的饮用水的卫生标准,如果水质达不到饮用水的卫生要求,就要进行净化和消毒,然后才能应用。

(5)直接进入食品生产场地的人员,要有严格的卫生要求。

2. 食品贮藏卫生

食品在贮藏过程中,要注意场所、温度、容器等因素。场所要保持高度的清洁状态,无尘、无蝇、无鼠。贮藏温度要低,有条件的地方可放入冷库贮藏。所用的容器要经过消毒清洗。

此外,贮藏的食品要定期检查,一旦发现生霉、发臭等变质,都要及时进行处理。

3. 食品运输卫生

食品在运输过程中,是否受到污染或是否腐败变质都与运输时间的长短、包装材料的质量和完整、运输工具的卫生情况、食品的种类等有关。

4. 食品销售卫生

食品在销售过程中,要做到及时进货,防止积压,要注意食品包装的完整,防止破损,要多用工具售货,减少直接用手,要防尘、防蝇、防鼠害等。

5. 食品从业人员卫生

对食品企业的从业人员,尤其是直接接触食品的食品加工人员、服务员和售货员等,必须加强卫生教育,养成遵守卫生制度的良好习惯。

卫生防疫部门必须和食品企业及其他部门配合,定期对从业人员进行健康检查和带菌检查。如我国规定对患有痢疾、伤寒、传染性肝炎等消化道传染病(包括带菌者)、活动性肺结核、化脓性或渗出性皮肤病人员,不得参加接触食品的工作。

11.4.3 加强食品卫生检验

要加强食品卫生的检验工作,才能对食品的卫生质量做到心中有数,有条件的食品企业应设有化验室,以便及时了解食品的卫生质量。

卫生防疫部门应经常或定期对食品进行采样化验,当然还要不断地改进检验技术,提高食品卫生检验的灵敏度和准确性。经过卫生检测,对发现不符合卫生要求的食品,除了应采取相应的措施加以处理外,重要的是查出原因,找出对策,以便今后能生产出符合卫生质量要求的食品。

思考题

1. 什么是食品的微生物污染？
2. 什么是食品中微生物的消长？其消长情况如何？
3. 什么是大肠菌群？检验食品安全时，为什么要将其作为重要的测定指标？
4. 如何检查食品中是否存在微生物？
5. 什么是食品的腐败变质？
6. 导致食品腐败变质的微生物种类有哪些？
7. 微生物引起食品腐败变质的环境条件有哪些？
8. 简述鲜乳自然腐败变质过程中的微生物消长规律。
9. 常用的物理防腐保藏法有哪些？
10. 食品的综合防腐保鲜技术有哪些？

第12章

微生物生态

生态学(ecology)是生物科学的一个重要分支,涉及到生物之间、生物与非生物之间的相互作用。微生物生态学是研究微生物群体——微生物区系(microflora)或正常菌群(normalflora)与其周围环境的生物和非生物因素的相互关系的科学。在生命科学研究领域中,从宏观到微观一般可分10个层次:生物圈(biosphere)、生态系统(ecosystem)、群落(community)、种群(population)、个体(individual)、器官(organ)、组织(tissue)、细胞(cell)、细胞器(organelle)和分子(molecule),其中前4个客观层次都是生态学的研究范围。研究微生物的生态有着重要的理论意义和实践价值。例如,研究微生物的分布规律,有助于开发丰富的菌种资源,防止有害微生物的入侵活动;研究微生物间及其与他种生物间的相互关系,有助于发展新的微生物农药、微生物肥料以及积极防治人和动、植物病虫害,也有利于发展混菌发酵、序列发酵和生态农业;研究微生物在自然界物质循环中的作用,有利于研究地球进化和生物进化的原因,也可促进探矿、冶金、保护环境、提高土壤肥力以及开发生物能(沼气)等各项生产事业的发展。

另外,当今的环境问题以及潜在的解决方式使得微生物在生态环境中的作用越来越受到重视。尤其是分子生物学技术应用到生态学研究领域,使微生物生态学家得以探索微生物世界多样性的程度和极端环境中的微生物,DNA重组技术的应用使微生物在病虫害防治和污染物降解中的应用更加可行。

12.1 微生物在自然界中的分布

微生物种类繁多,代谢类型多样,繁殖迅速,适应环境能力强,因此广泛分布于自然界中,无论是陆地、水域、空气、动植物以及人体的外表和某些内部器官,甚至在一些极端环境中都有微生物存在。

12.1.1 土壤中的微生物

自然界中,土壤是微生物生活最适宜的环境,它具有微生物所需要的一切营养物质和微生物进行生长繁殖及生命活动的各种条件。大多数微生物不能进行光合作用,需要靠有机物来生活,土壤中的有机物为微生物提供了良好的碳源、氮源和能源;土壤中的矿质元素的含量也适于微生物的发育;土壤中的水分虽然变化较大,但基本上可以满足微生物的需要;土壤的酸碱度接近中性,缓冲性较强,适合大多数微生物生长;土壤的渗透压大都不超过微生物的渗透压;土壤空隙中充满着空气和水分为好氧和厌氧微生物的生长提供了良好的环境。此外,土壤的保温性能好,与空气相比,昼夜温差和季节温差的变化不大。在表土几毫米以下,微生物便可免于被阳光直射致死。这些都为微生物生长繁殖提供了有利的条件。可以说,土壤是微生物的"天然培养基",也是它们的"大本营"。对人类来说,则是最丰富的菌种资源库。

尽管土壤的类型众多,其中各种微生物的含量变化很大,但一般来说,在每克耕作层土壤中,各种微生物含量之比大体有一个 10 倍系列的递减规律:细菌($\sim 10^8$)>放线菌($\sim 10^7$,孢子)>霉菌($\sim 10^6$,孢子)>酵母菌($\sim 10^5$)>藻类($\sim 10^4$)>原生动物($\sim 10^3$)。由此可知,土壤中所含的微生物数量很大,尤以细菌居多,约占土壤微生物总量的 70%~90%。据估计,在每亩耕作层土壤中,约有霉菌 150 kg,细菌 75 kg,原生动物 15 kg,藻类 7.5 kg,酵母菌 7.5 kg。通过这些微生物旺盛的代谢活动,可明显改善土壤的物理结构和提高它的肥力。因此,土壤微生物是构成土壤肥力的重要因素。

土壤的营养状况、温度和 pH 等对微生物的分布影响较大。在有机质含量丰富的黑土、草甸土、质石灰土和植被茂盛的暗棕壤中,微生物的数量较多;而在西北干旱地区的棕钙土、华中、华南地区的红壤和砖红壤,以及沿海地区的滨海盐土中,微生物的数量较少(表 12.1),在土壤的不同深度,微生物的分布也不相同,其主要原因是由于土壤不同层次中的水分、养料、通气、温度等环境因子的差异及微生物的特性不同。表土的微生物数量少,因为这里缺水,受紫外线照射微生物易死亡;在 5~20 cm 土壤层中微生物数量最多,若是植物根系附近,微生物数量更多。自 20 cm 以下,微生物数量随土层深度增加而减少,至 1 m 深处减少约 20 倍,至 2 m 深处,因缺乏营养和氧气,每克土中仅有几个。

土壤中微生物数量的季节变化是温度、水分、有机残体综合影响的表现。一般,冬季气温低,微生物数量明显减少。当春季到来,气温回升,随着植物的生长,根系分泌物增加,微生物的数量迅速上升。有的地区,夏季炎热干旱,微生物数量也随之下降,至秋天雨水来临,加上秋收后大量植物残体进入土壤,微生物数量又急剧上升。这样,在一年里土壤中会出现两个微生物数量高峰。

表 12.1 我国各主要土壤的含菌量(万/克干土)

(据中国科学院南京土壤研究所资料)

土类	地点	细菌	放线菌	真菌
暗棕壤	黑龙江呼玛	2 327	612	13
棕壤	辽宁沈阳	1 284	39	36
黄棕壤	江苏南京	1 406	271	6
红壤	浙江杭州	1 103	123	4
砖红壤	广东徐闻	507	39	11
磷质石灰土	西沙群岛	2 229	1 105	15

续表 12.1

土类	地点	细菌	放线菌	真菌
黑土	黑龙江哈尔滨	2 111	1 024	19
黑钙土	黑龙江安达	1 074	319	2
棕钙土	宁夏宁武	140	11	4
草甸土	黑龙江亚沟	7 863	29	23
土娄土	陕西武功	951	1 032	4
白浆土	吉林皎河	1 598	55	3
滨海盐土	江苏连云港	466	41	0.4

12.1.2 水中的微生物

水是一种良好的溶剂,水中溶解或悬浮着多种无机和有机物质,能供给微生物营养使其生长繁殖,水体是微生物栖息的第二天然场所。在自然界的江、河、湖、海等各种淡水与咸水水域中都生存着相应的微生物。由于不同水域中的有机物和无机物种类和含量、光照度、酸碱度、渗透压、温度、含氧量和有毒物质的含量等差异很大,因而使各种水域中的微生物种类和数量呈现明显的差异。可把水体分成许多类型,各种水体又有其相应的微生物区系(flora)。

1. 不同水体中的微生物种类

(1)清水型水生微生物。地球上水的总贮量约有 13.6×10^9 km^3,但淡水量只占其中的 2.7%,绝大部分的淡水都以雪山、冰原等人类难以利用的形式存在。微生物在淡水中的分布常受许多环境因子影响,最重要的一个因子是营养物质,其次是温度、溶解氧等。微生物在深水中还具有垂直分布的特点。水体内有机物含量高,则微生物数量大,中温水体内微生物数量比低温水体内多;深层水中的厌氧微生物较多,而表层水内好氧微生物较多。在洁净的湖泊和水库水中,因有机物含量低,故生物数量很少($10 \sim 10^3$ 个/mL)。淡水微生物多来自于土壤、空气、污水或动植物尸体等,尤其是土壤中的微生物,常随土壤被雨水冲刷进入江河、湖泊中。来自土壤中的微生物,一部分生活在营养稀薄的水中,一部分附着在悬浮于水体中的有机物上,一部分随着泥沙或较大的有机物残体沉淀到湖底淤泥中,成为水体中的栖息者,另外也有很多微生物因不能适应水体环境而死亡。因此水体中的微生物的种类和数量一般要比土壤中的少。

典型的清水型微生物以化能自养微生物和光能自养微生物为主,如硫细菌、铁细菌和衣细菌等,以及含有光合色素的蓝细菌、绿硫细菌和紫细菌等。也有部分腐生性细菌,如 *Chromobacterium*(色杆菌属),*Achromobacter*(无色杆菌属)和 *Micrococcus*(微球菌属)的一些种就能在低含量营养物的清水中生长。霉菌中也有一些水生性种类,例如 *Saprolegnia*(水霉属)和 *Achlya*(绵霉属)的一些种可生长于腐烂的有机残体上。单细胞和丝状的藻类以及一些原生动物常在水面生长,它们的数量一般不大。

根据微生物尤其细菌对周围水生环境中营养物质浓度的要求,可把微生物分成三类:①贫营养细菌(oligotrophic bacteria):指一些能在 $1 \sim 15$ mg C/L 低含量有机质培养基中生长的细菌;②兼性贫营养细菌:指一些在富营养培养基中经反复培养后也能适应并生长的贫营养细菌;③富营养细菌:指一些能生长在营养物质浓度很高(10 g C/L)的培养基中的细菌,它们在贫营养培养基中反复培养后即行死亡。由于淡水中溶解态和悬浮态有机物碳的含量一般在 1~26 mg C/L 间,故清水型的腐生微生物,很多都是一些贫营养细菌。某水样中贫营养细菌与总菌数(包括贫营养和富营养菌)的百分比,称为贫营养指效或 O.I 值(Oligotrophic Index)。

(2)腐败型水生微生物。上述清水型的微生物可认为是水体环境中"土生土长"的土居微生物或土著种(native species)。流经城市的河水、港口附近的海水、滞留的池水以及下水道的沟水中,由于流入了大量的人畜排泄物、生活污物和工业废水等,因此有机物的含量大增,同时也夹入了大量外来的腐生细菌,使腐败型水生微生物尤其是细菌和原生动物大量繁殖,每毫升污水的微生物含量达到 $10^7 \sim 10^8$ 个。其中数量最多的是无芽孢革兰氏阴性细菌,如 *Proteus*(变形杆菌属)、*E. coli*、*Enterobacter aerogenes*(产气肠杆菌)和 *Alcaligenes*(产碱杆菌属)等,还有各种 *Bacillus*(芽孢杆菌属)*Vibrio*(弧菌属)和 *Spirillum*(螺菌属)等的一些种。因光线、溶氧和温度等的差异,微生物呈明显的垂直分布带:①沿岸区(littoralzone)或浅水区(limneticzone),此处因阳光充足和溶氧量大,故适宜蓝细菌、光合藻类和好氧性微生物,如 *Pseudomonas*(假单胞菌属)、*Cytophaga*(噬纤维菌属)、*Caulobacter*(柄杆菌属)和 *Hyphomicrobium*(生丝微菌属)的生长;②深水区(profundalzone),此区因光线微弱、溶氧量少和硫化氢含量较高等原因,故只有一些厌氧光合细菌(紫色和绿色硫细菌)和若干兼性厌氧菌可以生长;③湖底区(benthiczone),这里由严重缺氧的污泥组成,只有一些厌氧菌才能生长,例如 *Desulfovibrio*(脱硫弧菌属)、产甲烷菌类(*methanogens*)和 *Clostridium*(梭菌)等。这些微生物在污水环境中大量繁殖,逐渐把水中的有机物分解成简单的无机物,同时它们的数量随之减少,污水也就逐步净化变清。还有一类是随着人排泄物或病体污物而进入水体的动植物致病菌,通常因水体环境中的营养等条件不能满足其生长繁殖的要求,加上周围其他微生物的竞争和拮抗关系,一般难以长期生存,但由于水体的流动,也会造成病原菌的传播甚至疾病的流行。

(3)海水型水体微生物。海洋是地球上最大的水体,咸水占地球总水量的 97.5%。一般海水的含盐量为 3% 左右,所以海洋中土著微生物必须生活在含盐量为 2%~4% 的环境中,尤以 3.3%~3.5% 为最适盐度。因此海洋微生物与淡水中的微生物在耐渗透压能力方面有很大的差别。此外,在深海中的微生物还能耐很高的静水压。例如,少数微生物可以在 600 个大气压下生长。如 *Micrococcus aquivivus*(水活微球菌)、*Bmvhus boborokoiles* 和 *Vibrio phytoplanktis*(浮游植物弧菌)等。海水中的土著微生物种类主要是一些藻类以及细菌中的 *Bacillus*(芽孢杆菌属)、*Pseudomonas*(假单胞菌属)、*Vibrio*(弧菌属)和一些发光细菌等。海洋微生物的垂直分布带更为明显,原因是海洋的平均深度即达 4 km,最深处为 11 km。从海平面到海底依次可分 4 区:①透光区(euphoticzone),此处光线充足,水温高,适合多种海洋微生物生长;②无光区(aphoticzone),在海平面 25 m 以下直至 200 m 间,有一些微生物活动着;③深海区(bathypelagezone),位于 200~6 000 m 深处,特点是黑暗、寒冷和高压,只有少量微生物存在;④超深渊海区(hadalzone),特点是黑暗、寒冷和超高压,只有极少数耐压菌才能生长。

2. 水体的自净作用(selfpurification)

在自然水体尤其是快速流动、氧气充足的水体中,存在着水体对有机或无机污染物的自净作用。其原因是多方面的,虽有物理性的稀释作用和化学性的氧化作用,但更重要的却是各种生物学和生物化学作用,例如好氧菌对有机物的分解作用,原生动物对细菌等的吞噬作用,噬菌体对宿主的裂解作用,藻类对无机元素的吸收利用,浮游动物和一系列后生动物通过食物链对有机物的摄取和浓缩作用等,以及微生物产生的凝胶物质对污染物的吸附、沉降作用等,这就是"流水不腐"的重要原因。

3. 饮用水的微生物学标准

对饮用水的微生物种类和数量都有严格规定。良好的饮用水,其细菌总数应 < 100 个/mL,当 > 500 个/mL 时就不宜作饮用水了。饮用水的微生物种类主要采用以 *E. coli* 为代表的大肠菌群数为指标。因为这类细菌是温血动物肠道中的正常菌群,数量极多,用它作指标可以灵敏地推断该水源是否曾与动物粪便接触以及污染程度如何,由此即可避免直接去计算出数量极少的肠道传染病(霍乱、伤寒、痢疾等)病原体所带来的难题,我国卫生部门规定的饮用水标准是:1 mL 自来水中的细菌总数不可超过 100 个(37℃,培养 24 h),而 1 000 mL 自来水中的大肠菌群数则不能超过 3 个(37℃,48 h)。大肠菌群数的测定通常可用滤膜培养法,在选择性和鉴别性培养基上进行,然后数出其上所长的菌落数。

12.1.3 空气中的微生物

空气中并不含有微生物生长繁殖所需要的营养物质和充足的水分,相反日光中有害的紫外线的照射,不是微生物良好的生存场所。然而,空气中还是含有一定数量的微生物。这是由于土壤、人和动植物体等物体上不断以微粒、尘埃等形式飘逸到空气中而造成的。

凡含尘埃越多的空气,其中所含的微生物种类和数量也就越多。因此,灰尘可被称作"微生物的飞行器"。一般在畜舍、公共场所、医院、宿舍、城市街道的空气中,微生物的含量最高,而在大洋、高山、高空、森林地带、终年积雪的山脉或极地上空的空气中,微生物的含量就极少(表 12.2)。

表 12.2 不同条件下 1 m^3 空气的含菌量

条件	数量
畜舍	$1 \sim 2 \times 10^6$
宿舍	20 000
城市街道	5 000
市区公园	200
海洋上空	$1 \sim 2$
北极(北纬 80 度)	0

由于尘埃的自然沉降,所以越近地面的空气,其含菌量越高。然而,微生物在高空中分布的记录却越来越高。在 20 世纪 30 年代,人们首次用飞机证实在 20 km 的高空存在着微生物;20 世纪 70 年代中期又发现在 30 km 的高空存在着微生物;20 世纪 70 年代末,人们用地球物理火箭,从 74 km 的高空采集到处在同温层和大气中层的微生物,其中包括两种细菌和四种真菌,它们是 *Micrococcus albus*(白色微球菌), *Mycobacter iumluteum*(藤黄分枝杆菌), *Circinella muscae*(蝇卷霉), *Aspergillus niger*(黑曲霉), *Penicillium notatum*(特异青霉,即点青霉),以及 *Papulaspuoraanomain*(异形丝葚霉);后来,又从 85 km 的高

空找到微生物。这是目前所知道的生物圈的上限。

室外空气中的微生物主要有各种球菌、芽孢杆菌、产色素细菌和对干燥和射线有抵抗力的真孢子等。室内空气中的微生物含量更高,尤其是医院的病房、门诊间因经常受病人的污染,故可找到多种病原菌,例如 *Mycobacterium tuberculosis*(结核分枝杆菌)、*Corynebacterium diphtheriae*(白喉棒杆菌)、*Streptococcus hemolyticus*(溶血链球菌)、*Staphylococcus aureus*(金黄色葡萄球菌)、若干病毒(麻疹病毒,流感病毒)以及多种真菌孢子等。

空气中微生物的气溶胶可直接影响动植物病害的传播、发酵工业中的污染以及工农业产品的霉腐等。因此,在发酵工厂中,在空气进入空气压缩机前有时要用粗过滤器过滤掉颗粒较大的微生物,其种类见表12.3。

表12.3 粗过滤后空气中细菌或其芽孢的种类

种类	宽度/μm	长度/μm
产气肠杆菌	1.0~1.5	1.0~2.5
蜡样芽孢杆菌	1.3~2.0	8.1~25.8
地衣芽孢杆菌	0.5~0.7	1.8~3.3
巨大芽孢杆菌	0.9~2.1	2.0~10.0
蕈状芽孢杆菌	0.6~1.6	1.6~13.6
枯草芽孢杆菌	0.5~1.1	1.5~4.8
金黄色葡萄球菌	0.5~1.0	0.5~1.0
普通变形杆菌	0.5~1.0	1.0~3.0
巨大芽孢杆菌的芽孢	0.6~1.2	0.9~1.7
蕈状芽孢杆菌的芽孢	0.8~1.2	0.8~1.8
枯草芽孢杆菌的芽孢	0.5~1.0	0.9~1.8

测定空气中微生物的数目可用培养皿沉降或液体阻留等方法进行。凡须进行空气消毒的场所,例如医院的手术室、病房、微生物接种室或培养室等处可以用紫外线消毒、福尔马林等药物的熏蒸或喷雾消毒等方法进行。为防止空气中的杂菌对微生物培养物或发酵罐内的纯种培养物的污染,可用棉花、纱布(8层以上)、石棉滤板、活性炭或超细玻璃纤维过滤纸进行空气过滤。

12.1.4 工农业产品中的微生物

1. 微生物引起工业产品的霉腐

大量工业品都是以动植物产品为原料来制造的,例如各种纤维制品、木制品、革制品、橡胶制品、油漆、卷烟和化妆品等,它们往往含有微生物所要的丰富营养,因此其上常常有大量的、种类各异的微生物分布着。有些工业产品如塑料、水性涂料等虽是用人工合成的有机物制造,但仍有很多微生物可以分解、利用它们。还有些工业产品主要由无机材料制成的,如光学仪器上的镜头和棱镜,以及建筑泥浆、钢缆、地下管道和金属材料等,也可被多种特殊微生物所破坏。此外,各种电讯器材、感光和录音、录像材料以及文物、书画等也都可被相应的微生物所分解,破坏。

工、农业产品因受气候、物理、化学或生物因素的作用而被破坏的现象,可称为材料劣化。微生物引起的劣化有多种,如

(1)霉变(mildew)。主要指由霉菌引起的劣化。

(2)腐朽(decay)。泛指在好氧条件下微生物酶解有机质使其劣化的现象,常见的如由担子菌引起的木材或木制品的腐朽现象。

(3)腐烂(或腐败,putrefaction,rot)。主要指由细菌或酵母菌引起的使物体变软、发臭性的劣化。

(4)腐蚀(corrosion)。主要指由硫酸盐还原细菌、铁细菌或硫细菌引起的金属材料的侵蚀、破坏性劣化。

(5)变质(deterioration)。指由各种生物或非生物因素引起的工农业产品质量下降的现象。

对工、农业产品的劣化来说,最主要是霉变与腐烂,因此,研究危害各种工农业产品的微生物种类、分布、作用机理以及如何防治其危害的科学,就称霉腐微生物学(biodeteriorative microbiology)。

霉腐生物通过其各种酶系以分解各种工农业产品中的相应组分,从而产生危害。例如,纤维素酶破坏棉、麻、竹、木等材料;蛋白酶分解革、毛、丝、裘等产品;一些氧化物酶和水解酶可破坏涂料、塑料、橡胶和粘接剂等合成材料。此外,霉腐微生物在矿物油(燃料,润滑油脂、液压油、切削乳液等)中生长后,不仅会因产生的大量菌体阻塞机件,而且其代谢产物还会腐蚀金属器件,硫细菌、铁细菌和硫酸盐还原菌会对金属制品、管道和船舰外壳等产生腐蚀;霉腐微生物的菌体和代谢产物属于电解质,对电讯、电机器材来说,会危及其电学性能,有些霉菌分泌的有机酸等代谢产物会侵蚀玻璃,以致严重降低光学仪器的性能(目前已知的有30余种微生物可侵蚀光学玻璃,其中55%为曲霉,25%为青霉);烟叶,中药材等的霉腐会危及人体健康;化妆品的染菌还会引起皮肤病;建筑材料的霉腐不但污损建筑物,还会污染环境;至于图书、文物、档案、艺术品和生物标本的霉腐,更是文物、博物馆中的一大难题。

全世界每年由于霉腐微生物而引起工业产品的损失是极其巨大又很难确切估计的。有人已把霉腐形象地称作"菌灾",这是十分恰当的。防止工业产品霉腐的方法很多,一是控制其温度、湿度、氧气和养料等微生物赖以生长繁殖的外界环境条件;二是采用有效的化学抑菌剂、杀菌剂或物理杀菌剂,以抑制它们的生长繁殖或直接杀死它们;三是在工业产品加工、包装过程中,尽量保持环境卫生并严防杂菌的污染等。

在实战中,防腐剂的筛选、研究和应用十分重要。在工业防霉剂的筛选中,选用哪些霉菌作为试验对象是极其重要的问题。一般认为以下8种霉菌具有代表性(表12.4)。

表12.4 工业防霉剂筛选时的试验菌种及其特性

菌名	破坏性能
Aspergillus bniger(黑曲霉)	在许多材料上广泛生长
Asp. terreus(土曲霉)	侵蚀多种材料
Aureobasidium pullulans(出芽短梗霉)	侵蚀涂漆与喷漆
Paecilomyces varioti(宛氏拟青霉)	侵蚀塑料及皮革
Penicillium funiculosum(绳状青霉)	侵蚀织物及多种材料
P. ochrochloron(赭绿青霉)	侵蚀塑料与织物,抗铜盐
Scopulariopsis brevicaulis(短柄帚霉)	侵蚀橡胶
Trichoderma viride(绿色木霉)	侵蚀纤维织物与塑料

2. 食品中的微生物

食品是用营养丰富的动植物原料经过人工加工后的制成品,其种类多,主要有面包、糕点、糖果、罐头、饮料、蜜饯和调味品等。由于在食品的加工、包装、运输和贮藏等过程中,都不可能进行严格的无菌操作,因此经常遭到霉菌、细菌和酵母菌等的污染,在合适的温度、湿度条件下,它们又会迅速繁殖。因此,食品中常常有各种微生物分布着,且保存时间稍长,就会使食品迅速变质。

污染食品的微生物主要是 *Aspergillus*(曲霉属)、*Penicillium*(青霉属)、*Fusarium*(镰孢霉属)、*Alternaria*(链格孢霉属)、*Paecilomyces*(拟青霉属)、*Rhizopus*(根霉属)、*Mucor*(毛霉属)、*Phoma*(茎点霉属)、*Trichoderma*(木霉属)、*Escherichia coli*(大肠杆菌)、*Staphylococcus aureus*(金黄色葡萄球菌)、*Bacillus subtilis*(枯草杆菌)、*B. megaterium*(巨大芽孢杆菌)、*Salmonella*(沙门氏菌属)、*Proteus vulgaris*(普通变形杆菌)、*Pseudomonas aeruginosa*(铜绿假单孢杆菌)、*Lactobacillus*(乳杆菌属)、*Streptococcus lactis*(乳链球菌)、*Clostridium*(梭菌属)、*Saccharomyces cerevisiae*(酿酒酵母)等。

由于在霉腐变质的食品上经常有各种致病菌和真菌毒素等有毒代谢产物的存在,它们会引起人类的各种严重疾病,所以食品卫生工作格外重要。

要有效地防止食品的霉腐,除在加工、制造和包装过程中必须特别注意清洁卫生外,还要控制保藏条件,尤其要采用低温、干燥(如可能的话)、密封(加除氧剂或充以 CO_2、N_2 等气体)等措施。此外,还可在食品中添加少量无毒的化学防腐剂,如苯甲酸、山梨酸,脱氢醋酸、维生素 K_3、丙酸或二甲基廷胡酸等。主要食品中添加的常见防腐剂种类见表12.5。

表12.5 食品中常见防腐剂

食品名	硝酸盐,亚硝酸盐	SO_2	环六甲基胺	甲酸	乙酸	丙酸	山梨酸	苯甲酸	对羟基苯甲酸酯	联苯邻基酚	烟熏
干酪	(+)	–	(+)	–	–	+	++	(+)	(+)	–	++
肉制品	++	(+)	–	–	–	–	+	–	(+)	–	++
水产品	+	–	–	+	++	–	+	+	(+)	–	++
蔬菜食品	–	+	–	+	++	–	++	++	(+)	–	–
果品	–	++	–	+	+	–	++	++	(+)	(+)	–
软饮料	–	+	–	–	–	–	++	++	+	–	–
葡萄酒	–	++	–	–	–	–	++	–	–	–	–
面包	–	–	–	–	–	++	++	–	–	–	–
糖果糕点	–	–	–	–	–	–	+=	(+)	+	–	–

注:"++"表示常用,"+"为偶用,"(+)"为特定情况下用,"–"为不用。

罐头是食品中一类独特的产品。1804 年前后,法国厨师 N. Appert 偶而发现,如把一瓶密封的果汁煮沸,就能使它长期保存。从1811年起,这项发明已被用于拿破仑的军队中。罐头食品种类很多,从使其变质腐败的微生物的角度来看,可分以下几类:

(1)酸性食品罐头。属于一般酸性食品($pH3.7 \sim 4.5$)者,如番茄、梨、无花果、菠萝和其他水果罐头;属于高酸食品($pH < 3.7$)者如泡菜、浆果和柠檬汁罐头。对酸性食品罐

头只要用较低的灭菌温度即可达到长期保藏的目的。当这类罐头变质时,从中可分离到 *Bacillus ternoonmns*(嗜热耐酸芽孢杆菌)等"平酸菌"(即产酸不产气因而不会引起罐体膨胀的细菌)和产酸产气菌,如 *Clostridium pasteurianum*(巴氏梭菌)、*C. Butyricum*(丁酸梭菌)、*Lactobacillus brevis*(短乳杆菌)和 *Leuconostoc*(明串珠菌)等。

(2)低酸或中酸食品罐头。pH>5 的食品称低酸食品,如多数肉类、海产品、牛奶、玉米和豌豆等;而 pH 为 4.5~5 的食品则称中酸食品,如肉菜混合物、汤料和沙司等。这类罐头的灭菌温度应高些,肉类罐头尤甚。当这类罐头变质时,可检出 *Bacillus thermophilus*(嗜热脂肪芽孢杆菌)和 *B. coagulis*(凝结芽孢杆菌)等"平酸菌";还可分离到 *Clostridium thermosaccharolyticum*(热解糖梭菌)等产酸产气菌以及分解蛋白质的 *C. sporogenes*(生孢梭菌)、*C. histolyticum*(溶组织梭菌)和 *C. botulinum*(肉毒梭菌)等厌氧梭状芽孢杆菌。除"平酸菌"外,在生长过程中都会产生大量的 CO_2 和 H_2,从而引起罐头膨胀("胖听")。其中的 *C. botulinum* 还会产生对人畜有剧毒的细菌外毒素、肉毒毒素。

3. 农产品中的微生物

各种农产品中存在大量的微生物,粮食尤为突出。据估计,全世界每年因霉变而损失的粮食就占其总产量的 2% 左右,这是一笔极大的浪费。至于因霉变而对人畜引起的健康等危害,更是难以统计。在各种粮食和饲料中的微生物以 *Aspergillus*(曲霉属)、*Penicillium*(青霉属)和 *Fusarium*(镰孢霉属)的一些种为主。例如,在谷物上,一般以 *Aspergillus* 和 *Penicillium* 为常见;在小麦上,一般以 *Fusarium* 为主;而在大米上,则一般以 *Penicillium* 为多见。各种粮食和饲料上所分布的主要霉菌种类见表 12.6。

表 12.6 各种粮食和饲料上的主要霉菌

试样名称	主要霉菌
大米	灰绿曲霉、白曲霉、黄曲霉、赭曲霉、桔青霉、圆弧青霉、常见青霉
面粉	黄曲霉、谢瓦曲霉、青霉、毛霉
小麦	曲霉、青霉、芽枝霉、链格孢霉、葡萄孢霉、镰孢霉、长蠕孢霉、茎点霉、木霉、拟青霉
小麦粉	白曲霉、桔青霉、圆弧青霉、芽枝霉、葡萄孢霉、茎点霉、头孢霉
玉米粉	灰绿曲霉、纯绿青霉、圆弧青霉、镰孢霉
大豆粉	黄曲霉、杂色曲霉、青霉
花生	黄曲霉、灰绿曲霉、溜曲霉、桔青霉、绳状青霉、根霉、镰孢霉、粘霉、茎点霉
调味料	灰绿曲霉、白曲霉、黑曲霉、青霉
米糠	黄曲霉、谢瓦曲霉、毛霉、青霉
乳牛饲料	曲霉、青霉、根霉、链格孢霉、茎点霉、毛壳霉
家禽饲料	黄曲霉、构巢曲霉、芽枝霉、镰孢霉、茎点霉

据调查,在目前知道的 5 万多种真菌中,已知至少其中有两百多个种可产生一百余种真菌毒素。在这些真菌毒素中有 14 种能致癌,其中的 2 种是剧毒的致癌剂,其中之一

就是由部分 Aspergillus flavus(黄曲霉)菌株产生的黄曲霉毒素(aflatoxin),另一种则是由某些镰孢霉(Fusarium)产生的单端孢烯族霉素 T_2。这就说明,凡长有大量霉菌的粮食,一般都含有多种真菌毒素,极有可能存在致癌的真菌毒素,因此,"防癌必先防霉"的口号是很有科学根据的。据报道,日本对全国各处售米点进行调查,发现有 65.3% 的样品被产毒真菌污染;据泰国的调查资料(1972),当地有 53% 的玉米被产霉真菌污染,其中黄曲霉毒素的最高含量达 2 730 μg/kg;在我国,有人发现(1980),在一份"黄变米"试样中,70% 的米粒污染具有产毒真菌,并都含真菌毒素;还有人调查了北京市空气中所飘逸的真菌,发现其中 11.5% 是产毒的。主要的霉菌毒素有黄曲霉毒素、赭曲霉素、杂色曲霉素、岛青霉素、黄天精、环氯素、展青霉素、桔青霉素、皱褶青霉素、黄绿青霉素、青霉酸、圆弧青霉素、偶氮酸、单端孢烯族毒素、二氢雪腐镰刀菌烯酮和 T_2 毒素等。

黄曲霉毒素是于 1960 年起,逐渐被发现和认识的,当时在英国东南部的农村,相继有约 10 万只火鸡死于一种病因不明的"火鸡 X 病"。后经多方研究,发现从巴西进口的花生粉中,污染有大量的 Aspergillus flavus,并证明由它所分泌的黄曲霉毒素,就是"火鸡 X 病"的根源,以后又证实它可引起雏鸭、兔、猫、猪等多种动物和人的肝脏中毒。经深入研究后,发现黄曲霉毒素有 B_1、B_2、G_1、G_2、M_1 和 M_2 等多种衍生物,其中以 B_1 的毒性为最高。联合国卫生机构规定粮食中所含的黄曲霉毒素 B_1 必须低于 30 μg/kg。我国有关机构则规定玉米、花生制品所含 B_1 应低于 20 μg/kg,大米、食油应低于 10 μg/kg,其他的粮食、豆类和发酵食品的 B_1,含量应低于 5 μg/kg。据报道,含黄曲霉毒素最多的食品是花生及花生制品、玉米、"红变米"、"黄变米"、自制的酱(发现其中约 12.5% 含黄曲霉毒素)等。

黄曲霉毒素是一种强烈的致肝癌毒物。B_1 的致癌强度比一向有名的致肝癌剂二甲基偶氮苯(即"奶油黄")要大 900 倍,比二甲基亚硝胺强 75 倍。Aspergillus flavus 是一种分布极广的霉菌,但也不是其所有的菌株都产毒。据国外不同的研究报道,发现 A. flavus 产毒菌株的比例为 10%(Mateles,1967)和 60%~94%(Moreau,1979),而我国几个研究单位作了不同研究后,则发现该菌产毒菌株的比例在 30% 左右。

由于 A. flavus 广泛分布于我们的周围,因此,由它产生的毒素往往是长期、低剂量、慢性的作用,表现为对肝功能的损害,肝细胞变性、坏死,胆管的卵圆细胞增生,还可能引起肝纤维化或肝硬化等症状。黄曲霉毒素已证明是我国少数肝癌高发地区引起肝癌的重要原因。由此就不难理解,为什么在我国 9 种主要恶性肿瘤中,肝癌占据第三位,且在前 6 位(胃癌、食道癌、肝癌、宫颈癌、肺癌、肠癌)中,消化道的癌症竟占了 4 种。

另一类剧毒致癌毒素为 T_2。已知 Fusarium(镰孢霉属)的真菌可产 50 余种毒素,其中以 T_2 为最强。Fusarium tricinctum(三隔镰孢霉)和 F. spotichioides(拟分枝孢镰孢霉)等可产生 T_2 毒素,污染过这些菌的作物,被人或动物摄入后,经 2 周至 2 个月,就会引起白细胞急剧下降和骨髓造血机能破坏。在国际上,少数国家曾用 T_2 毒素制成生物武器,并以"雨"形式进行撒播,受害者经皮肤、粘膜吸收后,迅速发生中毒症状(致死剂量为 100 μg/kg),这是全世界爱好和平的国家和人民必须反对并引起高度警惕的。

12.1.5 正常人体及动物体中的微生物

正常人体及动物体中都存在着许多微生物,生活在健康动物各部位,数量大、种类较稳定,且一般是有益无害的微生物,称为正常菌群。例如在动物的皮毛上经常有葡萄球菌、链球菌和双球菌等,在肠道中存在着大量的拟杆菌、大肠杆菌、双歧杆菌、乳杆菌、粪链球菌、产气荚膜梭菌、腐败梭菌和纤维素分解菌等,它们都属于动物体中的正常菌群。

人体在健康情况下与外界隔绝的组织和血液是不含菌的,而身体的皮肤、粘膜以及一切与外界相通的腔道,如口腔、鼻咽腔、消化道和泌尿生殖道中存在许多正常的菌群,皮肤上最常见的细菌是某些革兰氏阳性球菌,其中以表皮葡萄球菌多见,有时也有金黄色葡萄球菌存在鼻腔中,常见的有葡萄球菌、类白喉分枝杆菌,甚至有肺炎球菌、流感嗜血菌等。口腔中常存在着大量的球菌、乳杆菌属和拟杆菌属的成员。胃中含有盐酸,pH较低不适于微生物生活。除少数耐酸菌外,进入胃中的微生物很快被杀死。人体肠道中呈中性或弱碱性,且含有被消化的食物,适合于微生物的生长繁殖,所以肠道特别是大肠中含有很多微生物,肠道菌群中占优势的是拟杆菌属、双歧杆菌属等厌氧菌,它们比大肠杆菌和肠球菌多1 000倍以上,几乎占所有被分离活菌的99%,而好氧菌(包括兼性厌氧菌在内)所占比例不超过1%。

一般情况下,正常菌群与人体保持平衡状态,且菌群之间互相制约,维持相对的平衡。它们与人体的关系一般表现为互生关系。但是,所谓正常菌群,也是相对的、可变的和有条件的。当机体防御机能减弱时,如皮肤大面积烧伤、粘膜受损、机体受凉或过度疲劳时,一部分正常菌群会成为病原微生物。另一些正常菌群由于其生长部位发生改变也可导致疾病的发生,如因外伤或手术等原因,大肠杆菌进入腹腔或泌尿生殖系统,可引起腹膜炎、肾炎或膀胱炎等炎症。还有一些正常菌群由于某种原因破坏了正常菌群内各种微生物之间的相互制约关系时,也能引起疾病,如长期服用广谱抗生素后,肠道内对药物敏感的细菌被抑制,而不敏感的白色假丝酵母(*Candida albicans*)或耐药性葡萄球菌则大量繁殖,从而引起病变。这就是通常所说的菌群失调症,儿童患迁移性腹泻、消化不良,成人患胃肠炎时,都有好氧菌、肠杆菌数量增加,拟杆菌、双歧杆菌数量减少的倾向。痢疾病人除出现拟杆菌减少,肠杆菌增加外,还可检出痢疾杆菌等致病菌。因此在进行治疗时,除使用药物来抑制或杀灭致病菌外,还应考虑调整菌群恢复肠道正常菌群生态平衡的问题。

12.1.6 极端环境下的微生物

在自然界中,存在一些可在绝大多数微生物所不能生长的高温、低温、高酸、高碱、高盐、高压或高辐射强度等极端环境下生活的微生物,例如嗜热菌(thermophiles)、嗜冷菌(psychrophiles)、嗜酸菌(acidophilus)、嗜碱菌(basophiles 或 alkaliphiles)、嗜盐菌(halophiles)、嗜压菌(barophilcs)或耐辐射菌等,它们被称为端极环境微生物(microorganisms living in extreme environments)或简称"极端微生物"(extreme microorganisms),由于它们具有不同于一般生物的遗传特性、特殊结构和生理机能,因此在冶金、采矿、开采石油以及生产特殊酶制剂等多种生产和科研领域中已发挥出重要的作用或有巨大的潜在应用价值,故近年来越来越引起人们的注意。

1. 嗜热菌

嗜热菌广泛分布在草堆、厩肥、温泉、煤堆、火山地、地热区土壤及海底火山附近等处。在湿草堆和厩肥中生活着好热的放线菌和芽孢杆菌，它们的生长温度在 45~65℃ 的范围，有时甚至可使草堆自燃。一些人为的高温环境，如工厂热水装置和人造热源等处也是嗜热微生物生长的良好环境。在苏联堪察加地区的温泉（水温为 57~90℃）中存在着一种专性嗜热菌 Thermus tuber（红色栖热菌）；在冰岛，有一种嗜热菌可在 98℃ 温泉中生长繁殖；在美国怀俄明州的黄石国家公园的热泉中，Bacillus caldolyticus（热溶芽孢杆菌）可在 92~93℃（该地水的沸点）下生长（该菌在实验室条件下还可在 100~105℃ 下生长）。在该公园的含硫热泉中还分离到一株嗜热的兼性自养细菌 Sulfolobus acidocaldarius（酸热硫化叶菌），它能利用硫磺作能源，产生硫酸；1983 年，J. A. Barros 等在太平洋底部发现的可生长在 250~300℃ 高温高压下的嗜热菌，更是生命的奇迹。据了解，植物界中最耐热的种类可能是南非的生石花，最高的耐受温度为 50℃，脊椎动物能生长的最高温度也只是 50℃。

已分离到的原核嗜热菌有十几个属，它们对高温的适应机制主要表现在细胞膜上脂肪酸的成分、耐高温酶和生物大分子的热稳定性上。细胞膜上长链和脂肪酸的比例随温度的提高而增多，相应的不饱和脂肪酸则减少，这有利于提高膜对高温的稳定性，嗜热菌的 3-磷酸甘油脱氢酶在 90℃ 还是稳定的，糖酵解酶类和其他酶类也是这样，其耐热机制是受蛋白质一级结构所决定，另外，与 Ga^{2+} 的保护作用也有关。此外，嗜热菌的 tRNA 因其 G、C 含量高，提供了较多的氢键，故具有独特的热稳定性。

嗜热细菌在工业生产中的利用潜力在于：①生长速率高，代谢作用强；②产物/细胞重量之比值较高；③因其在高温下具有竞争优势，故在发酵生产中可防止杂菌的污染；④它们的耐高温酶类具有重要的生产潜力和应用前景；⑤乙醇等代谢产物容易收得；⑥发酵过程中不需冷却，可省去深井水的消耗，等等。

近年来，由于把嗜热细菌 Thermus aquaticus（水生栖热菌）的耐热 DNA 多聚酶"Taq"用于多聚酶链式反应（PCR，DNA Polymerase Chain Reaction）中，使该反应在科学研究和医疗等实际领域的应用中实现了新的飞跃。PCR 是一种 DNA 分子的体外扩增技术，在 1985 年由美国 Cetus 公司人类遗传学实验室的学者所发明、它可使目的 DNA 分子在体外快速扩增。我们知道，在正常机体内，DNA 的合成必须有一个 DNA 多聚酶、一个现存的单链 DNA 模板、一个小片段的 RNA 引物和若干种合成底物等条件。在体外，如能满足这些条件，也可实现 DNA 的扩增。正常的 DNA 分子是双链的，它必须在高温下才能解开，而高温又会使 DNA 多聚酶失活。因此，在双链 DNA 分子解开、复制、再解开、再复制的扩增过程中，必须不断添加 DNA 多聚酶。1988 年后，由于使用了耐热的"Taq"，才使 PCR 的专一性、收得率、灵敏度、DNA 片段长度、复制的忠实性，操作简便性和自动化程度有了明显的提高。例如，使用自动化仪器可使 48 个样品在 4 h 内同时扩增 1 倍。PCR 已广泛应用于各种遗传病（镰形贫血症等）、病毒病（艾滋病等）的诊断，胎儿性别的鉴定，司法工作（犯人的毛发、血液鉴定）以及人类学和动物学等的研究工作中。在基本理论研究中，PCR 也有广泛的应用，例如核苷酸的顺序分析，以及染色体畸变和基因突变的研究等。

2. **嗜冷菌**

分布于南北极地区、冰窖、高山、深海和土壤等的低温环境中。嗜冷菌可分为专性和兼性两种。能在 5℃ 以下生长的嗜冷菌有两种类型，一类是专性嗜冷菌，从海水和某些冰窖中分离到的,对 20℃ 以下稳定的低温环境有适应性,20℃ 以上即引起死亡;另一类是兼性嗜冷菌,从不稳定的低温环境中分离到的,因此其生长的温度范围较宽,最高生长温度范围甚至可达 30℃。

从南极的 −60~0℃ 低温环境中所分离到的嗜冷菌,主要有 *Bacillus*(芽孢杆菌属)、*Streptomyces*(链霉菌属)、*Sarcinu*(八叠球菌属)、*Nocardia*(诺卡氏菌属)和 *Candida scotii*(斯氏假丝酵母,在 −10~0℃ 范围内生长)。在植物界中,一种藻类——雪生腺衣藻能在 −34℃ 下生长发育,而高等植物中最耐寒的种类则是生于西伯利亚的辣根类植物,它甚至能在 −46℃ 下开花。

专性嗜冷菌因其细胞膜内含有大量的不饱和脂肪酸,且会随温度的降低而增加,从而保证了膜在低温下的流动性,这样,就能在低温条件下不断从外界环境中吸收营养物质。嗜冷菌的核糖体是热不稳定的。据报道,一种专性嗜冷菌的 *Pseudomonas* sp.(一种假单胞菌),在 22℃ 下时,其蛋白质的合成即停止。嗜冷菌的存在,会使低温保藏的食品发生腐败,但其产生的酶在日常生活和工业生产上具有应用价值。

3. 嗜酸菌

大多数微生物生长在 pH 4.0~9.0 的范围内,最适生长 pH 接近中性。嗜酸菌仅分布于酸性矿水、酸性热泉和酸性土壤等处。极端嗜酸菌能生长在 pH 3 以下。例如 *Thiobacillus thiooxidans*(氧化硫硫杆菌)的生长 pH 范围为 0.9~4.5,最适 pH 为 2.5,在 pH 0.5 下仍能存活。它能氧化元素硫产生硫酸(浓度可高达 5%~10%)。又如 *T. ferrooxidans*(氧化亚铁硫杆菌)是另一种著名的专性自养嗜酸杆菌,它能氧化还原态的硫化物和金属硫化物,还能把亚铁氧化成高铁,以从其中取得能量。这种细菌已被广泛应用于铜等金属的细菌沥滤中。当然,由于这类菌的作用也造成了严重的环境污染。例如,在美国宾夕法尼亚州的黄铁矿(FeS_2)矿区,由于硫杆菌的作用,每年全区可产生 300 万吨硫酸流入俄亥俄城流域,形成了举世闻名的天然硫酸巨流。又如,在苏联的乌拉尔的某矿区,也因同样原因使每年产生 2 500 吨左右的硫酸。

在电镜下,*T. thiooxidans* 的细胞与一般革兰氏阴性细菌的细胞无明显差别,但它能在高酸性环境条件(pH 1)下维持菌体内的近中性环境。有人用质子泵学说来解释其抗酸机制,但还无直接实验证据,近年来发现在 *F. ferrooxidans* 细胞中存在质粒,推测可能与其抗金属离子有关。

4. 嗜碱菌

嗜碱菌的分布较广,在碱性和中性的土壤中均可分离到,专性嗜碱菌可在 pH 11 甚至 pH12 的条件下生长,而在中性条件下却不能生长。已分离到的嗜碱菌有 *Bacillus*(芽孢杆菌属)、*Micrococcus*(微球菌属)、*Corynebacterium*(棒杆菌属)、*Streptomyces*(链霉菌属)、*Pseudomonas*(假单胞菌属)、*Flavobacterium*(黄杆菌属)和 *Achromobacter*(无色杆菌属)等的一些种。

与嗜酸菌相似,嗜碱菌的细胞膜具有维持细胞内外 pH 梯度的机制,因而在外环境的 pH 达到 11~12 下,仍维持细胞内接近中性的 pH,嗜碱菌的胞外酶都具有耐碱的特性,由于它们产生的淀粉酶、蛋白酶和脂肪酶,其最适 pH 均在碱性范围,因此可以发挥特殊的应用价值,可用于洗涤剂或其他用途。

5. 嗜盐菌

嗜盐菌通常分布于晒盐场、腌制海产品、盐湖和著名的死海等处。其生长的最适盐浓度高达15%～20%,甚至还能生长在32%(或5.2 mol/L)的饱和盐水中。已分离到的极端嗜盐菌只有 *Halobacterium*(盐杆菌属)的几个种。世界上最耐盐的植物是盐角草,它只能耐0.5%～6.5%的盐度,世界上最著名的盐湖是死海,其含盐量高达23%～26%,因此其中只能生长几种细菌与少数藻类。

嗜盐菌的细胞膜是红色的,含有可防止细胞受光化学损伤的类胡萝卜素。膜上还有约占50%面积的紫膜区,它含有菌视质(bacteriorhodopsin),相当于人眼中棒状细胞所含的视紫质。菌视质是由一种蛋白质和生色团——视黄醛组成的。紫膜起了一个质子泵的作用,也起着排盐作用。目前正设法利用这种机制来制造生物能电池和海水淡化装置。

6. 嗜压菌

嗜压菌仅分布在深海底部和深油井等少数地方。嗜压菌与耐压菌不同,它们必须生活在高静水压的条件下。一种生活在深海的假单胞菌 *Pseudomonas bathycete*,可在1 000个大气压、30℃下生长。从3 500 m深、压强约400个大气压、温度为60～105℃的油井中还分离到另一种嗜热性硫酸盐还原菌。在太平洋水深4 000m处,已发现有4属酵母菌。在6 000m的深海中,可以找到 *Micrococcus*(微球菌属)、*Bacillus*(芽孢杆菌属)、*Vibrio*(弧菌属)和 *Spirillum*(螺菌属)等细菌。在10 000 m深海处,水压高达1 400个大气压,还可找到许多种嗜压菌,在实验室中培养这类嗜压菌时,要用2.5℃(海底温度)和1 000个大气压。这时,它们长出的菌数要比在1个大气压下高出10～1 000倍。据报道,有些嗜压菌甚至可在1 400个大气压下正常生长。至于各种细菌、酵母菌和病毒在短时间内对高压的耐受性更是一种普遍现象,例如许多细菌在数分钟内还能耐12 000个大气压而不死亡。

有关嗜压菌或耐压菌的耐压机制目前还很不清楚,有人从西太平洋2 500 m深的苏禄海海底分离到一株既可在280大气压下生长也能在常压下生长的革兰氏阴性细菌、发现它在高压下生长时,会产生一种独特的外壁蛋白,其分子量为37 000 Da,其含量在高压下为常压下的70倍。耐高温和厌氧生长的嗜压菌有可能被用于油井下产气增压和降低原油粘度,借以提高采油率。

7. 抗辐射的微生物

与上述不同的是,抗辐射微生物对辐射这种不良环境条件仅有抗性(resistance)或耐受性(tolerance),而不能有"嗜好"。现以X射线为例,比较一下各种生物的平均致死剂量(表12.7)。

表12.7 X射线对各种生物平均致死剂量的比较

	生物名称	平均致死剂量/rd
病毒	TMV(烟草花叶病毒)	200 000
	鼠乳头状瘤病毒	100 000

续表 12.7

生物名称		平均致死剂量/rd
细菌	*Escherichia coli*(大肠杆菌)	5 000
	Bacillus mesentericus(马铃薯芽孢杆菌)	130 000
藻类	*Mesotaenium*(中带鼓藻属)	8 500
	Pandorina(实球藻)	4 000
原生动物	*Colpidium*(豆形虫)	330 000
	Paramecium(草履虫)	300 000
脊椎动物	金鱼	750
	小白鼠	450
	家兔	800
	大白鼠	500
	猴子	450
	人类	400

12.2 微生物与生物环境间的相互关系

生物间的相互关系是既多样又复杂的。自然界中微生物极少单独存在,总是较多种群聚集在一起。当微生物的不同种类或微生物与其他生物出现在一个限定的空间内,它们之间互为环境,相互影响,既有相互依赖又有相互排斥。如果对甲、乙两种生物间的种种关系作一分析,我们可以看到有以下九种类型:

(1)既利甲又利乙(++)。例如共生(symbiosis)、互利共栖(mutualism)、互养共栖(syntrophism)和协同共栖(synergism)等。

(2)利甲而损乙(+-)。例如寄生(parasitism)、捕食(predation)和拮抗(antagonism)等。

(3)利甲而不损乙(+0)。例如偏利共栖(commensalism)、卫星状共栖(satellitism)和互生(metabiosis,或称半共生,代谢共栖)等。

(4)损甲而利乙(0+)。例同(3)。

(5)既不损甲也不损乙,既不利甲也不利乙(00)。例如无关共栖(neutralism)。

(6)不利甲而损乙(0-)。例如偏害共栖(amensalism)。

(7)损甲而不利乙(-0)。例同(6)。

(8)损甲而利乙(-+)。例同(2)。

(9)既损甲又损乙(--)。例如竞争共栖(competition)。

以下就把微生物间或微生物与它种生物间最常见的五种相互关系作一介绍。

12.2.1 互生

所谓互生,是指两种可以单独生活的生物,当它们生活在一起时,通过各自的代谢活动而有利于对方,或偏利于一方的一种生活方式。因此,这是一种"可分可合,合比分好"的相互关系。

1. 微生物间的互生关系

在微生物间,尤其在土壤微生物间互生现象是极其普遍的。例如,当好氧性自生固氮菌与纤维分解细菌生活在一起时,后者因分解纤维素而产生的有机酸可供前者用于固氮,而前者所固定的有机氮化物则可满足后者对氮素养料的需要(表12.8)。又如,*Desulfuromonas acetoxidans*(氧化乙酸脱硫单胞菌)和 *Chlorobium sp.*(一种绿硫细菌)生活在一起时,前者向后者提供氢供体,而后者则以氢受体供应给前者。两者相互为对方创造有利条件,促进各自的增殖和扩展。在琼脂平板上,出现以 *D. acetoxidans* 的菌落为中心,周围围绕着许多 *Chlorobium* 小菌落,这种特殊的互养共栖,也称卫星状共栖。再如,真菌 *Mucor ramannianas*(拉曼毛霉)和酵母菌 *Rhodotorula sp.*(一种红酵母)都要求培养基中含有维生素 B(硫胺素)。可是前者只能合成 B_1 的嘧啶部分而不能合成噻唑部分,后者反之,只能合成噻唑而不能合成嘧啶。当两者共同培养在一起时,因相互利用对方的分泌物而同时满足了双方对维生素 B_1 的要求。

表12.8 固氮菌和纤维分解菌互生时对纤维素分解作用的影响

试验项目	纤维素含量/g		分解率/%
	试验前	试验后	
纤维弧菌	1.82	1.53	15.93
固氮菌 + 纤维弧菌	1.82	1.32	27.47
纤维粘菌	1.82	1.12	38.46
固氮菌 + 纤维粘菌	1.82	1.00	45.05

根际微生物与高等植物之间也有存在着互生关系。根系向周围土壤中分泌有机酸、糖类、氨基酸、维生素等物质是根际微生物的重要营养来源和能量来源。另外根系的穿插使根际的通气条件和水分状况比根际外的良好,温度也比根际外的略高一些。因此根际是一个对微生物生长有利的特殊生态环境。根际微生物的活动,不但加速了根际有机物质的分解,而且旺盛的固氮作用,菌体的自溶和产生的一些生长刺激物等,既为植物提供了养料,又能刺激植物的生长。有些根际微生物还能产生杀菌素,可以抑制植物病原菌的生长。

2. 人体肠道正常菌群

人体肠道正常菌群与宿主间的关系,主要是互生关系,人体为肠道微生物提供了良好的生态环境,使微生物能在肠道得以生长繁殖。而肠道内的正常菌群可以完成多种代谢反应,如多核苷酸反应、固醇的氧化、酯化、还原、转化、合成蛋白质和维生素等作用,均对人体生长发育有重要意义。但在某些特殊条件下,亦会转化成寄生关系。人体的大肠中经常生活着60~400种不同的微生物,在一个人的肠道中,占粪便干重1/3的是细菌,总数约100万亿个。目前,肠道正常菌群中仅约10%~25%的种类已经弄清楚。其中厌氧菌占了优势。在厌氧菌种,以 *Bacteroides fragility*(脆弱拟杆菌)、*B. melaninogenicus*(产黑素拟杆菌)和 *Fusobacterium nucleatum*(核梭形杆菌)这三种无芽孢革兰氏阴性厌氧菌含量最高。例如,每克湿粪中 *B. fragilis* 的含量就达 $10^{10} \sim 10^{11}$ 个;其次是 *Bifidobacterium spp.*(双歧杆菌属的一些种)。好氧菌的数量低于粪便含菌量的1%,主要种类是 *E. coli* 和 *Streptococcus faecalis*(粪链球菌)。

人体肠道中的正常菌群对机体主要有以下几方面的作用:

(1)排阻、抑制外来致病菌。数量巨大的肠道正常菌群可排阻、抑制外来肠道致病菌,例如 *Vibrio cholerae*(霍乱弧菌)等的感染。

(2)提供若干维生素。据研究,*E. coli* 可在肠道中合成若干种维生素供人体利用,例如维生素 B_1、B_2、B_5、B_{12}、K、烟碱酸、泛酸、生物素和叶酸等。

(3)产生若干酶类。*Bacillus subtilis*(枯草芽孢杆菌)会产生淀粉酶,有些细菌还产生蛋白酶和脂肪酶。

(4)一定程度的固氮作用。有人发现,新几内亚人以甜薯为其主粮(占食物的85%~90%),而甜薯是含蛋白质极低的食物。可是,当地人的蛋白质供应似乎并不缺少。经研究,发现其肠道内生活着一种能在厌氧条件下进行固氮的 *Klebsiella pneumoniae*(肺炎克雷伯氏菌),它们可把固定的氮素通过肠壁进入血液,以补充人体蛋白质的不足。

(5)产生气体和粪臭物质。肠道内的正常菌群在其代谢过程中会产生很多(400~650 mL/天)气体,例如 CO_2、CH_4、H_2、H_2S 和 NH_3 等,还会产生胺类、吲哚和粪臭素等臭味物质。

当然,正像前已述及的,有的肠道正常菌群在着生部位改变或环境条件改变时会变成致病菌;有的在人们滥用抗生素或抵抗力减弱时会从弱势菌变成优势菌,例如 *Candida albicans*(白色假丝酵母,俗称"白念")、一些耐药性细菌、若干霉菌和 *Campylobacter jejunum*(空肠弯曲菌)等,从而引起人们患病。目前,人们已经可用口服某些活微生物制剂来治疗由于长期服用广谱抗生素而引起的正常菌群失调的腹泻症,例如,含 *Bacillus cereus*(蜡状芽孢杆菌)的"促菌生"可为肠道创造良好的厌氧环境,促进 *Bifidobacterium bifidum*(两歧双歧杆菌)的繁殖,以防治慢性肠炎、痢疾和幼儿腹泻症;又如,含抗药性 *Streptococcus faecalis*(链球菌)的活菌制剂,可以治疗因长期服用抗生素和磺胺类药物引起的肠道正常菌群紊乱症及急、慢性肠炎等,这种活微生物制剂又称微生物制剂,很有发展前途。

3. 混菌培养与生产实践

人们对有益微生物的利用曾经历过天然混合培养至纯种培养两个阶段,随着纯种培养技术的深入和微生物间互生现象的研究,一种人为的、自觉的混合培养或混合发酵(mixed fermentation)技术已日臻成熟,这可以说是一种"生态工程"。例如,利用 *Arthrobacter simplex*(简单节杆菌)和 *Streptomyces roseochromogenes*(玫瑰产色链霉菌)的混合培养可进行甾体转化;利用 *Propionibacterium shermanii*(谢氏丙酸杆菌)和 *Bacillus mesentericus*(马铃薯芽孢杆菌)或 *E. coli* 的混合培养可生产维生素 B_{12};利用 *Serratia marcescens*(粘质沙雷氏杆菌)和 *E. coli* 的混合培养可生产缬氨酸;利用 *Corynebacterium glutamicum*(谷氨酸棒杆菌)和 *E. coli* 的混合培养可生产组氨酸;利用 *Cellulomonas flavigena*(产黄纤维单胞菌)和 *Pseudomonas putida*(恶臭假单胞菌)的混合培养可分解 97%~98% 的预处理稻草粉,以生产单细胞蛋白;利用纤维素分解菌 *Trichoderma viride*(绿色木霉)和 *Aspergillus oryzae*(米曲霉)混合可以提高酱油产率等。值得一提的是,有人还用固定化的混合菌种来将淀粉原料转化成乙醇。他们用海藻酸钠包埋 *Aspergillus niger*(黑曲霉)和 *Zymomonas mobilis*(运动发酵单胞菌),制成细胞固定化的小球。能把淀粉分解成葡萄糖的 *A. niger* 是好氧菌,故长在小球的表层,而能将葡萄糖转化成乙醇的 *Z. mobilis* 是厌氧菌,故长在小球的内层,当淀粉液流过反应器后,淀粉很快被水解成葡萄糖并随即转化成乙醇。

以上所举实例中,许多是纯菌株所不能合成而只有混合菌株才能完成的反应,也有混菌培养比纯培养作用更快、更有效和更简便的。当然,上述混合发酵一般都是同时合作进行的反应。另一类称为序列发酵的,则是一种由不同菌种在时间上是先后进行的特殊混菌培养。

12.2.2 共生

所谓共生,是指两种生物共居在一起,相互分工协作、相依为命,甚至达到难分难解、合二为一的一种相互关系。

1. 微生物间的共生关系

微生物与微生物间共生的最典型例子是菌、藻共生而形成的地衣(lichen)。在地衣中的真菌,一般都属子囊菌,而其藻类则为绿藻或蓝细菌(即"蓝绿藻")。其中藻类或蓝细菌进行光合作用,为真菌提供有机营养,而真菌则可以其产生的有机酸去分解岩石中的某些成分,进一步为藻类或蓝细菌提供所必需的矿质养料。微生物间共生关系的另一很好例证是产氢产乙酸细菌(S 菌株)与产甲烷细菌(MOH 菌株)间的共生关系。由于其间关系的紧密,以致自 1906 年至 1967 年大约 60 年中,学术界一直认为它们是一个种 *Methanobacillus omelianskii*(奥氏甲烷芽孢杆菌)。

2. 微生物与植物间的共生关系

大家都熟知的根瘤菌(*Rhizobium*)与豆科植物间的共生关系是微生物与植物间共生的典型。有些非豆科植物例如桤木属(*Alder*)、杨梅属(*Morella*)和美洲茶属(*Camellia*)等植物也有能进行共生固氮的根瘤,但其根瘤内的微生物是 *Frankia*(弗兰克氏菌属)放线菌。有些裸子植物如罗汉松属(*Podocarpus*)和苏铁属(*Cycas*)具有根瘤,其中的微生物分别属于藻状菌类真菌和蓝细菌,甚至某些野生禾本科植物(看麦娘属和梯牧草属)也有根瘤存在。此外,某些热带与亚热带植物如茜草科(*Rubiaceae*)和紫金牛科(*Myrsinaceae*)等几百个种都长有叶瘤,其中可分离到 *Mycobacterium*(分枝杆菌属)、*Klebsiella*(克雷伯氏杆菌属)或 *Chromobacterium*(色杆菌属)的一些种,它们具有一定的固氮能力。菌根也是真菌与高等植物根系共生而形成的,在自然界中,大部分植物都长有菌根(mycorrhiza),它具有改善植物营养、调节植物代谢和增强植物抗病能力等功能。

(1)外生菌根存在于 30 余科植物的一些种、属中,尤其以木本的乔、灌木居多,例如松科等。能形成外生菌根的真菌主要是担子菌,其次是子囊菌,它们一般可与多种宿主共生。外生菌根的主要特征是菌丝在宿主根表生长繁殖,交织成致密的网套状构造,称作菌套(mantle),以发挥类似根毛的作用;另一特征是菌套内层的一些菌丝可透过根的表皮进入皮层组织,把外皮层细胞逐一包围起来,以增加两者间的接触和物质交换面积,这种特殊的菌丝结构称为哈蒂氏网(Hartignet)。

(2)丛枝菌根(arbuscular mycorrhiza,AM)是一种最常见和最重要的内生菌根。丛枝状菌根虽是内生菌根,但在根外也能形成一层松散的菌丝网,当其穿过根的表皮而进入皮层细胞间或细胞内时,即可在皮层中随处延伸,形成内生菌丝。内生菌丝可在皮层细胞内连续发生双叉分枝,由此产生的灌木状构造称为丛枝(arbuscule)。少数丛枝状菌根菌的菌丝末端膨大,形成泡囊(vesicle)。因此,丛枝状菌根又称泡囊-丛枝状菌根(vesicular arbuscular mycorrhiza,VAM)。在自然界中,约80%陆生植物包括大量的栽培植物(小麦、玉米、棉花、烟草、大豆、甘蔗、马铃薯、番茄、苹果、柑桔和葡萄等)具有AM,它是由内囊霉科(Endogonaceae)中部分真菌(6个属)与高等植物根部间形成的一种共生体系。目前这类真菌已可在植物细胞培养物中生长,但还不能在人工培养基上生长繁殖。真菌与兰科、杜鹃科及其他森林树种间所形成的菌根更为熟知,兰科植物的种子若无菌根菌的共生就无法发芽,杜鹃科植物的幼苗若无菌根菌的共生就不能存活。

共生固氮菌对农业增产具有重大的实际意义。我国劳动人民早就知道种植豆科植物可使土壤肥沃,并可提高间作或后作植物的产量。利用根瘤菌制成的根瘤菌肥料来对豆科植物的种子进行拌种,可使作物明显增产。

3. 微生物与动物间的共生关系

微生物与动物间共生的例子也很多,例如白蚁、蟑螂与其消化道中生存的某些原生动物间就是一种共生关系。白蚁可吞食木材和纤维质材料,可是却不能分泌水解纤维素的消化酶。在白蚁的后肠中至少生活有100种原生动物和微生物(已鉴定的有30多种)。它们的数量很多,例如原生动物为100万/mL肠液,细菌为1 000万~1 000亿/mL肠液。这类生活在共栖宿主的细胞外或组织外的生物称为外共生生物(ectosymbiont)。例如,*Trichonympha campanula*(钟形披发虫)就可在厌氧条件下水解纤维素供白蚁营养,这时,原生动物可享受到一种稳定和受保护的生活环境。另一类是内共生(endosymbiosis,即细胞内共生)。在蜚蠊目(蟑螂),同翅目(蝉、蚜虫等)和鞘翅目(象鼻虫)的许多昆虫细胞中,经常可以找到作为内共生生物(endosymbiont)的微生物,它们能为共栖生物提供B族维生素或发挥其他作用。

反刍动物与其瘤胃微生物的共生关系也十分典型。牛、羊、鹿、骆驼和长颈鹿等动物都是以植物中的纤维素为主要养料的反刍动物。它们的反刍胃构造复杂,一般由瘤胃、网胃(蜂巢胃)、瓣胃和皱胃四室组成。瘤胃和网胃由食管演化而来,只有皱胃才相当于一般哺乳动物的胃。当采食时,食物经唾液拌和后未经充分咀嚼即经口腔和食道而进入瘤胃。经暂时贮存和细菌发酵后,进入网胃。网胃内壁有许多网状的褶裂和细小的角质乳突,可将食物磨碎和分成小团,再呕回口中重新咀嚼。食物也可从瘤胃直接经食道呕回口中。经重新咀嚼再进入瘤胃的食物,就顺着网胃进入重瓣胃。重瓣胃因具有叶状纵瓣和无数角质乳突,可将食物进一步磨细,最后进入皱胃,通过皱胃所分泌的胃消化液,将食物尤其是其中大量的瘤胃微生物菌体进行消化。通过与瘤胃微生物(rumen microflora)的共生,反刍动物为瘤胃微生物提供了纤维素形式的养料、水分(每天100~200 L唾液)、无机元素(以磷酸、碳酸氢盐、铵盐形式)、合适的温度(37~39℃)和 pH 值(5.8~7.3),以及良好的搅拌条件和厌氧环境;而瘤胃微生物则通过其分解纤维素的活动而产生大量有机酸供瘤胃吸收,并将产生的大量菌体蛋白以单细胞蛋白形式向反刍动物源源不断地提供养料。由此看来,反刍动物的消化道酷似自然界赏赐给它们的一台生产有机酸和单细胞蛋白的多级连续培养器。有关瘤胃内的环境状况,可见表 12.9。

表 12.9 瘤胃内环境状况

指标	参数	说明
pH	6.5	由唾液进行缓冲调节
温度	40°	因发酵发热而高出体温 2℃
挥发性脂肪酸	40 mmol/L	以乙酸、丙酸和丁酸为主
乳酸、乙醇、甲酸、葡萄糖	含量很低	因形成受抑制或经发酵而消耗
NH_4^+	10 mmol/L	因脲水解或氨基酸脱氨而形成
CO_2	65%	由发酵产生
CH_4	27%	由甲烷发酵形成
N_2	7%	由吞咽食物时带入
H_2	0.18%	由甲烷发酵而维持在低浓度
O_2	0.56%	由吞咽食物时带入
E_h(氧化还原剂)	-350 mV	因溶液中氧的含量极低
细菌数	$10^{10} \sim 10^{11}$ 个/ml	数量大,消化纤维素能力强
原生动物数	$10^5 \sim 10^6$ 个/ml	其生物量与细菌接近

以下就以牛与瘤胃微生物为例来进一步加以说明。牛的瘤胃有很大的容积(约 100 L 或更大)。在瘤胃中约有 100 种细菌和原生动物,每克瘤胃内含物中细菌数高达 $10^9 \sim 10^{13}$(占干重 5%~10%),而原生动物数也可达到 10^6(占干重 6%~10%)。其中的原生动物以瘤胃中特有的 *Diplodinium*(两腰纤虫属)和 *Entodinium*(内腰纤虫属)为主,而细菌则以严格厌氧菌为主,偶尔可以找到少量酵母和其他真菌。细菌的种类如 *Ruminococcus albus*(白色瘤胃球菌)、*R. flavefaciens*(生黄瘤胃球菌)、*Bacteroides succinogenes*(产琥珀酸拟杆菌)、*Butyrivibrio fibrisolvens*(溶纤维丁酸弧菌)、*Clostridium cellobioparum*(产纤维二糖梭菌)、*Veillonella alcalescens*(产碱韦荣氏球菌)、*Desulfotomaculum ruminantium*(反刍脱硫肠状菌)和 *Selenomonas ruminantium*(反刍月形单胞菌)等,只有细菌才是纤维素的真正消化者(表 12.10)。在瘤胃中约有 90% 的纤维素、淀粉、果聚糖和木聚糖可通过微生物的分解代谢而形成脂肪酸。其中乙酸占 50%~70%(W/W)、丙酸占 17%~21%,丁酸占 14%~20%,另有少量的戊酸和甲酸,另外,每天还产生约 900 L 气体,包括 65%(V/V) CO_2,27% CH_4,7% N_2,0.18% H_2 和微量 H_2S,据报道,瘤胃微生物在瘤胃中进行的生物化学反应可归纳在以下方程式中:

$$57.5(C_6H_{12}O_6) \longrightarrow 65 \text{ 乙酸} + 20 \text{ 丙酸} + 15 \text{ 丁酸} + 60CO_2 + 35CH_4 + 25H_2O$$

由于在牛等反刍动物的食料中一般都缺乏蛋白质和其他氮素化合物,所以为使瘤胃微生物获得足够的氮源,反刍动物在其长期进化中已发展了一个瘤胃-肝脏循环,即肝脏为使氨脱毒而合成的尿素只有一部分以尿的形式排出体外,另一部分则可通过唾液腺的分泌或穿过瘤壁进入瘤胃,以作瘤胃微生物的补充氮源。最后,又重新充实了反刍动物的蛋白质营养,这就是为什么反刍动物即使在不含蛋白质的纤维素成分作饲料时,也能在一定程度上维持蛋白质平衡的重要原因。鉴于这一理由,有人曾以少量尿素作饲料添加剂,由于瘤胃微生物能利用尿素来合成菌体蛋白,这一措施等于在料中添加了蛋白质,结果促进了牛、羊多长膘和产奶。据报道,牛所需的40%~90%的蛋白质,都来自瘤胃中的细菌。当我们通过上述介绍而了解到反刍动物与瘤胃生物间的共生关系后,就会惊异地发现,原来如此庞大的牛体和大量的牛奶,竟是靠无数极其微小的微生物细胞喂养出来的,反刍动物简直可称作"食菌动物"了,利用这个原理,人们已在研究"人工瘤胃饲料",某些瘤胃细胞的能源和主要发酵产物如表12.10所示。

表12.10 某些瘤胃细胞的能源和主要发酵产物

菌名	能源	主要发酵产物
Bacteroides succinogenes	纤维素,淀粉,葡萄糖	醋酸,琥珀酸
B. amylophilus(嗜淀粉拟杆菌)	淀粉	醋酸,琥珀酸,甲酸
B. ruminicola(栖瘤胃拟杆菌)	淀粉,木聚糖,葡萄糖	醋酸,琥珀酸,甲酸
Ruminococcus flavefaciens	纤维素,木聚糖,葡萄糖	醋酸,琥珀酸,甲酸,H_2
Succinovibrio dextrinosolvens(溶糊精琥珀酸弧菌)	葡萄糖	醋酸,琥珀酸
Succinivibrio amylolytica(溶淀粉琥珀酸弧菌)	淀粉,葡萄糖	琥珀酸
Suminococcus albus	纤维素,木聚糖,葡萄糖	醋酸,乙醇,甲酸,H_2
Butyrivibrio fibrisolvens	纤维素,淀粉,木聚糖,葡萄糖	丁酸,甲酸,H_2
Eubacterium ruminatium(瘤胃优杆菌)	木聚糖,葡萄糖	丁酸,甲酸,乳酸
Selenomonas ruminantium	淀粉,葡萄糖,乳酸,甘油	醋酸,丙酸,乳酸
Veillonella alcalescens	乳酸	醋酸,丙酸,H_2
Streptococcus bovis(牛链球菌)	淀粉,葡萄糖	乳酸
Lactobacillus vitulinus(犊乳杆菌)	葡萄糖	乳酸
Methanobrevibacter ruminantium(反刍甲烷杆菌)	$H_2 + CO_2$	甲烷

12.2.3 寄生

所谓寄生,一般指一种小型生物生活在另一种较大型生物的体内(包括细胞内)或体表,从中夺取营养并进行生长繁殖,同时使后者蒙受损害甚至被杀死的一种相互关系。前者称为寄生物(parasite),后者则称作宿主或寄主(host)。寄生又可分为细胞内寄生和细胞外寄生,或专性寄生和兼性寄生等数种。

1. 微生物间的寄生关系

微生物间的寄生关系主要是菌体与其宿主细菌的关系,还发现真菌寄生于真菌以及细菌或真菌寄生于原生动物的例子,此外,细菌与真菌,真菌与真菌之间也存在着寄生关系。土壤中存在着一些溶真菌细菌,它们侵入真菌体内,生长繁殖,最终杀死寄主真菌,造成真菌菌丝溶解,真菌间的寄生现象比较普遍,如某些木霉(*Trichoderma*)寄生于丝核菌(*Rhizoctonia*)的菌丝内,有些盘菌属(*Peziza*)的菌丝寄生在毛菌的菌丝内。细菌间的寄生现象较为少见,典型的例子为细菌的"吸血鬼"——蛭弧菌。

1962 年,H. Stolp 等人在研究菜豆叶烧病病原细菌 *Pseudomonas phaseolicola*(栖菜豆假单胞菌)的噬菌体时,在培养了 2~3 天后,发现了一个异乎寻常的黄色的"噬菌斑",经深入研究发现了一种可寄生于细菌的小型弧菌,名为蛭弧菌(*Bdello vibrio*,其中的"*Bdello*"有水蛭或"吸血鬼"之意)。至今已知有 3 个种,其中研究得较详细的是 *B. bacteriovorus*(食菌蛭弧菌)。该菌呈弧状,革兰氏阴性,在细胞一端有一单生鞭毛,菌体长为 0.3~0.4 μm×0.8~1.2 μm,一般仅为杆菌长度的 1/3~1/4,广泛分布于土壤、污水等处。每克土壤含 10^3~10^5 个;一般污水中约含 10^5 个/mL,其运动速度极快,每秒约为体长的100 倍。它的宿主主要是肠杆菌科和假单胞菌科的各种种类。例如 *E. coli*, *Erwinia carotovora*(胡萝卜软腐病欧文氏菌),*Pseudomonas solanacearum*(青枯病假单胞菌),*Xanthomonas oryzae*(稻白叶枯黄单胞菌),*Azotobacter chroococcum*(褐球固氮菌)和 *Rhizobium* spp.(一些根瘤菌)等,甚至还能寄生于 *Streptococcus faecalis*(粪链球菌)、*Lactobacillus plantarum*(植物乳杆菌)等革兰氏阳性细菌和小球藻等若干藻类中。蛭弧菌的生活史大体是这样的:当有合适宿主细胞存在时,它会高速冲向宿主,将细胞的一端与宿主细胞壁接触,接着其"机械攻势"(即细胞每秒转动 100 转以上)和"化学攻势"(分泌水解酶类)双管齐下,经 5~10 min 后,细胞即进入宿主的周质空间定居,鞭毛脱落,然后分泌各种消化酶,逐渐将宿主细胞的原生质转化为自己的营养物,菌体伸长成螺旋状,最后经断裂和长出鞭毛后,破壁而出,再重新侵染新的宿主。整个生活史约需 4 h(图 12.1)。

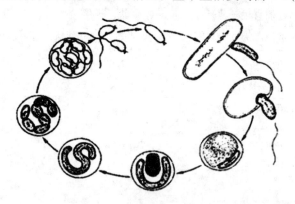

图 12.1 蛭弧菌的生活史示意图

从自然界分离到的蛭弧菌,一般都是专性寄生的。通过实验室的人工培养,有时可产生兼性寄生的菌株。细菌与细菌间寄生关系的发现,为在医疗保健上和农业上开展生物防治提供了一条有希望的新途径。

2. 微生物与植物间的寄生关系

微生物寄生于植物的例子是极其普遍的,各种植物病原微生物(又称病原体或病原菌,pathogen)都是寄生物,它们以真菌和病毒居多,细菌相对较少。微生物寄生于植物之中常引起植物病害。其中以真菌引起的病害最为普遍,约占95%,受侵染的植物会发生腐烂、猝倒、溃疡、根腐、叶腐、叶斑、萎蔫、过度生长等症状,严重影响作物产量。真菌大多以孢子萌发后形成的芽管或菌丝侵染植物,主要通过伤口或自然孔口(如气孔)进入植物体内。

按寄生的程度来分,凡必须从活的植物细胞或组织中获取其所需营养物才能生存者,称为专性寄生物(obligate parasite),例如真菌中的 *Erysiphe*(白粉菌属)、*Peronospora*(霜霉属)以及全部植物病毒等;另一类是除寄生生活外,还可生活在死植物上或人工配制的培养基中,这就是兼性寄生物(facultative parasite)。由植物病原菌引起的植物病害,对人类危害极大,应采取各种手段进行防治。

3. 微生物与动物间的寄生关系

寄生于动物宿主上的微生物都是一些相应的病原微生物。种类极多,包括各种病毒、细菌、真菌和原生动物等。其中,研究得最深入的是寄生于人类和高等动物的各种病原微生物,如细菌、放线菌、霉菌和病毒,这些微生物常能引起寄主致病或死亡。另一类具有重要实践意义的是寄生于昆虫的各种病原微生物,例如细菌、真菌和病毒。由于大多数昆虫都对人类有害,因此寄生于昆虫的各种微生物就有可能供人类利用作为微生物杀虫剂,例如用 *Bacillus thuringiensis*(苏云金杆菌)制成的细菌杀虫剂,以 *Beauveria bassiana*(球孢白僵菌)制成的真菌杀虫剂和以各种病毒多角体制成的病毒杀虫剂等。当然,寄生于昆虫的真菌也有可形成名贵中药的,如产于青藏高原的 *Cordyceps sinensis*(冬虫夏草)即为一例。

12.2.4 拮抗

所谓拮抗,是指由某种生物所产生的某种代谢产物可抑制他种生物的生长发育甚至杀死它们的一种相互关系。在一般情况下,拮抗多指微生物间的"化学战术",但有时因某微生物的生长而引起的其他条件改变(如缺氧,pH 改变等)抑制他种生物的现象也称拮抗。例如,在制造泡菜、青贮饲料过程中的乳酸杆菌,就是由于它能产生大量乳酸而抑制其他种腐败微生物的生长发育。在密封容器中,当好氧菌和兼性厌氧菌消耗了其中的残存氧气后,就为各种乳酸细菌,包括 *Lactobacillus plantarum*(植物乳杆菌)、*L. breris*(短乳杆菌)、*Leuconostoc mesenteroides*(肠膜状明串球菌)和 *Pediococcus pantosaceus*(戊糖片球菌)等厌氧菌的生长、繁殖创造了良好的条件。通过它们产生的乳酸对其他腐败菌的拮抗作用才保证了泡菜或青贮饲料的风味、质量和良好的保藏性能。由拮抗性微生物产生的抑制或杀死他种生物的抗生素,是最典型并与人类关系最密切的拮抗作用。截至1984年止,已报道过的天然来源抗生物质已有 10 700 种,其中大部分由微生物产生:放线菌占43%,真菌占15%,细菌占9%,藻类占2%,地衣占1%。现将1978年时各种产抗生素生物的累计数列入表12.11 中。

表 12.11　已知各种产抗生素生物的累计数

年份	微生物					其他生物				
	链霉菌	其他放线菌	细菌	真菌	总计	高等植物	藻类	苔藓	动物	总计
1945	10	2	25	51	88	59	—	36	10	105
1950	72	10	94	140	316	161	1	40	16	218
1955	325	22	137	223	707	269	2	45	40	356
1960	760	40	181	294	1 275	360	4	49	52	465
1965	1 177	75	223	423	1 898	485	14	52	76	627
1970	1 745	136	328	680	2 889	783	31	54	122	990
1975	2 361	250	518	970	4 099	1 133	66	56	183	1 433
1978	2 789	396	657	1151	4 973	1 397	99	56	243	1 795
总计(%)	40.9	5.9	9.7	17.0	73.5	20.6	1.5	0.8	3.6	26.5

微生物间的拮抗关系可为抗生素的筛选、食品保藏、医疗保健和动植物病害的防治等提供很多有效的手段。

12.2.5　捕食

捕食又称猎食(predation)，一般指一种较大型的生物直接捕捉、吞食另一种小型生物以满足其营养需要的相互关系。微生物间的捕食关系主要是指原生动物吞食细菌和藻类的现象，这种捕食关系在污水净化和生态系统的食物链中都具有重要的意义。还有一类是真菌捕食线虫和其他原生动物的现象，它们所产生的菌网、菌枝、菌丝和孢子等都可以粘捕线虫，而所产生的菌环则可以套捕线虫。真菌进行粘捕的过程是这样的：从粘住了线虫的地方会长出一根细小的穿透枝，它穿过线虫的角质层而进入其体内，接着在穿透枝顶端形成一个侵染球，在其上再长出可充满线虫体腔的许多营养菌丝，以吸取线虫体内的营养物质，直至只留下线虫的躯壳为止。经常存在于土壤中各类腐烂的蔬菜及动物粪便上的 *Arthrobotrys oligospora*(少孢节丛孢菌)是最常见的捕食线虫的真菌。真菌的套捕法更为巧妙：先有菌丝长出一短枝，它的顶端再向一边弯曲而形成一个环状菌套，用于套捕线虫。菌套由三个细胞组成，每一细胞都呈弧形。多数菌套由一个具有二、三个细胞的柄支持着常使它与生长菌丝的表面垂直。当线虫头部钻进菌套并试图穿越之际，菌套会因三个细胞急速的向内膨大，细胞直径增大到正常大小的三倍，从而把线虫套的极为牢固。这时，菌套上长出菌丝并穿入线虫体腔，尽量吸取营养。有时菌套柄被线虫弄断，但菌套仍如镣铐一样套在线虫身上，并继续伸出菌丝进入线虫体内吸取营养，其结果反而促进了这种真菌的传播。自然界中捕食性真菌有 20 个属 50 个种以上，如果能进一步利用它们去对严重危害农、牧业的线虫进行生物防治，则将产生巨大的经济效益、社会效益和生态效益。

12.3 微生物在自然界物质循环中的作用

自然界存在着极其丰富的元素贮备。原始地球上所含的主要元素有 O、Si、Mg、S、Na、Al、P、H、C、Cl、F、N、Ar、Ne、Kr 和 Xe 等,因此大自然相当于一个庞大无比的"元素银行"。随着地球上生命的起源和繁荣发展,"元素银行"中为生物体所必需的 20 种左右的常用元素含量在 1% 以上的有 H、C、N、O、P 和 Ca,含量在 0.05%～1% 的有 Na、Mg、S、Cl、K 和 Fe,含量不足 0.05% 的有 B、F、Si、Mn、Cu、I、Zn、Co 和 Mo 等。微生物担任着分解者或还原者的角色。任何地方,一旦阻碍了微生物的生命活动,那里就会失去生态平衡。可以说,整个生物圈要获得繁荣昌盛的发展,其能量来源主要依赖于太阳,而其元素来源则主要依赖于微生物所推动的物质循环。自地球形成至今约 48 亿年的历程中,发生了化学进化与生物学进化两大阶段,它们又各可分为 3 个小阶段。在生物学进化的 3 个小阶段中,以微生物为主体的分解者(decomposer)是始终不可缺少的一方,以植物为主体的生产者(producer)其次,而以动物为主体的消费者(consumer)则最迟形成。

从物质循环的角度来看,自地球起源至今的 45 亿年左右的漫长时间内,经历了化学进化和生物学进化两大阶段,在生物学进化中,又可分单极生态系统、双极生态系统和三极生态系三个明显不同的发展阶段。

在地球形成初期,待其表面温度逐渐下降后,因地球内部物质的分解而产生的大量气体冲破地表,逐步形成了还原性大气。它只含氢化物气体,例如水蒸气、氨、甲烷和硫化氢等这种原始地球上的大气层是十分稳定的。当地壳温度进一步降低至 100℃ 以下时,由于大量水蒸气凝聚的结果,地球上出现了原始的海洋,再通过长期雨水的淋溶,地壳表面大量可溶性化合物逐渐汇集和浓缩,最终都累积在原始海洋中,这就为产生各种复杂化合物打下了丰富的物质基础。因此,原始海洋即"原始汤"(primordialsoup)就成了诞生原始生命的摇篮。

在化学进化阶段,包括了从无机小分子物质一直进化到原始的生命。其中又可分 3 个阶段:

(1)由无机小分子物质生成有机小分子物质,如氨基酸、碱基、核糖、脱氧核糖、核苷酸、脂肪酸、卟啉和烟酰胺等;

(2)由有机小分子物质形成蛋白质、核酸、多糖和类脂等生物大分子;

(3)由生物大分子组成团聚体或微球体形式的多分子体系并进一步演变为原始的生命。

在生物学进化阶段,从物质转化和生态系统进化的角度来看,又经历了以下 3 个阶段。

(1)单极生态系统阶段。由于在"原始汤"中存在着大量由于化学进化所形成的有机物,这就为最初形成的生物提供了极为丰富的养料。因此,最早大约在 35 亿年前形成的生物必然是异养生物,同时又是厌氧生物,它们依靠发酵的机制而获得能量。这种只存在单一营养类型(异养分解者)的生态系统,就构成了单极生态系统。

(2)双极生态系统阶段。由于"原始汤"中有机物的消耗日益超过其自然产生,即物质转化的运转机制发生新的不平衡,因而单一的异养生物就不能维持下去。大约在 25~30 亿年前,由于厌氧性异养原核生物的不断变异和进化,终于出现了具有叶绿素的蓝细菌,它们能利用光能进行放氧性光合作用,并由无机物制造养料,故是好氧性自养生物。这类自养生物的诞生,使早期的生态系统中具备了自养与异养即合成与分解的两个环节,从而形成了一个完整的双极生态系统。自养的蓝细菌是合成者,即生态系统中的"生产者",而异养的细菌是"分解者",它们从蓝细菌那里得到有机养料,并把它分解成无机物质,反过来又将这些无机物质供应给"生产者"使用。

(3)三极生态系统阶段。大约在 10~12 亿年前,可能主要由于不同类型原核生物间发生内共生作用,即一种厌氧性异养原核生物吞进了一种较小的需氧性异养原核生物和带鞭毛的原核生物后,就演变成一个有线粒体和鞭毛作细胞器的真核动物细胞,如果再吞入一种蓝细菌,就演变成叶绿体,于是就成了原始的自养的真核植物细胞。随着真核生物的出现,特别是动植物的分化发展,一个新的三极生态系统终于形成了,并由它来取代原有的较落后的两极生态系统。在这里,以真核植物和蓝细菌为代表的绿色植物成了自然界中的生产者,它们以叶绿素进行光合作用,把二氧化碳和水合成为糖类,并从土壤或水中吸取无机氮和矿物质以合成蛋白质。它们担负着地球上一切生物(除少数自养细菌外)的有机营养物质和氧的供应,并使大气的含氧量迅速提高。第二极是由细菌和真菌所构成的自然界中的分解者。上述生产者在光合作用过程中所需要的 CO_2 等无机物必须得到源源不断地供应,如果只有合成而无分解,则大气中所含 0.03% 的 CO_2 很快便会告罄。除动植物的呼吸作用可释放少量的 CO_2 外,大气中 90% 以上的 CO_2 是依靠细菌和真菌的分解活动而产生的。第三极即动物,它们是自然界中的消费者,这是地球上最后出现的一类生物。没有动物,由生产者和分解者组成的双极生态系统虽然可以存在,但生物界只能长期停留在低发展水平上,决不能出现像目前那样丰富多彩和充满勃勃生机的生物界。例如,没有昆虫,地球上不可能有绚丽多彩的显花植物,没有动物的感觉神经系统的逐步发展,人类也不可能出现。

12.3.1 碳素循环

碳元素是组成生物体各种有机物中最主要的组分,它约占有机物干重的 50%。在自然界中,碳及含碳化合物以多种状态存在着。其中周转最快的是大气中的 CO_2(含量为 0.032%)、溶于水中的 CO_2(H_2CO_3、HCO_3^- 和 CO_3^{2-})和有机物(死或活的,但不包括石油)中的碳;极少周转的是含碳岩石(石灰石、大理石)和化石燃料(煤、石油、油页岩、天然气和油母质)中所含的碳。

在自然界的碳素循环中,微生物发挥着重要的作用,见图 12.2。大气中低含量(0.032%)的 CO_2 只够绿色植物和微生物进行约 20 年光合作用之需。由于微生物的降解作用、呼吸作用、发酵作用或甲烷形成作用,就可使光合作用形成的有机物尽快分解、矿化和释放,从而使生物圈处于一种良好的碳平衡的环境中。从图中可以看出,在好氧条件下,CO_2 和 H_2O 经绿色植物的光合作用就生成 O_2 和"CH_2O"(表示碳水化合物)。在好氧条件下,"CH_2O"可经动、植物和生物的呼吸作用氧化为 CO_2 和 H_2O。在厌氧条件下,"CH_2O"可经发酵而产生醇类、有机酸类、H_2 和 CO_2。这些厌氧发酵产物可通过呼吸

而氧化成 CO_2 和 H_2O，也可通过严格厌氧的产甲烷菌(*Methangenus*)而转化成 CH_4，还有一种可能的途径是埋在地层下而逐渐变成化石燃料并进一步得到长期保存。

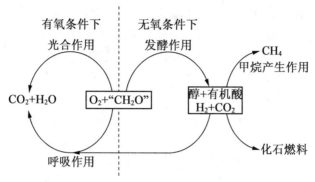

图 12.2　碳、氢、氧元素在自然界中的循环

据估计，地球上有 90% 的 CO_2 是靠微生物的分解作用而形成的。经光合作用固定的 CO_2 中，大部分以聚糖的形式累积在木本和草本植物躯体中。在陆地上所固定的 CO_2 中，几乎有 60% 构成了木材。在木材中，约 75% 是由多糖即纤维素、半纤维素、淀粉、果胶和阿拉伯聚糖所构成。另 20% 以上是由木质素和木聚糖所构成，而蛋白质的含量仅达 1% 左右。在草本植物和灌木中，多糖含量甚至超过木材中的含量。这类产量最大、不易分解的复杂有机化合物，就是靠土壤中一些特殊的微生物来分解的。能分解木质素的主要微生物是担子菌亚门、非褶菌目原名多孔菌目(Polyporales)的真菌，例如 *Fomes fomentarius*(层孔菌属)、*Poromycetes*(多孔菌属) 和 *Trametes versicolor*(云芝) 等属的一些菌种。分解纤维素的微生物有真菌、放线菌、细菌和原生动物等，但真菌的分解能力特别强，包括一些子囊菌、半知菌和担子菌。例如真菌中的无隔担子菌(*Basidiomycetes*)和伞菌目(Agaricales)的一些种，*Trichoderma*(木霉菌属) 和 *Myrothecium*(漆斑菌属) 的一些种等；细菌中的 *Sporocytophaga myxococcoides*(粘球生孢噬纤维菌)；以及放线菌中的 *Antibiotic Streptomyces*(抗生素链霉菌) 等。另有一类在植物细胞壁上含量很高且难以分解的化合物是半纤维素，它是多糖类的杂聚物，水解后生成己糖、戊糖，有时还有糖醛酸。真菌在分解半纤维素的开始阶段较为活跃，后期主要靠放线菌的作用。能够分解半纤维素的真菌遍布于真菌的各个类群中，其数量大大超过能分解纤维素的真菌。

12.3.2　氮素循环

自然界的氮素循环(nitrogencycle)是各种元素循环的中心，这是由于氮元素在整个生物界中所处的重要地位所决定的。微生物又是整个氮素循环的中心，尤其是一些固氮微生物更可称作开辟整个生物圈氮素营养源的"先锋队"。氮元素及其化合物的种类和化合价为：$R-NH_2(-3)$、$NH_3(-3)$、$N_2(0)$、$N_2O(+1)$、$NO(+2)$、$NO_2^-(+3)$、$NO_2(+4)$ 和 $NO_3^-(+5)$。氮元素在自然界中的存在形式主要有以下五种：铵盐、亚硝酸盐、硝酸盐、有机含氮物和大气中的游离氮气。其中前 3 类呈高度水溶性，是植物和大部分微生物的良好氮素营养，但自然界存量过少；第四类是各种活的或死的含氮有机物，在自然界中含量也很少，它必须通过微生物的分解才能重新被绿色植物等所利用；第五类即气态氮是自然界最为丰富的氮元素库,全球蕴藏量达 10^{13} t,可是,只有极少数的原核固氮生物才能利用它。与其他主要元素相比,在地球表面的岩石圈和水圈中,属于铵盐、亚硝酸盐和硝酸盐形式的无机氮化物的含量极其有限,由于其高度水溶性,因此是以极稀的水溶液形式分散在整个生物圈中的。无机结合态氮素的含量,是许多生态系统中初级生产者的最主要限制因子。第二类氮化物是各种活的或死的含氮有机物,它们在自然界中的含量也很少。尤其是以腐殖质形式存在的复杂有机物,在一般的气候条件下分解极其缓慢,故其中的氮素很难释放和重新被植物所利用。在自然界中以大气氮形式存在的氮气是数量最大的氮素贮藏库,然而在所有的生物中,只有少数具有固氮能力的原核微生物及其共生体才能利用。当然,通过火山爆发、雷电和电离辐射也能产生少量的固氮产物。在氮素进行循环转化过程中,微生物起着关键的作用,见图 12.3。

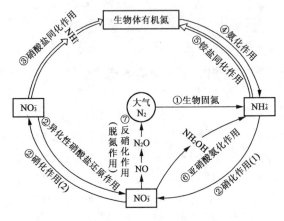

图 12.3　自然界中的氮素循环

(1)生物固氮(biological nitrogenfixation)。生物固氮为地球上整个生物圈中一切生物提供了最重要的氮素营养源。据 20 世纪 70 年代中期估计,在全球生物圈范围内,全球每年固氮量约为 2.4×10^8 t,其中约 85% 是生物固氮。每年由生物固氮作用而固定的分子氮达到 1.7×10^8 t,其中牧场和草原提供 3.5×10^7 t,林地提供 4.0×10^7 t,海洋提供 3.6×10^7 t,其他土壤提供 0.6×10^7 t。在固氮生物中,贡献最大的当属共生固氮菌中的 *Rhizobium*(根瘤菌属),估计它每年可为每公顷土地固定氮素达 250 kg 之多,其次是非豆科植物的共生固氮放线菌,如 *Frankia*(弗兰克氏菌属),再次是各种蓝细菌,估计它们每年可为每公顷土壤固定 22 kg 氮素,最后是一些自生固氮菌,例如 *Azotobacter*(固氮菌属),它每年可为每公顷土壤固定约 0.5~2.5 kg 的氮素。在农业实践上,利用固氮生物的科学研究十分活跃。在我国,种植豆科植物作绿肥至少有近二千年的历史。据近年来的试验,发现接种根瘤菌制剂的绿肥,可增产 12%~67%,花生可增产 6%~20%;应用固氮蓝细菌作二季晚稻肥料,平均增产 10%。

(2)硝化作用(nitrification)。即在土壤或水体中的氨态氮经化能自氧细菌的氧化,而成为硝酸态氮的过程。氨态氮经硝化细菌(*Nitrifying bacteria*)的氧化,转变为硝酸态氮的过程,称硝化作用。此反应必须在通气良好、pH 接近中性的土壤或水体中才能进行。硝化作用分两个阶段进行,第一阶段氨氧化为亚硝酸,由一群化能自养菌亚硝化细菌(*Ni-*

trosobacteria)引起,如 *Nitrosomonas*(亚硝化单胞菌属)、*Nitrosospira*(亚硝化螺菌属)、*Nitrososphaera gargensis*(亚硝化球菌属)和 *Nitrosolobus*(亚硝化叶菌属)等参与,把铵氧化为亚硝酸;第二阶段亚硝酸氧化为硝酸,由一群化能自养菌硝酸化细菌(*Nitrobacteria*)引起,例如 *Nitrobacter*(硝化杆菌属)、*Nitrosococcus*(硝化球菌属)和 *Nitrospina*(硝化刺菌属)等,它们可将亚硝酸氧化为硝酸。硝化作用在自然界氮素循环中是不可缺少的一环,但对农业生产并无多大利益,主要是硝酸盐比铵盐水溶性强,极易随雨水流入江、河、湖、海中,它不仅大大降低肥料的利用率(硝酸盐氮肥一般利用率仅40%),而且会引起水体的富营养化,进而导致"水华"或"赤潮"等严重污染事件的发生,土壤中硝化作用可用化学药剂硝吡啉(nitrapyrin,即 2-氯-6-三氯甲基吡啶)去抑制。

(3)同化性硝酸盐还原作用(assimilatorynitratereduction)。指硝酸盐被生物体还原成铵盐并进一步合成各种含氮有机物的过程。几乎一切绿色植物和多种微生物都可利用硝酸盐作氮素营养源,在利用过程中,硝酸盐被重新还原成铵盐后再被利用于合成各种含氮有机物,这就是硝酸盐的同化作用。

(4)氨化作用(ammonification)。即含氮有机物经微生物的分解产生氨的作用。含氮有机物的种类很多,主要是蛋白质、尿素、尿酸和几丁质等。能分解蛋白质的微生物的种类和数量均很多,例如兼性厌氧无芽孢杆菌中的 *Fluorescent pseudomonas*(荧光假单胞菌)、*Proteus*(变形杆菌属)等;好氧性芽孢杆菌中的 *Bacilaus megaterium*(巨大芽孢杆菌)、*Bacillus subtilis*(枯草杆菌)和 *Bacillus mycoides*(蕈状芽孢杆菌)等;厌氧性芽孢杆菌中 *Clostridium septicum*(腐败梭菌)等。能分解尿素的细菌如 *Sporosarcina unreae*(脲芽孢八叠球菌)和 *Bacillus pasteurii*(巴氏芽孢杆菌)等。分解几丁质的细菌如 *Flavobacterium chitinophilum*(嗜几丁黄杆菌)和 *Chromobacterium chitinochroma*(几丁色杆菌)等。氨化作用在农业生产上十分重要。施入土壤中的各种动植物残体和有机肥料,包括绿肥、堆肥和厩肥等都富含含氮有机物,它们须通过各类微生物的作用,尤其须先通过氨化作用才能成为植物能吸收和利用的氮素养料。

(5)铵盐同化作用(assimilation ammonium)。由所有绿色植物和许多微生物进行的以铵盐作为营养,合成氨基酸、蛋白质、核酸和其他含氮有机物的作用,称为铵盐同化作用。一切绿色植物和许多微生物都有此能力。

(6)异化性硝酸盐还原作用(dissimilatory nitrate reduction)。指硝酸离子作为呼吸链末端的电子受体从而被还原为亚硝酸的作用。能进行这种反应的都是一些微生物,尤其是兼性厌氧菌。有时亚硝酸还可进一步通过亚硝酸氨化作用(nitrite ammonification)而产生氨或进一步通过反硝化作用(denitrification)产生 N_2、NO 或 N_2O。能进行异化性硝酸还原作用的微生物都是一些兼性厌氧菌。当环境中缺氧时,它们利用硝酸离子作为呼吸链的末端电子,从而完成了生物氧化和氧化磷酸化反应,因此也称硝酸盐呼吸或厌氧呼吸。

(7)反硝化作用(denitrification)又称脱氮作用。广义的反硝化作用是指由硝酸还原成 NO_2^- 并进一步还原成 N_2 的过程,因而把异化性硝酸盐还原作用也包括在内了。狭义的反硝化作用仅指由亚硝酸还原成 N_2 的过程。反硝化作用一般只在厌氧条件下,例如在淹水的土壤或死水塘(pH 自中性至微碱性)中发生。少数异养和化能自养微生物可进行反硝化作用,例如 Bacillus licheniformis(地衣芽孢杆菌)、Paracoccus denitrificans(脱氮副球菌,以前称"脱氮微球菌")、Pseudomonas aeruginosa(铜绿假单胞菌)、Pseudomonas(施氏假单胞菌)、Thiobacillus denitrificans(脱氮硫杆菌)以及 Spirillum(螺旋菌属)和 Moraxella(莫拉氏菌属)等。反硝化作用是使土壤中氮素损失的重要原因之一,反硝化作用会引起土壤中氮肥严重损失(可占施入化肥量的3/4左右),因此对农业生产十分不利。在经常进行干、湿变换的水稻中,土壤常在好氧和厌氧状态下变换,因此有机肥料矿化后产生的氨态氮,在好氧的条件下被硝化细菌氧化为硝酸态氮,在厌氧条件下又会被反硝化细菌还原为胺态氮或氮气。应用氮作示踪对化学氮肥在水稻田中的转化实验发现,施用化学氨肥,其有效利用率只有1/4左右,其余部分都由于反硝化作用而损失了,当然若干水生性反硝化细菌可以用于去除污水中的硝酸盐。

(8)亚硝酸氨化作用。亚硝酸通过异化性还原可以经羟氨而转变成氨,这就叫亚硝酸氨化作用。具有这种作用的微生物主要是一些细菌,例如 Aeromonas(气单胞菌属)、Bacillus megaterium(巨大芽孢杆菌属)、Enterobacter(肠杆菌属)、Xanthomonas(黄杆菌属)、Nocardia(诺卡氏菌属)、Staphylococcus(葡萄球菌属)和 Vibrio(弧菌属)等可进行此类反应。

12.3.3 硫素循环与金属的细菌沥滤

硫是生命物质所必需的元素,其需要量大约是氮素的1/10(在生物体内 C∶N∶S = 100∶10∶1)。硫元素在自然界中的贮量十分丰富。硫素循环类似于氮素循环,其各个环节都有相应的微生物参与(图12.4)。

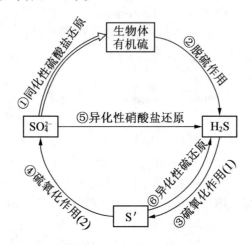

图12.4 自然界中硫素的循环

(双线表示植物与微生物共同进行的反应,单线表示仅由微生物进行的反应)

(1)同化性硫酸盐还原作用。由植物和微生物引起,可把硫酸盐转变成还原态的硫化物,然后再固定到蛋白质等的成分中(主要以巯基形式存在)。

(2)脱硫作用(desulfuration)。指在厌氧条件下,通过一些腐败微生物的作用,把生物体中蛋白质或其他含硫有机物中的硫分解成 H_2S 等含硫气体。

(3)硫化作用(sulfuroxidation),即为硫的氧化作用。指 H_2S 或 S^0 被微生物氧化成硫或硫酸的作用,在好氧条件下,S^0 可由 *Beggiatoa*(贝日阿托氏菌属)、*Thiothrix*(发硫菌属)等细菌氧化成硫或硫酸,游离的硫还可被硫化细菌 *Thiobacillus*(硫杆菌属)的一些种氧化成硫酸。在厌氧条件下,H_2S 可被光合细菌 *Chlorobium*(绿菌属)的一些种氧化成硫,或被 *Chromatium*(着色菌属)的一些种氧化成硫酸。这两类硫的氧化作用都称硫化作用。

(4)异化性硫酸盐还原作用。在厌氧条件下,硫酸可通过 *Desulfoovibrio*(脱硫弧菌属)、*Desulfotomaculum*(脱硫肠状菌属)等细菌还原成 H_2S。

(5)异化性硫还原作用。硫通过 *Desulfuromonas*(脱硫单胞菌属)等的一些菌种还原成 H_2S 的过程,称异化性硫还原作用。微生物不仅在自然界的硫素循环中发挥了巨大的作用,而且还与硫矿的形成,地下金属管道、舰船、建筑物基础的腐蚀,铜、铀等金属的细菌沥滤以及农业生产等都有着密切的关系。在农业生产上,由微生物硫化作用所形成的硫酸,不仅可作为植物的硫素营养源,而且还有助于土壤中的磷、钾、钙、锰、镁等营养元素的溶解,对农业生产有促进作用。在通气不良的土壤中所进行的硫酸盐还原作用,会使土壤中 H_2S 含量提高,从而引起水稻秧苗、烂根等毒害,应予以防止。

细菌沥滤(bacterial leaching)又称细菌浸出或细菌冶金。现代细菌沥滤技术,是从 1947 年开始逐步发展起来的。它利用化能自养的硫化细菌对矿物中的硫或硫化物的氧化作用,让其不断制造和再生酸性浸矿剂,使所需要的铜等金属不断地从低品位的矿石中溶解出来,成为硫酸铜等金属盐类的溶液,然后再通过电动序较低的铁等金属(一般用废铁粉)加以置换,也可用离子交换等方法,以取得其中铜等有色金属或其他稀有金属。

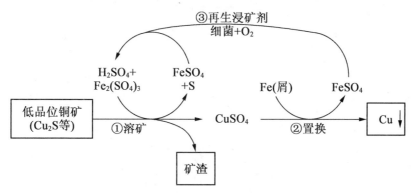

图 12.5 铜矿的细菌沥滤原理

从图 12.5 可以看出,在铜矿的细菌沥滤生产中,主要有三个步骤:

(1)溶矿。铜矿石的种类很多,小颗粒的低品位矿石在浸矿剂 $Fe_2(SO_4)_3$ 或 H_2SO_4 的作用下,溶出了大量的 $CuSO_4$。例如:

①黄铜矿。$CuFeS_2 + 2Fe_2(SO_4)_3 + 2H_2O + 3O_2 \longrightarrow CuSO_4 + 5FeSO_4 + 2H_2SO_4$

②赤铜矿。$Cu_2O + Fe_2(SO_4)_3 + H_2SO_4 \longrightarrow 2CuSO_4 + FeSO_4 + H_2O$

③辉铜矿。$Cu_2S + 2Fe_2(SO_4)_3 \longrightarrow 2CuSO_4 + 4FeSO_4 + S$

(2)置换。此反应纯粹是一个电化学中的置换反应。一般用铁屑将 $CuSO_4$ 中的铜置换出来,获得"海绵铜",再作进一步加工,即:$CuSO_4 + Fe \longrightarrow FeSO_4 + Cu\downarrow$

(3) 再生浸矿剂。细菌沥滤中的关键步骤,浸矿剂 $Fe_2(SO_4)_3$ 和 H_2SO_4 的生产和再生主要由好氧型化能自养细菌 *Thiobacillus ferrooxidans*(氧化亚铁硫杆菌)进行。其反应为

$$4FeSO_4 + 2H_2SO_4 + O_2 \xrightarrow{Tf菌} 2Fe_2(SO_4)_3 + 2H_2O$$

$$2S + 3O_2 + 2H_2O \xrightarrow{Tf菌} 2H_2SO_4$$

细菌沥滤特别适合于次生硫化矿和氧化矿的浸取,浸取率达 70%~80%。此法也可用于锰、砷、镍、锌和钼等硫化矿物和铀等若干稀有元素的提取。其优点是投资少、建设快、成本低、操作简便、规模可大可小,尤其适合于贫矿、废矿、尾矿或火冶炉渣中金属的浸出,缺点是周期长、矿种有限以及不适宜高寒地区使用等。

12.3.4 磷素循环

磷在一切生物遗传信息载体(DNA)、生物膜以及生物能量转换和贮存物质(ATP 等)的组成中不可缺少,所以它是一切生命物质中的核心元素。在生物圈中,磷元素是比较稀缺的。在中性和碱性条件下,由于磷酸中的磷容易被两价金属离子(Ca^{2+}、Mg^{2+})和铁离子(Fe^{3+})所沉淀,使其含量更趋下降。磷在一切生命形式中都是极其重要的元素,在生物体中,它经常以磷酸状态存在。细胞内含磷最多的成分是 RNA 分子。此外,DNA、ATP 和细胞膜上的磷脂等都是重要的含磷有机物。微生物在自然界磷素循环中所起的作用见图 12.6。

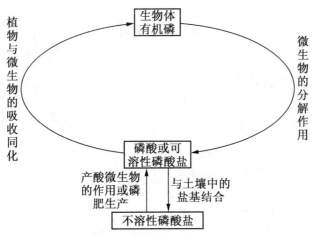

图 12.6 自然界中的磷素循环

磷的转化与农业生产关系密切。磷是肥料三要素之一,在长期施用单一氮肥的土壤中,也是最短缺的"瓶颈"元素之一。因此,掌握磷元素的转化规律,对指导农业生产有很大的意义。由于磷元素及其化合物没有气态形式,且磷无价态的变化,故磷素循环(phosphoruscycle)即磷的地球化学循环较其他元素简单,属于一种典型的沉积循环。它的 3 个主要转化环节为:

(1) 不溶性无机磷的可溶化。土壤或岩石中的不溶性磷化物主要是磷酸钙

[$Ca_3(PO_4)_2$，$CaHPO_4$，$Ca(H_2PO_4)_2$]和磷灰石[主要成分为$Ca_5(PO_4)_3(F,Cl,OH)$]，由微生物对有机磷化物分解后产生的磷酸，在土壤中也极易形成难溶性的钙、镁或铝盐。在微生物代谢过程中产生的各种酸，包括多种细菌和真菌产生的有机酸，以及一些化能自养细菌如硫化细菌和硝化细菌产生的硫酸和硝酸，都可促使无机磷化物的溶解。因此，在农业生产中，还可利用上述菌种与磷矿粉的混合物制成细菌磷肥。

(2) 可溶性无机磷的有机化。即各类生物对无机磷的同化作用。在施用过量磷肥的土壤中，会因雨水的冲刷而使磷元素随水流至江、河、湖、海中；在城镇居民中，大量使用含磷洗涤剂也会使周边地区水体磷元素超标。当水体中可溶性磷酸盐的浓度过高时，会造成水体的富营养化，这时如氮素营养适宜，就促使蓝细菌、绿藻和原生动物等大量繁殖，并由此引起湖水中的"水华"或海水中的"赤潮"等大面积的环境污染事故。

(3) 有机磷的矿化。生物体中的有机磷化物进入土壤后，通过微生物的转化、合成，最后主要以植酸盐（phytate，又称植素或肌醇六磷酸）、核酸及其衍生物和磷脂3种形式存在。它们经各种腐生微生物分解后，形成植物可利用的可溶性无机磷化物。这类微生物包括 *Bacillus* spp.（一些芽孢杆菌）、*streptomycete* spp.（一些链霉菌）、*Aspergillus* spp.（一些曲霉）和 *Penicillium* spp.（一些青霉）等。有一株 *Bacillus megaterium var. phosphaticum*（解磷巨大芽孢杆菌），因能有效分解核酸和卵磷脂等有机磷化物，故早已被制成磷细菌肥料应用于农业的增产上了。

12.3.5 铁的循环

铁在地壳中的含量极其丰富，但其中只有一小部分参与自然界中铁元素的循环。铁的循环主要是在无机物或有机物中存在的铁离子（Fe^{3+}）与亚铁离子（Fe^{2+}）间所进行的，将 Fe^{2+} 氧化为 Fe^{3+} 的反应是在有氧条件下进行的，有些化能自养的铁细菌，例如丝状并有鞘套的 *Leptothrix*（纤发菌属）、*Crenothrix*（泉发菌属）和单细胞杆状的 *Gallionella*（嘉利翁氏菌属）都能把产生的 $Fe(OH)_3$ 分泌到细胞外而沉积在鞘套或菌柄上，其中 *Gallionella* 是专性无机营养型细菌，只能利用 Fe^{2+} 氧化成 Fe^{3+} 时产生的能量。另一类化能自养的硫化细菌 *Thiobacillus ferrooxidans*（氧化亚铁硫杆菌）也能氧化一种结晶态的硫化亚铁，即黄铁矿粒而产生硫酸和亚铁离子，并进一步把亚铁离子氧化成铁离子。

12.4 微生物与环境保护

在当代，随着人类工业生产活动的高速发展和人口的急剧增长，使人类赖以生存的环境受到越来越严重的污染。所谓环境污染，主要是指生态系统的结构、机能受到外来有害物质的影响或破坏，无法进行正常的物质循环。人类在付出沉重而惨痛的代价后，才逐步意识到只有全人类联合起来，走保护生态和可持续发展的道路，才有可能拯救人类唯一的家园———地球。我国学术界对环境问题的认识也先后经历了4个逐步深化的阶段：治理"三废"（废气、废液、废渣）→消除公害→环境保护→走可持续发展的道路。所谓环境污染，主要指土壤或水体等生态系统的结构和功能受外来有害因素的破坏而失去了平衡，导致物质流、能量流无法正常运转的现象。土壤或水体自净能力的丧失，就是环境污染的典型例子。

12.4.1　水体的污染——富营养化自然水体

富营养化(eutrophication)是指水体中因氮、磷等元素含量过高而引起水体表层的蓝细菌和藻类过度生长繁殖的现象。这时，下层水体不但因缺光而少氧，而且大量死藻因细菌的分解而进一步造成了厌氧和有毒的环境。"水华"和"赤潮"就是由富营养化而引起的典型事例，尤其是快速流动、溶氧量高的水体，对投入其中的有机或无机污染物具有明显的自净作用，可是，当水体发生富营养化等严重污染时，自净作用就受到了破坏。

"水华"(water bloom)是指发生在淡水水体(池、河、江、湖)中的富营养化现象。其特点是，在温暖季节，当水体中的氮磷比例达(15~20)∶1 时，水中的蓝细菌和浮游藻类突然快速繁殖，从而使水面形成了一薄层蓝、绿色的藻体和泡沫。其中生长着的蓝细菌类有 *Microcystis* spp.(一些微囊蓝细菌)、*Anabaena* spp.(一些鱼腥蓝细菌)和 *Aphanizomenon* spp.(一些束丝蓝细菌)等；藻类有 *Chlamydomonas* spp.(一些衣藻)、*Euglena* spp.(一些裸藻)和多种硅藻等，其中许多种类均产毒素。"赤潮"(red tide)是指发生在河口、港湾或浅海等咸水区水体的富营养化现象。近年来，我国沿海赤潮十分频繁。赤潮生物多达 260 余种，包括蓝细菌、藻类和原生动物，例如 *Microcystis aeruginosa*(铜绿微囊蓝细菌)，*Aphanizomenon* spp.，多种甲藻和一些 *Noctiluca* spp.(夜光虫)等，已知其中有 70 余种产毒，因此对渔业、养殖业危害极大，并对海狮等海洋哺乳动物的生存构成了严重威胁。水华和赤潮等大面积水体污染一旦发生，就很难治理，只能设法通过严格制订和执行环保法规和强化一系列有关预防措施才能根本消除。

12.4.2　用微生物治理污染

水源的污染是危害最大、最广的环境污染。污水的种类很多，包括生活污水、农牧业污水、工业有机污水(如屠宰、造纸、淀粉和发酵工厂污水)和工业有毒污水(如农药、炸药、石油、化工、电镀、印染、制革和制药厂污水)等。大城市的水污染尤其严重，例如上海市每天排放生活污水量达 3.22×10^6 t，工业污水达 2.33×10^6 t(2000 年)。在工业有毒污水中所含的农药、炸药、多氯联苯(PCB)、多环芳烃、酚、氰、丙烯腈和重金属离子等都属剧毒物质或"三致"(致癌、致畸、致突变)物质，若不加处理，则社会后果极其严重。在各种污水处理方法中，最根本、有效和简便的方法就是利用微生物处理法，又称生化处理法。在自然界中，存在着各种能分解相应污染物的特殊微生物。例如，已知的能分解氰的微生物就有 *Nocardia*(诺卡氏菌属)、*Fusariam solani*(腐皮镰孢霉)、*Trichoderma lignorum*(木素木霉)和 *Pseudomonas*(假单胞菌属)等 14 个属的 49 个种。它们能产生氰水解酶，把氰中的 C、N 分别水解成 CO_2 和 NH_3 的形式释放，*Fusarium* 还能利用氰作为其碳源与氮源营养物。*Nocondia - corallina*(珊瑚诺卡氏菌)经诱导后能产生丙烯腈水解酶系，使丙烯腈水解成丙烯酰胺和氨，然后继续水解形成丙烯酸，最后放出 CO_2 和水，其降解能力很强，1g 菌体在 25 min 时间内可消除 250 mg 丙烯腈，此应用已用于生物滤塔中的生物膜上。多氯联苯(PCB)是一种很难分解的大分子毒物，容易通过食物链而富集。只有少数微生物，如 *Rhododorula*(红酵母属)、*Psewdomcnmas*(假单胞菌属)和 *Achromobacter*(无色杆菌属)才可使多氯联苯在脱氯和开环后,形成苯甲酸和苯丙酮酸。一些多环芳烃类致癌物质如蒽和菲等,也可通过 *Alcaligenes*(产碱杆菌属)、*Pseudomonas*、*Corynebacterium*(棒杆菌属)和 *Nocardia* 等属中的一些菌种所降解。在国防工厂生产三硝基甲苯(TNT)和黑索金(RDX)两种烈性硝基炸药过程中,常有此类极难降解的污染物流出,对植物危害极大。目前我国已筛选到降解 TNT 的 *Citrobacter*(柠檬酸杆菌属)、*Enterobacter*(肠杆菌属)、*Klebsiella*(克雷伯氏菌属)、*Escherichia*(埃希氏菌属)和 *Pseudomonas* 等属的若干菌种;降解 RDX 的有 *Corynobacterium* 等,它们可在 24 小时内去除 100 mg/L 的 TNT 或在 3 天内去除 40~70 mg/L 的 RDX。一些高分子化合物也是严重污染环境的化合物,其中的芳香族磺酸盐可被 *Pseudomonas putida*(恶臭假单胞菌)所降解;1-苯基-十一烷磺酸盐(ABS)可被 *Bacillus*(芽孢杆菌属)的菌种所降解;常用作浆料、粘合剂和胶片的聚乙烯醇(PVA)是一类很难被一般的活性污泥中微生物所分解的高聚物。目前已培育出一种 *Pseudomonas* sp.,能利用 PVA 作碳源,在 7 天内降解 500 mg PVA/L。据知该菌含有两种酶,分别用以切断长链 PVA 和使之氧化成 H_2O_2。

12.4.3 微生物处理污水的原理

利用微生物处理污水的主要原理可概括如下:

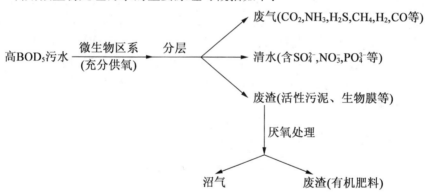

用微生物净化污水的过程,实质上就是在污水处理装置这一小型生态系统内,利用各种生理生化性能的微生物类群间的相互配合而进行的一种物质循环过程。当高 BOD_5 的污水进入污水处理装置后,其中的自然微生物区系在好氧条件下,根据其中营养物质或有毒物质的情况,在客观上造成了一个选择性的培养条件,并随着时间的推移,发生了微生物区系的有规律的更迭,从而使水中的有机物或毒物不断被降解、氧化、分解、转化或吸附沉降,进而达到去除污染物和沉降、分层的效果。自然去除废气后的低 BOD_5 清水,可流入河道。经好氧性微生物处理后的废渣——活性污泥或生物膜的残余物,是比原来污水 BOD_5 更高的有机物,它们可通过厌氧处理(又称污泥消化或沼气发酵)而生产出有用的沼气和有机肥料。

在微生物处理污水过程中,BOD_5 和 COD 这两个名词是十分常见的,现解释如下:

(1) BOD_5(biological oxygen demand),即"五日生化需氧量"。它是一种表示水中有机物含量的间接指标,一般指在 20℃下,1 L 污水中所含的有机物(主要是有机碳源),在进行微生物氧化时,5 日内所消耗的分子氧的毫克数(或 ppm 数)。BOD_5 测定的操作过程是:取一定量被测水样,用加有磷素营养(如NaH_2PO_4或K_2HPO_4等)和经氧饱和的稀释用水,将被测水样稀释到一定浓度,然后放在密封瓶内,在20℃恒温箱内培养5天,最后测定水中残留的溶解氧的量,并计算BOD_5值。在水处理技术中,污水处理前后水中BOD_5值之差,即可理解为这一处理过程对有机物处理效率的高低。

测定瓶中所发生的微生物氧化作用过程,实际上存在着三个阶段:第一阶段为异养微生物利用污水中有用的、不难分解的有机物,它们在生长过程中同化了这些有机物质,并排出还原性的无机代谢产物;第二阶段为原生动物捕食第一阶段生长繁殖出来的大量细菌群体;第三阶段则主要由自养细菌把氨氧化为硝酸盐和利用CO_2为碳源的阶段。BOD_5的测定,仅反映了上述第一阶段中异养微生物区系对有机物的好氧分解状况。

BOD_5的测定,起始于英国(1870年),目的是为了判断河水污染的程度以保护河流。由于英国的秦晤士河水自源头至大海流程仅5天左右,且英国夏天河水的平均温度在20℃左右,故至今全世界还一直以这一条件为依据来测定BOD_5。

(2)COD(chemical oxygen demand)使用强氧化剂使1L污水中的有机物质迅速进行化学氧化时所消耗氧的毫克数,称COD或化学需氧量。实际上,污水中除有机物外,其中的许多无机物也能被氧化而产生COD值。COD能在短时间中测得,有利于指导现场操作。使用的氧化剂一般有$KMnO_4$和$K_2Cr_2O_7$。$KMnO_4$的氧化力较弱,往往只能使60%左右的污染物氧化,而在污水中含量较高的低级脂肪酸盐类等却不易被氧化。因此测得的数值常较低。$K_2Cr_2O_7$的氧化能力极强,氧化率高达80%~100%,只有少数直链脂肪族有机物、芳香烃和吡啶等环式化合物才不易被氧化。因此,实际使用时常采用$K_2Cr_2O_7$作氧化剂,并将测得的数值称为COD_{cr}。同一污水的BOD_5与COD值是不一致的,但一般都呈明显的比例关系。

12.4.4 污水处理的主要装置

污水处理的装置很多,这里试图从其耗能程度或产能情况来加以分类:

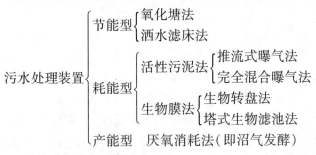

1. 节能型污水处理装置

(1)氧化塘法(oxidation ponds 或 lagoon)

氧化塘法是近年来一种利用自然生态系统净化污水并具有良好节能效果的方法。氧化塘是一个面积大、能接受阳光照射的浅池,污水从一端流入,从另一端溢流而出。在氧化塘中存在着三种作用:①有机物的好氧性分解和厌氧消化:前者主要由好氧细菌进行,后者则主要由厌氧菌进行;②光合作用:主要由藻类和水生植物进行;③藻类细胞的消除:由各种动物进行。所以用氧化塘法处理污水实际上是一个菌藻共生的生态系统。

水中的有机污染物被好氧细菌所分解,其所需的氧除来源于大气扩散外,有很大一部分是由藻类在光合作用过程中所释放的。细菌在分解有机物质的同时,除合成自身的原生质外,还产生藻类光合作用所需要的 CO_2 和无机盐类。藻类细胞既可被细菌所分解,也可被动物所吞食,从而使藻体不至过多累积。氧化塘的底部处于厌氧环境下,故有利于使过多的无机氮化物通过反硝化作用以氮气的形式而消失,有利于避免氧化塘的富营养化(eutrophication)。效果良好的氧化塘,能将污水中的 80%~90% 的 BOD_5 去除。总之,氧化塘的优点是投资少、设备简单、操作容易,缺点是它所占据的土地面积大。

(2)洒水滤床法(trickling filtet process)

将污水通过由一层石块及其上附着的生物膜(biological filtet)组成的滤床,使污水中的有机物质被生物膜中的各种微生物区系强烈地吸附、降解、吸收和氧化,从而使污水变清。洒水滤床的面积可大可小,碎石层的厚度一般为 2 m 左右。可选择适当大小的石块进行充填。污水从上面均匀洒下,由于微生物区系的吸附和繁殖,在小石块表面很快形成一薄层滑腻的暗色薄膜——生物膜。在生物膜的小环境中,表面为好氧层,以 *Bacillus*(芽孢杆菌属)和 *Pseudomonas*(假单胞菌属)等细菌占优势,内层为厌氧层,能找到 *Desulfovibrio*(脱硫弧菌属)等的专性厌氧菌,中层则生长大量的兼性厌氧菌,例如 *Alcaligenes*(产碱杆菌属)、*Flavobacterium*(黄杆菌属)、*Achromobacter*(无色杆菌属)、*Micrococcus*(微球菌属)和 *Zoogloea*(动胶菌属)等微生物。在生物膜上还有丰富的动物群落,主要是原生动物。例如植鞭毛虫(Phytomastigophora)、纤毛虫(Ciliata)和吸管虫(Suctotia)等,它们可吞食有机物和细菌,在污水处理中也发挥着重要的作用。

洒水滤床一般在春季开始运转,以便有足够时间(一般为 3~6 个月)培育生物膜,这段时间就是熟化(mature)时间。洒水滤床法的优点是 BOD_5 和病菌的去除率高(约 95%),节约能源,对毒物有较强的耐受力等。

2. 耗能型污水处理装置

(1)活性污泥法(activated sludge process),又称生化曝气法。

活性污泥法最早由英国人 Ardern 和 Lockett 创建于 1914 年。经多年修正、改进,至今该法一直是污水处理中的主要方法。所谓活性污泥,是指一种由细菌、原生动物和其他微生物群体与污水中的悬浮有机物、胶状物和吸附物质在一起构成的凝絮团,在污水处理中具有很强的吸附、分解和利用有机物或毒物的能力。活性污泥中的微生物与生物膜相似,也是以细菌和原生动物为主。细菌有 *Zcoglea ramigera*(生枝动胶菌)、*Sphaerotilus natans*(浮游球衣菌)、*Pseudomonas*、*Achromobacter*、*Nirosomonas*(亚硝化单胞菌属)、*Flavobacterium*、*Bacilus*、*Arlhrobacter* 和 *Bdellovibrio*(蛭弧菌属)等。如果 *Sphaerotilusnatans* 等丝状细菌大量繁殖,就会使污泥呈膨胀状态(污水处理效果差)。原生动物以 *Carchesiucm*(独缩虫属)、*Opercularia*(盖纤虫属)和 *Vorlicella*(钟虫属)为主。活性污泥去除污水的能力是极高的,它对生活污水的 BOD_5 去除率可达 95% 左右,悬浮固体去除率也达 95% 左右,对污水中的病原细菌和病毒的去除率均很高。

利用活性污泥法进行污水处理的具体方法很多,可用以下两类作代表:

①推流式曝气法。污水与活性污泥混和后,从长方形曝气池的一端流入,然后逐步向前方推进,直到池的末端流出清水为止。

②完全混合曝气法。即表面加速曝气法。将污水与一定量的回流污泥混合后流入曝气池,在通气翼轮的不断充气、搅拌下,与池内的已处理污水充分混合并得到较好的稀释,于是污水中的有机物和其他毒物被污泥中的好氧性微生物区系所降解、氧化或吸附,而微生物群体则得到了充分的繁殖。经一定时间后,通过溢流而进入沉淀池。在沉淀池内,由于没有通气和搅拌,故活性污泥重新沉入池底,除取出其中一部分作为新流入污水的"菌种"外,多余部分一般作厌氧消化处理,以进一步降低其 BOD_5 值。整个过程及其装置的基本原理见图 12.7。

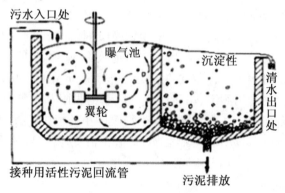

图 12.7 完全混合曝气法处理污水的基本装置

上述用活性污泥法处理污水,实际上也像一种连续培养装置,所不同的是这里用的菌种是活性污泥中的自然混合菌种,而且不怕杂菌污染。与连续培养相似之处是这一污水处理还应维持合适的微生物生长温度(20~40℃)和合理的营养物浓度(一般 BOD_5:N:P=100:5:1)。因此,为使对特殊污染物具有较强的分解效果,还应人为地补充一些有机氮源和磷素营养,并培育、接种入相应的易分解微生物。例如,接入某些 *Fusarium*(镰孢霉属)和 *Nocardia*(诺卡氏菌属)的一些菌种就能更好地分解氰化物;接入能生长在0.2%酚溶液中的几种假单胞菌,例如,*Psendomonas phenolphagum*(食酚假单胞菌)和*P. phenolicum*(解酚假单胞菌),就能更好地分解污水中的酚,等等。

(2)生物膜法

关于生物膜的概念在前面洒水滤床法中已作过叙述,这里要介绍的是适合土地面积紧张的大城市内有关工厂污水处理的生物转盘法和塔式生物滤池法。

①生物转盘法。一种由许多质地轻、耐腐蚀的塑料等圆板作平行和等距离的紧密排列,其圆心由一根横轴相串联而成。每片圆盘的下半部都浸没在盛有污水的半圆柱形横槽中,而上半部则散露在空气中,整串圆盘借电动机而缓缓转动。在生物转盘的开始阶段,需要让其表面着生一层生物膜,称为"挂膜"。待生物膜形成后,随盘片不停地旋转,使污水中的有机物不断被生物膜吸附、充氧和氧化、分解,从而使污水不断得到净化。盘片上过多生长且老化的生物膜,会随着圆盘的旋转而使污水对其产生剪切力,从而促使老膜剥落,随即又在盘上形成新的生物膜。生物转盘上的微生物种类和数量,随其在整个处理槽中的排列位置的不同而有所变化。接近进水口盘片上的生物膜,以菌胶团和丝状细菌为主;在中间盘片的生物膜上,新生的菌胶团增多,各类原生动物依次出现;而在

接近出水口的各级盘片上则出现了大量的原生动物。据报道,用生物转盘法处理含丙烯脂污水、含酚污水和医院污水等均有良好效果。

②塔式生物滤池法。平面生物滤池是向立体发展的产物,结构呈大圆筒状,有的高达20余米,其直径与高度之比常为1:6~1:8。塔体上部有布水器,中间有许多层隔栅,隔栅上放置填料,下部为集水器。填料一般由浸过酚醛树脂的蜂窝纸制成,也可用滤渣、矿渣等多孔材料充填。在运转前也要先行"挂膜"。使用时,污水用泵提升全塔体顶部,由布水器均匀布水,经填料由上而下流动,其中的有机物被填料上的生物膜吸附。由于塔式结构有良好的自然通风条件,在必要时尚可进行人工通风,因此生物膜上的好氧微生物可对有机物进行强烈氧化和分解,从而使污水得到了净化。由于在塔内的污水浓度自上而下呈梯级下降,因此填料上生物膜中微生物的类型和数量也呈垂直分布性的差别。

总之,塔式生物滤池具有占地面积小、易设计、造价低、利通风和效率高等优点。其缺点是污水滞留的时间较短,对大分子有机物的氧化较困难等。

3. 产能型污水处理装置——厌氧消化器

在上述各种污水处理方法中,都存在着以下几个共同的问题:①大量以活性污泥或脱落生物膜形式出现的废渣,必须加以进一步处理,否则会形成"二次污染";②对一些BOD_5,超过10 000mg/L的有机废水,如屠宰废水等的处理效果很差;③要消耗大量动力。用厌氧消化法即沼气发酵正好能克服上述三项困难,此外,还能产生大量的生物能——沼气,化废为宝,因此近年来已受到各方面的重视。

12.4.5 沼气发酵与环境保护

据估计,地球上绿色植物的光合作用,每年约同化7×10^{11} t CO_2,并合成5×10^{11} t 糖类。这些糖类通过各种代谢途径再转化成动、植物和微生物的各种形式的有机物,并为整个地球上生物圈的繁荣昌盛,提供了丰富的物质基础。某一时刻存在于一个生态系统内的全部生物体有机物质的总和,称为生物量(biomass)。在地球上的生物量中,以植物秸秆和其他动、植物残体的含量为最高,这是一类可再生资源(renewable resource)或永续资源。在实践上,这巨大的生物资源有两类效果截然不同的利用方式,第一类是传统的一步利用,即燃烧的方式,只能快速地取得其中10%左右的热能,并获得少量肥效较差的草木灰肥料。久而久之,由于土壤缺乏氮肥和有机物,就会降低肥力、破坏结构和引起砂质化等一系列恶性循环。第二类是现代合理的梯级利用方式,即先将秸秆打碎供牲畜作饲料,然后将畜粪进行沼气发酵、把有机物中的90%左右的化学能释放利用,经沼气发酵后的固体残渣还可当作良好的有机肥料(甚至还可充当部分饲料)。这种方式充分发挥了秸秆等生物量的饲料、燃料和肥料的三项功能,不但促进了农村经济的发展,还能达到改良土壤、提高肥力的效果。据统计,目前我国农村有家用沼气发酵池525万个,另有大中型沼气池3万余个(2000年)。近年来,在我国北方地区创造的"三合一"生产模式,就是上述思想结合当地农业生产实际而发展出来的新的生态农业探索。其主要内容是:在日光温室这一人为的生态系统内,把种植、养殖、粪便处理和利用三者组合在一起,使农业生产、饲料消费和废物再生,利用各环节之间发生循环,产生最高的经济效益和生态效益。其具体结构由薄膜盖的大温室、太阳能暖圈和建于暖圈下的沼气发酵池 3 部分组成（也有在其中加建一厕所而成"四合一"模式的）。"三合一"生态温室的关键设备是沼气池,由它把废料转化成能量和有机肥,并能消除养殖业对环境带来的严重污染。这类生态农业的模式,对我国特别是西部地区农业生产的发展必将发生巨大的促进作用。因此,是种表面上呈现"缓效"而实质上却能达到良性循环的一项农业生态工程。所以,沼气发酵从长远的战略眼光来看,确实是一项利国利民的措施。

1. 沼气发酵的三个阶段

沼气（marsh gas 或 swamp gas）又称生物气（biogas）,是一种混合可燃气体,其中除含主要成分甲烷外,还含少量 H_2、N_2 和 CO_2。所谓沼气发酵,若按其生物化学本质来说,就是一种由产甲烷菌进行的甲烷形成（methanogenesis）过程。20 世纪初,V. L. Omeliansky（1906）提出了甲烷形成的一个阶段理论,即由纤维素等复杂有机物经甲烷细菌分解而直接产生 CH_4 和 CO_2；从 20 世纪 30 年代起,有人按其中的生物化学过程而把甲烷形成分成产酸和产气两个阶段；至 1979 年,M. P. Bryant 根据大量科学事实,已提出把甲烷的形成过程分成三个阶段。

（1）第一阶段为水解阶段。由厌氧和兼性厌氧的水解性细菌或发酵性细菌将纤维素、淀粉等糖类水解成单糖,并进而形成丙酮酸；将蛋白质水解成氨基酸,并进而形成有机酸和氨；将脂类水解成甘油和脂肪酸,并进而形成丙酸、乙酸、丁酸、琥珀酸、乙醇、H_2 和 CO_2。本阶段的水解性细菌,主要包括 *Clostridium*（梭菌属）、*Bacteroides*（拟杆菌属）、*Butyrivibrio*（丁酸弧菌属）、*Eubacterium*（优杆菌属）和 *Bifido bacterium*（双歧杆菌属）等专性厌氧细菌；兼性厌氧菌包括 *Streptococcus*（链球菌属）和一些肠道菌等。

（2）第二阶段为产酸阶段。由产氢产乙酸细菌群利用第一阶段产生的各种有机酸,分解成乙酸、H_2 和 CO_2。产氢产乙酸细菌是在 1967 年由 M.P. Bryant 发现的。他仔细地研究了污泥中含量最丰富的 *Methanobacterwm omelianskii*（奥氏甲烷杆菌）后,发现此菌其实是两种细菌的共生体。在以乙醇为氧化基质的培养基上,从 *M. omelianskii* 中可分离出两种细菌,其一称 S 菌株,是一种产氢产乙酸菌,革兰氏染色阴性杆菌,能运动,厌氧,并能发酵乙醇产生乙酸和分子氢,但当环境中 H_2 浓度达到 0.5 大气压时,生长就受抑制；另一称 MOH（methanotbacterium oxidising hydrogen）的菌株是革兰氏染色不定的厌氧杆菌,能利用分子氢产生甲烷,但不能利用乙醇,它与 S 菌株间形成了一个共生体。

产氢产乙酸细菌群在甲烷发酵中的生理功能,是将第一阶段的发酵产物如丙酸等三碳以上的有机酸、芳香族酸和醇类等,氧化分解成乙酸和分子氢。据报道,在每毫升下水道污泥中含有 4.2×10^6 个产氢产乙酸细菌。但对这类细菌进行菌种鉴定等工作尚开展不多。

（3）第三阶段为产气阶段。由严格厌氧的产甲烷菌群（methanogens 或 methane-producing bacteria）来完成。这群细菌只能利用一碳化合物（CO_2、甲醇、甲酸、甲基胺和 CO）、乙酸和氢气形成烷。在其形成的甲烷中,约有 30% 来自 H_2 的氧化和 CO_2 的还原；另外 70% 左右则来自乙酸盐。在甲烷发酵的三个阶段中,产甲烷菌形成甲烷是关键所在；产甲烷菌也是自然界碳素循环中厌氧生物链的最后一个成员,对自然界物质循环起着重要的作用。

2. 甲烷形成的生化机制

大多数产甲烷菌能利用 H_2 作为 CO_2 的还原剂以合成有机物,同时它们还利用特殊的厌氧呼吸,即甲烷发酵或碳酸盐呼吸来取得生命活动所需的能量。在后一种情况下,氢供体是 H_2,氢受体是 CO_2。因此,产甲烷菌是一群在自然界中具有十分独特生理类型的微生物,它们属于古细菌(Archae bacteria)。有关产甲烷菌的甲烷形成和产能机制正在深入研究,现将有关研究阐述如下。

产甲烷菌是一类严格的厌氧菌,它们在 E_h 低于 330 mV 时才能形成甲烷。CO_2 被 H_2 还原的过程是一个逐步还原的过程,其总反应式是:

$$CO_2 + 4H_2 \longrightarrow CH_4 + 2H_2O$$

在甲烷形成过程中,有多种独特的辅酶参与,现介绍如下:

(1) 甲烷呋喃(MFR, methanofuran) 又称 CO_2 还原因子(CO_2 – reduction factor)或 CDR,Romesser 于 1982 年发现的,这是一种含有芳香环和末端呋喃环的长链分子(图 12.8)。

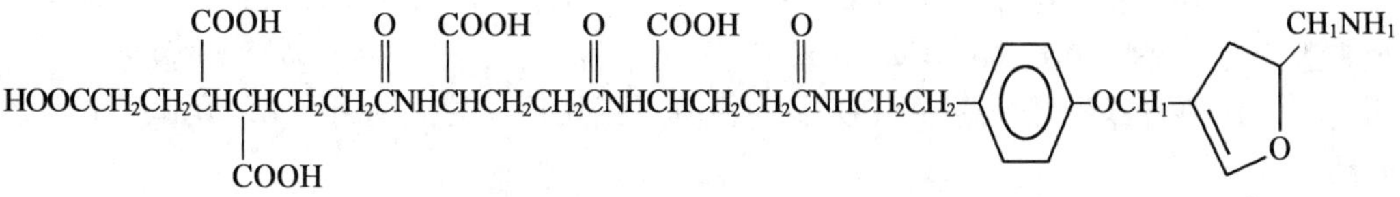

图 12.8 甲烷呋喃(MFR)

(2) 四氢甲烷蝶呤(THMP, tetrahydromethanopterin) 又称 F_{342} 因子。1978 年由 Gunsalus 等人发现,其结构见图 12.9。

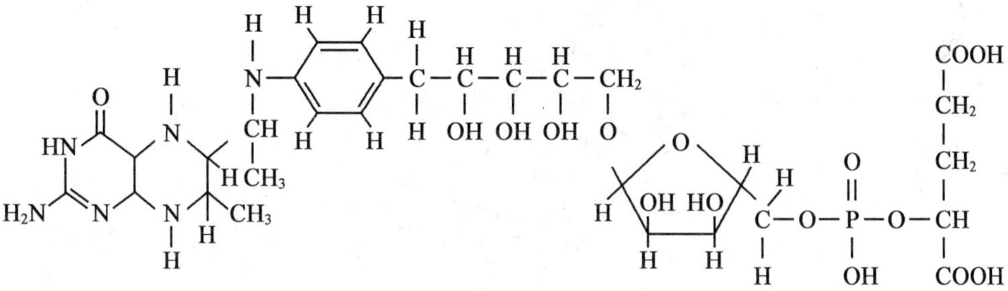

图 12.9 四氢甲烷蝶呤(THMP)

(3) 辅酶 M(CoM) 即磺酸基硫基乙酸,由 McBride 等(1971)在 Metianctacderium bryouti(布氏甲烷杆菌)M. O. H. 株中发现,这是已知辅酶中分子量最小者,含硫量高(约 45%),酸性强,无荧光,在 260 nm 处有一吸收峰。其结构如下:

① $HS – CH_2 – CH_2 – SO_3^-$(辅酶 M)

② $CH_3 – S – CH_2 – CH_2 – SO_3^-$(甲基辅酶 M)

(4) F_{420} 属于黄素单核苷酸(FMN)的衍生物,是一种低电位的双电子载体,可作 CO_2 还原最后一步,即甲基辅酶 M 还原成甲烷时的电子供体。

(5) 其他辅酶 除上述四种与甲烷形成有关的辅酶外,在产甲烷菌中还发现有辅酶 B(CoB)、F_{430}(镍四吡咯)等辅酶,它们可能参与了甲基还原酶系,在甲基辅酶 M 还原成甲烷中发挥作用。

除上述的 CO_2 可被 H_2 还原成 CH_4 外,产甲烷菌还能利用乙酸、甲醇等作为基质还原 CO_2,产生 CH_4。由乙酸作基质时,产甲烷菌的生长较利用 H_2 和 CO_2 时缓慢,其反应为

$$CH_3COOH \longrightarrow CH_4 + CO_2$$

实际上,乙酸先被分解成 CO_2 和甲基,然后甲基很可能再与 CoM 相结合而被还原成甲烷,其还原力[H]来自 $CO + H_2O \Longrightarrow CO_2 + 2H$ 的反应(由一氧化碳脱氢酶所催化)。由于氰化物是一氧化碳脱氢酶的抑制剂,因此,以乙酸作基质形成甲烷的过程可被氰化物所抑制。

在由甲醇作基质形成甲烷的过程中,一部分甲基被氧化成 CO_2 并提供了还原力[H],其余部分甲基则被还原成甲烷。目前知道,在甲基还原成甲烷的过程中,甲基先转移到一种与 5-羟基苯并咪唑钴胺相结合的蛋白上,然后再转移到 CoM 上,并被还原为甲烷。

3. 产甲烷菌的 CO_2 同化途径

产甲烷菌同化 CO_2 并不经过通常的 Calvin 循环,而是通过厌氧乙酰辅酶 A 的独特途径来进行的。现将 *Methobacterium barkeri*(巴氏甲烷杆菌)和 *Methanobacterium thermoautotrophicum*(热自养甲烷杆菌)的 CO_2 同化及其与甲烷形成的关系用图 12.10 作一简明的介绍。

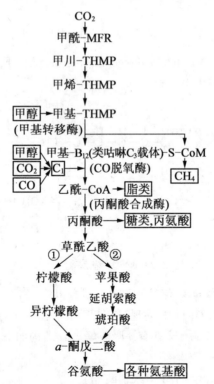

图 12.10 产甲烷菌同化 CO_2 的乙酰-CoA 途径及其与甲烷形成的关系

思考题

1. 检验饮用水的质量时,为什么要把大肠杆菌作为重要的测定指标?我国卫生部门对自来水的总菌量和大肠杆菌量有何规定?
2. 什么是极端条件下的微生物?举例说明各种极端条件下的微生物。
3. 微生物与植物间的寄生关系有几类?试举例说明之。
4. 什么叫单极生态系统、双极生态系统和三极生态系统?
5. 自然界中碳元素是怎样循环的?氧与氢呢?
6. 氮元素在自然界中是如何循环的?为什么说微生物在自然界的氮素循环中起着关键的作用?
7. 什么叫氨化作用?什么叫硝化作用?什么叫反硝化作用?其中分别有哪些代表性微生物参与?这三种作用有何实际意义?
8. 自然界中的硫、磷元素是怎样进行循环的?有哪些主要微生物参与?
9. 什么叫细菌沥滤(细菌冶金)?其主要原理是什么?有何优缺点?
10. 用微生物学方法处理污水的基本原理是什么?
11. 何谓COD(化学需氧量)?何谓BOD_5(五日生化需氧量)?
12. 什么叫活性污泥?什么叫生物膜?它们在污水处理中各起着什么作用?
13. 在产甲烷菌中发现了哪些独特辅酶?它们在甲烷发酵过程中各起着什么作用?

第13章

实验部分

13.1 普通光学显微镜的使用和细菌染色法

显微镜是研究微生物必不可少的工具。自从发明了显微镜后,人们才能观察到各种微生物的形态,从此揭开了微生物世界的奥秘。目前,显微镜可利用的光源已从可见光扩展到紫外线,接着又出现利用非光源的电子显微镜,大大提高了显微镜的分辨率和放大倍数。借助各种显微镜,人们不仅能观察到真菌、细菌的形态和结构,而且还能清晰地观察到病毒的形态和构造。

当今微生物实验中最常用的还是普通光学显微镜。因此我们应了解普通显微镜的构造和原理,以达到正确使用和保养的目的。只有经过染色的细菌才能看清楚其形态和构造,而除暗视野显微镜和相差显微镜可用于观察活的细菌细胞外,其他普通光学显微镜大多用来观察染色后的细菌细胞,因此,各种染色法也是微生物工作者应该掌握的基本技术。

实验一 普通光学显微镜的使用

一、目的要求

(1) 熟悉普通光学显微镜的构造及各部分的功能。
(2) 学习并掌握油镜的原理和使用方法。

二、显微镜的基本构造及油镜的工作原理

现代普通光学显微镜利用目镜和物镜两组透镜系统来放大成像,因此又常被称为复式显微镜。显微镜由机械装置和光学系统两大部分组成(图13.1)。

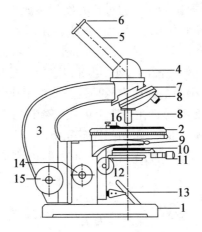

图 13.1 显微镜构造示意图

1—镜座;2—载物台;3—镜臂;4—棱镜套;5—镜筒;6—目镜;7—物镜转换器;8—物镜;9—聚光器;10—虹彩光圈;11—光圈固定器;12—聚光器升降螺旋;13—反光镜;14—细调节螺旋;15—粗调节螺旋;16—标本夹

1. 显微镜的基本构造

(1)机械装置。

①镜座和镜臂。镜座位于显微镜底部,呈马蹄形,支持全镜。镜臂有活动式和固定式两种,活动式的镜臂可以改变角度。镜臂支持镜筒。

②镜筒。镜筒是由金属制成的圆筒,上接目镜,下接物镜转换器。镜筒有单筒和双筒两种。双筒中的一个目镜有屈光度调节装置,以备在两眼视力不同的情况下调节使用。

③转换器。转换器为两个金属碟所合成的一个转盘,其上装有 3~4 个物镜,可以使每个物镜通过镜筒与目镜构成一个放大系统。

④载物台。载物台又称镜台,为方形或圆形的盘,载放被检物体,中心有一个通光孔。在载物台上有标本夹,用以固定标本;有的装有标本推动器,固定标本后,能向前、后、左、右推动。有的推动器上还有刻度,能够确定标本的位置,便于找到变换的视野。

⑤调焦装置。调焦装置是调节标本和物镜间距离的机件,有粗动螺旋(即粗调节器)和微动螺旋(即细调节器),利用它们使镜筒或镜台上、下移动,当物体在物镜和目镜焦点上时,会看到清晰的图像。

(2)光学系统。

①物镜。把物镜安装在镜筒下端的物镜转换器上,因接近被观察的物体,故又称接物镜。其作用是把物体第一次放大,是决定成像质量和分辨能力的重要部件。物镜上通常标有数值孔径、放大倍数、镜筒长度、焦距等主要参数,如 NA0.30;10×;160/0.17;16 mm。其中"NA0.30"表示数值孔径,"10×"表示放大倍数,"160/0.17"分别表示镜筒长度和所需要盖玻片厚度(mm),16 mm 表示焦距。

②目镜。目镜装于镜筒上端,由两块透镜组成。目镜把物镜造成的像再次放大,不增加分辨力,上面一般标有 4×、10×、40× 等放大倍数,可根据需要进行选用。

· 281 ·

③聚光器。聚光器光源射出的光线通过聚光器汇聚成光锥照射标本,增强照明度和造成适宜的光锥角度,能提高物镜的分辨力。聚光器由虹彩光圈和聚光镜组成,聚光镜由透镜组成。虹彩光圈由薄金属片组成,中心形成圆孔,推动把手可随意调整透进光的强弱。调节聚光镜的高度、虹彩光圈的大小,可得到适当的光照和清晰的图像。

④光源。通常安装在显微镜的镜座内的是较新式的显微镜的光源,通过按钮开关来控制;老式的显微镜大多是采用附着在镜臂上的反光镜。在使用低倍和高倍镜观察时,用平面反光镜;使用油镜或光线弱时,可用凹面反光镜。

⑤滤光片。可见光是各种颜色的光组成的,不同颜色的光线波长不同。如只需某一波长的光线时,要用滤光片。

2. 油镜物镜的基本原理

在显微镜的光学系统中,物镜的性能最为关键,直接影响着显微镜的分辨率。而在普通光学显微镜通常配置的几种物镜中,油镜的放大倍数最大,对微生物学研究最为重要。与其他物镜相比,油镜的使用方法比较特殊,需在载玻片与镜头之间加滴镜油,这主要有如下两方面的原因。

(1)增加照明亮度。

油镜的放大倍数可达 $100 \times$,放大倍数这样大的镜头,焦距很短,直径很小,但所需要的光照强度却很大。从承载标本的载玻片透过来的光线,因为介质密度不同(从载玻片进入空气,再进入镜头),有些光线会因折射或全反射,不能进入镜头(图 13.2),这样在使用油镜时会因射入的光线较少,物像显现不清。所以为了不使通过的光线有所损,故在使用油镜时,须在油镜与载玻片之间加入与玻璃的折射率($n = 1.55$)相仿的镜油(通常用香柏油,其折射率 $n = 1.52$)。

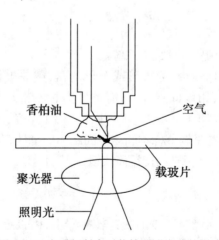

图 13.2 介质折射率对物镜照明光路的影响

(2)增加显微镜的分辨率。

显微镜的分辨率是指显微镜能够辨别两点之间最小距离的能力。从物理学角度分析光学显微镜的分辨率受到光的干涉现象及所用的物镜性能的限制,可表示为

$$分辨率(最大可分辨距离) = \frac{\lambda}{2NA}$$

式中,λ 为光波波长;NA 为物镜的数值孔径值。

光学显微镜的光源不可能超出可见光的波长范围(0.4~0.7 μm),而数值孔径值则取决于物镜的载玻片和与镜口角镜头间介质的折射率,可表示为

$$NA = n \cdot \sin \alpha$$

式中,α 为最大入射角的半数。它取决于物镜的焦距和直径,一般来说实际应用中最大只能达到120°,而 n 为介质折射率。由于香柏油的折射率(1.52)比空气及水的折射率(分别为 1.0 和 1.33)要高,因此以香柏油作为镜头与载玻片之间介质的油镜所能达到的数值孔径(NA 一般为 1.2~1.4)要高于低倍镜、高倍镜等干镜(NA 都低于 1.0)。若用可见光平均波长 0.55 μm 来计算,数值孔径通常在 0.65 左右的高倍镜只能分辨出距离不小于 0.4 μm 的物体,而油镜的分辨率却可达到 0.2 μm 左右。

三、器材

(1)细菌三型玻片标本。
(2)溶液或试剂香柏油,酒精。
(3)仪器或其他用具,如显微镜、擦镜纸等。

四、操作步骤

1. 观察前的准备工作

(1)显微镜的放置。把显微镜放于平稳的实验台上,镜座距实验台边沿 3~4 cm。镜检者姿势要端正。

取、放显微镜时应一手握住镜臂,一手托住底座,使显微镜保持直立、平稳。切忌用单手拎提;且不论使用单筒显微镜或双筒显微镜,都应双眼同时睁开观察,以减少眼睛疲劳,也便于边观察边绘图或记录。

(2)光源调节。调节光源时,先将光圈完全开放,使聚光镜至与载物台同样高,否则使用油镜时光线较暗。然后转下低倍镜观察光源强弱,调节反光镜,光线较强的天然光源宜选用平面镜;光线较弱的天然光源或人工光源宜用凹面镜。在对光时,要使全视野内为均匀的明亮度。凡检查染色标本时,光线应强;要检查未染色标本时,光线不宜太强。可通过扩大或缩小光圈、升降聚光器、旋转反光镜调节光线。

(3)根据使用者的个人情况,调节双筒显微镜的目镜。双筒显微镜的目镜间距也可以适当调节,而左目镜上一般还要配有曲光度调节环,可以适应眼距不同或两眼视力有差异的不同观察者。

2. 显微观察

(1)低倍镜观察。检查的标本需先用低倍镜观察,因为低倍镜视野较大,易发现目标、确定检查的位置。把细菌三型片标本置镜台上,用标本夹夹住,移动推动器,使观察对象处在物镜正下方,转动粗调节器,标本距物镜降约 0.5 cm 处,由目镜观察,此时可适当缩小光圈,否则视野中只见光亮一片,难见到目的物,同时用粗调节器慢慢升起镜筒,直至物像出现后,再用细调节器调节到物像清楚时为止,然后移动标本,认真观察标本各部位,找出合适的目的物,仔细观察并记录所观察的结果。

使用粗调节器聚焦物像时,都必须养成先从侧面注视小心调节物镜靠近标本,然后用目镜观察,慢慢调节物镜离开标本进行准焦的习惯,以免因一时的错误操作而损坏镜头及载玻片。

(2)高倍镜观察。在低倍镜下找到合适的观察目标并将其移至视野中心后,轻轻转动物镜转换器使高倍镜移至工作位置。对聚光器光圈及视野亮度进行适当调节后,微调节使物像清晰,利用推进器移动标本仔细观察并记录所观察到的结果。

在一般情况下,当物像在一种物镜中已清晰聚焦时,转动物镜转换器使其他物镜转到工作位置进行观察时,物像将保持基本准焦的状态,这种现象被称为物镜的同焦。利用这种同焦现象,可保证在使用高倍镜或油镜等放大倍数高、工作距离短的物镜时仅用细调节器即可对物像清晰聚焦,从而避免在使用粗调节器时可能的错误操作而损坏镜头或载玻片。

(3)油镜观察。用粗调节器把镜筒提起约2 cm,把油镜转至正下方。在载玻片标本的镜检部位滴上一滴香柏油。从侧面注视,用粗调节器将镜筒小心地降下,使油镜浸在香柏油中,其镜头几乎与标本相接,要特别注意不能压在标本上,更不可用力过猛,否则不仅压碎载玻片,也会损坏镜头。从接目镜内观察,调节光线,使光线明亮,再用粗调节器将镜筒徐徐上升,直至视野出现物像为止,然后用细调节器校正焦距。如油镜已离开油面而仍未见物像,必须再从侧面观察,将油镜降下,重复操作至物像看清为止。

3. 显微镜用毕后的处理

(1)上升镜筒,取下载玻片。

(2)用擦镜纸拭去镜头上的油,然后用擦镜纸蘸少许酒精(香柏油溶于酒精)擦去镜头上残留油迹,最后再用干净擦镜纸去除残留的酒精。

切忌用手或其他纸擦镜头,以免使镜头沾上污渍或产生划痕,影响到观察。

(3)用擦镜纸清洁其他物镜及目镜;用绸布擦净显微镜的金属部件。

(4)将各部分还原,反光镜垂直于镜座,将接物镜转成"八"字形,再向下旋。同时把聚光镜降下,以免接物镜与聚光镜发生碰撞危险。

五、实验报告

1. 结果

分别绘出在某一物镜下观察到的细菌三型片中的球菌、杆菌、螺旋菌的形态,同时注明物镜总放大率和放大倍数。

2. 思考题

(1)用油镜观察时应注意哪些问题?要在载玻片和镜头之间加滴什么油?起什么作用?

(2)在使用高倍镜和油镜进行调焦时,应将镜筒徐徐上升还是下降?为什么?

(3)什么时物镜的同焦现象?它在显微镜观察中有什么意义?

(4)影响显微镜分辨率的因素有哪些?

实验二　细菌的简单染色法

一、目的要求

(1)学习微生物涂片、染色及无菌操作的基本技术,掌握细菌的简单染色方法。
(2)巩固油镜的使用方法。

二、基本原理

利用单一染料对细菌进行染色的一种方法称为单染色法。此法操作简便,适用于菌体一般形态的观察。

常用碱性染料进行简单染色,这是因为:在中性、碱性或弱酸性溶液中,细菌细胞通常带负电,而碱性染料在电离时,其分子的染色部分带正电(酸性染料电离时,其分子的染色部分带负电),因此碱性染料的染色部分很容易与细菌结合使细菌着色。经染色后的细菌细胞与背景形成鲜明的对比,在显微镜下更易于识别。用作简单染色的常用染料有美蓝、结晶紫、碱性复红等。

在细菌分解糖类产酸使培养基 pH 值下降时,细菌所带正电增加,此时可用伊红、酸性复红或刚果红等酸性染料染色。

三、器材

(1)菌种。大肠杆菌、枯草芽孢杆菌及金黄色葡萄球菌。
(2)染色剂。草酸铵结晶紫染液(或吕氏碱性美蓝染液)及齐氏石炭酸复红染液。
(3)仪器或其他用具。显微镜、酒精灯、载玻片、接种环、双层瓶、擦镜纸、生理盐水等。

四、操作步骤

1. 实验前准备工作

取酒精棉球对手、桌面进行消毒,消毒时要仔细全面;同时对将要用到的接种环进行酒精灯火焰灭菌。

2. 涂片

取三块洁净的载玻片,在载玻片中央各滴一小滴生理盐水,用接种环以无菌操作(图13.3),分别从大肠杆菌、金黄色葡萄球菌和枯草芽孢杆菌斜面上挑取少许菌苔于水滴中,混匀并土城薄膜。若用菌悬液(或液体培养物)涂片,可用接种环挑取 2~3 环直接涂于载玻片上(图 13.4)。

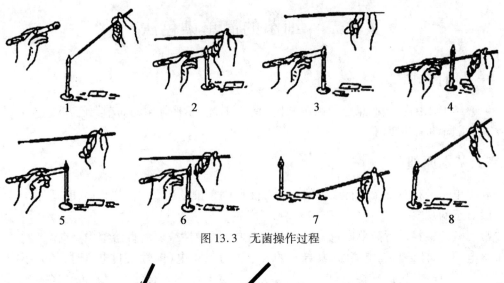

图13.3 无菌操作过程

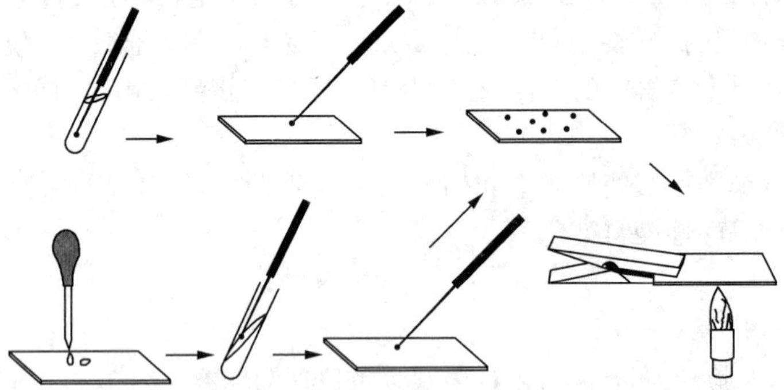

图13.4 涂片、干燥和热固定

载玻片要洁净,无油迹;滴加生理盐水和取菌不宜过多;涂片要涂抹均匀,不宜过厚。

3. 干燥
室温自然干燥。

4. 固定
涂片朝上,通过火焰2~3次,此操作过程称为热固定。其目的是使细胞质凝固,以固定细菌的形态,并使其牢固附着在载玻片上而不易脱落。

热固定温度不宜过高(以载玻片背面不烫手为宜),否则会改变甚至破坏细胞形态。

5. 染色
把标本放在水平位置,滴加染色液于涂片上(染色液刚好覆盖涂片薄膜为宜)。吕氏碱性美蓝染色液染1~2 min,石炭酸复红染色液(或草酸铵结晶紫)染色约1 min。

6. 水洗
染色时间到后,倒去染液,用自来水冲洗,直到冲下之水无色时为止。

水洗时,不要直接冲洗涂面,应使水从载玻片的一端流下。水流不宜过急、过大,以免涂片薄膜脱落。

7. 干燥
自然干燥,或用电吹风吹干,也可用吸水纸吸干。

8. 镜检

涂片干燥后镜检。涂片必须完全干燥后才能用油镜观察。

五、实验报告

1. 结果

根据观察结果,绘出三种细菌的形态图,注明放大倍数及菌体名称。

2. 思考题

(1)根据实验体会,你认为制备染色标本时,应注意哪些环节?

(2)制片为什么要完全干燥后才能用油镜观察?

(3)如果你的涂片未经热固定,将会出现什么问题?如果加热温度过高,时间太长,会怎样?

实验三　革兰氏染色法

一、目的要求

(1)了解革兰氏染色的原理。

(2)学习并掌握革兰氏染色的方法。

二、基本原理

革兰氏染色法是由丹麦病理学家 Christain Gram 于 1884 年创立的,而后一些学者在此基础上做了某些改进。革兰氏染色法是细菌学中最重要的鉴别染色法。

革兰氏染色法的基本步骤是:先用初染剂结晶紫进行染色,再用碘液进行媒染,然后用乙醇脱色,最后用复染剂(如石碳酸复红或番红)复染。经过此方法染色后,细胞保留初染剂蓝紫色的细菌为革兰氏阳性菌;如果细胞中初染剂被脱色剂洗脱而细胞染上复染剂的颜色(红色),则该细菌属于革兰氏阴性菌。

革兰氏染色法将细菌分为革兰氏阳性和革兰氏阴性,由这两类细菌细胞壁结构和组成的不同决定的。实际上,当用结晶紫初染后,与简单染色法一样,所用细菌都被染成初染剂的蓝紫色。碘作为媒染剂,能与结晶紫结合成结晶紫-碘的复合物,进而增强了染料与细菌的结合力。在用脱色剂处理时,两类细菌的脱色效果则是不同的。革兰氏阳性菌的细胞壁主要由肽聚糖形成的网状结构组成,壁厚、类脂质含量低,用乙醇脱色时细胞壁脱水,使肽聚糖层的网状结构孔径缩小,透性降低,进而使结晶紫-碘的复合物不易被洗脱而保留在细胞内,这样经脱色和复染后保留初染剂的蓝紫色。革兰氏阴性菌则不同,由于其细胞壁肽聚糖层较薄、类脂含量高,所以当脱色处理时,乙醇溶解类脂质,细胞壁透性增大,使结晶紫-碘的复合物比较容易被洗脱出来,用复染剂复染后,细胞被染上复染剂的红色。

革兰氏染色反应是细菌重要的鉴别特征,为保证染色结果的正确性,采用规范的染色方法是十分必要的。本实验将介绍普遍采用的 Hucker 氏改良的革兰氏染色法。

三、器材

(1)菌种。大肠杆菌、金黄色葡萄球菌及枯草芽孢杆菌。
(2)染色剂。革兰氏染色液。
(3)仪器或其他用具。显微镜、酒精灯、载玻片、接种环、双层瓶、擦镜纸及生理盐水等。

四、操作步骤

1. 实验前准备工作

取酒精棉球对手、桌面进行消毒,消毒时要仔细全面;同时对将要用到的接种环进行酒精灯火焰灭菌。

2. 涂片

取三块洁净的载玻片,在载玻片中央各滴一小滴生理盐水,用接种环以无菌操作,分别从大肠杆菌、金黄色葡萄球菌和枯草芽孢杆菌斜面上挑取少许菌苔于水滴中,混匀并涂成薄膜。

3. 干燥

室温自然干燥。

4. 固定

涂片朝上,通过火焰2~3次进行热固定(以上四步骤同实验二)。

5. 初染

滴草酸铵结晶紫(以刚好将菌膜覆盖为宜),染色1~2 min,水洗。

6. 媒染

用碘液冲去残水,并用碘液覆盖约1 min,水洗。

7. 脱色

将载玻片倾斜,在白色背景下,用滴灌滴加95%(质量分数)乙醇脱色,直至流出乙醇无紫色时,立即水洗。

革兰氏染色结果是否正确,操作的关键环节是乙醇脱色。脱色不足,阴性菌被误染为阳性菌,脱色过渡,阳性菌被误染为阴性菌。脱色时间一般为20~30 s。

8. 复染

用石碳酸复红复染约2 min,水洗。

9. 镜检

干燥后,置油镜观察。

革兰氏阴性菌呈红色,革兰氏阳性菌呈蓝紫色。以分散开的细菌的革兰氏染色反应为准,过于密集的细菌,常常呈假阳性。

10. 混合涂片染色

按上述方法,在同一载玻片上以大肠杆菌与枯草芽孢杆菌或大肠杆菌和金黄色葡萄球菌混合制片,染色、镜检进行比较。

革兰氏染色程序如图13.5所示。

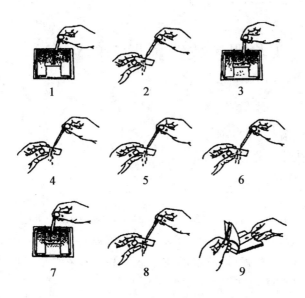

图 13.5 革兰氏染色程序
1—加草酸铵结晶紫染 1 min;2—水洗;3—加碘液媒染 1 min;4—水洗;5—乙醇脱色 20~30 s;
6—水洗;7—石碳酸复红染约 2 min;8—水洗;9—吸水纸干燥

五、实验报告

1. 结果

绘图描述三株细菌的形态及染色观察结果(说明各菌的形状、颜色和革兰氏染色反应)。

2. 思考题

(1)你认为哪些环节会影响革兰氏染色结果的正确性?其最关键环节是什么?

(2)进行革兰氏染色时,为什么特别强调菌龄不能太老,用老龄菌染色会出现什么问题?

(3)当你对一株未知菌进行革兰氏染色时,怎样能确证你的染色技术操作正确,结果可靠?

13.2 微生物的形态观察

微生物分类鉴定是微生物学的基本研究内容之一。有多种方法应用在各类微生物的分类和鉴定工作中,其中对微生物形态进行观察是区分和识别各类微生物必不可少的基本的工作。每种微生物都具有自己一定的形态特征,微生物的分类鉴定的依据是微生物的形态特征。

实验四　放线菌形态的观察

一、目的要求

(1)掌握观察放线菌形态的基本方法。
(2)初步了解放线菌的形态特征。

二、基本原理

放线菌是由不同长短的纤细的菌丝所形成的单细胞菌丝体。菌丝体分为两部分,即潜入培养基中的营养菌丝(或称基内菌丝)和生长在培养基表面的气生菌丝。有些气生菌丝分化为各种孢子丝,呈螺旋形、波浪形或分枝状等。孢子常呈圆形、椭圆形或杆形。气生菌丝及孢子的形状和颜色常作为分类的重要依据。

和细菌的单染色一样,放线菌也可用石碳酸复红或吕氏碱性美蓝等染料着色后,在显微镜下观察其形态。玻璃纸具有半透膜的特性,其透光性与载玻片基本相同,使放线菌生长在玻璃纸琼脂平皿上,然后把长菌的玻璃纸剪取一小片,贴放在载玻片上,用显微镜就可观察到放线菌自然生长的个体形态。

三、器材

(1)菌种。细黄链霉菌。
(2)染色剂。0.1%(质量分数)吕氏美蓝染色液、石炭酸复红染色液。
(3)仪器或其他用具。盖玻片、载玻片、镊子、接种环、显微镜、涂布器、玻璃纸、打孔器、5406的培养平皿、棘孢小单孢菌的玻璃纸培养平皿等。

四、操作步骤

1. 观察自然生长状态的放线菌

用镊子小心拿出插片法培养的5406菌培养皿中的一张盖玻片,将其背面附着的菌丝体擦净。然后把长有菌的一面朝上放在洁净的载玻片上,用低倍镜、高倍镜观察。找出三类菌丝及其分生孢子。注意放线菌的基内菌丝、气生菌丝的粗细和色泽差异。

培养放线菌中要注意放线菌的生长速度较慢,培养期较长,在操作中应特别注意无菌操作,严防杂菌污染。

2. 水封片观察

在载玻片中央滴一滴美蓝染色液,把用搭片法培养棘孢小单孢菌培养皿中的盖玻片取出,并将有菌面朝下,放在载玻片上,浸入染色液中,制成水封片,用高倍镜观察单个分生孢子及其基内菌丝,并绘图。

3. 玻璃纸法的镜检观察

(1)直接玻璃纸观察。分别用5406和棘孢小单孢菌的玻璃纸制片观察。制片时,于载玻片上放一小滴蒸馏水,将含菌玻璃纸片小心剪下一小块,移至载玻片上,并使有菌面朝上。在玻璃纸与载玻片间不能有气泡，以免影响观察。把制片于显微镜下观察，先用低倍镜观察菌的立体生长状况，再用高倍镜仔细观察。注意区分5406菌的基内菌丝、气生菌丝和弯曲状或螺旋状的孢子丝。观察棘孢小单孢菌时注意把视野调暗，其基内菌丝纤细发亮，其单个分生孢子发暗，直接生长在基内菌丝长出的小梗上。

玻璃纸法培养接种时注意玻璃纸与平板琼脂培养基间不宜有气泡，以免影响其表面放线菌的生长。

（2）印片染色法观察。利用镊子取洁净载玻片并微微加热，然后用这微热载玻片盖在长有5406或棘孢小单孢菌的平皿上，轻轻压一下，注意要把载玻片垂直放下和取出，以防载玻片水平移动而破坏放线菌的自然形态。反转有印痕的载玻片微微加热固定，用石炭酸复红染色1 min，水洗，晾干。用油镜观察。注意比较两种菌的形态特征有何不同。

五、实验报告

1. 结果

绘图说明你所观察到的放线菌的形态特征。

2. 思考题

用玻璃纸覆盖在培养基上，能否培养出细菌，为什么？你认为此方法在研究微生物方面可能有些什么用途？

实验五　酵母菌的形态观察及死、活细胞的鉴别

一、目的要求

（1）观察酵母菌的细胞形态及出芽生殖方式。
（2）学习掌握区分酵母菌死、活细胞的染色方法。

二、基本原理

酵母菌是不运动、多形的单细胞微生物，细胞核与细胞质已有明显的分化，菌体比细菌大。繁殖方式也较复杂，无性繁殖方式主要是出芽生殖，仅裂殖酵母属是以分裂方式繁殖；有性繁殖是通过接合产生子囊孢子。本实验可通过用美蓝染色制成水浸片，来观察生活的酵母形态和出芽生殖方式。美蓝是一种无毒性染料，它的氧化型是蓝色的，而还原型是无色的，用它来对酵母的活细胞进行染色，由于细胞中新陈代谢的作用，使细胞内具有较强的还原能力，能使美蓝从蓝色的氧化型变为无色的还原型，所以酵母的活细胞无色，而死细胞或代谢缓慢的老细胞，则因它们无此还原能力或还原能力极弱，被美蓝染成蓝色或淡蓝色。因此，用美蓝水浸片不仅可以观察酵母的形态，还可以区分死、活细胞。

三、器材

（1）菌种酿酒酵母。

(2)染色剂 0.05%、0.1%（质量分数）吕氏碱性美蓝染液，革兰氏染色用的碘液。
(3)仪器或其他用具。显微镜、载玻片、盖玻片等。

四、操作步骤

1. 美蓝浸片观察

(1)在载玻片中央滴一滴 0.1%（质量分数）吕氏碱性美蓝染液，液滴不可过多或过少，以免盖上盖玻片时，溢出或留有气泡。然后按无菌操作法取酿酒酵母少许，放在吕氏碱性美蓝染液中，使菌体与染液均匀混合。

(2)拿一块盖玻片，小心地盖在液滴上。盖片时应注意，不能将盖玻片平放下去，应先将盖玻片的一边与液滴接触，然后将整个盖玻片慢慢放下，这样就可以避免气泡产生。

(3)将制好的水浸片放置 3 min 后镜检。先用低倍镜观察，然后换用高倍镜观察酿酒酵母的形态和出芽情况，同时根据是否染上颜色来区别死、活细胞。

(4)染色半小时后，再观察一下死细胞数是否增加。

(5)用 0.05%（质量分数）吕氏碱性美蓝染液重复上述的操作。

2. 水－碘浸片观察

在载玻片中央滴一滴革兰氏染色用的碘液，然后再在其上加三滴水，取酿酒酵母少许，放在水－碘液滴中，使菌体与溶液混匀，盖上盖玻片后镜检。

五、实验报告

结果：

(1)绘图说明你所观察到的酵母菌的形态特征。

(2)说明观察到的吕氏碱性美蓝染液浓度和作用时间对死活细胞数的影响。

实验六　霉菌的形态观察

一、目的要求

掌握观察霉菌形态的基本方法，并观察其形态特征。

二、基本原理

霉菌菌丝较粗大，细胞易收缩变形，且孢子很容易飞散，所以制标本时常用乳酸石炭酸棉蓝染色液。此染色液制成的霉菌标本片特点是：①细胞不变形；②具有杀菌防腐作用，且不易干燥，能保持较长时间；③溶液本身呈蓝色，有一定的染色效果。

霉菌自然生长状态下的形态，常用载玻片观察，此法是接种霉菌孢子于载玻片上的适宜培养基上，培养后用显微镜观察。此外，为得到清晰、完整、保持自然状态的霉菌形态，还可利用玻璃纸透析培养法进行观察。此法是利用玻璃纸的半透膜特性及透光性，将霉菌生长在覆盖于琼脂培养基表面的玻璃纸上,然后将长菌的玻璃纸剪取一小片,贴放在载玻片上用显微镜观察。

三、器材

(1)菌种。产黄青霉、黑曲霉、黑根霉、总状毛霉等斜面菌种。

(2)染色剂及培养基。半固体 PDA 培养基、乳酸苯酚固定液、棉蓝染色液、20%甘油。

(3)仪器或其他用具。透明胶带、剪刀、培养皿、载玻片、口形玻棒搁架、盖玻片、圆形滤纸片、细口滴管、镊子、显微镜及接种环。

四、操作步骤

1. 霉菌的载玻片湿室培养

(1)准备湿室。在培养皿底铺一张圆形滤纸片,其上放一"冂"形载玻片搁架,在搁梁上放一块载玻片和两块盖玻片,盖上皿盖,外用纸包扎,经 121 ℃ 湿热灭菌 30 min 后,置 60 ℃ 烘箱中烘干,备用。

(2)接种。用接种环挑取少量待观察的霉菌孢子至湿室内载玻片上,每张载玻片可接同一菌种的孢子两处。接种时只要将带菌的接种环在载玻片上轻轻碰几下即可。

(3)加培养基。用无菌细口滴管吸取少量融化约 60 ℃ 的培养基,滴加到载玻片接种处,培养基应滴得圆而薄,其直径约为 0.5 cm(滴加量一般以 1/2 小滴为宜)。

(4)加盖玻片。在培养基未彻底凝固前,用无菌镊子将皿内盖玻片盖在琼脂块薄层上,用镊子轻压,使盖玻片和载玻片之间的距离相当接近,但不能压扁,否则不透气。

(5)倒保湿剂。每皿倒大约 3 mL 20%(质量分数)的无菌甘油,使皿内滤纸完全润湿,以保持皿内湿度,皿盖上注明菌名、组别和接种日期。此为制成的载玻片湿室,置 28 ℃ 恒温培养 3～5 d。

2. 黑根霉假根的培养

将融化的 PDA 培养基,冷却至 50 ℃ 倒入无菌平皿,其量约为平皿高度的 1/2。冷凝后,用接种环蘸取根霉孢子,在平板表面划线接种。然后将平皿倒置,在皿盖内放入一无菌载玻片,于 28 ℃ 培养 2～3 d 后,可见根霉的气生菌丝倒挂成胡须状,有许多菌丝与玻片接触,并在载玻片上分化出假根和匍匐菌丝等结构。

3. 镜检观察

(1)湿室培养霉菌镜检载玻片。从培养 16～20 h 开始,连续观察,可了解孢子的萌发、菌丝体的生长分化和子实体的形成过程。将湿室内的载玻片取出,直接置于低倍镜和高倍镜下观察曲霉、青霉、毛霉、根霉等霉菌的形态,重点观察菌丝是否分隔,曲霉和青霉分生孢子形成特点,曲霉的足细胞,根霉和毛霉的孢子囊和孢囊孢子,绘图。

(2)粘片观察。取一滴棉蓝染色液置于载玻片中央,取一段透明胶带,打开霉菌平板培养物,粘取菌体,粘面向下,放在染液上,镜检。

(3)假根观察。将培养根霉假根的平皿打开,取出皿盖内的载玻片标本,在附着菌丝体的一面盖上盖玻片,置显微镜下观察。用低倍镜就能观察到假根及从根节上分化出的孢子囊梗、孢子囊、孢囊孢子和两个假根间的匍匐菌丝,观察时注意调节焦距以看清各构造。

(4)制成永久装片。把观察到霉菌形态较清晰、完整的片子,制成标本做长期保存。共制备方法是:轻轻揭去盖玻片,如果载玻片上有琼脂,仔细挑去,然后滴加少量乳酸苯酚固定液,盖上清洁盖玻片,在盖玻片四周滴加树胶封固。

五、实验报告

1.结果
绘图说明你所观察到的霉菌形态特征。
2.思考题
(1)比较细菌、放线菌、酵母菌和霉菌形态上的异同。
(2)玻璃纸应怎样进行灭菌?为什么?

13.3 微生物大小及数量的测定

微生物细胞的大小是微生物基本的形态特征,也是分类鉴定的依据之一。另外单细胞微生物个体生长时间很短,很快进入繁殖阶段,生长和繁殖难以分开,个体生长很难测定,而且实际应用意义不大,因此,它们的生长不是依据细胞大小,而是以群体的生长作为单细胞微生物生长的指标。

群体生长表现为细胞数目的增加或细胞物质的增加。测定细胞数目的方法有显微镜直接计数法、平板菌落计数法、光电比浊法等。测量细胞物质的方法有细胞干重的测定、细胞某种成分如氮的含量、RNA 和 DNA 的含量测定、代谢产物的测定等。总之,测定方法很多,各有优缺点,工作中应根据具体情况加以选择。

实验七 微生物大小的测定

一、目的要求

(1)掌握用显微测微尺测量微生物大小的基本方法。
(2)增强微生物细胞大小的感性认识。

二、基本原理

微生物细胞大小,是微生物的形态特征之一,也是分类鉴定的依据之一。由于菌体很小,只能在显微镜下测量。用来测量微生物细胞大小的工具有目镜测微尺和镜台测微尺。

镜台测微尺(图 13.6(a))是中央部分刻有精确等分线的载玻片。一般将 1 mm 等分为 100 格,每格长度等于 0.01 mm(即 10 μm)。镜台测微尺并不直接用来测量细胞的大小,而是用于校正目镜测微尺每格的相对长度。

目镜测微尺(图 13.6(b))是一块可放在接目镜内的隔板上的圆形小玻片,其中央刻有精确的刻度,有等分 50 小格或 100 小格两种。测量时,需要将其放在接目镜中的隔板上,用以测量经显微镜放大后的细胞物像。由于所用接目镜放大倍数和接物镜放大倍数的不同,目镜测微尺每小格所代表的实际长度也就不同,因此,目镜测微尺不能直接用来测量微生物的大小,在使用前必须用镜台测微尺进行校正,以求得在一定放大倍数的接目镜和接物镜下该目镜测微尺每小格的相对长度,然后根据微生物细胞相当于目镜测微尺的格数,即可计算出细胞的实际大小。

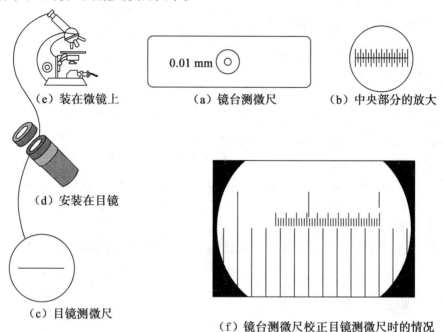

图 13.6　测微尺及其安装和校正

三、器材

(1)菌种。细菌三型片标本。

(2)仪器或其他用具。目镜测微尺、镜台测微尺、显微镜、擦镜纸、香柏油等。

四、操作步骤

1. 目镜测微尺的标定

装目镜测微尺:取出接目镜,把目镜上的透镜旋下,将目镜测微尺的刻度朝下放在接目镜筒内的隔板上,然后旋上目镜透镜,最后将此目镜插入镜筒内(图 13.6(b))。

2. 校正目镜测微尺

(1)放置镜台测微尺。将镜台测微尺置于显微镜的载物台上,使刻度面朝上。

(2)校正。先用低倍镜观察,将镜台测微尺有刻度的部分移至视野中央,调节焦距,当清晰看到镜台测微尺的刻度后,转动接目镜使目镜测微尺的刻度与镜台测微尺的刻度平行。移动推动器,使两尺在某一区域内两线完全重合,然后分别数出两重合线之间镜台测微尺和目镜测微尺所占的格数(图 13.6(c))。

用同样的方法换成高倍镜和油镜进行校正,分别测出在高倍镜和油镜下,两重合线之间两尺分别所占的格数。

观察时光线不宜过强,否则难以找到镜台测微尺的刻度;换高倍镜和油镜校正时,务必十分细心,防止物镜压坏镜台测微尺和损坏镜头。

(3)计算。根据计数得到的目镜测微尺和镜台测微尺重合线之间各自所占的格数,出目镜测微尺每小格所代表的实际长度为

$$目镜测微尺每小格长度/\mu m = \frac{两重合线间镜台测微尺格数 \times 10}{两重合线间目镜测微尺格数}$$

其中 10 代表镜台测微尺每格长 $10\mu m$。

3. 菌体大小的测定

目镜测微尺校正后,移去镜台测微尺,换上细菌三型片标本。先用低倍镜和高倍镜找到标本后,换油镜测定细菌三型片中球菌直径和杆菌的宽度和长度。测定时,通过转动目镜测微尺(或转动染色标本),测出细菌直径或宽和长所占目镜测微尺的格数。最后将测得的格数乘以目镜测微尺(用油镜时)每格所代表的长度,即为该菌的实际大小。

在同一标本上需测定 3~5 个菌体,求出其平均值,才能代表该菌的大小。而且一般是用对数生长期的菌体来进行测定。

4. 测定完毕

取出目镜测微尺,将接目镜放回镜筒,再将目镜测微尺和镜台测微尺分别用擦镜纸擦拭后,放回盒内保存。

五、实验报告

1. 结果

(1)将目镜测微尺校正结果填入表 13.1 中。

表 13.1　目镜测微尺校正结果

物镜	物镜倍数	目镜测微尺格数	镜台测微尺格数	目镜测微尺每格代表的长度/μm
低倍镜				
高倍镜				
油镜				

(2)将各菌测定结果填入表 13.2 中。

表 13.2　微生物大小测定结果

微生物名称	目镜测微尺每格代表的长度/μm	宽		长		菌体大小范围/μm
		目镜测微尺格数	宽度/μm	目镜测微尺格数	长度/μm	
球菌						
杆菌						
螺旋菌						

2. 思考题

(1)为什么更换不同放大倍数的目镜或物镜时,必须用镜台测微尺重新对目镜测微尺进行校正?

(2)在不改变目镜和目镜测微尺,而改用不同放大倍数的物镜来测定同一细菌的大小时,其测定结果是否相同?为什么?

实验八　微生物显微镜直接计数法——血细胞计数板法

一、目的要求

(1)明确血细胞计数板计数的原理。
(2)掌握使用血球计数板进行微生物计数的方法。

二、基本原理

利用血球计数板在显微镜下直接计数,是一种常用的微生物计数方法。此法的优点是直观、快速。将经过适当稀释的菌悬液(或孢子悬液)放在血球计数板载玻片与盖玻片之间的计数室中,在显微镜下进行计数。由于计数室的容积是一定的($0.1 mm^2$),所以可以根据在显微镜下观察到的微生物数目来换算成单位体积内的微生物总数目。由于此法计得的是活菌体和死菌体的总和,故又称为总菌计数法。

血球计数板,通常是一块特制的载玻片,其上由四条槽构成三个平台。中间的平台又被一短横槽隔成两半,每边的平台上各刻有一个方格网,每个方格网共分九个大方格,中间的大方格即为计数室,微生物的计数就在计数室中进行。血球计数板构造如图13.7所示。

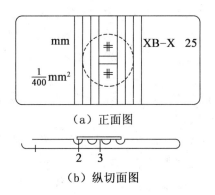

(a)正面图

(b)纵切面图

图13.7　血细胞计数板构造

计数室的刻度一般有两种规格:一种是一个大方格分成16个中方格,而每个中方格又分成25个小方格;另一种是一个大方格分成25个中方格,而每个中方格又分成16个小方格。但无论是哪种规格的计数板,每个大方格中的小方格数都是相同的,即$16 \times 25 = 400$小方格。每个大方格边长为1 mm,则每个大方格的面积为1 mm^2,盖上盖玻片后,载玻片与盖玻片之间的高度为0.1 mm,所以计数室的容积为0.1 mm^3。

在计数时,通常数五个中方格的总菌数,然后求得每个中方格的平均值,再乘上 16 或 25,就得出一个大方格中的总菌数,然后再换算成 1 mL 菌液中的总菌数。

下面以一个大方格有 25 个中方格的计数板为例进行计算:设五个中方格中总菌数为 A,菌液稀释倍数为 B,因为

$$1 \text{ mL} = 1 \text{ cm}^3 = 1\ 000 \text{ mm}^3$$

故

$$1 \text{ mL 菌液中的总菌数}/\text{个} = \frac{A}{5} \times 25 \times 10^4 \times B = 50\ 000 A \cdot B$$

同理,如果是 16 个中方格的计数板,则

$$1 \text{ mL 菌液中的总菌数}/\text{个} = \frac{A}{4} \times 16 \times 10^4 \times B = 40\ 000 A \cdot B$$

三、器材

(1)菌种。酿酒酵母。
(2)仪器或其他用具。血细胞计数板、显微镜、盖玻片、胶头滴管等。

四、操作步骤

1. 菌悬液制备

将酿酒酵母菌悬液进行适当稀释,菌液如不浓,可不必稀释。

2. 镜检计数室

在加样前,先对计数板的计数室进行镜检。若有污物,则需清洗吹干后才能进行计数。

3. 加样品

将清洁干燥的血细胞计数板盖上盖玻片,再用无菌的细口滴管将稀释的酿酒酵母菌液由盖玻片边缘滴一小滴(不宜过多),让菌液沿缝隙靠毛细渗透作用自行进入计数室,一般计数室均能充满菌液。注意不可有气泡产生。

4. 显微镜计数

静止 5 min 后,将血细胞计数板置于显微镜载物台上,先用低倍镜找到计数室所在位置,然后换成高倍镜进行计数。

调节显微镜光线的强弱要适当,对于用反光镜采光的显微镜还要注意光线不要偏向一边,否则视野中不易看清楚计数室方格线,或只见竖线或只见横线。

在计数前若发现菌液太浓或太稀,需重新调节稀释度后再计数。一般样品稀释度要求每小格内有 5~10 个菌体为宜。每个计数室选五个中格(可选四个角和中央的中格)中的菌体进行计数。位于格线上的菌体一般只数上方和右边线上的。如遇酵母出芽,芽体大小达到母细胞的一半时,即作两个菌体计数。计数一个样品要从两个计数室中计得的值来计算样品的含菌量。

5. 清洗血球计数板

使用完毕后,将血细胞计数板在水龙头上用水柱冲洗,切勿用硬物洗刷,洗完后自行

晾干或用吹风机吹干。镜检，观察每小格内是否有残留菌体或其他沉淀物。若不干净，则必须重复洗涤至干净为止。

五、实验报告

1. 结果

将结果记录于表 13.3 中。A 表示五个中方格中的总菌数；B 表示菌液稀释倍数。

表 13.3　显微镜直接计数结果

	各中格中的菌数					A	B	二室平均值
	1	2	3	4	5			
第一室								
第二室								

2. 思考题

根据你实验的体会，说明用血球计数板计数的误差主要来自哪些方面？应如何尽量减少误差，力求准确？

实验九　微生物间接计数法——平板菌落计数法

一、目的要求

学习平板菌落计数的基本原理和方法。

二、基本原理

平板菌落计数法是将带待测样品经适当稀释后，其中的微生物充分分散成单个细胞，取一定量的稀释样液接种到平板上，经过培养，由每个单细胞生长繁殖而形成肉眼可见的菌落，即一个单菌落应代表原样品中的一个单细胞。统计菌落数，根据其稀释倍数和取样接种量即可换算出样品中的含菌数。但是，由于待测样品往往不易完全分散成单个细胞，所以，长成的一个单菌落也可能来自样品中的 2~3 或更多个细胞，因此平板菌落计数的结果往往偏低，为了清楚地阐述平板菌落计数的结果，现在已倾向使用菌落形成单位（colony-forming units，cfu）而不以绝对菌落数来表示样品的活菌数量。

平板菌落计数法虽然操作较繁琐，结果需要培养一段时间才能取得，而且测定值常受各种因素的影响，但是，由于该计数方法的最大优点是可以获得活菌的数量，所以被广泛用于生物制品检验（如活菌制剂）以及食品、饮料和水等的含菌指数或污染程度的检测。

三、器材

（1）菌种。大肠杆菌悬液。

（2）培养基。牛肉膏蛋白胨培养基。

(3)仪器或其他用具。1 mL无菌吸管、无菌平皿、盛有4.5 mL无菌水的试管、试管架、恒温培养箱等。

四、操作步骤

1. 编号

取无菌平皿九套,分别用记号笔标明10^{-4}、10^{-5}、10^{-6}各三套。另取六支盛有4.5 mL无菌水的试管,排列于试管架上,依次标明10^{-1}、10^{-2}、10^{-3}、10^{-4}、10^{-5}、10^{-6}。

2. 稀释

用1 mL无菌吸管精确地吸取0.5 mL已充分混匀的大肠杆菌悬液(待测样品),放入10^{-1}的试管中,注意吸管尖端不要碰到液面,以免吹出时,管内液体外溢。然后仍用此吸管将管内悬液来回吸吹三次,吸时伸入管底,吹时离开水面,使其混合均匀,此即为10倍稀释液。

另取一支吸管自10^{-1}试管吸0.5 mL放入10^{-2}试管中,此即为100倍稀释。其余以次类推。

放菌液时吸管尖不要碰到液面,即每个吸管只能接触一个稀释度的菌悬液,否则稀释不精确,结果误差较大。

3. 取样

用三支1 mL无菌吸管分别精确地吸取10^{-4}、10^{-5}、10^{-6}的稀释菌液0.1 mL,对号放入编好号的无菌培养皿中。

4. 倒平板

于上述盛有不同稀释度菌液的培养皿中,倒入溶化后冷却至45 ℃左右的肉膏蛋白胨琼脂培养基10~15 mL,置水平位置,迅速旋动平皿,使培养基与菌液混合均匀,而又不使培养基荡出或溅到平皿盖上。待凝固后,倒置于37 ℃温室中培养。

由于细菌易吸附到玻璃器皿表面,所以菌液加入到培养皿后,应尽快倒入融化并冷却至45 ℃左右的培养基,立即摇匀,否则细菌将不易分散或长成的菌落连在一起,影响计数。

5. 计数

培养48 h后,取出培养皿,算出同一稀释度三个平皿上的菌落平均数,并按下列公式进行计算。

每毫升中菌落形成单位/cfu = 同一稀释度三次重复的菌落平均数 × 稀释倍数 × 10

一般选择每个平板上长有30~300个菌落的稀释度计算每毫升的菌数最为合适。同一稀释度的三个重复的菌数不能相差很悬殊。由10^{-4}、10^{-5}、10^{-6}三个稀释度计算出的每毫升菌液中总活菌数也不能相差悬殊,如相差较大,则表示试验不精确。

平板菌落计数法所选择倒平板的稀释度是很重要的,一般以三个稀释度中的第二稀释度倒平板所出现的平均菌落数在50个左右为最好,否则要适当增加或减少稀释度加以调整。

平板菌落计数法的操作除上述外,还可用涂布平板的方法进行。二者操作基本相同,所不同的是涂布平板法是先将牛肉膏蛋白胨琼脂培养基溶化后倒平板,待凝固后编号,并于 37 ℃温室中烘烤 30 min 左右,使其干燥,然后用无菌吸管吸取 0.1 mL 菌液对号接种于不同稀释度编号的培养皿中的培养基上,再用无菌玻璃刮棒将菌液在平板上涂布均匀,平放于实验台上 20~30 min,使菌液渗透入培养基内,然后再倒置于 37 ℃的温室中培养。

五、实验报告

1. 结果

将培养后菌落计数结果填入表 13.4。

表 13.4 菌落计数结果

稀释度	10^{-4}				10^{-5}				10^{-6}			
菌落数	1	2	3	平均值	1	2	3	平均值	1	2	3	平均值
每毫升菌落形成单位												

2. 思考题

(1) 为什么溶化后的培养基要冷却至 45 ℃左右才能倒平板?

(2) 要使平板菌落计数准确,需要掌握哪几个关键技术?为什么?

(3) 同一种菌液用血球计数板和平板菌落计数法同时计数,所得结果是否相同?为什么?

(4) 试比较平板菌落计数法和显微镜下直接计数法的优缺点。

(5) 为什么在稀释样品时,每一稀释度要换一支移液管?

13.4 培养基的制备及灭菌

实验十 培养基的制备

一、目的要求

学习和掌握配制培养基的一般方法和步骤。

二、基本原理

培养基是人工配置的适合微生物生长繁殖或产生代谢产物的混合养料。牛肉膏蛋白胨培养基是一种应用最为广泛和最为普通的细菌基础培养基,有时又称为普通培养基。基础培养基含有牛肉膏、蛋白胨和 NaCl。其中牛肉膏为微生物提供碳源、能源、磷酸盐和维生素,蛋白胨主要提供氮源和维生素,而 NaCl 提供无机盐。在配置固体培养基时还要加入一定量琼脂作凝固剂,琼脂在常用浓度下 96 ℃时溶化,40 ℃时凝固。高氏 1 号培养基是用来培养和观察放线菌形态特征的合成培养基。此合成培养基的主要特点是含有很多种化学成分已知的无机盐,这些无机盐可能相互作用而产生沉淀,其中磷酸盐和镁盐互相混合时便易产生沉淀。因此在混合培养基成分时,一般要按配方的顺序依次溶解各成分,甚至有时还需要将两种或多种成分分别灭菌,使用时再按比例混合。

三、器材

(1)实验药品。牛肉膏、蛋白胨、琼脂、可溶性淀粉、葡萄糖、孟加拉红、链霉素、1 mol/L NaOH、1 mol/L HCl、KNO_3、NaCl、$K_2HPO_4 \cdot 3H_2O$、$MgSO_4 \cdot 7H_2O$、$FeSO_4 \cdot 7H_2O$。

(2)仪器或其他用具。试管、三角瓶、烧杯、量筒、玻璃棒、天平、牛角匙、pH 试纸、棉花、牛皮纸、记号笔、线绳、纱布、漏斗、漏斗架、胶管、止水夹等。

四、操作步骤

1. 牛肉膏蛋白胨培养基的配制

牛肉膏蛋白胨培养基是一种应用最广泛和最普通的细菌基础培养基。其配方如下:牛肉膏 3 g,蛋白胨 10 g,NaCl 5 g,琼脂 15~20 g,水 1 000 mL,pH 值 7.4~7.6。

(1)称药品。按实际用量计算后,按配方称取各种药品放入大烧杯中。牛肉膏可放在小烧杯或表面皿中称量,用热水溶解后倒入大烧杯;也可放在称量纸上称量,随后放入热水中,牛肉膏使与称量纸分离,立即取出纸片。注意,称药品用的牛角匙不要混用,称完药品应及时盖紧瓶盖;蛋白胨极易吸潮,故称量时要迅速。

(2)加热溶解。在烧杯中加入少于所需要的水量,然后放在石棉网上,小火加热,并用玻璃棒搅拌,待药品完全溶解后再补充水分至所需量。若配制固体培养基,则将称好的琼脂放入已溶解的药品中,再加热融化,在此过程中,需不断搅拌,以防琼脂糊底或溢出,最后补足所失的水分。

(3)调 pH 值。检测培养基的 pH 值,若 pH 值偏酸,可滴加 1mol/L NaOH,边加边搅拌,并随时用 pH 值试纸检测,直至达到所需 pH 值范围。若偏碱,则用 1mol/L HCl 进行调节。pH 值的调节通常放在加琼脂之前。注:pH 值不要调过头,以免回调而影响培养基内各离子的浓度。

(4)过滤。液体培养基可用滤纸过滤,固体培养基可用 4 层纱布趁热过滤,以利培养的观察。但是供一般使用的培养基,这步可省略。

(5)分装。按实验要求,可将配制的培养基分装入试管或三角瓶内。分装时可用漏斗以免使培养基沾在管口或瓶口上而造成污染。

分装量:固体培养基约为试管高度的 1/5,灭菌后制成斜面。分装入三角瓶内以不超过其容积的一半为宜。半固体培养基以试管高度的 1/3 为宜,灭菌后垂直待凝。

(6)加棉塞。试管口和三角瓶口塞上用普通棉花(非脱脂棉)制作的棉塞。棉塞的形状、大小和松紧度要合适,四周紧贴管壁,不留缝隙,才能起到防止杂菌侵入和有利通气的作用。要使棉塞总长约 3/5 塞入试管口或瓶口内,以防棉塞脱落。有些微生物需要更好的通气,则可用 8 层纱布制成通气塞。有时也可用试管帽或塑料塞代替棉塞。

(7)包扎。加塞后,将三角瓶的棉塞外包一层牛皮纸或双层报纸,以防灭菌时冷凝水沾湿棉塞。若培养基分装于试管中,则应以 5 支或 7 支在一起,再于棉塞外包一层牛皮纸,用绳扎好。然后用记号笔注明、培养基名称、组别、日期。

(8)灭菌。将上述培养基于121.3 ℃湿热灭菌20 min。如因特殊情况不能及时灭菌,则应放入冰箱内暂存。

(9)摆斜面。灭菌后,如制斜面,则需趁热将试管口端搁在一根长木条上,并调整斜度,使斜面的长度不超过试管总长的1/2。

(10)无菌检查。将灭菌的培养基放入37 ℃温箱中培养24~48 h,无菌生长即可使用,或储存于冰箱或清洁的橱内,备用。

2. 高氏1号培养基的配制

高氏1号培养基是用于分离和培养放线菌的合成培养基。其配方如下:可溶性淀粉20 g,1 g KNO_3,0.5 g NaCl,0.5 g $K_2HPO_4 \cdot 3H_2O$,0.5 g $MgSO_4 \cdot 7H_2O$,0.01 g $FeSO_4 \cdot 7H_2O$,15~20 g琼脂,1 000 mL水,pH值为7.4~7.6。

(1)称量和溶解。先计算后称量,按用量先称取可溶性淀粉,放入小烧杯中,并用少量冷水将其调成糊状,再加至少于所需水量的水,继续加热,边加热边搅拌,至其完全溶解。再加入其他成分依次溶解。对微量成分 $FeSO_4 \cdot 7H_2O$ 可先配成高浓度的储备液后再加入,方法是先在1 000 mL中加入1 g的 $FeSO4 \cdot H_2O$,配成质量浓度为0.01g/mL的储备液,再在1 000 mL培养基中加入以上储备液1 mL即可。待所有药品完全溶解后,补充水分到所需的总体积。如要配制固体培养基,其琼脂溶解过程同牛肉膏蛋白胨培养基配制。

(2)pH值调节、分装、包扎及无菌检查。同牛肉膏蛋白胨培养基配制。

3. 马丁氏培养基的配制

马丁氏培养基是用于分离真菌的选择培养基。其配方如下:1 g K_2HPO_4,0.5 g $MgSO_4 \cdot 7H_2O$,5 g蛋白胨,10 g葡萄糖,15~20 g琼脂,水1 000 mL,自然pH值。

(1)称量和溶解。先计算后称量,按用量称取各成分,并将其溶解在少于所需的水中。待各成分完全溶解后,补充水分到所需体积。再将孟加拉红配成1%(质量分数)的水溶液,在1 000 mL培养液中加入以上孟加拉红溶液3.3 mL,混匀后,加入琼脂加热融化,方法同牛肉膏蛋白胨培养基配制。

(2)分装、包扎、灭菌及无菌检查同牛肉膏蛋白胨培养基配制。

(3)链霉素的加入。链霉素受热容易分解,所以临用时,将培养基融化后待温度降至45 ℃左右时才能加入。可先将链霉素配成1%(质量分数)的溶液(配好的链霉素溶液保存于-20 ℃),在100 mL培养基中加1%(质量分数)链霉素0.3 mL,使每毫升培养基中含链霉素30 μg。

五、实验报告

1. 结果

记录本实验配制培养基的名称、数量,并图解说明其配制过程,指明要点。

2. 思考题

(1)配制培养基有哪几个步骤?在操作过程中应注意些什么问题?为什么?

(2)培养基配制完成后,为什么必须立即灭菌?若不能及时灭菌应如何处理?已灭菌的培养基如何进行无菌检查？

(3)试设计实验对饮料进行无菌检查。

实验十一　高压蒸汽灭菌

一、目的要求

(1)了解高压蒸汽灭菌的基本原理及应用范围。

(2)学习高压蒸汽灭菌的操作方法。

二、基本原理

高压蒸汽灭菌是将待灭菌的物品放在一个密闭的加压灭菌锅内，通过加热，使灭菌锅隔套间的水沸腾而产生蒸汽。待水蒸气急剧地将锅内的冷空气从排气阀中驱尽，然后关闭排气阀，继续加热，此时由于蒸汽不能溢出，而增加了灭菌器内的压力，从而使沸点增高，得到高于100 ℃的温度，导致菌体蛋白质凝固变性而达到灭菌的目的。

在同一温度下，湿热的杀菌效力比干热大，其原因有三：一是湿热中细菌菌体吸收水分，蛋白质较易凝固，因蛋白质含水量增加，所需凝固温度降低(表13.5)；二是湿热的穿透力比干热大(表13.6)；三是湿热的蒸汽有潜热存在，每1 g水在100 ℃时，由气态变为液态时可放出2.26 kJ的热量。这种潜热，能迅速提高被灭菌物体的温度，从而增加灭菌效力。

表13.5　蛋白质含水量与凝固所需温度的关系

卵蛋白含量/%	30 min 内凝固所需温度/℃
50	56
25	74～80
18	80～90
6	145
0	160～170

表13.6　干热与湿热穿透力及灭菌效果比较

温度/℃	时间/h	透过布层的温度/℃			灭菌
		20层	40层	100层	
干热130～140	4	86	72	70.5	不完全
湿热105.3	3	101	101	101	完全

在使用高压蒸汽灭菌锅灭菌时，灭菌锅内冷空气的排除是否完全极为重要，因为空气的膨胀压大于水蒸气的膨胀压，所以，当水蒸气中含有空气时，在同一压力下，含空气蒸汽的温度低于饱和蒸汽的温度。

一般培养基用0.1MPa(相当于1.05 kg/cm^2)，121.5 ℃，15～30 min可达到彻底灭菌的目的。灭菌的温度及维持的时间随灭菌物品的性质和容量等具体情况而有所改变。

例如，含糖培养基用 0.06 MPa(0.56 kg/cm^2)，112.6 ℃灭菌 15 min，但为了保证效果，可将其他成分先行 121.5 ℃，20 min 灭菌，然后以无菌操作手续加入灭菌的糖溶液。又如，盛于试管内的培养基以 0.1 MPa，121.5 ℃灭菌 20 min 即可，而盛于大瓶内的培养基最好以 0.1 MPa 灭菌 30 min。

实验室中常用的高压蒸汽灭菌锅有立式、卧式和手提式等几种，本实验介绍手提式高压蒸汽灭菌锅的使用方法。

三、器材

牛肉膏蛋白胨培养基，培养皿(六套一包)，手提式高压蒸汽菌锅等。

四、操作步骤

(1) 首先将内层锅取出，再向外层锅内加入适量的水，使水面与三角搁架相平为宜。切勿忘记加水，同时加水量不可过少，以防灭菌锅烧干而引起炸裂事故。

(2) 放回内层锅，并装入待灭菌物品。注意不要装得太挤，以免妨碍蒸汽流通而影响灭菌效果。三角烧瓶与试管口端均不要与桶壁接触，以免冷凝水淋湿包口的纸而透入棉塞。

(3) 加盖，并将盖上的排气软管插入内层灭菌桶的排气槽内。再以两两对称的方式同时旋紧相对的两个螺栓，使螺栓松紧一致，勿使其漏气。

(4) 用电炉或煤气加热，并同时打开排气阀，使水沸腾以排除锅内的冷空气。待冷空气完全排尽后，关上排气阀，让锅内的温度随蒸汽压力增加而逐渐上升。当锅内压力升到所需压力时，控制热源，维持压力至所需时间。本实验用 1.05 kg/cm^2、121.5 ℃，20 min 灭菌。

(5) 灭菌所需时间到后，切断电源或关闭煤气，让灭菌锅内温度自然下降，当压力表的压力降至 0 时，打开排气阀，旋松螺栓，打开盖子，取出灭菌物品。

压力一定要降到 0 时，才能打开排气阀，开盖取物。否则会因锅内压力突然下降，使容器内的培养基由于内外压力不平衡而冲出烧瓶口或试管口，造成棉塞沾染培养基而发生污染，甚至灼伤操作者。

(6) 将取出的灭菌培养基放入 37 ℃温箱培养 24 h，经检查若无杂菌生长，即可待用。

五、实验报告

1. 结果

检查培养基灭菌是否彻底。

2. 思考题

(1) 高压蒸汽灭菌开始之前，为什么要将锅内冷空气排尽？灭菌完毕后，为什么要待压力降到 0 时才能打开排气阀，开盖取物？

(2) 在使用高压蒸汽灭菌锅灭菌时，怎样杜绝一切不安全的因素？

13.5 微生物的纯培养

自然界中各种微生物混杂地生活在一起,要研究某种微生物的特性,其先决条件必须使该微生物处于纯培养状态,也就是说,培养的是微生物的某一个种或株,培养中的所有细胞有着共同的来源和仅是同一细胞的后代。使用显微操作器(micromanipulator)单细胞挑取法,可以直接得到纯培养,但一般都用稀释涂布平板法或稀释混合平板法或划线平板法来分离、纯化微生物以获得纯培养,因后几种方法不需要特殊的仪器设备,一般情况下都可顺利地进行,效果也好。

不同的微生物培养在固体、液体或半固体培养基中,微生物自身的群体形态和它的生长繁殖情况都不一样,表现出一定的培养特征和生长规律,了解它们的培养特征和生长繁殖规律,对识别和控制利用微生物具有重要价值。

纯培养所得到的菌种,每个菌种都具有自己的特性,例如形态、生理、生化、血清学和遗传特性等,因此,无论研究工作或生产,只有每次使用同一菌种,才能得到同样的结果,这样就需要将菌种(纯培养物)保藏起来,以备每次使用,这也说明菌种保藏工作是整个微生物学工作的基础,是一项很重要的工作。

实验十二 微生物的分离和纯化

一、目的要求

掌握倒平板的方法和几种分离纯化微生物的基本操作技术。

二、基本原理

在土壤、水、空气或人及动、植物体中,不同种类的微生物绝大多数都是混杂生活在一起,当我们希望获得某一种微生物时,就必须从混杂的微生物类群中分离它,以得到只含有这一种微生物的纯培养,这种获得纯培养的方法称为微生物的分离与纯化。

为了获得某种微生物的纯培养,一般是根据该微生物对营养、酸碱度、氧等条件要求不同,而供给它适宜的培养条件,或加入某种抑制剂造成只利于此菌生长,而抑制其他菌生长的环境,从而淘汰其他一些不需要的微生物,再用稀释涂布平板法或稀释混合平板法或平板划线分离法等分离、纯化该微生物,直至得到纯菌株。

土壤是微生物生活的大本营,在这里生活的微生物无论是数量和种类都是极其多样的,因此,土壤是我们开发利用微生物资源的重要基地,可以从其中分离、纯化到许多有用的菌株。

三、器材

高氏1号琼脂培养基,肉膏蛋白胨琼脂培养基,马丁氏琼脂培养基,盛9 mL无菌水的试管,盛90 mL无菌水并带有玻璃珠的三角烧瓶,无菌玻璃涂棒,无菌吸管,接种环,

10%酚,无菌培养皿,链霉素,土样等。

四、操作步骤

1. 稀释涂布平板法

(1)倒平板。将肉膏蛋白胨培养基、高氏1号琼脂培养基、马丁氏琼脂培养基溶化,待冷至55~60℃时,向高氏1号琼脂培养基中加入10%酚数滴,向马丁氏培养基中加入链霉素溶液,使每毫升培养基中含链霉素30 μg。然后分别倒平板,每种培养基倒三皿,其方法是右手持盛培养基的试管或三角烧瓶,置火焰旁边,左手拿平皿并松动试管塞或瓶塞,用手掌边缘和小指、无名指夹住拔出,如果试管内或三角烧瓶内的培养基一次可用完,则管塞或瓶塞不必夹在手指中。试管(瓶)口在火焰上灭菌,然后左手将培养皿盖在火焰附近打开一缝,迅速倒入培养基约15 mL,加盖后轻轻摇动培养皿,使培养基均匀分布,平置于桌面上,待凝后即成平板。也可将平皿放在火焰附近的桌面上,用左手的食指和中指夹住管塞并打开培养皿,再注入培养基,摇匀后制成平板,如图13.8所示。最好是将平板放室温2~3天,或37℃培养24 h,检查无菌落及皿盖无冷凝水后再使用。

图13.8 倒平板操作示意图

(2)制备土壤稀释液。称取土样10 g,放入盛90 mL无菌水并带有玻璃珠的三角烧瓶中,振摇约20分钟,使土样与水充分混合,将菌分散。用一支1 mL无菌吸管从中吸取1 mL土壤悬液注入盛有9 mL无菌水的试管中,吹吸三次,使充分混匀。然后再用一支1mL无菌吸管从此试管中吸取1 mL注入另一盛有9 mL无菌水的试管中,以此类推制成10^{-1}、10^{-2}、10^{-3}、10^{-4}、10^{-5}、10^{-6}各种稀释度的土壤溶液。

(3)涂布。将上述每种培养基的三个平板底面分别用记号笔写上10^{-4}、10^{-5}和10^{-6}三种稀释度,然后用三支1 mL无菌吸管分别由10^{-4}、10^{-5}和10^{-6}三管土壤稀释液中各吸取0.2 mL对号放入已写好稀释度的平板中,用无菌玻璃涂棒在培养基表面轻轻地涂布均匀,如图13.9所示。

图 13.9 涂布平板操作示意图

（4）培养。将高氏 1 号培养基平板和马丁氏培养基平板倒置于 28℃ 温室中培养 3~5 日，肉膏蛋白胨平板倒置于 37℃ 温室中培养 2~3 日。

（5）挑菌。将培养后长出的单个菌落分别挑取接种到上述三种培养基的斜面上，分别置 28℃ 和 37℃ 温室中培养，待菌苔长出后，检查菌苔是否单纯，也可用显微镜涂片染色检查是否是单一的微生物，若有其他杂菌混杂，就要再一次进行分离、纯化，直到获得纯培养。

2. 稀释混合平板法

此法与稀释涂布平板法基本相同，无菌操作也一样，所不同的是先分别吸取 0.5 mL 10^{-4}、10^{-5}、10^{-6} 稀释度的土壤悬液对号放入平皿中，然后再倒入溶化后冷却到 45℃ 左右的培养基中，边倒入边摇匀，使样品中的微生物与培养基混合均匀，待冷凝成平板后，分别倒置于 28℃ 和 37℃ 温室中培养后，再挑取单个菌落，直至获得纯培养。

3. 平板划线分离法

（1）按稀释涂布平板法倒平板，并用记号笔标明培养基名称。

（2）划线在近火焰处，左手拿皿底，右手拿接种环，挑取上述 10^{-1} 的土壤悬液一环在平板上划线（图 13.10）。划线的方法很多，但无论哪种方法划线，其目的都是通过划线将样品在平板上进行稀释，使形成单个菌落。常用的划线方法有下列两种：

①用接种环以无菌操作挑取土壤悬液一环，先在平板培养基的一边作第一次平行划线 3~4 条，再转动培养皿约 70°角，并将接种环上剩余物烧掉，待冷却后通过第一次划线部分作第二次平行划线，再用同法通过第二次平行划线部分作第三次平行划线和通过第三次平行划线部分作第四次平行划线（图 13.11（a））。划线完毕后，盖上皿盖，倒置于温室培养。

②将挑取有样品的接种环在平板培养基上作连续划线（图 13.11（b））。划线完毕后，盖上皿盖，倒置温室培养。

（3）挑菌。同稀释涂布平板法，一直到菌分纯为止。

图 13.10 平板划线分离操作示意图

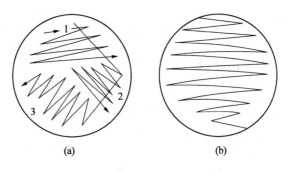

图 13.11 平板分离划线轨迹图

五、实验报告

1. 结果

在你所实验的三种培养基平板上长出的菌落分属于哪个类群？简述它们的菌落形态特征。

2. 思考题

(1) 在平板划线法①中，为什么每次都需将接种环上的剩余物烧掉？

(2) 为什么要将培养皿倒置培养？

实验十三　大肠杆菌生长曲线测定

一、目的要求

了解大肠杆菌生长曲线的基本特征，从而认识微生物在一定条件下生长、繁殖的规律。

二、基本原理

一定量的微生物，接种在适合的新鲜液体培养基中，在适宜的温度下培养，以菌数的对数作纵坐标，生长时间作横坐标，做出的曲线叫生长曲线。一般可分为延迟期、对数期、稳定期和衰亡期四个时期。不同的微生物有不同的生长曲线，同一种微生物在不同的培养条件下，其生长曲线也不一样。因此，测定微生物的生长曲线对于了解和掌握微生物的生长规律是很有帮助的。

测定微生物生长曲线的方法很多，有血球计数法、平板菌落计数法、称重法、比浊法等。本实验采用比浊法测定，由于细菌悬液的浓度与混浊度成正比，因此，可利用光电比色计测定菌悬液的光密度来推知菌液的浓度，并将所测得的光密度值（OD 值）与其对应的培养时间作图，即可绘出该菌在一定条件下的生长曲线。现已有直接用试管就可以测定 OD 值的光电比色计，只要接种一支试管，定期用它测定，便可做出该菌的生长曲线。

三、器材

(1) 培养 18～20 h 的大肠杆菌培养液，盛有 5 mL 肉膏蛋白胨液体培养基的大试管

12 支;

(2)72 型或 72.1 型分光光度计,自控水浴振荡器或摇床,无菌吸管等。

四、操作步骤

1. 编号

取 11 支盛有肉膏蛋白胨液体培养基的大试管,用记号笔标明培养时间,即 0、1.5、3、4、6、8、10、12、14、16、20 h。

2. 接种

用 1 mL 无菌吸管,每次准确地吸取 0.2 mL 大肠杆菌培养液,分别接种到已编号的 11 支肉膏蛋白胨液体培养基大试管中,接种后振荡,使菌体混匀。

3. 培养

将接种后的 11 支试管置于自控水浴振荡器或摇床上,37℃ 振荡培养。分别在 0、1.5、3、4、6、8、10、12、14、16、20 h 将编号为对应时间的试管取出,立即放冰箱中贮存,最后一同比浊测定光密度值。

4. 比浊测定

以未接种的肉膏蛋白胨培养基作空白对照,选用 540~560 nm 波长进行光电比浊测定。从最稀浓度的菌悬液开始依次进行测定,对浓度大的菌悬液用未接种的肉膏蛋白胨液体培养基适当稀释后测定,使其光密度值在 0.1~0.65 以内,记录 OD 值时,注意乘上所稀释的倍数。

五、实验报告

1. 结果

(1)将测定的 OD 值填入表 13.7 中。

表 13.7 光密度值

时间(h)	对照	0	1.5	3	4	6	8	10	12	14	16	20
光密度值(OD)												

(2)绘制大肠杆菌的生长曲线。

2. 思考题

(1)为什么说用比浊法测定的细菌生长只是表示细菌的相对生长状况?

(2)在生长曲线中为什么会出现稳定期和衰亡期?在生产实践中怎样缩短延迟期?怎样延长对数期及稳定期?怎样控制衰亡期?试举例说明。

实验十四　菌种保藏

一、目的要求

学习与比较几种菌种保藏的方法。

二、基本原理

微生物具有容易变异的特性,因此,在保藏过程中,必须使微生物的代谢处于最不活跃或相对静止的状态,才能在一定的时间内使其不发生变异而又保持生活能力。

低温、干燥和隔绝空气是使微生物代谢能力降低的重要因素,所以,菌种保藏方法虽多,但都是根据这三个因素而设计的。

保藏方法大致可分为以下几种:

1. 传代培养保藏法

传代培养保藏法又称定期移植保藏法,包括斜面培养、穿刺培养、液体培养等。它是指将菌种接种于适宜的培养基中,在最适条件下培养,待菌种生长完后,通常置于4℃ ~ 6℃进行保存并间隔一定时间进行移植培养的菌种保藏方法。

2. 液体石蜡覆盖保藏法

液体石蜡覆盖保藏法是传代培养的变相方法,能够适当延长保藏时间,它是在斜面培养物和穿刺培养物上面覆盖灭菌的液体石蜡,一方面可防止因培养基水分蒸发而引起菌种死亡,另一方面可阻止氧气进入,以减弱代谢作用。

3. 载体保藏法

载体保藏法是将微生物吸附在适当的载体,如土壤、沙子、硅胶、滤纸上,而后进行干燥的保藏法,例如沙土保藏法和滤纸保藏法应用相当广泛。

4. 寄主保藏法

寄主保藏法用于目前尚不能在人工培养基上生长的微生物,如病毒、立克次氏体、螺旋体等,它们必须在生活的动物、昆虫、鸡胚内感染并传代,此法相当于一般微生物的传代培养保藏法。病毒等微生物亦可用其他方法如液氮保藏法与冷冻干燥保藏法进行保藏。

5. 冷冻保藏法

冷冻保藏法可分低温冰箱(-20 ~ -30℃, -50 ~ -80℃)、干冰酒精快速冻结(约 -70℃)和液氮(-196℃)等保藏法。

6. 冷冻干燥保藏法

冷冻干燥保藏法是先使微生物在极低温度(-70℃左右)下快速冷冻,然后在减压下利用升华现象除去水分(真空干燥)。

有些方法如滤纸保藏法、液氮保藏法和冷冻干燥保藏法等均需使用保护剂来制备细胞悬液,以防止因冷冻或水分不断升华对细胞的损害。保护性溶质可通过氢和离子键对水和细胞所产生的亲和力来稳定细胞成分的构型。保护剂有牛乳、血清、糖类、甘油、二甲亚砜等。

三、器材

(1) 细菌、酵母菌、放线菌和霉菌。

(2) 肉膏蛋白胨斜面培养基,灭菌脱脂牛乳,灭菌水,化学纯的液体石蜡,甘油,五氧化二磷,河沙,瘦黄土或红土,冰块,食盐,干冰,95%酒精,10%盐酸,无水氯化钙。

(3) 灭菌吸管,灭菌滴管,灭菌培养皿,管形安瓿管,泪滴形安瓿管(长颈球形底),40目与100目筛子,油纸,滤纸条(0.5×1.2 cm),干燥器,真空泵,真空压力表,喷灯,L形五通管,冰箱,低温冰箱(-30℃),液氮冷冻保藏器。

四、操作步骤、各保藏法的应用范围及优缺点

下列各法可根据实验室具体条件与需要选做。

1. 斜面低温保藏法

将菌种接种在适宜的固体斜面培养基上,待菌充分生长后,棉塞部分用油纸包扎好,移至2~8℃的冰箱中保藏。

保藏时间依微生物的种类而有所不同,霉菌、放线菌及有芽孢的细菌保存2~4个月,移种一次。酵母菌两个月,细菌最好每月移种一次。

此法为实验室和工厂菌种室常用的保藏法,优点是操作简单,使用方便,不需特殊设备,能随时检查所保藏的菌株是否死亡、变异与污染杂菌等。缺点是容易变异,因为培养基的物理、化学特性不是严格恒定的,屡次传代会使微生物的代谢改变,而影响微生物的性状;污染杂菌的机会亦较多。

2. 液体石蜡保藏法

(1) 将液体石蜡分装于三角烧瓶内,塞上棉塞,并用牛皮纸包扎,1.05 kg/cm²,121.3℃灭菌30 min,然后放在40℃温箱中,使水汽蒸发掉,备用。

(2) 将需要保藏的菌种,在最适宜的斜面培养基中培养,使得到健壮的菌体或孢子。

(3) 用灭菌吸管吸取灭菌的液体石蜡,注入已长好菌的斜面上,其用量以高出斜面顶端1 cm为准(图13.12),使菌种与空气隔绝。

(4) 将试管直立,置低温或室温下保存(有的微生物在室温下比冰箱中保存的时间还要长)。

此法实用而且效果好。霉菌、放线菌、芽孢细菌可保藏2年以上不死,酵母菌可保藏1~2年,一般无芽孢细菌也可保藏1年左右,甚至用一般方法很难保藏的脑膜炎球菌,在37℃温箱内,亦可保藏3个月之久。此法的优点是制作简单,不需特殊设备,且不需经常移种,缺点是保存时必须直立放置,所占位置较大,同时也不便携带。从液体石蜡下面取培养物移种后,接种环在火焰上烧灼时,培养物容易与残留的液体石蜡一起飞溅,应特别注意。

3. 滤纸保藏法

(1) 将滤纸剪0.5×1.2 cm的小条,装入0.6×8 cm的安瓿管中,每管1~2张,塞以棉塞,1.05 kg/cm²,121.3℃灭菌30 min。

(2)将需要保存的菌种,在适宜的斜面培养基上培养,使充分生长。

(3)取灭菌脱脂牛乳1~2 mL滴加在灭菌培养皿或试管内,取数环菌苔在牛乳内混匀,制成浓悬液。

(4)用灭菌镊子自安瓿管取滤纸条浸入菌悬液内,使其吸饱,再放回至安瓿管中,塞上棉塞。

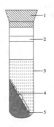

图13.12　液体石蜡保藏法
1—胶塞；　2—标签；　3—液体石蜡；　4—菌种；　5—培养基

(5)将安瓿管放入内有五氧化二磷作吸水剂的干燥器中,用真空泵抽气至干。

(6)将棉花塞入管内,用火焰熔封,保存于低温下。

(7)需要使用菌种,复活培养时,可将安瓿管口在火焰上烧热,滴一滴冷水在烧热的部位,使玻璃破裂,再用镊子敲掉口端的玻璃,待安瓿管开启后,取出滤纸,放入液体培养基内,置温箱中培养。

细菌、酵母菌、丝状真菌均可用此法保藏,前两者可保藏2年左右,有些丝状真菌甚至可保藏14~17年之久。此法较液氮、冷冻干燥法简便,不需要特殊设备。

4. 沙土保藏法

(1)取河沙加入10%稀盐酸,加热煮沸30 min,以去除其中的有机质。

(2)倒去酸水,用自来水冲洗至中性。

(3)烘干,用40目筛子过筛,以去掉粗颗粒,备用。

(4)另取非耕作层的不含腐植质的瘦黄土或红土,加自来水浸泡洗涤数次,直至中性。

(5)烘干,碾碎,通过100目筛子过筛,以去除粗颗粒。

(6)按一份黄土、三份沙的比例(或根据需要而用其他比例,甚至可全部用沙或全部用土)掺合均匀,装入10×100 mm的小试管或安瓿管中,每管装1 g左右,塞上棉塞,进行灭菌,烘干。

(7)抽样进行无菌检查,每10支沙土管抽一支,将沙土倒入肉汤培养基中,37℃培养48 h,若仍有杂菌,则需全部重新灭菌,再作无菌试验,直至证明无菌,方可备用。

(8)选择培养成熟的(一般指孢子层生长丰满的,营养细胞用此法效果不好)优良菌种,以无菌水洗下,制成孢子悬液。

(9)于每支沙土管中加入约0.5 mL(一般以刚刚使沙土润湿为宜)孢子悬液,以接种针拌匀。

(10)放入真空干燥器内,用真空泵抽干水分,抽干时间越短越好,务必在12 h内抽干。

(11)每10支抽取一支,用接种环取出少数沙粒,接种于斜面培养基上,进行培养,观察生长情况和有无杂菌生长,如出现杂菌或菌落数很少或根本不长,则说明制作的沙土管有问题,尚须进一步抽样检查。

(12)若经检查没有问题,用火焰熔封管口,放冰箱或室内干燥处保存。每半年检查一次活力和杂菌情况。

(13)需要使用菌种,复活培养时,取沙土少许移入液体培养基内,置温箱中培养。

此法多用于能产生孢子的微生物如霉菌、放线菌,因此在抗生素工业生产中应用最广,效果亦好,可保存2年左右,但应用于营养细胞效果不佳。

5. 液氮冷冻保藏法

(1)准备安瓿管。用于液氮保藏的安瓿管,要求能耐受温度突然变化而不致破裂,因此,需要采用硼硅酸盐玻璃制造的安瓿管,安瓿管的大小通常使用 75×10 mm 的,或能容 1.2 mm 液体的。

(2)加保护剂与灭菌。保存细菌、酵母菌或霉菌孢子等容易分散的细胞时,则将空安瓿管塞上棉塞,1.05 kg/cm^2,121.3℃灭菌 15 min;若作保存霉菌菌丝体用则需在安瓿管内预先加入保护剂如10%的甘油蒸馏水溶液或10%二甲亚砜蒸馏水溶液,加入量以能浸没以后加入的菌落圆块为限,而后再用 1.05 kg/cm^2,121.3℃灭菌 15 min。

(3)接入菌种。将菌种用10%的甘油蒸馏水溶液制成菌悬液,装入已灭菌的安瓿管;霉菌菌丝体则可用灭菌打孔器,从平板内切取菌落圆块,放入含有保护剂的安瓿管内,然后用火焰熔封。浸入水中检查有无漏洞。

(4)冻结。再将已封口的安瓿管以每分钟下降1℃的慢速冻结至-30℃。若细胞急剧冷冻,则在细胞内会形成冰的结晶,因而降低存活率。

(5)保藏。经冻结至-30℃的安瓿管立即放入液氮冷冻保藏器的小圆筒内,然后再将小圆筒放入液氮保藏器内。液氮保藏器内的气相为-150℃,液态氮内为-196℃。

(6)恢复。培养保藏的菌种需要用时,将安瓿管取出,立即放入38~40℃的水浴中进行急剧解冻,直到全部融化为止。再打开安瓿管,将内容物移入适宜的培养基上培养。

此法除适宜于一般微生物的保藏外,对一些用冷冻干燥法都难以保存的微生物如支原体、衣原体、氢细菌、难以形成孢子的霉菌、噬菌体及动物细胞均可长期保藏,而且性状不变异。缺点是需要特殊设备。

6. 冷冻干燥保藏法

(1)准备安瓿管。用于冷冻干燥菌种保藏的安瓿管宜采用中性玻璃制造,形状可用长颈球形底的,亦称泪滴型安瓿管,大小要求外径 6~7.5 mm,长 105 mm,球部直径 9~11 mm,壁厚 0.6~1.2 mm。也可用没有球部的管状安瓿管。塞好棉塞,1.05 kg/cm^2,121.3℃灭菌 30 min,备用。

(2)准备菌种。用冷冻干燥法保藏的菌种,其保藏期可达数年至十数年,为了在许多年后不出差错,故所用菌种要特别注意其纯度,即不能有杂菌污染,然后在最适培养基中用最适温度培养,使培养出良好的培养物。细菌和酵母的菌龄要求超过对数生长期,若用对数生长期的菌种进行保藏,其存活率反而降低。一般,细菌要求 24~48 h 的培养物;酵母需培养3天;形成孢子的微生物则宜保存孢子;放线菌与丝状真菌则培养 7~10 天。

(3)制备菌悬液与分装。以细菌斜面为例,用脱脂牛乳 2 mL 左右加入斜面试管中,制成浓菌液,每支安瓿管分装 0.2 mL。

(4)冷冻。冷冻干燥器有成套的装置出售,价值昂贵,此处介绍的是简易方法与装置,可达到同样的目的。

将分装好的安瓿管放低温冰箱中冷冻,无低温冰箱可用冷冻剂如干冰(固体 CO_2)酒精液或干冰丙酮液,温度可达 $-70℃$。将安瓿管插入冷冻剂,只需冷冻 4~5 min,即可使悬液结冰。

(5)真空干燥。为在真空干燥时使样品保持冻结状态,需准备冷冻槽,槽内放碎冰块与食盐,混合均匀,可冷至 $-15℃$。安瓿管放入冷冻槽中的干燥瓶内。

抽气一般若在 30 min 内能达到 93.3 Pa(0.7 mmHg)真空度时,则干燥物不致熔化,以后再继续抽气,几小时内,肉眼可观察到被干燥物已趋干燥,一般抽到真空度 26.7 Pa(0.2 mmHg),保持压力 6~8 h 即可。

(6)封口。抽真空干燥后,取出安瓿管,接在封口用的玻璃管上,可用 L 形五通管继续抽气,约 10 min 即可达到 26.7 Pa(0.2 mmHg)。于真空状态下,以煤气喷灯的细火焰在安瓿管颈中央进行封口。封口以后,保存于冰箱或室温暗处。

此法为菌种保藏方法中最有效的方法之一,对一般生活力强的微生物及其孢子以及无芽胞菌都适用,即使对一些很难保存的致病菌,如脑膜炎球菌与淋病球菌等亦能保存。适用于菌种长期保存,一般可保存数年至十余年,但设备和操作都比较复杂。

五、实验报告

(1)经常使用的细菌菌种,应用哪一种方法保藏既好又简便?

(2)细菌用什么方法保藏的时间长而又不易变异?

(3)产孢子的微生物常用哪一种方法保藏?

13.6 微生物生理生化反应

微生物的代谢活动主要是各种物质的合成和分解过程,这些过程都是由微生物体内各种酶系控制的生物化学反应,所以微生物的生物化学是微生物生理学的主要内容,而且这些反应是鉴定微生物种类的重要依据之一。

微生物生理生化反应的多样性在自然界产生了两种结果:第一是使自然界的有机分子都有可能得到分解;第二是使不同微生物之间有了互相作用和互相依赖的基础。例如,一种微生物能利用另一种微生物所分解的产物,或者一种微生物的产物可抑制或杀死另一种微生物。所以微生物的生理生化反应也被作为细菌鉴定和分类的内容。

实验十五 糖发酵试验

一、目的要求

了解糖发酵的原理和在肠道细菌鉴定中的重要作用。

二、基本原理

糖发酵试验是最常用的生化反应,在肠道细菌的鉴定上尤为重要。绝大多数细菌都能利用糖类作为碳源和能源,但是它们在分解糖的能力上有很大的差异,有些细菌能分解某种糖并产酸(如乳酸、醋酸、丙酸等)和气体(如氢、甲烷、二氧化碳等);有些细菌只产酸不产气。例如,大肠杆菌能分解乳糖和葡萄糖产酸并产气;伤寒杆菌能分解葡萄糖产酸不产气,不能分解乳糖;普通变形杆菌分解葡萄糖产酸产气,不能分解乳糖。

酸的产生可利用指示剂来断定。在配制培养基时预先加入溴甲酚紫[pH值5.2(黄色)~6.8(紫色)],当发酵产酸时,可使培养基由紫色变为黄色。气体的产生可由发酵管中倒置的德汉氏小管中有无气泡来证明。

三、器材

(1)菌种。大肠杆菌、普通变形杆菌(*Proteus vulgaris*)。
(2)培养基。葡萄糖发酵培养基、乳糖发酵培养基(内装有倒置的德汉氏小管)。
(3)仪器或其他用具。试管架,接种环等。

四、操作步骤

1. 编号
用记号笔在各试管上分别标明发酵培养基名称和所接种的菌名。

2. 接种
取盛有葡萄糖发酵培养基的试管三支,按编号一支接种大肠杆菌,另一支接种普通变形杆菌,第三支不接种,作为对照。另取乳糖发酵培养基试管三支,同样一支接种大肠杆菌,一支接种普通变形杆菌,第三支不接种,作为对照。

(3)将上述已接种的葡萄糖和乳糖发酵试管和对照管置37 ℃温室中培养24 h。
(4)观察结果。

五、实验报告

结果:

将实验结果填入表13.8中。表中填入:"+",表示产酸不产气;"-",表示不产酸不产气。

表13.8 糖发酵试验结果

	大肠杆菌	普通变形菌	对照
葡萄糖发酵			
乳糖发酵			

实验十六　IMViC 试验

一、目的要求

了解 IMViC 反应的原理及其在肠道菌鉴定中的意义和方法。

二、基本原理

IMViC 是吲哚(indol test)、甲基红(methy1 red test)、伏—普(voges – prokauer test)和柠檬酸盐(citrate test)四个试验的缩写,I 是在英文中为了发音方便而加上的。这四个试验主要是用来快速鉴别大肠杆菌和产气肠杆菌(enterobacter aerogenes),多用于水的细菌学检查。大肠杆菌虽非致病菌,但在饮用水中若超过一定数量,则表示受粪便污染。产气肠杆菌也广泛存在于自然界中,因此检查水时要将两者分开。

吲哚试验是用来检测吲哚的产生。有些细菌能产生色氨酸酶,分解蛋白胨中的色氨酸产生吲哚和丙酮酸。吲哚与对二甲基氨基苯甲醛结合,形成红色的玫瑰吲哚。但并非所有微生物都具有分解色氨酸产生吲哚的能力,因此吲哚试验可以作为一个生物化学检测的指标。

色氨酸水解反应为

$$\text{色氨酸} + H_2O \longrightarrow \text{吲哚} + NH_3 + CH_3COCOOH$$

吲哚与对二甲基氨基苯甲醛反应为

$$2\,\text{吲哚} + \text{对二甲基氨基苯甲醛} \longrightarrow \text{玫瑰吲哚} + H_2O$$

大肠杆菌吲哚反应阳性,产气肠杆菌为阴性。

甲基红试验是用来检测由葡萄糖产生的有机酸,如甲酸、乙酸、乳酸等。当细菌代谢糖产生酸时,培养基就会变酸,使加入培养基的甲基红指示剂由橘黄色(pH6.3)变为红色

(pH4.2),即甲基红反应。尽管所有的肠道微生物都能发酵葡萄糖产生有机酸,但这个试验在区分大肠杆菌和产气肠杆菌上仍然是有价值的。这两个细菌在培养的早期均产生有机酸,但大肠杆菌在培养后期仍能维持酸性 pH4,而产气肠杆菌则转化有机酸为非酸性末端产物,如乙醇、丙酮酸等,使 pH 升至大约 6。因此大肠杆菌为阳性反应,产气肠杆菌为阴性反应。

伏-普试验是用来测定某些细菌利用葡萄糖产生非酸性或中性末端产物的能力,如丙酮酸。丙酮酸进行缩合、脱羧生成乙酰甲基甲醇,此化合物在碱性条件下能被空气中的氧气氧化成二乙酰。二乙酰与蛋白胨中精氨酸的胍基作用,生成红色化合物,即伏-普反应阳性;不产生红色化合物者为阴性反应。有时为了使反应更为明显,可加入少量含胍基的化合物,如肌酸等。

其化学反应过程为

$$葡萄糖 \rightarrow 2 \begin{array}{c} CH_3 \\ CO \\ COOH \end{array} \xrightarrow{-CO_2} \begin{array}{c} CH_3 \\ CO \\ COHCOOH \\ CH_3 \end{array} \xrightarrow{-CO_2} \begin{array}{c} CH_3 \\ CO \\ CHOH \\ CH_3 \end{array} \xrightarrow{2H} \begin{array}{c} CH_3 \\ CHOH \\ CHOH \\ CH_3 \end{array}$$

丙酮酸　　　乙酰乳酸　　　乙酰甲基甲醇　　　2,3-丁二醇

$$\xrightarrow{+OH^-\ 2H^+} \begin{array}{c} CH_3 \\ CO \\ CO \\ CH_3 \end{array}$$

二乙酰

$$\begin{array}{c} CH_3 \\ CO \\ CO \\ CH_3 \end{array} + HN=C\begin{array}{c} NH_2 \\ NH_2 \end{array} \longrightarrow HN=C\begin{array}{c} N=C-CH_3 \\ N=C-CH_3 \end{array} + 2H_2O$$

二乙酰　　　胍基　　　　　　红色化合物

柠檬酸盐试验是用来检测柠檬酸盐是否被利用。有些细菌能够利用柠檬酸钠作为碳源,如产气肠杆菌;而另一些细菌则不能利用柠檬酸盐,如大肠杆菌。细菌在分解柠檬酸盐及培养基中的磷酸铵后,产生碱性化合物,使培养基的 pH 升高,当加入 1%(质量分数)溴麝香草酚蓝指示剂时,培养基就会由绿色变为深蓝色。溴麝香草酚蓝的指示范围为:pH 小于 6.0 时呈黄色,pH 在 6.0~7.0 时为绿色,pH 大于 7.6 时呈蓝色。

三、器材

(1)菌种。大肠杆菌,产气肠杆菌。

(2)培养基。蛋白胨水培养基,葡萄糖蛋白胨水培养基,柠檬酸盐斜面培养基,醋酸铅培养基。

在配制柠檬酸盐斜面培养基时,其 pH 值不要偏高,以浅绿色为宜,吲哚试验中用的蛋白胨水培养基中宜选用色氨酸含量高的蛋白胨,如用胰蛋白酶水解酪素得到的蛋白胨

较好。

(3)溶液或试剂。甲基红指示剂,40% KOH,5%α-萘酚,乙醚,吲哚试剂等。

四、操作步骤

1. 接种与培养

(1)用接种针将大肠杆菌、产气肠杆菌分别穿刺接入2支醋酸铅培养基中(硫化氢试验),置37C培养48 h。

(2)将上述二菌分别接种于2支蛋白胨水培养基(吲哚试验),2支葡萄糖蛋白胨水培养基(甲基红试验和伏-普试验),2支柠檬酸盐斜面培养基和2支醋酸铅培养基中,置37℃培养2 d。

2. 结果观察

(1)吲哚试验。于培养2 d后的蛋白胨水培养基内加3~4滴乙醚,摇动数次,静置1~3min,待乙醚上升后,沿试管壁徐徐加入2滴吲哚试剂,在乙醚和培养物之间产生红色环状物为阳性反应。

配制蛋白胨水培养基,所用的蛋白胨最好用含色氨酸高的,如用胰蛋白酶水解酪素得到的蛋白胨中色氨酸含量较高。

(2)甲基红试验。培养2 d后,将l支葡萄糖蛋白胨水培养物内加入甲基红试剂2滴,培养基变为红色者为阳性,变黄色者为阴性。

注意甲基红试剂不要加得太多,以免出现假阳性反应。

(3)伏-普试验培养2 d后,将另1支葡萄糖蛋白胨水培养物内加入5~10滴40% KOH,然后加入等量的5%α-萘酚溶液,用力振荡,再放入37℃温箱中保温15~30 min,以加快反应速度。若培养物呈红色者,为伏-普反应阳性。

(4)柠檬酸盐试验培养48 h后观察柠檬酸盐斜面培养基上有无细菌生长和是否变色。蓝色为阳性,绿色为阴性。

五、实验报告

1. 结果

将实验结果填入表13.9中。"+"表示阳性反应,"-"表示阴性反应。

表13.9 实验结果

菌名	IMViC 试验			
	吲哚试验	甲基红试验	伏-普试验	柠檬酸盐试验
大肠杆菌				
产气肠杆菌				
对　　照				

2. 思考题

(1)讨论 IMViC 试验在医学检验上的意义。

(2)解释在细菌培养中吲哚检测的化学原理,为什么在这个试验中用吲哚的存在作为色氨酸活性的指示剂,而不用丙酮酸?

(3)为什么大肠杆菌是甲基红反应阳性,而产气肠杆菌为阴性?这个试验与伏－普试验最初底物与最终产物有何异同处?为什么会出现不同?

13.7 专业实验

实验十七 食品中致病性球菌的检验(溶血性链球菌检验)

一、目的要求

(1)了解溶血性链球菌的生物学特性。
(2)掌握溶血性链球菌的检验方法。

二、基本原理

链球菌是化脓性球菌中另一大类常见细菌,分为致病性和非致病性两大类。链球菌在自然界分布广泛,食品加工中的卫生消毒工作不好,可以将工具、空气、人体上的链球菌污染到食品上,处理不当,就可以引起食物中毒。

链球菌是革兰氏阳性菌,属于链球菌属,根据溶血能力,可将其分为三类:①甲型(α)溶血性链球菌:菌落周围有草绿色溶血环;②乙型(β)溶血性链球菌:能产生溶血毒素,菌落周围有宽而透明的溶血环,致病力强,常引起人及动物的多种疾病;③丙型(γ)链球菌:不产生溶血素,菌落周围无溶血环。

链球菌的培养和生化反应特征是营养要求较高,普通培养基中生长不良,在加有血液、血清、腹水等培养基中生长良好,须氧或兼性厌氧,最适生长 pH 值为 7.4~7.6,温度为 37 ℃。链球菌的致病机理是致病性链球菌可产生多种酶和毒素,包括透明质酸酶、链激酶、链道酶(脱氧核糖核酸酶、溶血素等)。这些酶增强了细菌的侵袭力,从而加快了细菌在人体内的扩散,而导致疾病。

三、器材

(1)培养基。葡萄糖肉浸液肉汤,匹克氏肉汤,血琼脂平板及人血浆。
(2)试剂。0.25%氯化钙,灭菌生理盐水及杆菌肽药敏纸片。
(3)仪器及其他用品。温箱、恒温水浴锅、天平、显微镜、吸管、离心机、广口瓶或三角瓶、玻璃珠、平皿、试管、接种环及灭菌镊子等。

四、操作步骤

1. 样品处理

称取 25 g 固体检样(25 mL 液体检样),加入 225 mL 灭菌生理盐水,研成匀浆制成混悬液。

2. 一般培养

将上述混悬液吸取 5 mL,接种于 50 mL 葡萄糖肉浸液肉汤中,或直接划线接种于血平板上,如检样污染严重,可同时按上述量接种匹克氏肉汤,经 37 ℃培养 24 h,接种血平板,置 37 ℃培养 24 h,挑起乙型溶血圆形突起的细小菌落,在血平板上分纯,然后观察溶血情况及革兰氏染色,进行链激酶试验及杆菌肽敏感试验。

3. 形态与染色

本菌呈球形或卵圆形,直径为 0.5~1 μm,链状排列,链长短不一,短的 4~8 个细胞,长的 20~30 个细胞组成,链的长短与细菌种类及生长环境有关。液体培养中易成长链,固体培养中常呈短链,不形成芽孢,无鞭毛不能运动。

4. 培养特性

该菌营养要求较高,在普通培养基上生长不良而在加有血液血清培养基中生长较好。溶血性链球菌在血清肉汤中生长时管底呈絮状或颗粒状沉淀。血平板上菌落为灰白色,半透明或不透明,表面光滑,有乳光,为圆形突起的细小菌落,乙型溶血链球菌周围有 2~4 μm 界限分明、无透明的溶血圈。

5. 链激酶试验

致病性乙型溶血性链球菌能产生链激酶(即溶纤维蛋白酶),此酶能激活正常人体血液中的血浆蛋白酶原,使成血浆蛋白酶,而后溶解纤维蛋白。

吸取草酸钾血浆 0.2 ml,加入 0.8 ml 灭菌生理盐水,混入,再加入 18~24 h 37 ℃培养的链球菌培养物 0.5 mL 及 0.25% 氯化钙 0.25 mL,振荡摇匀,置于 37 ℃水浴中 10 min,血浆混合物自行凝固。然后观察凝块重新溶解的时间,完全溶解为阳性,如 24 h 后不溶解,则为阴性。

草酸钾人血浆配制:草酸钾 0.01 g 放入灭菌小试管中,再加入 5 mL 人血,混匀,经离心沉淀,吸取上清液即为草酸钾人血浆。

6. 杆菌肽敏感试验

挑取乙型溶血性链球菌液,涂布于血平板上,用灭菌镊子夹取每片含有 0.04 单位的杆菌肽纸片,放于上述平板上,于 37 ℃培养 18~24 h,如抑菌带出现即为阳性。同时用已知阳性菌株作为对照。

五、实验报告

1. 结果

根据培养后的形态、菌落特征及生化试验可报告为"有乙型溶血性链球菌生长"或"无乙型溶血性链球菌生长"。

2. 思考题

在检验过程中为什么在平板培养的同时还要在葡萄糖肉浸液肉汤或匹克氏肉汤中培养?

实验十八 水中细菌总数的测定

一、目的要求

(1)学习水样的采取方法和水样细菌总数测定的方法。
(2)了解水源水的平板菌落计数的原则。

二、基本原理

本实验应用平板菌落计数技术测定水中细菌总数。由于水中细菌种类繁多,它们对营养和其他生长条件的要求差别很大,不可能找到一种培养基在一种条件下,使水中所有的细菌均能生长繁殖,因此,以一定的培养基平板上生长出来的菌落,计算出来的水中细菌总数仅是一种近似值。目前一般是采用普通肉膏蛋白胨琼脂培养基。

三、器材

(1)培养基。肉膏蛋白胨琼脂培养基,无菌水。
(2)仪器或其他用品。灭菌三角烧瓶、灭菌的带玻璃塞瓶、灭菌培养皿、灭菌吸管、灭菌试管等。

四、操作步骤

1. 水样

(1)自来水。先将自来水龙头用火焰烧灼 3 min 灭菌,再开放水龙头使水流 5 min 后,以灭菌三角烧瓶接取水样,以待分析。
(2)池水、河水或湖水。应取距水面 10~15 cm 的深层水样,先将灭菌的带玻璃塞瓶,瓶口向下浸入水中,然后翻转过来,除去玻璃塞,水即流入瓶中,盛满后,将瓶塞盖好,再从水中取出,最好立即检测,否则需放入冰箱中保存。

2. 细菌总数测定

(1)自来水。

用灭菌吸管吸取 1 mL 水样,注入灭菌培养皿中。共做两个平皿,分别倾注约 15 mL 已溶化并冷却到 45 ℃ 左右的肉膏蛋白胨琼脂培养基,并立即在桌上作平面旋摇,使水样与培养基充分混匀。另取一空的灭菌培养皿,倾注肉膏蛋白胨琼脂培养基 15 mL 作空白对照。培养基凝固后,倒置于 37 ℃ 温箱中,培养 24 h,进行菌落计数。两个平板的平均菌落数即为 1 mL 水样的细菌总数。

(2)池水、河水或湖水等。

取三个灭菌空试管,分别加入 9 mL 灭菌水。取 1 ml 水样注入第一管 9 mL 灭菌水内、摇匀,再自第一管取 1mL 至下一管灭菌水内,如此稀释到第三管,稀释度分别为 10^{-1}、10^{-2} 与 10^{-3}。稀释倍数看水样污浊程度而定,以培养后平板的菌落数为 30~300 个稀释度最为合适,若三个稀释度的菌数均多到无法计数或少到无法计数,则需继续稀释或减小稀释倍数。一般中等污秽水样,取 10^{-1}、10^{-2}、10^{-3} 三个连续稀释度,污秽严重的取 10^{-2}、10^{-3}、10^{-4} 三个连续稀释度。自最后三个稀释度的试管中各取 1 mL 稀释水加入空的灭菌培养皿中,每一稀释度做两个培养皿。各倾注 15 mL 已溶化并冷却至 45 ℃ 左右的肉膏蛋白胨琼脂培养基,立即放在桌上摇匀。凝固后倒置于 37 ℃ 培养箱中培养 24 h。

3. 菌落计数方法

(1) 先计算相同稀释度的平均菌落数。若其中一个平板有较大片状菌苔生长时,则不应采用,而应以无片状菌苔生长的平板作为该稀释度的平均菌落数。若片状菌苔的大小不到平板的一半,而其余的一半菌落分布又很均匀时,则可将此一半的菌落数乘 2 以代表全平板的菌落数,然后再计算该稀释度的平均菌落数。

(2) 首先选择平均菌落数为 30~300,当只有一个稀释度的平均菌落数符合此范围时,则以该平均菌落数乘其稀释倍数即为该水样的细菌总数(表 13.8,例次 1)。

(3) 若有两个稀释度的平均菌落数均为 30~300,则按两者菌落总数之比值来决定。若其比值小于 2,应采取两者的平均数;若大于 2,则取其中较小的菌落总数(表 13.8,例次 2 及例次 3)。

(4) 若所有稀释度的平均菌落数均大于 300,则应按稀释度最高的平均菌落数乘以稀释倍数(表 13.10,例次 4)。

(5) 若所有稀释度的平均菌落数均小于 30,则应按稀释度最低的平均菌落数乘以稀释倍数(表 13.10,例次 5)。

(6) 若所有稀释度的平均菌落数均不为 30~300,则以最近 300 或 30 的平均菌落数乘以稀释倍数(表 13.10,例次 6)。

表 13.10　计算菌落数总数方法举例

例次	不同稀释的平均菌落数			两个稀释度菌落数之比	菌落总数/(个·mL^{-1})	备注
	10^{-1}	10^{-2}	10^{-3}			
1	1 365	164	20	—	1 600 或 $1.6×10^4$	两位以后的数字采取四舍五入的方法去掉
2	2 760	295	46	1.6	37 750 或 $3.8×10^4$	
3	2 890	271	60	2.2	27 100 或 $2.7×10^4$	
4	无法计算	1 650	513	—	513 000 或 $5.1×10^5$	
5	27	11	5	—	270 或 $2.7×10^4$	
6	无法计算	305	12	—	30 500 或 $3.1×10^4$	

五、实验报告

1. 结果

(1) 自来水。

相关数据填入表 13.11 中。

表 13.11 平板计数结果

平板	菌落数	1 mL 自来水中细菌总数

（2）池水、河水或湖水等。
相关数据填入表 13.12 中。

表 13.12 不同水体检测结果

稀释度	10^{-1}		10^{-2}		10^{-3}	
平板	1	2	1	2	1	2
菌落数						
平均菌落数						
计算方法						
细菌总数/mL						

2. 思考题

（1）从自来水的细菌总数结果来看，是否符合饮用水的标准？

（2）你所测的水源水的污秽程度如何？

实验十九 多管发酵法测定水样中大肠菌群

一、目的要求

1. 学习多管发酵法测定水样中大肠菌群的数量。
2. 了解大肠菌群的数量在食品检验中的重要性。

二、基本原理

大肠菌群系指一群能发酵乳糖、产酸产气、需氧和兼性厌氧的革兰氏阴性无芽孢杆菌。该菌主要来源于人畜粪便，故以此作为粪便污染指标来评价食品的卫生质量，推断食品中有无污染肠道致病菌的可能。食品中大肠菌群数系以 100 mL(g)检样内大肠菌群最可能数(MPN)表示。

多管发酵法包括初(步)发酵试验、平板分离和复发酵试验三个部分。

1. 初(步)发酵试验

将水样接于发酵管内，37℃下培养，24 h 内小套管中有气体形成，并且培养基混浊，颜色改变，说明水中存在大肠菌群，为阳性结果，但也有个别其他类型的细菌在此条件下也可能产气；此外产酸不产气的也不能完全说明是阴性结果，在量少的情况下，也可能延迟 48 h 后才产气，此时应视为可疑结果，因此，以上两种结果均需继续做下面两部分实验，才能确定是否为大肠菌群。48 h 后仍不产气的为阴性结果。

2. 平板分离

初发酵管 24 h 内产酸产气和 48 h 产酸产气的均需在伊红美兰琼脂培养基平板上划线，37℃下培养 24 h，分离带有金属光泽的深紫色菌落，挑取单菌落进行革兰氏反应，若镜检为革兰氏阳性，则进行复发酵。

3. 复发酵试验

以上大肠菌群阳性菌落，经涂片染色为革兰氏阴性无芽孢杆菌者，通过此试验再进一步证实。原理与初发酵试验相同，经 24 h 培养产酸又产气的，最后确定为大肠菌群阳性结果。

以上三个步骤均为阳性结果，说明水样中确实存在大肠菌群。

三、器材

1. 培养基：乳糖蛋白胨发酵管（内有倒置小套管），三倍浓缩乳糖蛋白胨发酵管（瓶）（内有倒置小套管），伊红美蓝琼脂平板，灭菌水。
2. 仪器或其他用品：载玻片，无菌带玻璃塞空瓶，无菌吸管，无菌试管等。

四、操作步骤

1. 检样稀释

以无菌操作，取两支装有 4.5 mL 无菌水试管，用原样 0.5 mL 对第一支试管进行 10 倍稀释，再用第一支试管样 0.5 mL 液体对第二支试管进行 10 倍稀释，稀释成 10^{-1}，10^{-2} 样品液。

2. 初（步）发酵试验

取 11 支装有 10 mL 初发酵液的试管（9 支为样品，2 支为对照），进行标号，分别取 1 mL 原样放入 1~3 支试管，分别取 1 mL 10^{-1} 浓度样品液放入 4~6 支试管，分别取 1 mL 10^{-2} 样品液放入 7~9 支试管，其余两支分别接种两环大肠杆菌作对照。混匀后，37℃培养 24 h，24 h 未产气的继续培养至 48 h。

3. 平板分离

经 24 h 培养后，将产酸产气及 48 h 产酸产气的发酵管（瓶），分别划线接种于伊红美蓝琼脂平板上，再于 37℃下培养 18~24 h，将符合下列特征的菌落的一小部分，进行涂片，革兰氏染色，镜检。

①深紫黑色、有金属光泽。
②紫黑色、不带或略带金属光泽。
③淡紫红色、中心颜色较深。

4. 复发酵试验

经涂片、染色、镜检，如为革兰氏阴性无芽孢杆菌，则挑取该菌落的另一部分，重新接种于复发酵管中，每管可接种来自同一初发酵管的同类型菌落 1~3 个，37℃培养 24 h，结果若产酸又产气，即证实有大肠菌群存在（图 13.13 所示）。

证实有大肠菌群存在后，再根据初发酵试验的阳性管（瓶）数查附表，即得大肠菌群数。

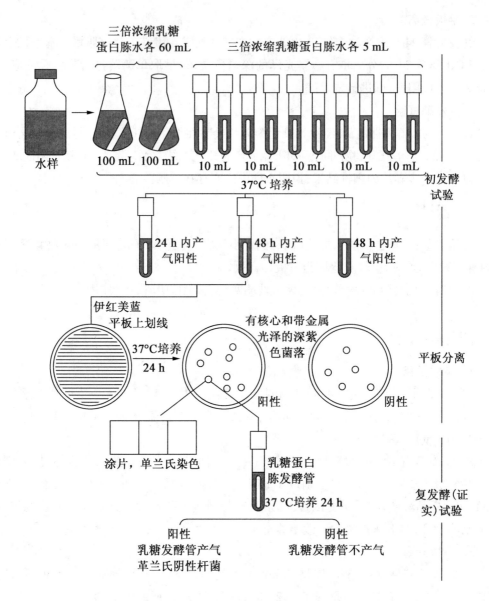

图 13.13 多管发酵法测定水中大肠菌群

五、实验报告

1. 结果

水样的阳性管数是多少?查的 MPN 值是多少(表 13.13)?

2. 思考题

(1)大肠菌群的定义是什么?

(2)初发酵液中,猪胆盐、溴甲酚紫及德汉式小管均有什么作用?

(3)EMB 培养基含有哪几种主要成分?在检查大肠菌群时,各起什么作用?

表 13.13　大肠菌群最可能(MPN)检索表

阳性管数			MPN	95% 可信限	
1 ml(g) ×3	0.1 ml(g) ×3	0.01 ml(g) ×3	100 ml(g)	下限	上限
0	0	0	<30		
0	0	1	30	<5	90
0	0	2	60		
0	0	3	90		
0	1	0	30		
0	1	1	60	<5	130
0	1	2	90		
0	1	3	120		
0	2	0	30		
0	2	1	60		
0	2	2	90		
0	2	3	160		
0	3	0	90		
0	3	1	130		
0	3	2	160		
0	3	3	190		
1	0	0	40	<5	200
1	0	1	70	10	210
1	0	2	110		
1	0	3	150		
1	1	0	70	10	230
1	1	1	110	30	360
1	1	2	150		
1	1	3	190		
1	2	0	110	30	360
1	2	1	150		
1	2	2	200		
1	2	3	240		
1	3	0	160		
1	3	1	200		
1	3	2	240		
1	3	3	290		
2	0	1	140	30	370
2	0	2	200		
2	0	3	260		
2	1	0	150	30	440
2	1	1	200	70	890
2	1	2	270		
2	1	3	340		
2	2	0	210	40	470
2	2	1	280	100	1 500
2	2	2	350		
2	2	3	420		
2	3	0	290		
2	3	1	360		
2	3	2	440		
2	3	3	530		
3	0	0	230	40	1 200
3	0	1	390	70	1 300
3	0	2	640	150	3 800
3	0	3	950		
3	1	0	430	70	2 100
3	1	1	750	140	2 300
3	1	2	1 200	300	3 800
3	1	3	1 600		
3	2	0	930	150	3 800
3	2	1	1 500	300	4 400
3	2	2	2 100	350	4 700
3	2	3	2 900		

续表 13.13

阳性管数			MPN	95%可信限	
1 ml(g)×3	0.1 ml(g)×3	0.01 ml(g)×3	100 ml(g)	下限	上限
3	3	0	2 400	360	13 000
3	3	1	4 600	710	24 000
3	3	2	11 000	1 500	48 000
3	3	3	≥24 000		

注：①本表采用3个稀释度[0.1 g(mL)、0.0l g(mL)和0.001 g(mL)]，每个稀释度接种3管。

②表内所列检样量如改用1 g(mL)、0.1 g(mL)和0.01g(mL)时，表内数字应相应降低10倍；如改用0.01g(mL)、0.001 g(mL)和0.000 1 g(mL)时，则表内数字应相应增加10倍，其余类推。

查表注意：在 MPN 检索表第一栏阳性管数下面列出的 1 mL(g)，系指原样品的 1 mL(g)数，并非样品稀释后的 1 mL(g)数，对固体样品更应注意。如固体样品 1 g 经 10 倍稀释后，虽加入 1 mL 量，但实际其中只含有 0.1 g 样品，故应按 0.1 g 计，不应按 1 mL 计。

实验二十　酸奶的制作

一、目的要求

(1)学习自制酸奶的方法。
(2)熟悉从酸奶中分离和纯化乳酸菌的一般方法。
(3)学习用纸层析法鉴定乳酸菌所产乳酸。

二、基本原理

酸奶又称酸乳，是以牛奶为主要原料，经乳酸菌发酵而制成的一种营养丰富、风味独特、国际流行的保健饮料。用于酸奶发酵的乳酸菌主要是德氏乳杆菌保加利亚亚种和唾液链球菌嗜热亚种。乳酸发酵中的主要生物化学变化是：乳酸菌将牛奶中的乳糖发酵成乳酸使其 pH 值降至酪蛋白等电点附近，从而使牛奶呈凝胶状；另外，乳酸菌还会促使部分酪蛋白降解、形成乳酸钙和产生一些脂肪、乙醛、双乙酰和丁二酮等风味物质。这就是酸奶具有良好的保健作用和适合广大乳糖不耐症患者饮用的主要原因。

酸奶发酵过程通常是由双菌或多菌的混合培养实现的。其中的杆菌先分解酪蛋白为氨基酸和小肽，由此促进了球菌的生长，而球菌产生的甲酸又刺激了杆菌产生大量乳酸和部分乙醛，此外球菌还产生了双乙酰风味物质，因此达到了稳定状态的混合发酵。

三、器材

(1)培养基。马铃薯牛奶琼脂培养基，MRS 琼脂培养基，乳酸菌糖发酵液体培养基。
(2)菌种。德氏乳杆菌保加利亚亚种，唾液链球菌嗜热亚种。
(3)试剂。焦性没食子酸，15%（以下均指质量分数）NaOH，层析试剂：①$V_水:V_苯$甲醇：

$V_{正丁醇}$ =1∶5∶5(另加1%的甲酸);②显色剂:0.04%溴酚蓝乙醇溶液(用0.1 mol/L NaOH调节pH值至6.7);③2%乳酸,无水乙醇。

(4)仪器及其他用品。优质全脂牛奶或奶粉、蔗糖、市售优质酸奶、无菌奶瓶、三角瓶或血浆瓶(250 mL),无菌移液管,培养皿,厌氧罐,恒温水浴锅,恒温箱,冰箱,层析缸,微量进样器(25 μL),电吹风机,新华1号滤纸等。

四、操作步骤

1. 酸奶制作

在牛奶中添加6%~10%蔗糖后搅匀。或用奶粉按1∶7比例加水配成还原奶,然后加6%~10%蔗糖后搅匀。将酸奶原料置于85~90 ℃下消毒15 min,将消毒后的牛奶冷却至45 ℃左右。按5%~10%(体积比)比例将市售优质酸奶作菌种接入冷却牛奶中,充分搅匀,将上述牛奶按无菌操作灌入无菌奶瓶、三角瓶或血浆瓶中。一般每个牛奶瓶灌装量约为250 g(使液面距瓶口1.5 cm)。将接种后的牛奶置于40~42 ℃的温箱中保温3~4 h(具体时间视凝乳速度而定)。已形成凝胶状的酸奶放在4 ℃左右的低温下保持12~24 h,以使其后熟(后发酵)。评定乳酸质量有理化指标和微生物学指标两类。本实验中产品的质量以品尝时有良好的口感和风味为主,同时观察产品的外观,包括凝块状态、色泽洁白度、表层光洁度、无气泡和具有悦人香味等。相反,若品尝时发现有异味,则说明发酵中污染了杂菌。

1. 菌种分离

将三角瓶中的MRS和马铃薯牛奶琼脂培养基加热融化,冷却至45 ℃左右,分别浇注三个平板,凝固后待用。按常规方法对酸奶作10∶1的系列稀释,取适当稀释度的菌液作平板分离。取适当稀释度的悬液用浇注平板法或涂布平板法分离单菌落,也可用接种环直接蘸取酸奶原液作平板划线分离。将分离用的培养皿平板放入厌氧罐中,然后按抽气换气法或简便的焦性没食子酸(20 g)加1.5% NaOH(20 mL)的方法造成厌氧环境(注意:两试剂先后加在小烧杯后应立即紧盖厌氧罐),然后置37 ℃恒温箱中培养2~3 d。酸奶中的乳酸菌在马铃薯牛奶琼脂培养基上出现三种不同形态的菌落。扁平型菌落:直径为2~3 mm,边缘不整齐,薄而透明,染色并镜检后细胞成杆状;半球状隆起型菌落:直径为1~2 mm,隆起呈半球状,高约0.5mm,菌落边缘整齐,四周可见酪蛋白水解的透明圈。染色并镜检后,细胞呈链球状;礼帽形突起菌落:直径为1~2 mm,边缘基本整齐,菌落的中央隆起,四周较薄,有酪蛋白水解后形成的透明圈。经染色,镜检后细胞呈链球状。将上述三种单菌落在牛奶中分别作扩大培养后,再以10%接种量接入消毒牛奶作单菌株发酵试验和双菌株混合发酵试验,品尝并评价何种组合较为合理。

2. 乳酸的纸层析

将从酸奶中分离到的各纯种分别接种到含糖发酵液体培养基的试管中,在37 ℃下培养3 d。用新华1号滤纸裁成长25 cm、宽10 cm的纸条,然后在其下方距底边约3 cm

处用铅笔划一条始线,在其上再画四点作点样标记(距两侧 1.7 cm 处各点一点,中间两点间的距离为 2.2 cm),并注明点样编号(样品液 2 点、2% 乳酸和未接种的糖发酵培养液各一点)。先用无水乙醇清洗微量进样器,再分别取各样品 20 μL 点样,每一样品均须用吹风机吹干。将点样后的层析纸放入层析缸中,将展层剂蒸汽饱和一夜后,再正式让底部均匀浸入展层剂中展层,待前沿上行至 20 cm(在室温 20 ℃ 下 8~9 h)左右后,取出气干。用喷雾器将显色剂均匀喷在层析纸上,对比标准乳液与试样中所含乳酸出现黄色斑点位置,并参考对照样品的层析斑,以确认试样中是否含有乳酸。

4. 注意事项

(1)选择优良的酸奶作接种剂是获得实验成功的关键。

(2)在酸奶制作的全过程中,必须严防杂菌污染。

(3)必须选用不含抗生素的牛奶作发酵原料,否则将抑制乳酸菌的生长。

(4)作层析实验时,各试样的点样量不宜过多,否则会产生斑点拖尾等现象,干扰结果判断。

(5)乳酸杆菌属和链球菌属的乳酸菌一般都是耐氧性厌氧菌和兼性厌氧菌,可以在有氧条件下生长,但使用厌氧罐培养可长得更好。

五、实验报告

1. 结果

(1)将用市售酸奶作接种剂的自制酸奶品评结果记录在表 13.14 中。

表 13.14　自制酸奶品评结果

接种剂品牌	pH 值	凝结程度	口感	香味	异味	评价

(2)将用单菌和混菌发酵制成的酸奶品评结果记录在下表 13.15 中。

表 13.15　单菌和混菌发酵制成的酸奶品评结果

菌种类型	pH 值	凝结程度	口感	香味	异味	产乳酸	评价
杆菌							
球菌							
杆菌/球菌(1:1)							
杆菌/球菌(2:3)							

2. 思考题

(1)酸奶为何比一般牛奶具有更好的保健功能?

(2)在酸奶制作中,为何要用混菌发酵?

(3)在缺乏厌氧罐时,能否培养、分离酸奶中的乳酸菌,为什么?

实验二十一　泡菜的制作

一、目的要求

(1) 学习泡菜的制作技巧。
(2) 熟悉从泡菜中分离有关乳酸菌的方法。

二、基本原理

泡菜是一种经乳酸菌厌氧发酵后制成的酸渍性风味蔬菜,能制作泡菜的蔬菜种类很多,常有的有甘蓝(包心菜)、大白菜、萝卜、莴苣、青椒、黄瓜和花椰菜等。制作泡菜一般只是利用自然微生物群落即可,但目前也有用人工接种的。主要发酵菌种为植物乳杆菌、短乳杆菌、乳酸乳球菌乳脂亚种、啤酒片球菌、戊糖片球菌和某些明串珠菌等。

泡菜制作过程实为乳酸菌选择培养过程,其中重要的选择性措施有:①适量加糖,以促使乳酸菌优势生长;②隔绝空气,以创造有利于乳酸菌的生长和抑制好氧性杂菌生长的厌氧环境;③适当加盐,以抑制部分不耐盐的杂菌。泡菜发酵可分三个阶段,即微酸阶段、酸化阶段和过酸阶段。

乳酸菌都是一些兼性厌氧菌或耐氧厌氧菌,革兰氏阳性,杆状或球状,无芽孢,不运动,分解和合成能力较差,营养要求较高,需提供丰富的肽类、氨基酸和维生素,它们缺乏呼吸链的成分、超氧化物歧化酶和过氧化氢酶。在琼脂培养基表面或内层只形成较小的白色或淡色菌落。泡菜中的乳酸菌很容易分离。在菌种分离时,若能同时选用数种培养基,则成功率更高。本实验将选择甘蓝(包心菜)和萝卜为主要原料制作泡菜。

三、器材

(1) 培养基。麦芽汁碳酸钙琼脂培养基,番茄汁碳酸钙琼脂培养基,BCP 琼脂培养基。

(2) 仪器及其他用品。甘蓝(包心菜)、萝卜、蔗糖、食盐等,小型泡菜坛或 250 ml 三角瓶、厌氧罐、培养皿、接种环、烧杯、试管、量筒、pH 试纸、吸管、砧板、菜刀等。

四、操作步骤

1. 泡菜制作

选择新鲜的甘蓝和萝卜等蔬菜,洗净,切成 3~5 cm 长条放入洁净的泡菜汤或灭菌后的三角瓶中,直至总容积的 2/3 左右。取含 5% 食盐和 3% 蔗糖的冷开水,加至容器的 4/5 的容积处,然后盖上水封盖或水阀。置 28 ℃ 恒温箱中保温一周左右。泡菜质量以酸化阶段为佳,若时间过长,则泡菜发酵已进入过酸阶段。一般通过感官辨色泽(浅黄,无白花)、闻气味以及进一步测 pH 可知泡菜的成熟度和质量优劣(一般以 pH 值 3.5~4.0,

乳酸量 1.0%～1.5% 为佳)。

2. 菌种分离

将上述三种培养基浇注若干平板,然后将优质的泡菜汁通过直接平板划线法或经适当稀释后进行涂布平板法分离出单菌落。将上述平板分别放入 25℃、37℃ 温箱培养 48 h 以上,也可放入厌氧罐内培养。乳酸菌在上述平板培养基表面只形成浅色(一般为淡黄色或白色)的小菌落。但在麦芽汁碳酸钙琼脂培养基表面,菌落周围可出现透明圈,而在 BCP 琼脂培养表面则可使紫色的培养基形成黄色包围圈。厌氧菌一般都无触酶(过氧化氢酶),故用滴管把 3% H_2O_2 滴在菌落上,若无气泡产生,就证明该菌为触酶阴性。将各种特征性菌落分别接入斜面试管,经培养后作保存用,并可进一步进行形态和生理等试验,以鉴定它们分别属于何种乳酸菌(乳酸细菌的鉴定可参看凌代文或东秀珠等的《乳酸细菌分类鉴定及实验方法》或《常见细菌系统鉴定手册》)。

3. 注意事项

(1) 制作泡菜的蔬菜原料应洗净,但不可用开水烫过。

(2) 泡菜罐内不宜留过多空间,同时,在制作期间,不可经常打开水封盖取样,否则因氧气过多而促使其中的白地霉等杂菌大量生长,形成"白花",降低质量。

(3) 因泡菜发酵是厌氧发酵过程,故应注意水封盖或水阀是否因缺水而失效。

五、实验报告

1. 结果

记录泡菜制作过程中乳酸菌的分离结果。

2. 思考题

(1) 泡菜中大量生长的乳酸菌来自何处?为何它们能成为优势菌群?

(2) 在制作优良的泡菜,在容器、选料、配液、保温、管理和操作上应注意哪些要点?

(3) 本实验中用于分离乳酸菌的三种培养基各有何优点?其原理如何?

实验二十二 毛霉的分离和豆腐乳的制备

一、目的要求

(1) 学习毛霉的分离和纯化方法。

(2) 掌握豆腐乳发酵的工艺过程。

(3) 观察豆腐乳发酵过程中的变化。

二、基本原理

豆腐乳是我国独特的传统发酵食品,是用豆腐发酵制成。民间老法生产豆腐乳均为自然发酵,现代酿造厂多采用蛋白酶活性高的鲁氏毛霉或根霉发酵。豆腐坯上接种毛霉,经过培养繁殖,分泌蛋白酶、淀粉酶、谷氨酰胺酶等复杂酶系,在长时间后发酵中与腌坯调料中的酶系、酵母、细菌等协同作用,使腐乳坯蛋白质缓慢水解,生成多种氨基酸,加之由微生物代谢产生的各种有机酸与醇类作用生成酯,形成细腻、鲜香的豆腐乳特色。

三、器材

(1) 菌种。毛霉斜面菌种。

(2) 培养基(料)。马铃薯葡萄糖琼脂培养差(PDA)、无菌水、豆腐坯、红曲米、面曲、甜酒酿、白酒、黄酒、食盐。

(3) 仪器或其他用品。培养皿、500 mL 三角瓶、接种针、小笼格、喷枪、小刀、带盖广口玻瓶、显微镜、恒温培养箱。

四、操作步骤

1. 毛霉的分离

马铃薯葡萄糖琼脂培养基(PDA),经配制、灭菌后倒到平板备用,从长满毛霉菌丝的豆腐坯上取小块于 5 mL 无菌水中,振摇,制成孢子悬液,用接种环取该孢子悬液在 PDA 平板表面作划线分离,于 20 ℃ 培养 1~2 d,以获取单菌落。初步鉴定菌落观察呈白色棉絮状,菌丝发达。于载玻片上加 1 滴石炭酸液,用解剖针从菌落边织挑取少量菌丝于载玻片上,轻轻将菌丝体分开,加盖玻片,于显微镜下观察孢子囊、梗的着生情况。若无假根和匍匐菌丝或菌丝不发达,孢囊梗直接由菌丝长出,单生或分枝,则可初步确定为毛霉。

2. 豆腐乳的制备

(1) 悬淀制备。

将毛霉菌种接入斜面培养基,于 25 ℃ 培养 2 d;将斜面菌种转接到盛有种子培养基的三角瓶中,于同样温度下培养至菌丝和孢子生长旺盛,备用。于上述三角瓶中加入无菌水 200 mL,用玻璃棒搅碎菌丝,用无菌双层纱布过滤,滤渣倒回三角瓶,再加 200 mL 无菌水洗涤 1 次,合并滤液于第一次滤液中,装入喷枪贮液瓶中供接种使用。

(2) 接种孢子。

用刀将豆腐坯划成 4.1 cm×4.1 cm×1.6 cm 的块,将笼格经蒸汽消毒、冷却,用孢子悬液喷洒笼格内壁,然后把划块的豆腐坯均匀竖放在笼格内,块与块之间间隔 2 cm。再用喷枪向豆腐块上喷洒孢子悬液,使每块豆腐周身沾上孢子悬液。

(3) 培养与晾花。

将放有接种豆腐坯的笼格放入培养箱中,于 20 ℃ 左右下培养,培养 20 h 后,每隔 6 h 上下层调换一次,以更换新鲜空气,并观察毛霉生长情况。44~48 h 后,菌丝顶端已长出孢子囊,腐乳坯上毛霉呈棉花絮状,菌丝下垂,白色菌丝已包围住豆腐坯,此时将笼格取出,使热量和水分散失,坯迅速冷却,其目的是增加酶的作用,并使霉味散发,此操作在工艺上称为晾花。

(4)装瓶与压坯。

将冷至20 ℃以下的坯块上互相依连的菌丝分开,用手指轻轻在每块表面揩涂一遍,使豆腐坯上形成一层皮衣,装入玻璃瓶内,边揩涂边沿瓶壁呈同心圆方式一层一层向内侧放,摆满一层稍用手压平,撒一层食盐,每100块豆腐坯用盐约400 g,使平均含盐量约为16%,如此一层层铺满瓶。下层食盐用量少,向上食盐逐层增多,腌制中盐分渗入毛坯,水分析出,为使上下层含盐均匀,腌坯3~4 d时需加盐水淹没坯面,称之为压坯。腌坯周期冬季13 d,夏季8 d。

(5)装坛发酵。

红方:按每100块坯用红曲米32 g、面曲28 g、甜酒酿1 kg的比例配制染坯红曲卤和装瓶红曲卤。先用200 g甜酒酿浸泡红曲米和面曲2 d,研磨细,再加200 g甜酒酿调匀即为染坯红曲卤。将腌坯沥干,待坯块稍有收缩后,放在染坯红曲卤内,六面染红,装入经预先消毒的玻瓶中。再将剩余的红曲卤用剩余的600 g甜酒酿兑稀,灌入瓶内,淹没腐乳,并加适量面盐和50°白酒,加盖密封,在常温下贮藏六个月成熟。

白方:将腌坯沥干,待坯块稍有收缩后,将按甜酒酎0.5 kg、黄酒1 kg、白酒0.75 kg、盐0.25 kg的配方配制的沥料注入瓶中,淹没腐乳,加盖密封,在常温下贮藏2~4个月成熟。

(6)质量鉴定。

将成熟的腐乳开瓶,进行感官质量鉴定、评价。

五、实验报告

1. 结果

从腐乳的表面及断面色泽、组织形态(块形、质地)、滋味及气味、有无杂质等方面综合评价腐乳质量。

2. 思考题

(1)腐乳生产主要采用何种微生物?

(2)腐乳生产发酵原理是什么?

(3)试分析腌坯时所用食盐含量对腐乳质量有何影响?

实验二十三　甜酒酿的制作

一、目的要求

(1)学会甜酒酿的制作技术。

(2)熟悉自甜酒酿中分离根霉并进行初步鉴定的方法。

二、基本原理

甜酒酿简称酒酿,由优质大米(糯米)经小曲中的根霉和酵母的糖化和发酵制成的,是我国民间广泛食用的一种高糖、低酒精含量的发酵食品。小曲又称白药,内含丰富的根霉、毛霉和野生酵母等天然发酵菌群。

甜酒酿的制作原理十分简单。根霉的孢子在米饭基质上发芽后,迅速萌发出大量菌丝体,它们分泌的几种淀粉酶将基质中的淀粉水解为葡萄糖。这就是糖化阶段。接着,再由根霉和多种酵母菌继续将其中一部分葡萄糖转化为乙醇,此即酒精发酵阶段。一般优质的甜酒酿要求甜味浓郁、酒味清淡、香味宜人、固液分明。从甜酒酿或小曲等材料中可分离优质根霉菌种。

三、器材

(1)培养基。马铃薯葡萄糖琼脂培养基(PDA)。
(2)种曲。市售"甜酒药"、"白药"等小曲或"浓缩甜酒药"(沪产根霉菌丝粉)。
(3)仪器及其他用品。优质糯米、烧杯、培养皿、吸管、试管、接种环、研钵等。

四、操作步骤

1. 甜酒酿制作

选择优质糯米作发酵原料,糯米用清水淘净后浸泡 12~24 h,用蒸笼或高压锅隔水蒸透糯米。将蒸熟的米饭从蒸锅中取出、分散、降温(约 30 ℃),再按干米量接种"浓缩甜酒药"。沪产"浓缩甜酒药"每包能接种 1.5~2.0 kg 糯米。为使接种时酒药与米饭拌匀,可将酒药先与冷开水搅匀,然后均匀撒布后再拌匀。若使用的曲种是市售块状或球状酒药,则应按用量先将它在研钵中研细,再用一定量的炒熟面粉混匀,然后再与大量米饭拌匀。接种后的米饭可装入 500 mL 烧杯中(经压实后容积在 300 mL 左右),中央再留一散热和积液孔道。若用陶坛或其他容器也可,但事先都应洗净和开水淋泡,以防杂菌污染。在 30 ℃温箱中先培养 2 d 左右。第一天可在米饭表面见到纵横交错的大量菌丝体在延伸,接着可见米饭的黏度逐渐下降,糖化液慢慢溢出;至第二天,菌丝体生长与发酵继续进行。这时若发现米醅较干时,可适当补加些冷开水。酿制 2 d 后的酒酿已初步成熟,但口味不佳(酸涩、甜味和酒香味较差),因此须在 8~10 ℃较低温度下放置数天,进行后发酵,以减少酸味、提高糖度和酒香味。优质的甜酒酿应是色泽洁白、米粒分明、酒香浓郁、醪液充盈、甜醇爽口的发酵食品。

2. 甜酒药中根霉的分离

配置马铃薯葡萄糖琼脂培养基,并准备数个平板,先将若干酒药放入研钵中研细(若用"浓缩甜酒药",则可省略详细步骤)。然后采用无菌牛皮纸弹末法、稀释液平板涂布法或平板划线分离法进行平板菌落分离。在 28℃下培养 12~24 h 后进行纯菌落挑选。注意:因根霉的匍匐菌丝在平板表面蔓延极快,故培养时间稍长后即无法区分单菌落,从而影响分离效果。将典型的单菌落及时接种到新鲜斜面上,经培养后观察其形态特征,并作保存菌种。可进行载片培养等方法观察其特征性构造,包括假根、孢子囊柄、孢子囊、囊轴和孢囊孢子的形状等。

3. 注意事项

(1)实验中所用的接种工具和培养容器均应清洗干净和适当消毒,操作者的手和指甲应认真清洗。

(2)选择的糯米必须是优质的,待它吸足水分后再隔水蒸煮熟透,使米饭粒既粒粒饱满又易于散开,从而可使拌种均匀、有利于空气及液体流动,并使酒酪成熟度一致。

(3)酒酿保温时间稍长后,表面会产生许多黑色孢子囊,这是根霉成熟后的正常现象。若表面出现红色、黄色或其他颜色的菌落或霉斑,则是污染杂菌的表现,严重时应弃去。

五、实验报告

1. 结果

将你的实验结果填入表 13.16 中。

表 13.16　甜酒酿品评结果

项目	色泽	米粒清晰度	醪液量	甜度	酸度	酒味	其他	结论
结果								

注:除色泽为,其他指标可用 1~5 个"+"号表示。

2. 思考题

(1)什么叫小曲?为什么天然小曲(酒药、白药)可用作甜酒酿制作中的菌种?

(2)为何用天然小曲制作的甜酒酿其甜味和酒味都较浓郁,而用"浓缩甜酒药"制作的则甜味浓而酒味淡,有什么办法可提高后者的酒味?

实验二十四　酒精发酵及糯米甜酒的酿制

一、目的要求

学习和掌握酵母菌发酵糖产生酒精和酒曲发酵糯米配制糯米甜酒的方法。

二、基本原理

在无氧条件下,酵母菌利用葡萄糖发酵生成酒精和二氧化碳,此过程即为酒精发酵。酵母菌在有氧和无氧条件下的糖代谢产物不同(好氧条件下生成水和二氧化碳),无氧条件下才生成酒精和二氧化碳,所以酒精发酵时一定要杜绝氧气,否则酒精产率会下降。

古代喝的酒都是自酿的糯米甜酒,不仅口感好,且不易醉。甜酒酿制的原理十分简单,即将煮熟的米饭经接种酒酿种曲后,在适宜的培养条件下让种曲中的根霉孢子萌发成菌丝体,经大量繁殖后通过淀粉酶的作用将淀粉转化为葡萄糖,此为根霉的糖化阶段。然后再由根霉中所含的酵母菌或野生酵母菌继续将糖化后的部分葡萄糖转化为乙醇,经后熟使甜酒具有独特的甜醇口味。

三、器材

(1) 培养基。酿酒酵母斜面菌种。

(2) 仪器及其他用品。酒精发酵培养基、甜酒曲、蒸馏水、无菌水、糯米、铝锅、电炉、三角瓶、牛皮纸、棉绳、蒸馏装置、水浴锅、振荡器及酒精比重计。

四、操作步骤

1. 酵母菌的酒精发酵

将配制好的发酵培养基分装入三角瓶中,每瓶 100 mL,121 ℃ 湿热灭菌 20~30 min。于培养 24 h 的酿酒酵母斜面中加入无菌水 5 mL,制成菌悬液。并吸取 1 mL,接种于装有 100 mL 培养基的三角瓶中,一共接两瓶,其中一瓶于 30 ℃ 恒温静止培养,另一瓶置 30 ℃ 恒温振荡培养。每隔 24 h 取样,经 10 倍稀释后进行细胞计数。取 60 mL 已发酵培养 3 d 的发酵液加至蒸馏装置的圆底烧瓶中,在水浴锅中 85~95 ℃ 下蒸馏。当开始流出液体时,准确收集 40 mL 于量筒中,用酒精比重计测量酒精度。取少量一定浓度(30°~40°)的酒品尝,体会口感。

2. 糯米甜酒的配制

称取一定量优质糯米(糙糯米更好)。用水淘洗干净后,加水量为米水比 1∶1,加热煮熟成饭。或者糯米洗净后,用水浸透,沥干水后,加热蒸熟成饭,即为甜酒培养基。糯米冷却至 35 ℃ 以下,加入适量的甜酒曲(用量按产品说明书)并喷洒一些清水拌匀,然后装入到干净的三角瓶中或装入聚丙烯袋中。装饭量为容器的 1/3~2/3,中央挖洞,饭面上再撒一些酒曲,塞上棉塞或扎好袋口,置 25~30 ℃ 下培养发酵。发酵 2d 便可闻到酒香味,开始渗出清液,3~4 d 渗出液越来越多,此时,把洞填平,让其继续发酵。培养发酵至第 7 d 取出,把酒槽滤去,汁液即为糯米甜酒原液,加入一定量的水。加热煮沸便是糯米甜酒,即可品尝。

3. 注意事项

酿制糯米甜酒时糯米饭一定要煮熟煮透,不能太硬或夹生;糯米饭一定要凉透至 35 ℃ 以下才能拌酒曲,否则会影响正常发酵。

五、实验报告

1. 结果

(1) 记录酵母酒精发酵过程,比较两种培养方法结果的不同,并解释其原因。

(2) 记录糯米配制糯米甜酒的发酵过程,以及糯米甜酒的外观、色、香、味和口感。

2. 思考题

(1) 为什么糯米饭温度要降至 35 ℃ 以下拌酒曲,发酵才能正常进行?糯米饭一开始发酵时要挖个洞,后来又填平,这有什么作用?

(2) 酒精发酵培养基配方中如去掉 KH_2PO_4,同样接人酒精酵母菌进行发酵,将出现何种结果?为什么?

参考文献

[1] 沈萍,范秀荣,李广武. 微生物学实验[M]. 3版. 北京:高等教育出版社,1999.
[2] 黄文芳,张松. 微生物学实验指导[M]. 广州:暨南大学出版社,2003.
[3] 袁丽红. 微生物学实验[M]. 北京:化学工业出版社,2010.
[4] 杜连祥. 工业微生物实验技术[M]. 天津:天津科学技术出版社,1992.
[5] 严杰,罗海波,陆德源. 现代微生物学实验技术及其应用[M]. 北京:人民卫生出版社,1997.
[6] 黄秀梨,辛明秀. 微生物学实验指导[M]. 北京:高等教育出版社,2008.
[7] 周德庆. 微生物学教程[M]. 北京:高等教育出版社,2002.
[8] 沈萍. 微生物学[M]. 北京:高等教育出版社,2006.
[9] 黄秀梨. 微生物学[M]. 北京:高等教育出版社,2009.
[10] 张松. 微生物学多媒体教学软件(网络版)[M]. 北京:高等教育出版社,2006.